SUPPLEMENTI E MONOGRAFIE DELLA RIVISTA

«ARCHEOLOGIA CLASSICA»

11 - n.s. 8

SAPIENZA
Università di Roma

Dipartimento
di Scienze dell'Antichità

Supplementi
e
Monografie della rivista

«Archeologia classica»

I volumi della collana adottano un sistema di Peer-Review

RIFLESSIONI SU PYRGI

Scavi e ricerche nelle aree del santuario

A cura di

MARIA PAOLA BAGLIONE e MARIA DONATELLA GENTILI

«L'ERMA» di BRETSCHNEIDER

Riflessioni su Pyrgi
Scavi e ricerche nelle aree del santuario

ISBN CARTACEO: 978-88-913-0297-7 (BROSSURA)
ISBN DIGITALE: 978-88-913-0299-1 (PDF)

Copertina e impaginazione
Rossella Corcione

Progetto grafico
«L'ERMA» di BRETSCHNEIDER

In copertina:
Veduta del Castello di Santa Severa (foto Maria Paola Baglione)

Riflessioni su Pyrgi. Scavi e ricerche nelle aree del santuario - Roma :
«L'Erma» di Bretschneider, 2013. - 306 p. : ill. ; 20 cm. - (Supplementi
e monografie della rivista Archeologia classica ; 11, n.s. 8)

CDD 726.1
1. Pyrgi - Santuario

Volume stampato con contributo della Sapienza Università di Roma

INDICE

PARTE SECONDA

IL SANTUARIO MONUMENTALE E L'ABITATO
APPROFONDIMENTI E PROSPETTIVE

INTRODUZIONE

Gli studi raccolti in questo volume prendono spunto da una giornata di analisi e di riflessione sulla lunga attività di scavo nel santuario etrusco di Pyrgi, svoltasi presso l'Università La Sapienza nel dicembre del 2007, nel cinquantenario dall'inizio delle indagini sul campo.

Grazie all'interessamento ed alla disponibilità manifestati da Gilda Bartoloni è stato possibile raccogliere i contributi di quanti hanno partecipato all'incontro, aggiornando i riferimenti bibliografici.

La ricorrenza del cinquantennio dall'inizio dello scavo ha fornito lo spunto per un bilancio delle attività e delle novità emerse negli ultimi anni, ed ha inoltre offerto l'occasione per presentare nella sede istituzionale un panorama di ipotesi e risultati, legati particolarmente al santuario meridionale dove le indagini iniziarono nel 1983.

Lo scavo di Pyrgi accompagna da molti decenni la formazione dei giovani etruscologi della Sapienza, guidati dai docenti che sono stati il cuore pulsante di questa impresa, Massimo Pallottino e Giovanni Colonna. Il prezioso sostegno economico della Sapienza ha fatto sì che le ricerche potessero procedere con regolarità e sicurezza nel volgere di tutti questi anni.

Per questi motivi, il fine principale cui mirava la giornata di studio era anche il desiderio di offrire, da parte del gruppo degli attuali collaboratori, un omaggio doveroso ma, soprattutto, profondamente sentito all'attività ininterrotta dispiegata da Giovanni Colonna in ogni campo che riguardi Pyrgi e la sua storia.

Un cinquantennio di scavo rappresenta un traguardo decisamente impegnativo come impegnativo è il carattere stesso dell'impresa, uno dei "Grandi Scavi di Ateneo", che iniziò sul campo nell'ormai lontano 28 maggio 1957, grazie alla lungimiranza ed all'intuito di Massimo Pallottino e che ebbe fin dall'inizio il suo perno nella figura di Giovanni Colonna.

L'opportunità che Massimo Pallottino immediatamente seppe cogliere programmando il piano di lavoro era quella di poter intervenire nella ricerca di un complesso ben noto e storicamente definito attraverso le fonti e di poter agire su un'area libera da sovrapposizioni e con il più completo spirito di collaborazione da parte della Soprintendenza, impiantando un cantiere che rappresentasse un punto di riferimento nella formazione dei giovani. La collaborazione e l'intesa con la Soprintendenza ai Beni Archeologici per l'Etruria Meridionale, il sostegno e la disponibilità della struttura, sono rimasti costanti nel corso degli anni a testimonianza di un impegno comune mirato alla salvaguardia ed alla valorizzazione del comprensorio archeologico.

Soprattutto negli anni passati, il cantiere di Pyrgi rappresentò un punto di riferimento nella formazione dei giovani archeologi, studenti della Sapienza e non. Rileggendo i nomi di quanti si trovarono a lavorare in questo cantiere, situato in una località particolarmente accattivante, lungo la riva del Tirreno, si rimane colpiti dalla quantità di nomi noti dell'archeologia militante. Riflettere su questo porterebbe a dar vita a una troppo lunga scia di ricordi.

Nella memoria e nell'affetto di quanti appartengono a generazioni abbastanza vicine alla mia, rimane ben presente la figura di Francesca Melis che con dedizione inesauribile e assoluta lucidità si occupava dei nuovi venuti e dei collaboratori stabili che ogni anno tornavano all'appuntamento di apertura dello scavo. Il suo lavoro nascosto e costante si misura e cresce nel tempo, forse non tanto nel dominio della carta stampata, ma nel meno concretamente valutabile – e assolutamente fondamentale – ambito della formazione metodologica e dell'impegno di ricerca inteso come servizio per la comunità di colleghi e allievi.

Questi cinquanta anni, che hanno portato scoperte ormai entrate nel patrimonio di una comune conoscenza dell'Italia antica, non possono in alcun modo essere scissi dalla figura di Giovanni Colonna. Un cinquantennio rappresenta, anche in crudi termini anagrafici, veramente il lavoro di una vita. E non credo di poter trovare parole migliori, per illustrarlo, di quelle che impiegò Massimo Pallottino nell'introduzione alla grande relazione apparsa in *Notizie Scavi* del '70: "L'impresa di Pyrgi non sarebbe stata realizzabile, né concepibile quale sistematica continuità, senza l'impegno e l'amore del suo vero protagonista, animatore, organizzatore, operatore e garante in tutti i sensi, voglio dire di Giovanni Colonna, nel quale si identifica sempre più sensibilmente, con il passare degli anni, la fortuna di questo scavo". Queste parole segnano una continuità ideale fra colui che diede inizio al lungo complesso delle ricerche e dello scavo e colui che ha continuato a rappresentarne il fulcro. Una dedizione costante, senza flessioni, verso una ricerca dimostra non soltanto, credo, un convincimento profondo della validità di quanto si realizza ma dimostra anche quanto profondamente radicato sia l'ideale di fondo che anima tutto il percorso scientifico di Giovanni Colonna, e che lo ha portato a considerare i doveri verso la comunità scientifica una inderogabile norma di vita.

MARIA PAOLA BAGLIONE

PARTE I

Il Santuario Meridionale
bilancio delle conoscenze e spunti di ricerca

LE LINEE DI SVILUPPO TOPOGRAFICO DEL SANTUARIO MERIDIONALE

La scoperta del Santuario Meridionale, avvenuta nel 1983 sotto la direzione scientifica del prof. Giovanni Colonna, ha rappresentato un evento del tutto inaspettato nella storia delle ricerche sul campo a Pyrgi. Nell'area del nuovo santuario, sigillato da una spessa coltre di terreno alluvionale, le arature profonde del 1957[1] non avevano infatti lasciato affiorare alcun segnale di presenze archeologiche, mentre le prospezioni magnetiche eseguite dalla Fondazione Lerici lungo la fascia litoranea avevano in seguito rilevato la presenza di un alveo interrato e, immediatamente a sud, di due principali serie di anomalie, non riferibili a strutture murarie ma piuttosto ad interventi di accumulo circoscritti[2] (*Fig. 1*). Nell'intento di verificare la natura di tali anomalie, possibilmente interpretabili come i depositi votivi del Santuario Monumentale, l'indagine è stata avviata in quell'anno ritagliando tre diverse trincee, seguendo la direzione della maglia generale di quadrati, ed intercettando invece livelli di frequentazione e di accumulo fittamente stratificati e costituiti da una ricca messe di reperti, comprendente una notevolissima quantità di vasellame importato, di doni votivi e di indicatori di attività cultuale[3]. La prosecuzione delle indagini, a cadenza annuale, ha rivelato la pertinenza dei contesti indagati ad una nuova area di culto, composta da una ricca serie di "altari e sacelli"[4] di varia tipologia e destinazione funzionale.

Si è dunque configurato un complesso santuariale articolato in due aree sacre ben distinte, separate da un corso d'acqua, che si articola lungo la fronte del mare per 180 metri e presenta una superficie complessiva di poco meno di un ettaro e mezzo[5]. In stridente contrasto con l'adiacente santuario di *Uni* e *Leukothea*, murato lungo il suo perimetro e frutto di accurata progettazione nelle

---

[1] Com'è noto, tali arature, condotte fino alla profondità di circa 80 centimetri, si collegano strettamente alla "scoperta" del Santuario Monumentale di Pyrgi e all'avvio della stagione di ricerche sul campo, sotto la direzione di Massimo Pallottino e, a partire dal 1983, di Giovanni Colonna.

[2] La Fondazione Lerici ha eseguito una prima campagna di prospezione elettrica e magnetica nel 1962 ed una seconda campagna, utilizzando soltanto un magnetometro a protoni, nel 1968. I risultati di entrambe le campagne sono stati presentati in LININGTON 1963 (tav. CIV) e in LININGTON 1970 con il supporto di una planimetria (alla fig. 567) che riassume a livello schematico le risultanze del diagramma della lettura magnetica.

[3] Una prima presentazione del materiale associato nelle stratificazioni dal punto di vista tipologico e quantitativo, è illustrata in BAGLIONE 1989-1990.

[4] Per la fisionomia del santuario nel suo complesso e per le principali caratteristiche delle strutture di culto e delle strutture accessorie, sulla base delle risultanze delle campagne di scavo, cfr. COLONNA 1991-92, ID. 1995.

[5] COLONNA 2000, p. 263, nota 30, con proposta di confronto con santuari greci e magno-greci (*Aphrodision* extramuraneo di Locri, *Heraion* di Samo, santuario di Apollo e Artemide ad Eretria) sviluppati "a cavallo" di un corso d'acqua.

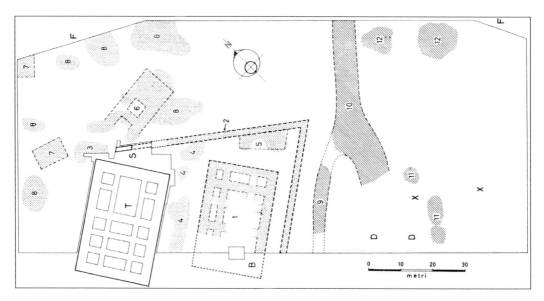

Fig. 1. Mappa interpretativa delle prospezioni geofisiche condotte nell'area del comprensorio santuariale di Pyrgi (da LININGTON 1970, fig. 567).

sue trasformazioni edilizie, l'area sacra meridionale di Pyrgi appare caratterizzata non soltanto da una ostentata mancanza di monumentalità ma anche dall'apparente rinuncia all'adozione di un piano di sviluppo preordinato[6] (*Fig. 2*).

Organizzata in antico a quote vicine al livello marino, ha da sempre sofferto di una accentuata tendenza all'impaludamento[7], come dimostrano i consistenti e reiterati interventi finalizzati alla regimentazione delle acque meteoriche. La frequentazione dell'area è stata preceduta da una consistente opera di bonifica; in seguito, la necessità di calibrare la pendenza dei suoli in funzione del drenaggio ha prodotto una morfologia ondulata, caratterizzata da deboli rilevati alternati a zone depresse. Modifiche del profilo dei suoli sono state ottenute attraverso interventi di colmatura e di sopraelevazione anche consistenti, giungendo soltanto nelle fasi finali di frequentazione a realizzare un livellamento del piano calpestabile. Tutti gli interventi sono stati eseguiti interrando progressiva-

---

[6] Come sottolineato in BAGLIONE 2008a, pp. 301-303, sul piano architettonico tale aspetto trova precisi riflessi anche nella mancanza di un programma decorativo che evidenzi non soltanto la fisionomia del culto ma anche gli intenti propagandistici di una committenza di tipo pubblico.

[7] In tale senso segnaliamo, in rapporto alla storia più recente del litorale, che nel Catasto Gregoriano (*Provincia Agro Romano, mappa 74-75. Tenuta di Santa Severa, proprietà del Venerabile Archispedale di S. Spirito in Saxia di Roma. Anno 1818)* l'area del nuovo santuario coincide con un appezzamento in vocabolo Rimessone interessato dalla presenza di "prato con giunchi acquastrino". Ad opere di regimentazione idrica riferibili genericamente ad epoca post-antica si riferiscono due profondi fossati che attraversano il Santuario defluendo da mare verso terra e che sono collegati ad una rete di fossi ortogonali di raccolta e convogliamento.

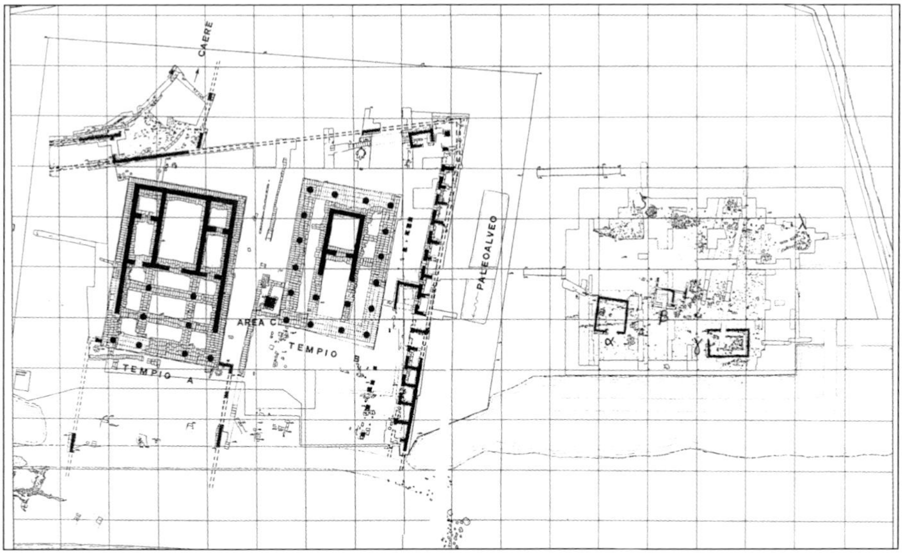

Fig. 2. Planimetria del comprensorio santuariale di Pyrgi (elaborazione: S. Barberini).

mente – previa frantumazione – i doni votivi, lo strumentario del santuario ed i resti delle attività sacrificali, ripristinando frequentemente i piani calpestabili e sottolineando soltanto i principali interventi edilizi con specifici atti cerimoniali[8]. La quantità del materiale residuale, ricco di informazioni
preziose sulla natura dei culti, è assolutamente preponderante e lo studio di questi materiali appare
fondamentale per poter comprendere appieno, attraverso il quadro di distribuzione dei frammenti,
l'eventuale interrelazione tra i diversi interventi. Il lavoro di revisione dei dati di scavo e l'analisi dei
materiali sono attualmente in pieno svolgimento; tuttavia è possibile, in base allo stato attuale delle
nostre conoscenze e del nostro percorso interpretativo, indicare fin d'ora le principali linee-guida
nello sviluppo dell'area sacra e le principali caratteristiche dei suoi diversi settori[9].

---

[8] BAGLIONE 1989-1990, pp. 659-667. La dinamica che prevede fasi di accumulo di ceramiche frantumate
e frammiste a carboni ed ossa animali nelle zone depresse, alternate a fasi di definizione dei piani d'uso è ben
confrontabile con la situazione del santuario di Altino (TIRELLI, CIPRIANO 2001, pp. 39 e 47; CAPUIS, GAMBACUR-
TA, TIRELLI 2009, pp. 40-41). Tale contesto veneto è avvicinabile al santuario di Pyrgi anche per la posizione ai
margini dell'area abitata, lungo la sponda di un fiume ed in prossimità della foce e ad aree di paludi ed infine per
il ruolo di mediazione culturale esercitato in questo caso mediante la copertura giuridica delle transazioni tra
stranieri. Sulla dinamica di accumulo dei resti di sacrifici a costituire, in alcuni casi, l'evidenza di veri e propri
"altari di ceneri": SFAMENI 2002.

[9] Le mie competenze nell'affrontare il discorso si basano sullo studio delle strutture del santuario e delle connesse sequenze stratigrafiche, che è in fase di svolgimento ed è finalizzato alla preparazione di un volume sulla
topografia del Santuario Meridionale. Ringrazio il prof. Giovanni Colonna e la prof.ssa Paola Baglione per la
fiducia dimostrata nei miei confronti e per i preziosi suggerimenti; ringrazio inoltre tutti i membri dell'équipe di

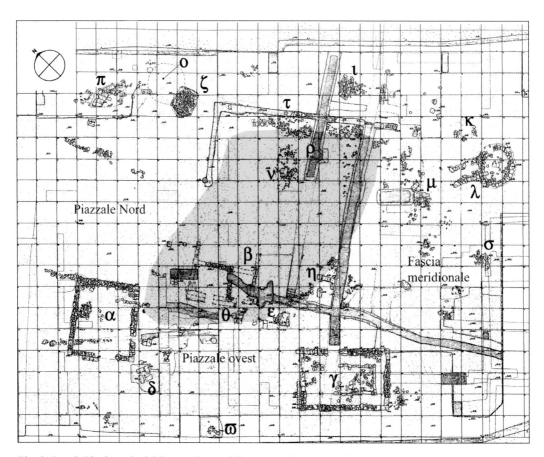

Fig. 3. Pyrgi. Planimetria del Santuario Meridionale (elaborazione: S. Barberini). In evidenza, la sommità livellata della "collina" artificiale di epoca arcaica.

L'area era inserita in una cornice ambientale fortemente dominata dalla presenza di elementi naturali, in primo luogo dal corso d'acqua defluente nella fascia intersantuariale, collegato secondo la ricostruzione di G. Colonna alla sorgente[10] che sgorga tuttora abbondante nell'immediato

---

scavo che, in clima di proficua collaborazione e reciproco scambio di idee, hanno fornito a vario titolo informazioni e spunti di riflessione per elaborare questa mia breve nota. Sull'articolazione ed evoluzione dell'area sacra, cfr. COLONNA 1991-92; COLONNA 1995; BELELLI MARCHESINI ET AL. 2012; COLONNA 2012b; BAGLIONE ET AL. c.s.

[10] La sorgente è localizzata presso il recinto seicentesco della Vigna; sul significato della sorgente in rapporto alla frequentazione del litorale fin dal Neolitico medio e sul suo sfruttamento in epoca storica, fino alla sua captazione per alimentare il fontanile del castello medievale, cfr. COLONNA 2000, p. 260, nota 27, con precedenti riferimenti. In corrispondenza è ora presente un pozzo alla romana scavato nelle alluvioni recenti; la portata della falda acquifera è compresa tra 1 e 10 l/sec. (VENTRIGLIA 1988, p. 312. Coordinate: 0°29'0"W; 42°00' 57"N).

entroterra; di recente è stato proposto di leggere tale fossato in rapporto alla sistemazione portuale di epoca etrusca e alla probabile esistenza di lagune costiere, secondo un modello verificato e accettato univocamente per Gravisca[11]. Un secondo fossato, non verificato mediante lo scavo ma fortemente indiziato dai sistemi di deflusso idrico documentati per la fase di pieno IV sec. a.C., doveva scorrere in direzione del mare immediatamente a sud dell'area sacra, forse marcandone l'estremo limite meridionale. Anche sul lato dell'entroterra il "confine" dell'area di frequentazione, coincidente con un ciglio morfologico marcato dalla repentina perdita di quota delle stratigrafie, è stato occasionalmente ricalcato da fossati e canali di scolo. La presenza dell'acqua, corrente e stagnante, conferiva dunque al santuario una fisionomia del tutto particolare, avvicinabile genericamente alla situazione di tanti santuari litoranei tirrenici, ma in particolare ad alcuni connotati in senso demetriaco nei quali l'acqua dolce e l'acqua marina sembrano fondersi in una unica dimensione[12] e al contempo rivestono una importante valenza liminare[13], con significativi riflessi sulle pratiche cerimoniali e sulla selezione delle forme ceramiche e dello strumentario impiegato ai fini del culto[14]. A proposito di confini, è opportuno ricordare che l'ingressione marina ha cancellato una porzione non valutabile dell'area santuariale sul lato occidentale, impedendo di apprezzarne la possibile ulteriore estensione[15] ma soprattutto gli eventuali percorsi di accesso dall'area portuale.

---

[11] TORELLI 2006, p. 360. Per quanto riguarda l'assetto del porto di Gravisca, appare ancora valida la proposta di B. Frau (1982) relativa alla ricostruzione di un bacino esagonale interno, mentre la proposta di un *kothon* nell'area delle saline è forse valida soltanto per la fase etrusca; all'interno di questo sistema, il santuario di Gravisca era accessibile dal mare e dalle saline attraverso un sistema di canali navigabili, come verificato da una serie recente di carotaggi (FIORINI 2005a, p. 35).

[12] La situazione paleoambientale trova significativo riscontro nel santuario settentrionale di Pontecagnano, delimitato da un paleoalveo che attinge a sorgenti poste a monte e che corre incassato nel banco di travertino, coincidente con la piattaforma di appoggio all'area sacra (M. Mancusi, in BAILO MODESTI ET AL. 2005c, p. 41, nota 24 con rimando a Pyrgi; BAILO MODESTI ET AL. 2005b, pp. 197-198). La presenza di acqua sorgiva che viene a trovarsi a contatto con l'area prescelta attraverso una serie di fossi e canali trova un ulteriore confronto significativo a Torre di Satriano: questa area santuariale, impiantata nel IV sec., è delimitata su almeno due lati rispettivamente da un ruscello "naturale" e da un canale artificiale defluente dal primo (OSANNA 2005, partic. p. 427). L'acqua, abbinata alla presenza del bosco sacro, è elemento integrante di molti santuari a carattere demetriaco dell'Italia meridionale (CIPRIANI 1989, pp. 5-6, con riferimenti): S. Nicola da Albanella è sulle rive di un ruscello, Torre di *Paestum* è davanti alla spiaggia ed era lambita dal corso originario di Capodifiume; bosco e sorgente si collegano al mare come a Patrasso e nel culto della Demetra *Thermasia* ad Hermione (PAUS. VII,24,3).

[13] In ambito cultuale l'acqua assolve una funzione liminare come limite invalicabile e come elemento mediatore ("funzione di passaggio, funzione catartica") così come nel mito rappresenta la soglia tra mondo reale e mondo immaginato, e nella visione laica di Erodoto corrisponde al confine tra sfera della natura e sfera della cultura: CREMONESI 2004, pp. 128-139.

[14] Per quanto concerne il collegamento e l'influenza della presenza di acqua sorgiva sugli aspetti cerimoniali e sulle forme ceramiche locali documentate all'interno del Santuario di Pyrgi, cfr. BAGLIONE 2004, p. 95.

[15] Quanto alla possibilità che parte del santuario sia stata erosa dal mare, mi sembra interessante riportare quanto segnalato dal Coppi nel 1838: "dopo le burrasche che spingevano fortemente le onde sulla spiaggia, furono quivi trovate varie piccole anticaglie di metallo, e tra le altre alcune ghiande di piombo, ramoscelli di bronzo e palline d'oro": materiali provenienti con buona probabilità dal nostro Santuario oppure dal sepolcreto lungo il lato sud delle mura poligonali della colonia romana.

L'area sacra (*Fig. 3*) è stata impostata in corrispondenza di una piattaforma naturale debolmente emergente alla quota di 40 cm. sotto l'attuale livello del mare, delimitata verso nord e verso sud da due distinte bassure[16]. Tale morfologia è stata ricalcata nella seconda metà del VI sec. da un consistente riporto artificiale di argilla gialla, denominato strato C, che all'altezza della curva di livello più alta si configura come un pianoro di forma oblunga, orientato ortogonalmente alla linea di costa. In direzione del mare il riporto perdeva quota gradualmente, quasi creando una rampa inclinata, saldandosi ad un secondo dosso artificiale più avanzato, con andamento opposto[17].

L'esistenza di una fase di frequentazione arcaica è suggerita da una serie di frammenti di terrecotte architettoniche rinvenuti in giacitura secondaria, databili intorno al 530-520 a.C.: antefisse a testa femminile e frustuli pertinenti ad un tipo di acroterio, privo di confronti, a busto di Acheloo (*Fig. 4*), di cui conosciamo almeno tre repliche di età tardo-arcaica[18]. G. Colonna ha proposto di riferire i due elementi di rivestimento ad unico tetto soggetto in breve torno di tempo ad un intervento di rifacimento[19], sottolineando il preciso significato della scelta di Acheloo[20] in associazione alle figure femminili interpretabili come Ninfe[21], in rapporto alla possibile localizzazione a Pyrgi dell'oracolo

---

[16] Per quanto riguarda il lato dell'entroterra, i dati disponibili sembrano indicare una perdita di quota più sensibile, a favore dell'interpretazione come cordone dunale litoraneo. L'andamento ondulato del substrato geologico e le variazioni altimetriche riflettono la morfologia del terrazzo quaternario, progressivamente modificato dagli interventi antropici ma ancora percepibile nel paesaggio costiero; sulle dinamiche di formazione della fascia costiera con particolare riferimento al tratto compreso tra Santa Severa e Palo, si rimanda a AA.VV. 1986, in particolare pp. 109-113. Sulle ultime acquisizioni relative all'evoluzione del litorale in esame e sulle oscillazioni del livello marino, si rimanda ad ENEI 2008, pp. 21-24 (con riferimenti bibliografici); ENEI 2011.

[17] La ricostruzione altimetrica della collina artificiale si basa sui dati desunti dalle sezioni occasionali offerte da diversi fossati e canali di scolo profondi e dalle risultanze di alcuni saggi di scavo realizzati a fini di verifica stratigrafica. Come sottolineato in COLONNA 2000 (pp. 274-275), una analoga operazione di bonifica contraddistinta dall'impiego di argilla gialla è stata attuata in relazione all'innalzamento del tempio B del Santuario Monumentale, a riprova di un sostanziale sincronismo dei principali interventi nelle due aree sacre.

[18] La figura di Acheloo emerge con il busto e le zampe rampanti da cassette parallelepipede provviste di ghiere di rinforzo interne, decorate con motivi geometrici dipinti; la scelta iconografica, peraltro priva di confronti puntuali, conferisce alla figura una forte valenza apotropaica. La mia proposta ricostruttiva, riprodotta in COLONNA 2000 (a fig. 12) e basata sulla ricca serie di frammenti della serie recenziore, prevede la presenza di almeno quattro esemplari collocati ai quattro spigoli del tetto dell'edificio ad inquadrarne le due facciate principali. Non si hanno invece precisi indizi per la collocazione degli acroteri frammentari a figura di ariete o torello che sono riferibili, per motivi tecnici, al medesimo sistema di copertura tardo-arcaico e che permettono di ravvisare analogie con il gusto decorativo dei tetti capuani (cfr BONGHI JOVINO 1993); sull'impiego della testa d'ariete in ambito architettonico e votivo, si rimanda ad AVERSA 1995.

[19] COLONNA 2000, pp. 266-275.

[20] In generale sulla diffusione dell'iconografia di Acheloo in ambito costiero, cfr. MUSSINI 1999.

[21] L'abbinamento di Acheloo e le Ninfe è ricordato per il santuario greco presso l'Ilisso (PL., *Phdr.* 230 B-C, 262). Interessanti per l'abbinamento sul tetto di Pyrgi sono le tavolette fittili dalla stipe di Grotta Caruso a Locri (MUSSINI 1999, p. 103, nota 34 con riferimenti) che mostrano nella parte superiore tre teste femminili interpretate come Ninfe della sorgente e in quella inferiore la protome di un toro androprosopo interpretato come Acheloo in funzione di protettore e simbolo dei riti di *lustratio*. La stretta relazione tra Acheloo e le ninfe (Perenna) da un lato, i corsi d'acqua e le aree di bonifica dall'altra ben emerge dalle diverse interpretazioni attribuite alla tegola di compluvio con protome di Acheloo in funzione di gocciolatoio dalla villa dell'Auditorium di Roma

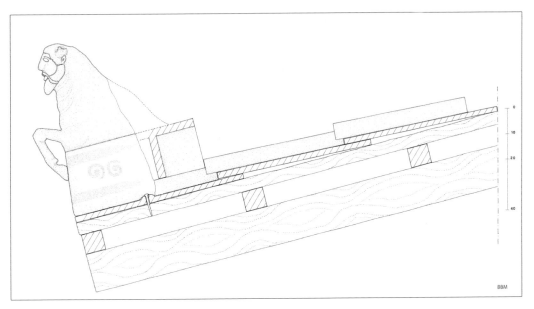

Fig. 4. Ricostruzione dell'acroterio a busto di Acheloo attribuito al sacello β (elaborazione: B. Belelli Marchesini).

di *Thetys*[22]. Secondo la medesima proposta, la scelta iconografica per la decorazione dell'edificio si collega strettamente alla vicinanza del corso d'acqua intersantuariale, in direzione del quale affacciava la proposta sequenza di elementi decorativi e alla sua valenza sacrale.

Il tetto è stato attribuito all'edificio β, realizzato sul limite occidentale della sommità del pianoro artificiale (*Fig. 5*); ad esso si riferiscono infatti i primi apprestamenti pavimentali in battuto di tufo allettati sul dosso argilloso arcaico. Distrutto intenzionalmente nel IV sec., quando è stato attraversato da un canale di drenaggio, smantellato in parte delle sue strutture perimetrali in blocchi di tufo ed inoltre sottoposto con ogni probabilità ad una consistente rasatura, è leggibile in negativo nel suo impianto planimetrico. A sviluppo trasversale, l'edificio si articolava in due celle scandite da muri in pietrame a secco e presentava sul lato orientale un portico delimitato da brevi ante[23] (*Fig. 3*, ricostruzione a tratteggio). Dal punto di vista planimetrico l'edificio può essere avvicinato al "sacello" arcaico di Gravisca dedicato alla coppia di divinità *Uni* e *Turan* e databile intorno al 530-520 a.C.,

(CARANDINI, D'ALESSIO, DI GIUSEPPE 2006, fig. 5), discusse in DI GIUSEPPE 2011, pp. 75-78. Sul collegamento di Acheloo con culti femminili a carattere ctonio, cfr. CIUCCARELLI 2006.

[22] È interessante rilevare che nel santuario di *Hayos Andreias* a Patrasso, posto di fronte al mare e ricco di acqua dolce, Demetra assume il ruolo di divinità oracolare (ARDOVINO 1986, pp. 99 ss.).

[23] Sul sacello ed il suo significato in rapporto agli inizi dell'area santuariale di Pyrgi, con proposta di confronto con i modellini fittili votivi da Minturno e Fratte, cfr. COLONNA 2000, pp. 266-269, 272; COLONNA 2006b, p. 149.

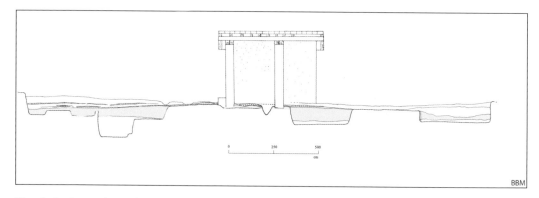

Fig. 5. Sezione schematica W-E del Santuario Meridionale, con ingombro dell'edificio β; in evidenza, nello spaccato stratigrafico, lo spessore del riporto argilloso di epoca arcaica.

costituito da due vani affiancati preceduti da un vestibolo ed inserito in una ampia corte secondo lo schema a *pastás*[24]. Elementi peculiari dell'impianto appaiono tuttavia la larghezza diseguale delle celle[25] e la particolare conformazione del muro occidentale, leggibile attraverso la trincea di asportazione e i pochi spezzoni di blocchi conservati nel loro alloggiamento originario. La traccia di tale muro, articolata in guisa di linea spezzata e di spessore diversificato, suggerisce di proporre almeno due possibili interpretazioni, cioè la presenza di una banchina esterna addossata alla parete di una delle celle, oppure l'andamento a meandro della parete. In entrambi i casi, si tratta di caratteristiche che trovano puntualmente riscontro nei diversi edifici del santuario meridionale enfatizzandone la funzione cultuale, come diremo in seguito. La ricostruzione ipotetica del muro occidentale si collega strettamente alla individuazione dei criteri di fruibilità dell'area sacra (e dell'edificio) attraverso percorsi prestabiliti: secondo l'ipotesi di G. Colonna, infatti, le celle presentavano un ingresso indipendente ed erano dunque accessibili dal lato del mare attraverso una rampa debolmente inclinata, mentre il portico era fruibile dal lato dell'entroterra.

I singolari doni seppelliti nel massetto pavimentale tufaceo di entrambe le celle ne qualificano la pertinenza alla coppia di divinità di sesso diverso venerata nel santuario[26]: a nord un paio di orecchini d'oro agganciati tra loro[27]; a sud una olpetta a corpo parzialmente verniciato di tipo "ionico", tipo ampiamente imitato in ambito magno-greco e sicelliota negli anni compresi tra la fine del VI sec. ed il primo decennio del secolo successivo, e già attestato a Pyrgi da un esemplare sporadico

---

[24] L'edificio, pertinente alla terza fase edilizia del santuario, era preceduto da un'area sistemata con un battuto di terra e scaglie di nenfro, destinata alla celebrazione di sacrifici su apprestamenti rudimentali: Fiorini 2005a, p. 187.

[25] La larghezza diseguale degli ambienti, certamente dovuta a motivi rituali, permette di avvicinare la pianta dell'edificio alle rielaborazioni del modello di riferimento nell'ambito dell'architettura domestica: confronti in Colonna 2000, p. 267, nota 39.

[26] Per l'analisi delle offerte ed il collegamento con il culto, si rimanda ai contributi di M.D. Gentili e C. Carlucci in questo volume, con riferimenti bibliografici.

[27] Colonna 1995, p. 445, nota 6, tav. 52 d-f.

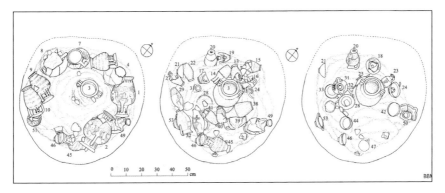

Fig. 6. I tre livelli del deposito ρ.

recuperato nell'area dell'abitato[28]. La deposizione dell'olpetta potrebbe segnare l'evento di ristruttu-razione dell'edificio, suggerita dalla serie più recente degli acroteri[29] ed attuato intorno al 500 a.C., nell'ambito di un preciso intervento di definizione dello spazio santuariale.

Tale intervento è rappresentato dall'eccezionale deposito votivo ρ, ricavato nello strato di base C presso il limite orientale del santuario[30], senza alcun apparente nesso topografico con l'edificio[31] (*Fig. 6*). Si tratta di un deposito costituito da almeno 44 vasi di importazione, collocati all'interno di una buca circolare rivestita di sabbia augitica, chiusa con un livello di pietre e sigillata con un livello di argilla mescolata a sabbia[32]. La disposizione dei vasi ha seguito una rigorosa prassi cerimoniale: l'atto ha preso avvio con la deposizione di un'anfora centrale contenente al suo interno una parure in argen-

---

[28] COLONNA 1981a, p. 17, nota 8, tav. VIII,d2.

[29] Le analoghe condizioni di giacitura dei frammenti pertinenti alle due serie di acroteri a busto di Acheloo suggerisce di assegnarle ad un unico tetto sottoposto nel corso del tempo a ristrutturazioni; la stessa impres-sione di forte commistione si ricava dalla catasta di tegole utilizzate per sigillare in maniera rituale le strutture perimetrali dell'edificio, verosimilmente smantellate dal medesimo tetto, anche se riferibili a diverse fasi di fabbricazione ed anche a diversi formati. Se dunque l'ipotesi di attribuzione del tetto degli Acheloi all'edificio β coglie nel segno, è lecito postulare la possibilità di una reiterazione delle offerte in occasione di specifici interventi. Occorre tuttavia sottolineare che lo scavo archeologico non ha ancora interessato i livelli pavimen-tali più antichi in battuto di tufo; il prosieguo dell'esplorazione potrà fornire ulteriori elementi di giudizio per ricostruire la storia dell'edificio in rapporto alle aree contigue.

[30] Il deposito è stato intercettato nella campagna del 1998 svuotando il riempimento di un fossato post-antico, che è arrivato ad intaccarne dall'alto la sommità.

[31] La mancanza di nesso topografico è sottolineata dalla relativa lontananza e dalla mancanza di assialità e sembra viceversa coincidere con precise esigenze di tipo cultuale. Tuttavia, sulla possibilità di deroga in ambito greco (e magno-greco?) alla disposizione assiale dell'altare rispetto all'edificio di pertinenza, si rimanda a LENTINI 2000, p. 161, nota 38.

[32] La buca, profonda cm. 50, è ritagliata con regolarità nel banco di argilla e presenta una diametro massimo di cm 80. Il contesto si configura in maniera simile ad un deposito sistemato in una buca circolare del diametro di cm 120, sull'asse del cd. tempio D di *Samos*, databile alla fine del VI sec. (SINN 1985).

Fig. 7. Pianta dell'altare v; in evidenza, spezzone di disco in arenaria.

to (una collana composta da pendenti in forma di olla e di carapace di tartaruga ed un anello digitale)[33] e ha proseguito, con movimento rotatorio, allettando i vasi rigorosamente suddivisi ed abbinati per forme, in tre diversi "livelli"[34].

Il deposito ipogeo, dalla forte connotazione demetriaca, appare segnalato alla quota finale di calpestio da un particolare monumento, purtroppo conservato in situazione di totale dissesto, denominato v (*Fig. 7*). Si tratta di un disco di pietra arenaria del diametro di circa cm. 120, frammentato e parzialmente ricomponibile, che in origine doveva collocarsi al centro di un piancito anulare di piccole pietre, ghiaia e tufelli. Dal punto di vista tipologico, esso trova confronto in una particolare categoria di monumenti relativamente diffusi in Etruria interna, talvolta recanti iscrizioni ed oggetto di alterne interpretazioni, che di recente sono stati globalmente considerati da G. Colonna come altari da sacrificio[35]. Non mancano tuttavia, in altri ambiti geografici, esempi di dischi litici con una possibile diversa funzione, come nel caso delle lastre di forma circolare documentate nel santuario di Locri Parapezza nella fase di IV sec., collocate nel piazzale ad ovest del sacello ed allettate alla quota del lastricato pavimentale in ciottoli, una delle quali con funzione di chiusura (o di *sema*?) nei confronti di un pozzo contenente offerte[36]. La particolare forma del monumento pyrgense, evocante il disco solare, si presta ad istituire interessanti collegamenti con i culti e le divinità del santuario[37] e trova riscontro, ad esempio, con l'altare

---

[33] Per gli elementi costitutivi ed il significato del monile, si rimanda a BAGLIONE 2008a, p. 310, nota 19; per il collegamento alle divinità ed una proposta ricostruttiva, si rimanda inoltre al contributo di M.D. Gentili, in questo volume.

[34] L'intenzionalità dei gesti impiegati appare sottolineata dall'uso di ciottoli lenticolari per allettare e rincalzare i diversi oggetti alle diverse quote. Il contesto sarà oggetto di una edizione critica che analizzerà il rituale nei suoi diversi aspetti e momenti e darà conto anche dei diversi oggetti spezzati ritualmente e gettati nella fossa insieme al vasellame selezionato ed offerto; per notizie preliminari sul contesto di scavo e per un inquadramento generale degli oggetti deposti, si rimanda a BAGLIONE 2004, pp. 87-91, figg. 5-12; COLONNA 2006b, p. 135, fig. VIII.7; BAGLIONE 2008a, pp. 310-311, fig. 7; BAGLIONE 2009, fig. 3; BELELLI MARCHESINI 2011. Si rimanda, per ulteriori spunti interpretativi, ai contributi di M.D. Gentili e M.P. Baglione, in questo volume.

[35] COLONNA 2006b, p. 133-134, con riferimento alle "ruote" litiche di Poggio Casetta-Bolsena, di Pieve a Socana nel Casentino, di Poggio Melonta presso Orvieto e dei Foculi presso Chianciano Terme.

[36] MILANESIO MACRÌ 2005, p. 229.

[37] Sulla connotazione ctonia di *Sol* rivelato dall'epiteto "*Indiges*" in ambito romano- latino e sull'accezione

circolare delimitato da grandi ciottoli, del diametro di cm.90, individuato in un'area aperta in prossimità dell'edificio β di Gravisca[38], che il Pianu riconduce al culto di Demetra sulla base di esempi di ambito siceliota e magno-greco[39].

Se il monumento è da considerarsi un altare da sacrificio, come proposto, il deposito votivo si configura possibilmente come un'offerta di fondazione, ma l'estrema complessità della sequenza di gesti e di scelte attuati per il suo interramento e la notevole articolazione del contesto suggeriscono piuttosto di ravvisarvi una offerta per la consacrazione di un determinato settore del santuario ad una specifica divinità.

Immediatamente dopo l'obliterazione del deposito, tra il primo ed il secondo quarto del V sec., l'area santuariale è oggetto di una significativa ristrutturazione. Viene operato un consistente intervento di modifica ed ampliamento, riportando una spessa coltre di argilla nerastra sul versante meridionale, orientale e nord-orientale della originaria collina artificiale ed apprestando piani pavimentali in battuto di tufo. In stretto collegamento con questo intervento, finalizzato a promuovere la frequentazione della fascia periferica del santuario, il pianoro sommitale della collina artificiale di età arcaica riceve una delimitazione in chiave "monumentale".

Il limite appare marcato sul versante orientale da una struttura muraria rettilinea con fondazione in blocchi di tufo denominata τ, quasi completamente asportata in antico, di cui abbiamo evidenziato su questo lato l'intero sviluppo; ad entrambe le estremità la traccia in negativo della struttura piega ad angolo retto in direzione del mare, suggerendo la presenza di un "recinto" almeno su tre lati. Impostato a ridosso del ciglio dell'originario pianoro, il manufatto è caratterizzato in sezione da una sacca di sottofondazione in schegge di tufo pressate e da una sorta di "marciapiede" sul lato esterno[40]; la medesima tecnica è stata osservata per il muro di *temenos* del Santuario Monumentale nella fase tardo-arcaica[41]. Una cronologia intorno al 480/470 a.C. per l'impianto del muro τ può essere supportata da un'*oinochoe* a testa femminile della Cook/London Class[42], probabile offerta di fondazione[43], rinvenuta sull'interfaccia del cavo di asportazione.

Un significato particolare in rapporto al tracciato e al momento costruttivo del recinto riveste una struttura in ciottoli e ghiaia con andamento semicircolare (*Fig. 8*), che delimita una notevole

---

solare della divinità ctonia *Cavtha*, di cui costituisce preziosa eco l'attestazione epigrafica di un culto a *Sol Iuvans* nella fase della colonia romana, si rimanda a COLONNA 2006b, p. 140 (con riferimenti).

[38] FIORINI 2005a, p. 158, fig. 213.

[39] V. PIANU 1991a, p. 199, che descrive il medesimo monumento come "una grossa pietra rotonda".

[40] Diversi "spaccati" occasionali della struttura e della stratigrafia associata sono stati offerti dall'alveo dei due fossati post-antichi che attraversano l'area sacra da terra verso mare (*Fig. 3*).

[41] Tale struttura è stata oggetto di una ripresa di scavo, finalizzata ad evidenziarne per intero il percorso attraverso il cavo di asportazione, nel corso delle campagne 2001-2005.

[42] BAGLIONE 2004, 96, nota 60, fig. 20.

[43] La presenza dell'immagine femminile nel cavo di fondazione, con possibile funzione di mediazione con l'elemento divino, trova un possibile confronto in un particolare e complesso rituale documentato a Torre di Satriano in età ellenistica, in occasione dell'impianto del nuovo edificio e della purificazione dell'area, interessata da una tomba di età arcaica, marcato dall'offerta di statuette e testine femminili in terracotta (OSANNA 2005, p. 441); una significativa incidenza numerica delle statuette fittili femminili caratterizza anche il deposito votivo di fondazione di Entella a scandire la vicenda edilizia di edifici a carattere utilitario inseriti in una probabile area di culto intramuraneo a Demetra e Persefone (PARRA 2005b).

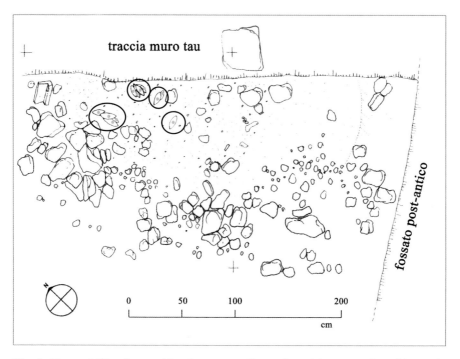

Fig. 8. Pianta dell'*eschara* evidenziata presso il tracciato del muro τ; in evidenza, le foglie in ferro e bronzo.

concentrazione di ossa combuste e triturate, e che è stata evidenziata presso il ciglio interno del manufatto[44], a breve distanza dall'altare ν: si tratta di una sorta di *eschara*[45], sigillata con un complesso

[44] Tale struttura, che risulta delimitata dal cavo di asportazione del muro τ, è stata evidenziata a seguito dell'asportazione di un consistente strato di livellamento di IV-III sec a.C., ma non compiutamente indagata.

[45] Nella letteratura greca il termine è spiegato da autori antichi tardi (Yavis 1949, p. 94 ss.) che danno informazioni contraddittorie: il termine indica genericamente l'altare ctonio, distinto da strutture con funzione di pozzo/fossa (Porph. *De antr. Nymph.*, 6); indica genericamente anche il focolare (Schol. ad Eurip. *Phoen.*, 274), oppure nello specifico un focolare alla quota del calpestio provvisto di una depressione (Harpocr. *s.v.* εσχαρα) o semplicemente un focolare tondo (Phot. s.v. εσχαρα), dunque designando propriamente la parte superiore dell'altare su cui arde la fiamma. Nella letteratura storico-religiosa il termine non è frequente e designa bassi altari per libagioni a livello del suolo forniti di foro in culti di tipo ctonio (Comella 2005a, p. 235-236 con riferimenti). Nella letteratura archeologica, il termine viene impiegato per strutture di varia forma, delimitate con un strutture di modesto apparecchio e caratterizzate da carboni ed ossa combuste e triturate, in probabile collegamento con la pratica di bruciare completamente l'animale sacrificato. In riferimento a Policoro, il Pianu (1991b, p. 202) indica con il termine *eschara* alcuni focolari di forma circolare o ovoidale, delimitati da pietre di piccole e medie dimensioni o materiale edilizio di risulta. Più fluido l'impiego del termine per la situazione archeologica di Graviscia, in rapporto ad altari di forma rettangolare (Fiorini 2005a, p. 125, figg. 140 e 150, n. 10α: ricalcato da *bothros* a cista con strati di fine V sec. a.C. all'interno del cortile A dell'edificio α) ma più co-

atto rituale[46], i cui momenti specifici sono sottolineati dalla presenza di più foglie in lamina di ferro e di bronzo provviste di catenelle di sospensione e dall'offerta di ceramiche e di resti di pasto (*Fig. 8*). Il contesto pyrgense richiama specifiche pratiche cerimoniali, svolte su strutture rudimentali in posizione spesso liminare, in analogia a quanto documentato, a titolo di esempio, nell'area sacra di Locri-Parapezza in stretto collegamento con un altare/*eschara*[47].

Il muro τ è stato in gran parte smantellato nel IV sec., ma il segmento settentrionale è sopravvissuto fino al III sec. inoltrato, come ben dimostra la presenza di reperti numismatici nel riempimento del cavo di asportazione[48].

Per quanto riguarda la possibilità di ricostruire lo sviluppo planimetrico complessivo del recinto, sono state prese in considerazione una serie di evidenze significative, quali la netta discontinuità della stratigrafia orizzontale prodotta dalla presenza di elementi di cesura e dalla contrapposizione esterno/interno; la distribuzione superficiale di determinate offerte, quali due spezzoni di catene con grandi maglie in ferro rinvenute in corrispondenza del lato nord[49] e riferibili alla fase di abbandono.

Sulla base dei dati disponibili e nonostante l'interferenza di un più recente grande canale di drenaggio che corre in corrispondenza dell'ipotetico lato ovest, proponiamo di ricostruire un recinto quadrangolare misurante all'incirca sessanta piedi di lato, orientato con gli spigoli secondo i punti cardinali; tale recinto non era necessariamente delimitato da un muro continuo lungo tutto il perimetro, ma forse anche da cippi[50] o semplicemente da solchi colmati da detriti tufacei, come nel caso del solco pomeriale riscontrato alle spalle del Tempio A[51] (*Fig. 9*).

Appare significativo che lo spazio racchiuso dal recinto, che coincide con l'area già consacrata mediante il deposito ρ, provvisto di un piano di calpestio di argilla compattata con sabbia marina, sia stato a lungo mantenuto sostanzialmente sgombro da strutture ed attività cultuali specifiche, divenendo oggetto di operazioni di accumulo pavimentale e consistenti deposizioni votive soltanto all'indomani dell'incursione dionigiana. Appare inoltre evidente che i settori del santuario che gravitano intorno al recinto dipendono strettamente, nella loro articolazione spaziale, dalla proiezione dei suoi elementi geometrici[52], tradendo l'applicazione di procedimenti di tipo rituale nella defini-

---

munemente circolare (FORTUNELLI 2007, p. 42: base di altare intercettato nel vano 4 dell'edificio I) caratterizzati da notevole quantità di carbone di legna, frammista a frammenti osteologici di minute dimensioni.

[46] Si rimanda al contributo di C. Carlucci, in questo volume.

[47] MILANESIO MACRÌ 2005, p. 229; MILANESIO MACRÌ 2010. L'offerta delle foglie appare reiterata a partire dall'inizio del V sec., in rapporto a rituali di fondazione e all'espletamento occasionale di sacrifici all'interno di spazi appositamente consacrati ed in ricorrente associazione agli spiedi.

[48] Si rimanda al contributo di L. Ambrosini, in questo volume.

[49] Tale tipo di offerta, interpretabile come ceppi di schiavo, ricorre nel santuario di Vigna Nuova a Crotone dedicato a Era nel ruolo di liberatrice assunto al Lacinio (LEONE 1998, pp. 94-95 con riferimenti) e nel santuario settentrionale di Pontecagnano (BAILO MODESTI *ET AL.* 2005b, p. 201, fig. 17).

[50] Sulla presenza di cippi e sulla loro valenza all'interno del santuario, cfr. *infra*. Per quanto riguarda l'attestazione di recinti consacrati, semplicemente realizzati con pali e tramezzi di legno, si cita ad esempio il caso di Lavello (TAGLIENTE 1992).

[51] COLONNA 2004b, p. 309, tavv. XL-XLI.

[52] Il tipo di sviluppo del nostro santuario richiama quello ricostruito per il complesso sacro-istituzionale della Civita di Tarquinia (BONGHI JOVINO 2000), dove è stata riconosciuta l'applicazione di specifici criteri matematici.

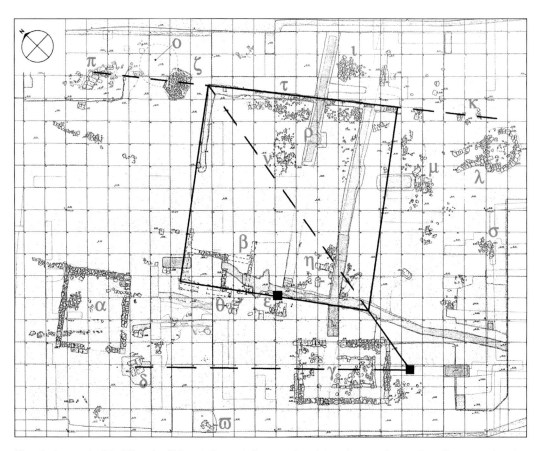

Fig. 9. Santuario Meridionale di Pyrgi. Ipotesi ricostruttiva del recinto tardo-arcaico (linea continua) e dei principali allineamenti (a tratteggio) che regolano lo sviluppo dell'area sacra; posizione dei lingotti di piombo con funzione di cippi (quadratini neri).

zione degli interventi sul terreno e suggerendo l'ipotesi che il ricostruito recinto abbia esercitato la funzione di vero e proprio polo generatore dell'area santuariale. Sulla base delle considerazioni finora espresse, è forse possibile assimilare il recinto pyrgense ad un *templum in terris*[53], giustificando

---

[53] Sul concetto di *templum* e sulle evidenze archeologiche disponibili, si rimanda alla trattazione di Catalano 1978 e alla ampia disamina di Torelli 2005. Secondo Torelli (2000, p. 276) la presenza ad Este di un *templum* augurale arcaico è significativo del fatto che il rituale augurale è comune ad una vastissima area dell'Italia antica costituendo il relitto di una religiosità preistorica comune a molti popoli italici. Per quanto riguarda le procedure tecniche-rituali relative alla definizione del *templum in terris* e le sue connessioni astronomiche, con particolare riferimento alla fondazione di Marzabotto, cfr. Gottarelli 2003a, 2003b, 2005. In generale, sui riti di fondazione e sulle pratiche rituali connesse alla delimitazione dello spazio: Briquel 1987, Edlund Berry 2006; Van der Meer 2011.

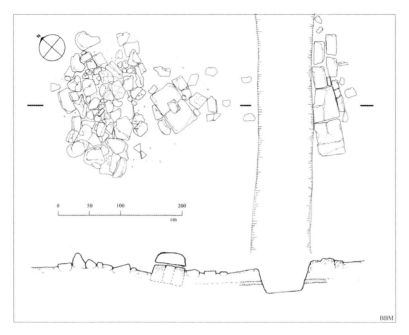

Fig. 10. Il complesso cultuale dell'altare ι, con l'adiacente *mundus* (scoperchiato) e la struttura di delimitazione o bancone, sulla destra.

la sua posizione centrale e leggermente rialzata rispetto all'estensione dell'area sacra, nonostante le eccezionali dimensioni che lo discostano dagli esempi riconosciuti[54].

Passiamo ora a considerare i settori che gravitano intorno al recinto centrale, procedendo in senso orario, enucleando gli elementi più significativi ai fini del nostro discorso.

Sul lato dell'entroterra, a breve distanza dallo spigolo orientale dal muro τ, è presente un complesso di strutture a carattere cultuale (*Fig. 10*) costituito da un altare di pietre brute[55] di forma ovale denominato ι[56] che esercita anche una chiara funzione liminare, e da un altare forato ancora provvisto del suo coperchio, un pietrone oblungo in arenaria; quest'ultimo, come recentemente chiarito da G.

---

[54] Ad esempio, nel santuario orientale di Meggiaro ad Este, connesso a rituali di iniziazione giovanile, il *t. in terris* è costituito da un podio sabbioso rettangolare (m 5 × 7,50) demarcato da spessi blocchi di trachite alloggiati entro fosse, datato alla fine del VI sec. e mantenuto sgombro fino alla fine del IV sec.; a Lavello sono documentate tre diverse redazioni, in materiale deperibile e murature, con misure molto simili pari a 24 × 16 piedi (riferimenti in TORELLI 2005).

[55] Le fonti letterarie attestano la presenza di altari di semplici zolle di terra (APOLL. RODIO I, 1123; PAUSANIA VII, XXII,5) o eventualmente di mattoni crudi (PAUSANIA VI, XX,11), rappresentati anche iconograficamente a partire dall'epoca arcaica (PAULY-WISSOWA I, col 1671) ma di rado riscontrati sul terreno (YAVIS 1949, pp. 214-215). Su questa categoria di altari, che richiamano gli apprestamenti di culto primitivi, cfr. COLONNA 1991-92, pp. 75-78; COLONNA 2006b, pp. 132-134.

[56] COLONNA 2006b, p. 132, fig. VIII.4

Colonna, è assimilabile da un punto di vista tecnico ad un *mundus*[57] utilizzabile soltanto in occasione di precise ricorrenze mediante apertura rituale. Come sembra suggerire un esiguo lacerto di struttura conservata alla quota di fondazione[58], altare e *mundus* si inseriscono forse all'interno di un piccolo sacello, assimilabile dal punto di vista tecnico all'area C del santuario monumentale; la provenienza di una dedica tardo-arcaica ad *Hercle* dalle sue adiacenze ha permesso di ipotizzare un possibile ruolo tutelare di tale divinità nei confronti del confine dell'area sacra[59]. Non si dispone al momento attuale di precisi elementi di datazione per l'impianto del complesso, che si imposta direttamente sui livelli pavimentali tardo-arcaici e conserva pochi lembi del livello di calpestio. Le offerte rinvenute in prossimità del *mundus*, possono riferirsi ad uno o più atti rituali cerimoniali compiuti entro la fine del IV secolo probabilmente in rapporto a qualche intervento di sistemazione dell'area[60].

L'intera fascia meridionale del Santuario presenta una estesa opera preliminare di sopraelevazione ed una prima pavimentazione in battuto di tufo, ben livellata e provvista di una cunetta di scolo utile a drenare verso la periferia le acque meteoriche. Le strutture ed i contesti distribuiti in questa fascia sono riferibili alla fase di frequentazione del pieno V sec. a.C. e presentano evidenti tracce di manomissione e di rasatura, che sono state messe in esplicito rapporto con l'incursione dionigiana[61].

Spicca l'altare λ, costituito da un tamburo di forma significativamente circolare definito da una crepidine di pietrame e spezzoni di tufo, tra cui figura un grande frammento di disco in arenaria. Al suo interno il tamburo racchiude una piattaforma quadrangolare di cui si conserva il nucleo di fondazione in scaglie di tufo, orientata grosso modo con i punti cardinali (*Fig. 11*). La struttura è preceduta da un breve corridoio a probabile sostegno di una rampa debolmente inclinata, impostata sul versante nord-ovest, forse per sottolineare la forte valenza ctonia della struttura; è significativo, infatti, che confronti seppure non puntuali per questa struttura dalla pianta insolita siano reperibili in ambito funerario[62]. La

---

[57] Come recentemente chiarito in Colonna 2004b, p. 308, tavv. XXXVIII-XXXIX. Sul concetto di *mundus*, inteso come luogo consacrato *Dis manibus* ed accessibile in determinati giorni (Fest. 144 L; Serv. *Aen.* 3,134) per lo svolgimento di rituali di natura ctonia/funeraria connessi alla riproduzione e al ciclo agrario si rimanda in generale a *Thesaurus* IV, pp. 282-284 (F. Marcattili). La presenza di altari sotterranei (come l'*Ara Ditis* in *Tarento* e *Ara Consi* a Roma) e il prevalente orientamento ad ovest sono caratteri qualificanti del *mundus*, come ribadito in Torelli 2000, pp. 162-163.

[58] La fondazione è costituita da un filare in blocchetti di tufo mal conservato cui si accosta un rincalzo di elementi di tufo sagomati. La conservazione del muro appare pregiudicata dall'intersezione di fossati e canali di drenaggio antichi e post-antichi che interessa l'area limitrofa.

[59] G. Colonna, in *REE* 1998, pp. 319-322 e p. 337, con riferimento alla possibile identificazione generica di *Hercle*, al pari di *Fufluns* con la divinità maschile Śuri titolare del Santuario.

[60] Si tratta di una coppetta a vernice nera recante un teonimo inciso sul fondo ed una *chytra* capovolta: per riferimenti e confronti, si rimanda al contributo di D.F. Maras e di L.M. Michetti-L. Ambrosini, in questo volume.

[61] Colonna 1995, p. 443.

[62] Colonna 2006b, p. 138, fig. VIII.11, con proposta di accostamento all'altare rupestre di Grotta Porcina, di ambito funerario. Spunti interessanti per l'analisi dell'altare λ derivano dalla situazione intercettata a San Cerbone, Populonia: nell'ambito di un lembo intatto di necropoli sono state infatti evidenziate strutture associate ad evidenti tracce di attività rituale: in particolare, una struttura di cui rimaneva in posto il basamento cilindrico foderato da un paramento in pietre e lastre sbozzate, dal cui strato di abbandono è stata recuperata una notevolissima concentrazione di *sauroteres*; la presenza di un puntale ancora infisso nella trama muraria ha consentito agli scavatori di avanzare l'ipotesi di un coronamento di lance, sottolineando in ogni caso l'alto valore simbolico del monumento

valenza ctonia è sottolineata dalla presenza di lingotti di piombo[63] che rivestono la probabile funzione di offerte di fondazione. Considerando che la fusione del piombo per finalità di tipo pratico o cultuale è abbondantemente documentata nel santuario, è lecito domandarci se in questo settore fosse opportunamente custodita, sotto la protezione della divinità, una più consistente riserva di metallo, e con quali modalità fosse amministrata. La funzione del monumento come struttura di culto per tutto l'arco del V secolo è invece documentata dalla presenza di offerte, in particolare di *krateriskoi*[64]. Quanto all'inquadramento cronologico dell'altare, una datazione al 480-470 a.C. appare suggerita dal rapporto stratigrafico con il contiguo deposito votivo κ (*Fig. 3*).

Com'è noto, si tratta di un deposito eccezionale per qualità e quantità dei reperti, definito a livello spaziale dalla presenza di due brevi cordoni in pietrame che ne scandiscono i settori e permettono di distinguere le diverse azioni rituali connesse al suo interramento; quanto alla sistemazione finale del deposito, soggetto anch'esso a rasatura, è stata ipotizzata la presenza di uno o più tumuletti di terra. In rapporto al deposito, sul quale più volte è stata attirata l'attenzione[65], mi limito a ricordare la singolare offerta, deposito nel deposito, di *aes formatum*, *aes rude* e frammenti di altri oggetti in bronzo entro un'olla d'impasto[66], che si collega alla particolare concentrazione di offerte di pani o lingotti di metallo in questa porzione dell'area santuariale[67]. Un ulteriore nucleo di metalli (in particolare, pani di bronzo), risulta infatti seppellito a poca distanza dal deposito in questione, in corrispondenza dell'angolo orientale del recinto, nell'ambito di una formazione piuttosto articolata di cui occorre al più presto completare l'indagine[68].

Dal punto di vista topografico, è possibile rilevare che il deposito κ si colloca esattamente sulla prosecuzione del muro orientale del recinto (*Fig. 9*), e che sembra configurarsi pertanto come elemento fondamentale di demarcazione dello spazio sacro. Non mancano indizi relativi alla presenza di ulteriori nuclei di deposizione all'intorno dell'altare λ, come dimostra la presenza di un cratere alloggiato in una buca[69] sull'opposto lato e come suggerisce indirettamente la straordinaria messe

---

(struttura XXIV: CAMILLI ET AL. 2005, p. 248, fig. 7 e 9), che sulla base della proposta ricostruttiva sembra richiamare gli altari/*stelai* di Naxos intorno alle quali si concentra la presenza di armi (LENTINI 2000). Funzione rituale è stata attribuita ipoteticamente anche ad un recinto costituito da muretti a secco, dal cui interno proviene una *machaira* in ferro (*ibid.*, p. 250).

[63] Alla medesima valenza si collega la ventina di barrette parallelepipede di piombo dalla tomba B del tumulo I del Caiolo di S. Giuliano (CARUSO 1986, p. 132, nota 11).

[64] Per l'inquadramento delle offerte e sul significato dell'offerta di oggetti miniaturizzati all'interno del contesto santuariale, si rimanda ai contributi di C. Carlucci e L. Maneschi; L. Ambrosini e L.M. Michetti.

[65] BAGLIONE 2000, pp. 339-351; BAGLIONE 2004, pp. 93-95, con riferimenti; BAGLIONE 2008, pp. 311-316.

[66] Tale tipo di deposizione trova confronto nel santuario settentrionale di Pontecagnano, dove è segnalato il caso di una olla contenente frammenti di pani in bronzo ed *aes rude*: A. LUPIA, in BAILO MODESTI ET AL. 2005c, p. 56; inoltre nel santuario agrigentino di S. Anna, dove un *pithos* ha restituito quasi 150 chili in metallo, tra pani a profilo curvilineo, lingotti ed altri oggetti (ARDOVINO 1999, p. 172, nota 30, con riferimenti).

[67] Si tratta dunque di un settore che presenta offerte di metallo tesaurizzabile, caratteristica che spesso ricorre nei santuari a carattere demetriaco (CIPRIANI, ARDOVINO 1989-1990; ARDOVINO 1999), come sottolineato in BAGLIONE 2008, p. 316.

[68] Si rimanda ai contributi di L. Drago e di C. Carlucci-L. Maneschi, in questo volume.

[69] Per la distribuzione delle offerte in questo settore, si rimanda al contributo di C. Carlucci-L. Maneschi, in questo volume.

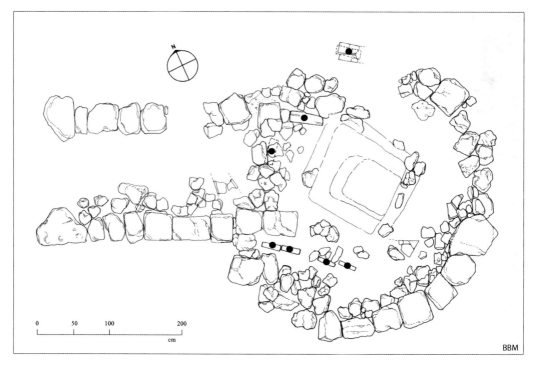

Fig. 11. L'altare λ; in evidenza, i lingotti di piombo inglobati nella struttura.

di vasi di importazione frantumati e riutilizzati nei diversi interventi all'interno dell'area santuariale[70].

Nella rimanente porzione della fascia meridionale sono attestate attività specifiche riconducibili a pratiche di tipo cerimoniale. In particolare, si registra l'impiego di vasellame (strumentario per le attività di culto, eccezionalmente ceramiche di pregio già oggetto di offerta) che viene sottratto alla sfera del sacro mediante scarico e frantumazione intenzionale sul posto, e che viene utilizzato nella definizione dei massetti pavimentali (*Fig. 12*). La presenza in questa fascia del santuario di accumuli circoscritti di pietrame a quota superficiale (ad esempio, le "strutture" μ e σ), per lo più in coincidenza delle aree di maggior addensamento degli scarichi di ceramiche, ci sembra sottolineare ulteriormente la valenza cerimoniale dell'atto; al contempo, infatti, gli accumuli sembrano corrispondere ad elementi di delimitazione dell'area sacra sul lato meridionale, in coincidenza con l'estensione di un rinnovato apprestamento pavimentale.

---

[70] Dirimente a questo proposito è il più volte citato caso dell'attacco registrato tra un frammento dall'interfaccia del deposito κ ed un frammento rinvenuto ai margini settentrionali del santuario, facilmente riconosciuto grazie all'iscrizione apposta *mi śuris cavaθas* (COLONNA, MARAS, MORANDI 1998, p. 376, scheda 36).

Fig. 12. Fascia meridionale del Santuario. Fase di scavo del secondo livello pavimentale e dell'accumulo di ceramica frantumata che ne costituisce il massetto; in secondo piano, accumulo/segnacolo di pietrame.

A partire dalla seconda metà avanzata del IV secolo, la fascia meridionale del santuario è stata sottoposta ad una accurata obliterazione, realizzata con una coltre argillosa spessa una quarantina di centimetri e caratterizzata dall'abbondante presenza di ghiande missili[71] in qualità di offerta votiva. La mancanza di ulteriori piani di frequentazione e la presenza di un cordone di macerie con funzione di delimitazione riduttiva dello spazio sacro segnalano in maniera inequivocabile, a partire da questo momento cronologico, l'avvenuta esclusione della fascia meridionale dall'area del santuario (*Fig. 13*).

La fascia occidentale del santuario è caratterizzata da una serie di edifici, altari e strutture accessorie di diversi periodi, distribuiti lungo il perimetro di un'area all'aperto, definita "piazzale ovest". Come già osservato, l'ossatura di questo piazzale è costituita dal riporto argilloso di epoca arcaica, che assume in questa fascia l'aspetto di una rampa debolmente inclinata, in stretto collegamento

---

[71] Le ghiande missili sono state poste in relazione da Giovanni Colonna (1995, p. 443) alla comparsa dei corpi di frombolieri nel V sec. a.C. all'epoca della guerra del Peloponneso e, per quanto riguarda il contesto specifico, all'impiego nel corso dell'incursione siracusana del 384 a.C. La presenza abbondante delle ghiande missili all'interno della coltre di argilla che oblitera la fascia meridionale e che è quasi sterile di altro tipo di materiale archeologico, ne evidenzia l'alto valore simbolico come offerta intenzionale.

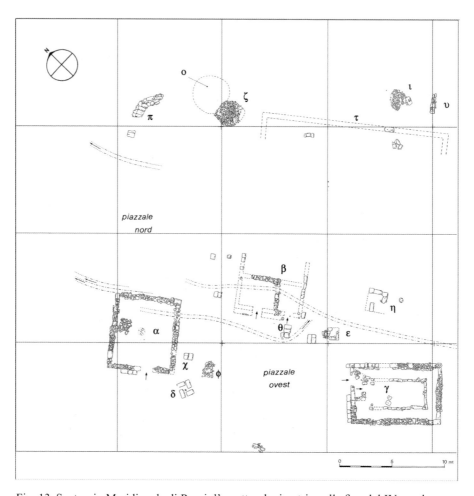

Fig. 13. Santuario Meridionale di Pyrgi: l'assetto planimetrico alla fine del IV secolo.

con la fruizione del sacello β[72] (*Fig. 5*). Tale andamento del piano calpestabile, ricalcato dai primi livelli pavimentali in battuto di tufo, è stato di volta in volta corretto in occasione dell'aggiunta delle

---

[72] Di recente l'uso del termine è stato sottoposto a critica (Comella 2005b) sottolineando la pertinenza esclusiva a "piccoli luoghi sacri comprendenti l'altare di culto" in sintonia con la definizione di Gellio (7,12,5: *locus parvus deo sacratus cum ara*). L'uso del termine per indicare piccoli edifici si basa sul significato che i grammatici (PS.-Fronto *de differentiis verborum*, (Keil, *GrL* VII 523, 24-30) attribuivano alla parola latina sulla scorta di etimologia varroniana (Don. *ad Ter. Ad. 576: sacellum...sacra cella est*). A. Comella segnala in Etruria sacelli in forma di podio (Marzabotto B e D, cd. "altare" di Vignanello) e sacelli delimitati da recinto (area C di Pyrgi, altare β Ara della Regina).

diverse strutture di culto, con interventi circoscritti di accumulo, fino a trasformare completamente le pendenze originarie. In linea di massima, gli interventi osservati in questo settore si
presentano piuttosto parcellizzati, caratterizzati
da una forte ritualità e sottesi ad evidenziare la
presenza di distinti punti di interesse ai fini cultuali.

Questa particolare connotazione del piazzale è ben illustrata dalla presenza di una "stri-
sciata" di ben trentotto colature di piombo, distribuite lungo il limite nord del primo apprestamento pavimentale, con l'evidente funzione di
marcare l'area di frequentazione[73] (*Fig. 14*). Si
tratta di un rituale del tutto eccezionale e apparentemente privo di confronti, eseguito colando

Fig. 14. Piazzale ovest: serie di colature di piombo, che marcano ritualmente il limite del pavimento arcaico (visione di dettaglio).

le diverse porzioni di metallo fuso a diretto contatto del pavimento e documentato nella medesima
fase anche in rapporto all'edificio β, dove una cospicua colatura è stata rinvenuta nel 1992 a contatto
del piano pavimentale; l'uso del piombo conferisce una forte accezione ctonia al rituale riferibile
dunque ad atti di consacrazione rivolti agli dei inferi[74].

Ad un primo intervento di sopraelevazione è ascrivibile la realizzazione dell'altare δ[75] (*Fig.
13*), in un'area appositamente consacrata mediante l'offerta di una coppia di oggetti in ferro e mediante un probabile sacrificio[76], orientato a SSW: se ne conserva la fondazione in blocchi di tufo,
con centro geometrico segnato da uno scapolo di calcare rosa infisso in verticale, relativo ad una
struttura di culto a pianta quadrangolare misurante 4 piedi di lato e preceduta sul lato nord da una
stretta pedana. È interessante notare che, anche in seguito all'obliterazione, la posizione dell'altare
continuerà ad essere segnalata da un modesto accumulo di ciottoli e che la sua funzione sarà probabilmente ereditata dalla struttura χ, costituita da una coppia di blocchi di tufo affiancati[77], intorno
alla quale si rileva un particolare addensamento di ossa combuste e di bruciato. Dal punto di vista

---

[73] Il rinvenimento risale alla campagna del 2007 e ha consentito di comprendere la stretta relazione delle
numerosissime colature raccolte in giacitura secondaria rispetto ad interventi di definizione e di trasformazione
dello spazio sacro. Sull'argomento si rimanda a COLONNA 2007a, pp. 120-123; DRAGO TROCCOLI 2012, pp. 829-
830; COLONNA 2012a, p. 587.

[74] Il rituale di consacrazione marcato in questo settore dall'offerta/impiego di piombo fuso e colato è discusso in questo volume nei contributi di L. Drago, e di C. Carlucci- L. Maneschi.

[75] COLONNA 1991-92, pp. 72, figg. 10-11; COLONNA 2006b, p. 137-138, fig. VIII.10.

[76] I due oggetti in verga di ferro, con punta ripiegata, sono in corso di restauro e sono possibilmente confrontabili con i "ganci da sospensione" dal Santuario di Eraclea (PIANU 1991-93, p. 63, tav. II,3); i due oggetti erano
deposti paralleli a contatto del primo pavimento, alla quota di imposta dell'altare e in associazione ad evidenti
tracce di bruciato ed ossa combuste e triturate.

[77] Si tratta del medesimo tipo di basamento (di altare) documentato in forma reiterata lungo l'edificio delle
Venti Celle del Santuario Monumentale, come sembra indicare l'associazione di ossa combuste e triturate. È
documentato almeno a Metaponto e, più di rado, anche a Naxos (LENTINI 2000, nota 27).

rituale, è possibile riscontrare inoltre un particolare addensamento di punte in ferro di armi da getto negli strati di accumulo di questo settore, suggerendo probabilmente per l'altare una possibile "area di pertinenza".

L'opposto versante del piazzale ospita invece un edificio di culto, preceduto da un altare, entrambi rigorosamente orientati con gli spigoli secondo i punti cardinali (*Figg. 13, 15*). L'altare da fuoco ε[78], di forma cubica e conservato alla quota di fondazione, è affiancato da un *bothros* a cista litica[79] coperto da un semplice strato di argilla, e probabilmente sigillato da una pedata dell'altare medesimo. Il riferimento cronologico offerto dai due vasetti deposti nel *bothros*[80] segnala che la struttura è coeva al deposito votivo κ. Presso l'altare, coricato in obliquo[81], è stato rinvenuto un lingotto di piombo che potrebbe interpretarsi come offerta oppure come cippo/segnacolo[82]; in quest'ultimo caso, avanziamo l'ipotesi che, in origine, esso potesse essere infisso verticalmente lungo il lato ricostruito del recinto sacro, in corrispondenza della sua bisettrice. Sul lato nord dell'altare è inoltre presente un basamento caratterizzato da medesimo orientamento e costituito da due blocchi affiancati di tufo, che con ogni probabilità è riferibile ad una *trapeza*[83]. Se l'interpretazione coglie nel segno, è possibile delineare un'area attrezzata, circoscritta e legata a specifiche esigenze di culto, composta da un altare da fuoco e da un connesso bancone per sacrificio (*Fig. 15*).

Dal punto di vista stratigrafico, l'altare risulta realizzato prima del contiguo edificio γ, impiantato non prima del terzo quarto del V sec. a.C. Dal punto di vista progettuale, tuttavia, altare ed edificio γ sono entrambi collegati ad una operazione preliminare di trasformazione altimetrica dell'area, realizzata mediante un primo riporto di argilla suggellato da un consistente battuto tufaceo, utile a sopraelevare una zona originariamente depressa e a creare una sorta di *tell* artificiale. L'edificio poggia in parte su questo *tell* ed in parte sul dosso argilloso arcaico che corre parallelo alla costa.

Una trincea ortogonale al lato di fondo dell'edificio ha rivelato la presenza, esattamente sul suo asse di simmetria, di un lingotto di piombo di grande formato e di forma rastremata[84], conficcato verticalmente nella testa del dosso argilloso, dosso che in corrispondenza descrive una brusca scarpata. L'assetto ne indica la funzione di cippo, in rapporto alla sacralizzazione del limite dell'area e/o alla pianificazione rituale dell'erigendo edificio. Non a caso, infatti, la linea che unisce la testa del lingotto di piombo al centro geometrico dell'altare *delta* corre quasi esattamente sull'asse dell'edificio (*Fig. 9*). Se l'ipotesi ricostruttiva del recinto coglie nel vero, è da rilevarsi che il lingotto in questione cade sulla

---

[78] Colonna 2006b, p. 137.

[79] Colonna 1991-92, pp. 72-73, fig. 12. Per un possibile confronto, si segnala la presunta "base di donario" nel cortile A dell'edificio α di Gravisca, che si presenta come basamento rettangolare misurante 160 × 120 cm, costruito in ciottoli, pietre di varie dimensioni e un'ancora litica (Pianu 1991a, p. 198), riferibile alla sistemazione di IV sec. a.C.

[80] Colonna 1991-92, p. 74, figg. 13-14; Baglione 2000, p. 353, fig. 23. Si rimanda ai contributi di M.D. Gentili e C. Carlucci-L. Maneschi.

[81] L'area di giacitura del cippo in questione è stata investita dalla sponda del più recente canale centrale di drenaggio.

[82] L'ipotesi contrasta con l'interpretazione del lingotto come offerta di fondazione dell'altare, proposta in questa sede da C. Carlucci e L. Maneschi.

[83] La medesima interpretazione è data anche per la coppia di blocchi affiancati rinvenuta a Gravisca, nel vano M dell'edificio γ: Fiorini 2005a, p. 68.

[84] Drago 2012, p. 829, figg. 13-14.

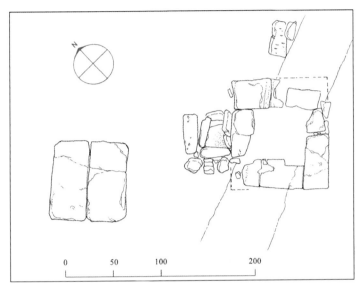

Fig. 15. L'altare ε con il contiguo *bothros* ed il basamento in blocchi, riferibile ad unico microsistema cultuale.

prosecuzione della sua diagonale. Sarebbe dunque possibile riscontrare la presenza di un complesso sistema di punti di riferimento per la pianificazione degli interventi ed il posizionamento delle strutture (*spectio*), secondo rituali che si collegano strettamente alla definizione dello spazio augurale[85].

L'edificio ha subito, tra lo scorcio del IV sec. e l'inizio del secolo successivo, importanti opere di consolidamento e di ristrutturazione, in particolare a carico dell'ingresso, sottolineate dalla deposizione di oggetti miniaturistici in punti significativi del fabbricato[86].

La pianta finale è quella di un *oikos* rettangolare[87] realizzato con una tecnica muraria mista (*Fig. 16*). Al suo interno è presente una "cella"[88], delimitata alla quota del pavimento da un filare di blocchi dimezzati di tufo rosso e grigio e da un mezzo ceppo di ancora litico[89], che accoglie due altarini con cup-

---

[85] Il procedimento è stato recentemente discusso in DE MAGISTRIS 2007; per Roma, si rimanda inoltre a CARANDINI 2005.

[86] Per questo tipo di offerte, si rimanda al contributo di L.M. Michetti, in questo volume.

[87] COLONNA 1991-92, pp. 73-74, fig. 15; COLONNA 2006b, p. 150, fig. VIII.13.

[88] La cella interna di fatto costituisce una struttura a sé stante ed autonoma dal punto di vista degli apprestamenti cultuali, un piccolo tempietto destinato probabilmente a contenere una statua di culto: *Thesaurus IV*, p. 161, s.v. *aedicula (Etruria)* (A. Comella).

[89] L'impiego di spezzoni di ceppi di ancora come materiale edilizio di reimpiego è documentato anche nel santuario di Gravisca (COLIVICCHI 2004, pp. 141-143) nella fase di IV sec. e a Locri Centocamere (nelle strutture ad ovest della Stoà ad U) nella fase di fine VI sec. (BOETTO 1997, pp. 55-57). La funzione di "cippo" è attribuibile anche allo spezzone rinvenuto a Pyrgi lungo il tracciato della grande strada proveniente da *Caere*, in corrispondenza del piazzale di ingresso al santuario (G. COLONNA, in *Pyrgi* 1970, p. 635, fig. 487). È invece

Fig. 16. L'edificio γ; al suo interno, piccolo altari con canalicoli e cuppelle per offerte liquide.

pelle e canalicoli[90]. L'ingresso si apre in posizione decentrata[91] nella metà occidentale della parete nord, schermata nella metà opposta da una bassa banchina[92]. L'esistenza di un percorso obbligato e tortuoso per accedere all'interno dell'edificio appare suggerita, appena oltre l'ingresso, da una serie di ciottoli solidali al livello del pavimento, che descrivono uno schema a meandro: schema che ben si addice ad attività a carattere misterico e che ricorda la conformazione labirintica dell'ingresso dell'edificio di Camarina[93], purtroppo malnoto, e dell'*oikos* di Santa Venera a *Paestum*[94], ma richiama anche percorsi a carattere

---

incerta la funzione di un ceppo rinvenuto nel 1987 a Pyrgi sulla battigia a seguito di una mareggiata, e riferibile alla tessitura muraria delle case dell'abitato oppure interpretabile come stele di confine di un lotto di proprietà (esposto attualmente nell'Antiquarium di Santa Severa).

[90] Colonna 2006b, p. 140.

[91] La posizione decentrata dell'ingresso ricorre ad esempio nel sacello a pianta rettangolare di Locri Marasà (Leone 1998, pp. 79-81, con riferimenti).

[92] Si osserva che le banchine sono elemento ricorrente all'interno ed all'esterno degli edifici a carattere demetriaco: si tratta tuttavia di banchine realizzate con tecniche differenti e sottoposte a costante manutenzione mediante intonacatura. A titolo di esempio, si cita il caso di Locri Parapezza (Milanesio Macrì 2005, p. 229; Sabbione, Milanesio Macrì 2008, pp. 198).

[93] Giudice 1979, p. 287, fig. 1; Hinz 1998, pp. 119-121, Abb. 23.

[94] Pedley, Torelli 1993, p. 56-57, fig. 18; il complesso è inquadrabile all'inizio del V sec.

cerimoniale attestati in ambito santuariale ed evidenziati attraverso accurati sistemi di pavimentazione[95]. Anche se la presenza della coppia di altarini non sembra lasciare dubbi sulla destinazione cultuale dell'edificio, non può tacersi la stretta somiglianza del suo impianto planimetrico con le sale da banchetto che ricorrono nei santuari a carattere demetriaco[96]. All'edificio è attribuibile un tetto a doppio spiovente dal forte sapore campano con antefisse a testa femminile di gusto arcaizzante[97] alternate ad antefisse a testa di gorgone con nimbo piatto, e persino con tegole di formato campano.

Il piazzale ovest non ha svolto semplicemente il ruolo di tramite per gli edifici. È infatti caratterizzato dalla presenza di piccole buche,

Fig. 17. Una delle piccole buche evidenziate nel piazzale ovest, riferibili ad apprestamenti in materiale deperibile, in corso di scavo.

alcune delle quali riferibili alla traccia di strutture a carattere deperibile o a piccoli recinti (*Fig. 17*)[98]. È possibile che si tratti delle tracce delle tende e dei rifugi provvisori, le *skenài*, che nei contesti santuariali a carattere demetriaco venivano utilizzate dalle donne intervenute per la cerimonia[99].

Sono state identificate inoltre piccole buche riferibili ad offerte alimentari (tra le quali i molluschi) che si riferiscono all'usanza di deporre a contatto del terreno i resti di pasto, ad indizio dello svolgimento di banchetti a carattere comunitario ed in analogia con quanto documentato, ad esempio, in un settore periferico del santuario di Eraclea.

Nella seconda metà del IV secolo il pavimento del piazzale, marcato dall'offerta "povera" di coppette per lo più capovolte[100], riceve una consistente sopraelevazione, in maniera tale da assumere

---

[95] Tali percorsi cerimoniali sono ad esempio attestati in ambito lucano, in contesti articolati a livello planimetrico ed altimetrico assegnabili al IV-III sec.: si segnalano la via pavimentata con mosaico di ciottoli di Ascoli Satriano, Collina del Serpente, il cui andamento a linea spezzata appare condizionato dalla presenza di edifici ad *oikos* a probabile carattere sacro lungo il suo percorso, alcuni in materiale deperibile (FABBRI, OSANNA 2005, p. 223, fig. 17); inoltre il sistema di percorsi, pavimentati con elementi fittili, che caratterizza il santuario di Armento (RUSSO TAGLIENTE 2000, pp. 42-44, 51 figg. 39, 42, 44). Una stimolante lettura del significato dei percorsi cerimoniali e del loro andamento come "riti di determinazione dello spazio sacro" è affrontata in COARELLI 2005, in particolare pp. 29-32.

[96] LIPPOLIS 2006, p. 23. A Corinto gli edifici da banchetto rituale sono documentati dalla fine del VI secolo e a partire dal IV secolo sono sistematicamente inglobati in complessi articolati in più ambienti; dal V secolo prevale la forma rettangolare allungata (BOOKIDIS 1990, pp. 88-89). Manca nell'edificio di Pyrgi, a supportare una possibile alternativa destinazione funzionale, la ricca messe di resti ed indizi documentati a Corinto, come ben documentato in BOOKIDIS *ET AL.* 1999.

[97] COLONNA 2006b, fig. VIII.30.

[98] Si rimanda ad una situazione simile riscontrata nel santuario di S. Nicola presso Agrigento che secondo DE MIRO 1963 potrebbe riferirsi all'impianto di strutture in materiale deperibile.

[99] LIPPOLIS 2001, p. 239; LIPPOLIS 2006, p. 23.

[100] Si tratta di oggetti isolati, deposti in corrispondenza dei piani di calpestio più volte soggetti a rifacimento.

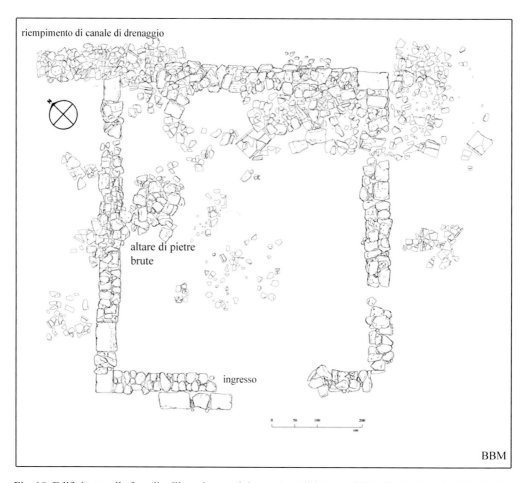

riempimento di canale di drenaggio

altare di pietre
brute

ingresso

BBM

Fig. 18. Edificio α, nella fase di utilizzazione a cielo aperto. All'interno dell'edificio, altare in pietre brute.

un andamento declinante verso l'area centrale, in contropendenza dunque rispetto al pavimento arcaico.

Tale intervento si collega alla vasta operazione attuata per sistemare la fascia settentrionale del Santuario ed alla realizzazione in posizione d'angolo dell'edificio α (*Fig. 18*), impostato in corrispondenza della confluenza di due principali e consistenti riporti di argilla. Si tratta di un modesto *oikos* a pianta quadrangolare[101], orientato come il sacello β; se ne conserva lo zoccolo di fondazione in pie-

---

Per un confronto di questo tipo di offerta "povera", che sembra marcare pratiche libatorie occasionali, si veda il santuario di Torre di Satriano (OSANNA 2005, p. 439).

[101] COLONNA 2006b, p. 151, fig. VIII.6, con rimando per confronto al sacello di Minerva nel santuario di Por-

trame, con blocchi di tufo in posizione cantonale. L'ingresso principale è decentrato, sul lato verso il mare, e fiancheggiato da una banchina esterna in blocchi di tufo, mentre sul lato di fondo esisteva forse un ingresso secondario. Era provvisto di un tetto con tegole di gronda e tegole provviste di lucernario a ferro di cavallo, sostenuto da un palo di cui è stata riconosciuta la traccia per l'alloggiamento al centro del vano. Dell'edificio è ben documentata la fase di pieno III sec. a.C., quando è stato accuratamente scoperchiato ed utilizzato come recinto a cielo aperto in rapporto ad un altare in pietre brute inglobato al suo interno; altare del tutto simile all'altare ι, ed attorno al quale si concentrano soprattutto le offerte di vasellame a vernice nera, monete e votivi a stampo[102]. L'edificio, aperto verso mare, offre appoggio alla poderosa massicciata di ghiaia, ciottoli e ghiaia lenticolare che caratterizza il piazzale nord[103] (*Fig. 13*). La presenza di una ingente messe di materiale ceramico sottoposto a frantumazione e di doni votivi, seppelliti a più riprese attraverso una complessa sequenza di atti rituali, conferisce al piazzale la fisionomia di una immensa favissa, accolta all'interno di una ampia bassura. In base ai dati disponibili[104], è possibile affermare che il piazzale rappresenti una consistente operazione di bonifica di una vasta area depressa, collegata dal punto di vista idrologico al fossato intersantuariale[105].

Mantenuto sgombro da edifici, il piazzale assolve alla funzione di principale polo di gravitazione per la fase di frequentazione finale del santuario. La presenza di canali di deflusso più volte reiterati indica una particolare premura nell'assicurare al piazzale una efficace regimentazione idrica; tra questi si distingue il canale ritagliato in prossimità dell'edificio α, colmato con pietrame ed elementi di copertura dei tetti secondo una prassi che trova confronti in ambito santuariale[106]; in questo caso, la presenza nel riempimento del canale di numerosi frammenti pertinenti agli acroteri a busto di Acheloo, assicurano all'operazione di chiusura una forte valenza rituale.

---

tonaccio a Veio e ai sacelli della Cannicella di Orvieto e di Poggio Casetta a Bolsena. Sugli "edifici quadrati" in rapporto al culto di divinità femminili e sul loro collegamento ideologico, in qualità di spazio inaugurato, al concetto di *templum*, cfr. GRECO 1996.

[102] L'edificio è confrontabile con il recinto pestano di S. Nicola di Albanella (CIPRIANI 1989, p. 153-154; HINZ 1998, pp. 176-180; CIPRIANI 1992) per la presenza di basi di "focolare" all'interno, la pianta quadrangolare, l'ingresso decentrato; con Torre di Satriano per la pianta quadrangolare, il dritto ligneo all'interno ed il presunto bancone per offerte (OSANNA, SICA 2005a). Per il contesto pyrgense, si rimanda al contributo di L. Ambrosini, in questo volume.

[103] Sulla formazione del piazzale, cfr. BAGLIONE 2000, p. 351, fig. 21.

[104] Saggi in profondità hanno permesso di registrare, al di sotto della formazione del piazzale, la presenza di livelli argillo-limosi sovrapposti al banco geologico che costituiscono indizio di ristagno idrico; una trincea trasversale scavata per collegare il muro di *témenos* del santuario monumentale ed il piazzale nord del santuario meridionale hanno inoltre evidenziato diversi interventi di colmatura intenzionale e di accumulo alluvionale, fino ad un sostanziale livellamento della fascia intersantuariale, databile a partire dalla fase di romanizzazione.

[105] La prospezione della Fondazione Lerici suggerisce, per tale fossato, la presenza di una diramazione all'altezza del piazzale: cfr LININGTON 1970, fig. 567, p. 753, anomalie 9-11.

[106] Ad esempio a Torre di Satriano, dove lo spazio ad oriente degli edifici, provvisto di omogeneo piano di calpestio, è stato solcato in un momento imprecisato da due fosse strette e lunghe che si prolungano in direzione della sorgente, colmate con materiali di chiaro significato sacro, l'una probabilmente destinata ad acqua "viva" l'altra piuttosto funzionale a provocare un ristagno dell'acqua (OSANNA, SICA 2005b, p. 133). Tali fosse dunque erano relative all'adduzione dell'acqua, ed offrono supporto all'ipotesi di uno stretto rapporto dei canali con l'esigenza di disporre di acqua in movimento e di immergere quanto destinato al sacrificio: su quest'ultimo aspetto: BURKERT 1984, pp. 107-108, 98-99.

In corrispondenza dell'angolo settentrionale del santuario si concentrano infine una serie di strutture e contesti particolari, specificatamente indirizzati a sottolinearne il carattere liminare; questo significato assume, in particolare, la deposizione reiterata di crani di bovino[107] nella zona immediatamente periferica, in corrispondenza di una fascia depressa che doveva marcare originariamente il confine e che è stata progressivamente bonificata. In questo caso mi sembra che la deposizione tenda a ritualizzare una trasformazione apportata ad un elemento nevralgico dell'area sacra, cioè ad una fascia di transizione con l'esterno; tuttavia, mi sembra che l'atto possa essere accostato, nel suo collegamento ad interventi di pianificazione, alla deposizione di sei crani (di suino), allineati lungo la linea del podio in opera quadrata del tempio di Cibele sul Palatino, avvenuta alla fine del II sec. a.C.[108].

Le strutture si impostano al di sopra di una sistemazione pavimentale di V sec., articolata su gradoni, e si dispongono significativamente sull'allineamento del muro τ (*Fig. 9*).

Alla quota più bassa ed in posizione avanzata è la struttura π che, assegnabile alla fine del V sec. a.C., esercita la funzione specifica di materializzare lo spigolo dell'area sacra nella sua fase di ampliamento, proseguendo l'allineamento del muro orientale del recinto (*Fig. 19*); a proposito di questa struttura, è inoltre possibile postularne la contiguità ad un possibile ingresso. Investita da un canale di drenaggio più recente, consiste in due segmenti murari che si incontrano ad angolo ottuso, senza ulteriore traccia di prosecuzione. Nell'angolo interno, la struttura accoglie uno spezzone di tamburo di colonna (con funzione di cippo?) leggermente rastremato mentre all'estremità occidentale esibisce un blocco provvisto di un incasso rettangolare sul piano di attesa. Prescindendo dal suo innegabile ruolo topografico, la struttura ha probabilmente svolto anche la funzione di basamento; non è infatti casuale che l'area immediatamente retrostante sia stata utilizzata come luogo di seppellimento di una serie di statue e di ex voto in terracotta, tra cui la statua frammentaria di offerente con il porcellino[109], con una concentrazione che non trova confronti all'interno del Santuario.

Alla quota più alta ed in posizione d'angolo rispetto al recinto τ è l'altare di pietre brute ζ[110], quasi un caposaldo, emergente sotto forma di un cumulo di pietre, ghiaia e tufelli di forma circolare e caratterizzato, rispetto ad altre strutture simili, da un particolare addensamento di ossa animali (*Fig. 20*). Si tratta forse di un altare preesistente, che tuttavia ha marcato un importante punto di frequentazione nella fase di vita finale del santuario (III-II sec. a.C.), accogliendo nei pressi una grande

---

[107] Si tratta di almeno 18 crani, in alcuni casi delimitati da pietre o spezzoni di tufo, per la cui determinazione si rimanda a Sorrentino 2005, pp. 128-131. Sul contesto e sulla possibilità di confronto con l'offerta di crani di bovini nel vano E del santuario di Gravisca, si rimanda a Baglione 2008a, p. 307, note 12-13 e al contributo di L. Ambrosini in questa sede. Per l'offerta di crani interi, si ricorda il caso significativo dell'*Hekatompedos* di Efeso: Bammer 1998, p. 35, fig. 11. Per quanto riguarda la modalità ed il carattere liminare della deposizione, si cita come possibile confronto il sacrificio di un canide nel santuario di Torre di Satriano, in corrispondenza del riempimento dell'alveo di un canale con funzione di confine nei confronti dell'area sacra, con forte connotazione purificatrice nei confronti del "cambio di assetto": Osanna 2005, p. 436.

[108] Coletti, Celant, Pensabene 2006, p. 560, fig. 2 (Area sud-ovest del Palatino, saggio T).

[109] Per l'inquadramento iconografico ed il collegamento cultuale di questa statua, rinvenuta insieme a due gambe votive, si rimanda al contributo di M.D. Gentili, in questo volume.

[110] Colonna 1991-92, pp. 75-78, figg. 18-19. È stata notata per questo altare una forte somiglianza con altari arcaici individuati ad Epidauro (altare del santuario di Apollo *Maleatas*) e a *Kourion* di Cipro (Colonna 2006b, p. 135, fig. VIII.3). Sul tipo di altare: Comella 2005c, p. 166 e p. 168, nn. 1-2.

eschara detta o[111]. L'altare trova puntuale confronto, anche per la sua funzione liminare, con i due altari rinvenuti nel santuario di Piana del Lago a Montefiascone[112].

Da quanto finora esposto, risulta dunque che a partire dalla metà del IV sec. il santuario ha subito una radicale trasformazione, con consistenti operazioni di colmatura e con il cambiamento delle pendenze originarie, in probabile relazione con necessità di regimentazione idrica. Sacrificata la fascia centrale del santuario con il sacello β, viene ora realizzato un grande collettore di drenaggio che attraversa quasi l'intera area santuariale defluendo verso sud e che, previe modifiche e parziali colmature, verrà comunque mantenuto a lungo in uso. È possibile che tale canale, nonostante la sua funzione prettamente utilitaria, abbia anche assunto un particolare ruolo nell'ambientazione generale del santuario, come più frequentemente può osservarsi per i santuari magno-greci[113].

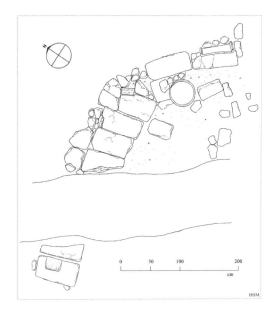

Fig. 19. La struttura π.

A partire dalla fine del secolo e per tutto il secolo successivo si registra inoltre un deciso cambiamento nelle modalità di fruizione dello spazio santuariale, in connessione con la fase della romanizzazione. Smontati accuratamente i tetti dei sacelli, come già accennato per l'edificio α, l'area di frequentazione coincide ora sostanzialmente con la fascia settentrionale, il piazzale nord esercitando la funzione di polo di gravitazione. L'area centrale è in questa fase interessata da una notevole opera di sistemazione: in corrispondenza di un probabile corridoio di transito viene allettato un consistente massetto costituito da tegole fratte, che ingloba abbondanti frammenti di terrecotte architettoniche e votive ed abbondanti frammenti di vasellame, tra cui si segnalano esemplari ricomponibili di piatti cerimoniali in vernice nera sovradipinta[114].

---

[111] Sul contesto dell'altare e della contigua fossa-*eschara*, si rimanda al contributo di L.M. Michetti, in questo volume.

[112] I due altari rinvenuti nel santuario di Piana del Lago (Montefiascone, VT), a pianta grosso modo circolare (diam. 2,50/3) sono accessibili mediante rampe inclinate costituite da sabbia cementata; tali altari, impostati in rapporto allo strato di obliterazione del porticato della fase originaria del complesso, sono inquadrabili al III sec. a.C.: BERLINGÒ, D'ATRI 2003; 2005; D'ATRI 2006.

[113] La presenza di canalette come elemento integrante del paesaggio santuariale è stata osservata ad esempio per il santuario settentrionale di Pontecagnano, che fin dal VI sec. presenta questo genere di elemento (BAILO MODESTI in BAILO MODESTI *ET AL.* 2005c, pp. 40-41). Si segnala anche il caso di Rossano di Vaglio, dove è presente una serie di apprestamenti collegati all'acqua sorgiva (bibliografia in ADAMESTEANU, DILTHEY 2001): da ultima ANDRISANI 2008, pp. 132-135.

[114] BAGLIONE 2004, p. 98; si rimanda al contributo di L.M. Michetti, in questo volume.

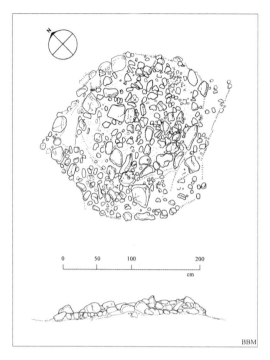

Fig. 20. L'altare ζ.

L'area in corrispondenza dell'edificio β, in particolare, si configura come l'epicentro di un consistente deposito di coppette[115], in prevalenza verniciate ma anche in ceramica depurata acroma ed impasto, in probabile rapporto con la necessità di espiare lo smantellamento delle sue strutture murarie[116].

La frequentazione, caratterizzata nel corso del III sec. dalla deposizione di offerte monetali[117], si protrae fino all'inizio del II sec. a.C., contraendosi progressivamente in direzione dell'altare ζ.

Le sporadiche presenze di età successiva, come anche la prosecuzione del culto di *Pater Pyrgensis* e di *Sol Iuvans* [118], suggeriscono che dei luoghi non si era persa memoria, come non si era perso di vista l'enorme giacimento di materiale edilizio rappresentato dal santuario monumentale, sfruttato in epoca antonina come cava a cielo aperto.

Barbara Belelli Marchesini

[115] Per quanto concerne cronologia e modalità di deposizione dell'ingente quantità di coppette e dell'associazione con vasi di forma chiusa ed altro tipo di oggetti, si rimanda al contributo di L.M. Michetti, in questo volume.

[116] Tutto il lato dell'edificio verso il mare risulta leggibile attraverso il cavo di asportazione del muro perimetrale, che doveva essere costituito da blocchi di tufo, come si evince da alcuni spezzoni. In rapporto a tale traccia in negativo, di grande interesse risulta una coppia di spiedi in ferro deposti paralleli a segnarne il limite con il contiguo battuto pavimentale.

[117] Si rimanda al contributo di L. Ambrosini, in questo volume.

[118] Colonna 1996b, p. 683.

LA FORMAZIONE DEI DEPOSITI RITUALI NEL SANTUARIO MERIDIONALE: ANALISI DELLE TIPOLOGIE E DELLE MODALITÀ ATTESTATE

Lo scopo di questo contributo è finalizzato all'analisi delle diverse tipologie dell'azione di culto e delle relative modalità di deposizione rituale degli strumenti riferibili alla prima fase di vita strutturata del Santuario Meridionale, compresa nel periodo tra la fine del VI e la fine del IV secolo a.C., limiti cronologici corrispondenti rispettivamente: all'impianto del Santuario Monumentale dell'Area Nord contestuale ad una prima evidente organizzazione dello spazio culturale del Santuario Meridionale da una parte e il momento della grande ristrutturazione dell'intera area sacra, successivamente al sacco dionigiano[1].

Il complesso problema del regime delle offerte del Santuario Meridionale è stato affrontato da P. Baglione in più sedi dedicate con particolare attenzione all'edizione dei due importanti contesti chiusi, cioè il "deposito ρ", il "deposito κ", ed all'analisi della straordinaria presenza e distribuzione della ceramica attica e di importazione proveniente da tutta l'area sacra[2].

A questi contributi, per gran parte definitivi su tali contesti, si rimanda considerando il quadro generale come un dato ormai acquisito. Tuttavia, lo studio avviato da tempo delle ceramiche di produzione locale dal resto dei contesti, compresa la grande colmata del Piazzale Nord, unito ad alcune novità provenienti dallo scavo degli ultimi anni, hanno permesso di raccogliere dati in parte nuovi e puntuali relativi alle associazioni tra le diverse classi ceramiche, al rapporto di forza di alcune classi in particolare rispetto ad altre, che sommato a quanto già noto consentono di chiarire e indicare con maggiore certezza la fisionomia del regime delle offerte a Pyrgi.

Verranno presi in esame i contesti più rappresentativi per un'analisi di questo tipo, i cui risultati proposti in questa sede sono necessariamente da considerare comunque preliminari, dal momento che si tratta di uno studio in pieno svolgimento.

C. C., L. M.

---

[1] Sulle fasi salienti delle due aree sacre si veda da ultimo Colonna 2000, in particolare le pp. 252-277; sul sacrilegio compiuto dal sacco dionigiano, Colonna 1991-1992, p. 253, ora anche in Colonna 2005b, pp. 2308-2311. Una singolare coincidenza cronologica avvicina l'area sacra pyrgense ai santuari Settentrionale e Meridionale di Pontecagnano anch'essi oggetto di una radicale ristrutturazione dopo un'evidente cesura nelle attività di frequentazione alla metà del IV secolo a.C., Bailo Modesti ET AL. 2005b, pp. 199, 209-210.

[2] Baglione 2009, Ead. 2008a, pp. 303-317; Ead. 2004, Ead. 2000, Ead. 1989-1990, pp. 658-667, Colonna in REE 2003.

A. I depositi di fondazione

La prima categoria di depositi analizzata, rispettando la genesi ed il logico sviluppo cronologico dell'area, oggetto di uno specifico contributo[3], riguarda le "offerte di fondazione", inaugurate con il formidabile contesto del "deposito ρ", collocato all'interno dell'area quadrangolare consacrata e delimitata dal recinto orientale τ ed in connessione con l'altare ν[4] (*Fig. 1*).

Peculiare per numero, tipo e associazione di oggetti sacrificati, oltre, naturalmente per il rituale seguito nella deposizione, del quale è stato possibile dare conto con puntuale precisione[5], esso si configura come un atto pregnante per l'area di cui sancisce probabilmente un nuovo carattere sacro.

Una fossa circolare terragna dai contorni regolari, foderata e sigillata con argilla, costituiva il "contenitore" del deposito[6] al cui interno è stato accolto tutto il complesso delle offerte composto in gran parte da ceramiche d'importazione di dimensioni e capacità regolari, per un totale di 44 individui interi o ricomponibili, più un numero imprecisato di esemplari ridotti in frammenti e parzialmente votati all'interno del deposito. Complesse e articolate risultano le modalità di deposizione dei vasi interi, quasi tutti sistemati su tre livelli con un andamento circolare che faceva perno intorno all'anfora attica a figure nere disposta verticalmente con l'imboccatura in alto al centro del fondo[7].

L'offerta è qualificata significativamente anche dall'iterazione e dall'associazione degli oggetti divisi tra due gruppi di vasi per versare liquidi e olii profumati, due gruppi di vasi potori, il gruppo dei vasi per contenere ed infine tre vasi distinti dal resto, per ragioni cronologiche, una *kotyle* ed una piccola *oinochoe* a fondo piano prodotti del tardo corinzio ed una *lekanis-pixis*, unico contenitore tra tutti non destinato ai liquidi[8].

Il livello superiore era riservato ai vasi di maggiore capacità tutti destinati a contenere i liquidi utilizzati per la libagione rituale eseguita per mezzo dei vasi per versare, deposti nel livello intermedio, e compiuta mediante i vasi per bere consegnati al livello più profondo del deposito intorno al piede dell'anfora centrale[9]. Il contenitore quindi ha conservato gli strumenti liturgici deposti nell'ordine funzionale inverso rispetto alle azioni compiute durante il sacrificio libatorio: contenere, versare e libare. Ad est dell'anfora, presso il limite della fossa si trovava, capovolta, la *kylix* a figure nere con Eracle ed il leone nemeo; la seconda *kylix* è stata rinvenuta in frammenti all'interno dell'anfora centrale di cui costituiva, forse in origine, il coperchio.

---

[3] Si veda qui, in particolare, il contributo di B. Belelli Marchesini.

[4] Per l'identificazione di questo "sistema" cultuale si veda in questa sede il contributo di B. Belelli Marchesini.

[5] Baglione 2004, pp. 87-93, Ead. 2008a, pp. 310-311, Belelli Marchesini 2011, pp. 42-45, qui Ead., con relativi rilievi planimetrici delle varie fasi di scavo alla fig. 6.

[6] Le dimensioni del *bothros* erano: diametro cm 80 per una profondità di cm 50. Il fondo era rivestito da un sottile strato di sabbia e ciottoli lenticolari posti di piatto; ciottoli dello stesso tipo erano stati impiegati come rincalzo per stabilizzare la posizione dei vasi, Baglione 2004, p. 88, e da ultima Belelli Marchesini 2011, p. 43.

[7] Questa modalità di "costruire" un *bothros* intorno ad un nucleo centrale costituito da uno o due vasi si ritrova anche a Gela nel santuario di Bitalemi, Orlandini 2008, p. 174.

[8] Per una puntuale attribuzione e per l'inquadramento cronologico dell'intero *corpus* dei vasi si rimanda a Baglione 2004, pp. 90-91, figg. 6-16 e nel contributo della stessa autrice in questo volume.

[9] Baglione 2008a, p. 311.

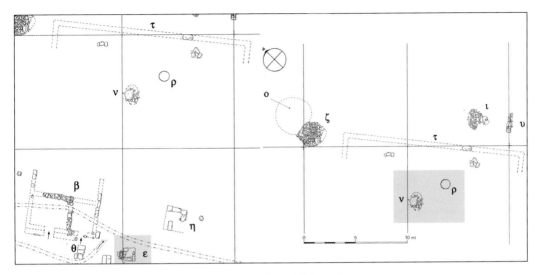

Fig. 1. Area centrale del santuario con la localizzazione del deposito ρ.

Subito a nord dell'anfora, in posizione verticale, si trovava la *lekanis-pyxis* provvista di un picco-lo coperchio con presa a pigna. Nel livello inferiore del contesto sono state recuperate ossa animali che suggeriscono la deposizione di offerte di cibo che devono aver costituito parte del rito.

Nel livello intermedio erano distribuite le forme per versare; sono da segnalare due *olpai* inclina-te con l'imboccatura verso il basso, la prima delle quali provvista di un foro intenzionale sul fondo. In questo caso il vaso, forse impiegato durante la cerimonia per una particolare offerta liquida, è stato deposto nella posizione contraria alla sua funzione per sottolineare la sua dismissione. Rimane da segnalare che anche una delle due *olpai* collocate nel livello superiore del deposito era decorata con l'episodio di Eracle ed il leone nemeo come la *kylix* deposta sul fondo.

Per la presenza di alcuni frammenti pertinenti a forme aperte recuperati nei vari livelli del depo-sito, è stata avanzata la proposta di altri possibili atti rituali che prevedevano anche la frantumazione di vasi durante la cerimonia[10]. L'unico elemento eterogeneo rispetto al deposito è rappresentato dalla vera offerta alla divinità: la collana con grandi pendenti in argento, due ghiande ed una tartaruga, e perle in pasta vitrea, alla quale era associato un anello in bronzo custoditi all'interno dell'anfora centrale, a sua volta chiusa con la *kylix*, un "deposito" nel deposito. All'esterno dell'anfora, erano deposti un pendente a testa di ariete ed uno troncopiramidale in ambra recante un testo iscritto in caratteri microscopici e mal conservati, l'unico dell'intero contesto[11].

Il deposito si data sulla base della puntuale analisi proposta da P. Baglione tra la fine del VI ed il primo decennio del V secolo a.C.[12].

---

[10] BAGLIONE 2004, p. 90.

[11] Per un corretto inquadramento tipologico del monile si veda qui il contributo di M.D. Gentili, per l'iscrizione sul pendente in ambra si veda MARAS in COLONNA, MARAS 2003, pp. 312-313, n. 23, COLONNA, *ibid*, p. 335.

[12] BAGLIONE 2004, p. 91; EAD. 2008a, p. 305.

Fig. 2. a-c. Offerte di fondazione dell'edificio β: a. coppia di orecchini d'oro; b. olpe a collo verniciato; c. l'olpe in corso di scavo.

In salda connessione cronologica con il precedente si collocano ancora due offerte legate al rito di fondazione, o forse di riconsacrazione, dei due piccoli ambienti del sacello β, per il quale sono stati impiegati, un'*olpe* ed una coppia di orecchini d'oro allacciati tra loro (*Fig. 2, a-b*). Entrambi sono stati rinvenuti all'interno della massicciata pavimentale tufacea. L'*olpe* di tipo ionico con il collo verniciato era deposta orizzontalmente lungo il limite del muro ovest del vano minore dell'edificio (*Fig. 2*, c). Questo tipo di vaso, già noto a Pyrgi dall'area della città, è databile entro il primo ventennio del V secolo a.C.[13].

Benché la sua presenza in tutta l'area sacra non risulti quantitativamente apprezzabile e circoscritta a pochissimi esemplari, in realtà appartiene ad una delle classi funzionali più numerose tra quelle votate all'interno del "deposito ρ", le *olpai*, ed il suo impiego, quale dono di fondazione per il primo sacello dell'area, sembra quasi richiamare idealmente il contesto sacrale maggiore, caratterizzato esclusivamente da vasi d'importazione, e costituire al contempo il precedente cronologico della classe più rappresentativa e significativa tra gli strumenti di culto, prodotti successivamente solo su modelli locali, quale l'*olpe* acroma che risulta essere anche la forma dominante tra tutte le ceramiche del santuario[14].

---

[13] Per un primo inquadramento tipologico e cronologico si rimanda a COLONNA 1981a, p. 17, tav. VIII,d2, ora in COLONNA 2005b, p. 2255, n. 8, nr. *d*.2, tav. IX,d. Secondo l'autore sarebbe un "tipico vaso per libazioni di vino", COLONNA 2000, p. 267. Questo esemplare trova ora un confronto puntuale dal santuario di Gravisca, FORTUNELLI 2007, pp. 234-235, tipo 2, tav. 23, la cui produzione è assegnata ad area greco-occidentale (Sicilia) su prototipo greco-orientale. Per una disamina sulla produzione, FORTUNELLI 2007, pp. 229-231.

[14] BAGLIONE 2000, pp. 351-353. La forma dell'*olpe* doveva assumere un'importante funzione rituale anche a Gravisca, FORTUNELLI 2007, p. 232.

Gli orecchini, invece, rappresentano a tutt'oggi ancora un *unicum* senza un confronto puntuale[15].

La scelta di questo inconsueto oggetto quale offerta di fondazione, ne enfatizza l'importanza qualificandolo come dono votivo particolarmente indicato in relazione alla divinità destinataria, certamente femminile.

L'offerta di questo gioiello celata all'interno del piano pavimentale della cella maggiore potrebbe essere interpretata come un richiamo all'altro gioiello votato e custodito all'interno dell'anfora centrale del "deposito ρ", suggerendo ancora una volta un suggestivo e doppio legame tra questo ed il sacello β.

Successivamente si completa la sacralizzazione dello spazio individuato, realizzando un *temenos*, il muro τ, che ne delimita i lati est, nord e sud creando un'area a pianta quadrangolare interpretata da B. Belelli Marchesini come un *templum*. La nuova struttura riceve in qualità di offerta di fondazione un vaso di tipo particolare, un'*oinochoe* a testa femminile, della *Cook Class*, databile al 480-470 a.C., deposta con l'imboccatura verso l'alto nella metà meridionale del muro[16].

Questo "processo fondativo" così strutturato e cronologicamente coerente, che coinvolge tutta l'area centrale con il *bothros*, l'altare, il sacello ed il muro di *temenos*, segue di pochi anni le importanti presenze cultuali preesistenti restituite dalla stessa area, come la serie più antica di acroteri angolari con torso di toro a volto umano, collocata ancora nella prima fase delle terrecotte decorative e data al 530-520 a.C.[17]. Insieme ad alcuni esemplari di antefisse a testa femminile priva di nimbo[18], gli acroteri dovevano costituire parte del sistema decorativo originale relativo al primo impianto del sacello β[19]. È già stato sottolineato come tali acroteri costituiscano un *unicum* sia tipologico che morfologico all'interno del panorama delle terrecotte architettoniche etrusco-italiche[20], che preferisce in questo periodo l'immagine della maschera del dio, impiegata sia come acroterio sia in funzione di antefissa[21]. In realtà questa particolare rappresentazione con il torso bovino rampante ed il volto umanizzato non costituisce un *unicum* iconografico in assoluto, trovando confronti calzanti sia in ambito etrusco, come dimostra il frammento di tripode bronzeo vulcente dall'Acropoli di Atene[22], sia fuori dei confini medio-italici in ambito magno greco, nelle immagini riprodotte costantemente senza grandi differenze nelle monete di Gela, a partire dagli inizi del V secolo a.C., con un precedente del 510 a.C. a *Rhegion*, e riferibili al fiume simbolo della città, il *Gelas*[23]. Il le-

---

[15] COLONNA 1995, p. 445, n. 6, tav. 52, *d-f*. Anche in questo caso si rimanda per l'inquadramento tipologico al contributo di M.D. Gentili.

[16] Per la posizione stratigrafica dell'*oinochoe*, si veda qui Belelli Marchesini, per il suo inquadramento si veda BAGLIONE 2004, p. 96, n. 60, fig. 20.

[17] COLONNA 2000, p. 268, fig. 10.

[18] Antefisse a testa femminile del medesimo tipo sono state rinvenute a varie riprese in giacitura secondaria nel Santuario Monumentale, MELIS, in *Pyrgi* 1970, pp. 648-649, fig. 493 incluse nel tipo WINTER 2009, 6.C.3.a, ed in occasione di ricognizioni di superficie nell'area circostante (*Pyrgi* 1959, pp. 182-183, fig. 32).

[19] COLONNA 2000, pp. 268-273. Di poco precedente all'impianto del sacello era un piccolo altare in blocchi, θ, che viene "rispettato" al momento della costruzione dell'edificio, indizio ulteriore di una frequentazione dell'area di più lungo corso, COLONNA 2000, p. 267.

[20] COLONNA 2000, p. 268. Si veda qui il contributo di B. Belelli Marchesini.

[21] CARLUCCI 2006, p. 6, tipi C II, C VI, C VIII.

[22] Sul quale COLONNA 2000, pp. 288-289 e p. 268, nota 45.

[23] JENKINS 1970, in particolare pp. 165-175. ORLANDINI 2008, p. 173, fig. 3. Appare significativo, inoltre, che

game tra queste figure di divinità fluviali, nell'accezione di strumento di protezione e fertilità ed il territorio circostante, è stato evocato anche per Pyrgi[24] il cui ambiente naturale offriva caratteri e risorse molto suggestivi e propiziatori, atti a favorire la nascita di un culto legato all'accoglienza, alla fertilità, alla cura della vita in genere trattandosi di un luogo in riva al mare, ricco di acque sorgive e di boschetti originari[25]. Queste caratteristiche ambientali rimandano a tutti quei luoghi consacrati e dedicati, soprattutto in area coloniale magno-greca, al culto di Demetra che trova proprio nella città di Gela uno dei luoghi elettivi di più antica fondazione e dove tale culto avrà un radicamento ed uno sviluppo autonomo, anche rispetto alla madre patria, di particolare importanza per la sua diffusione in occidente[26]. L'impiego degli acheloi riproposti sul tripode vulcente richiamandone la loro reale funzione acroteriale, insieme al notevole gruppo di quattro personaggi tra i quali compare in posizione preminente un Eracle trionfante con la sposa Ebe, contribuisce ad offrire un'altra chiave di lettura alla loro presenza, che potrebbe rimandare agli stretti rapporti cultuali tra la figura di Eracle ed il Santuario Meridionale di Pyrgi[27]

Pertanto gli interventi innovativi sull'area hanno quasi il sapore di una nuova fondazione o di una consacrazione più definita verso un tipo di connotazione cultuale dello spazio sacro, in parte forse anticipato dalla scelta di un così particolare tipo di figura acroteriale. La riproposizione, a distanza di qualche decennio, del medesimo tipo di acroteri[28] potrebbe indiziare una opzione consapevole già in origine verso tali singolari figure. A prova di una precedente frequentazione a carattere sacro, almeno dell'area centrale, è possibile ora aggiungere anche quella che a tutti gli effetti si caratterizza come un'offerta di consacrazione di uno spazio, il piazzale ovest antistante al sacello β, e del sacello stesso. Un'azione per la quale si è ricorso all'offerta di piombo fuso e colato in diverse quantità lungo quello che sembra fosse il limite nord del piazzale, sul battuto pavimentale coevo al primo impianto del sacello β, databile intorno al 530 a.C.[29]. Anche in questo caso si può parlare di

---

al culto di Demetra fossero collegate anche le giovenche, come dimostra un singolare ex-voto a testa femminile con le corna, simbolo della fertilità, dalla località Madonna dell'Alemanna da Gela, ma anche le testimonianze dai santuari della madrepatria, ad Hermione nell'Argolide, ARDOVINO 1999, p. 181, ORLANDINI 2008, p. 173, fig. 5. Nelle immagini delle monete geloe colpisce il fatto che tutto il treno posteriore di questo *monstrum*, sia rappresentato come una particolare forma a cassetta rettangolare sulla quale sono state indicate addirittura le "borchie" metalliche, a prova che si tratta di manufatti realmente realizzati e visibili, oltre che significanti, tanto da dover essere riprodotti fedelmente sulle monete. Rimane comunque da sottolineare la precocità della stessa immagine realizzata a tuttotondo e messa in opera nel sacello di Pyrgi.

[24] COLONNA 2000, pp. 268-272. Per l'importanza dell'ambiente naturale nei santuari demetriaci geloi e magnogreci in genere, ORLANDINI 2008, p. 173, SABBIONE, MILANESIO MACRÌ 2008, p. 207 e note 1-3, DI STEFANO 2008, p. 265, SPATAFORA 2008, p. 283.

[25] Per una ricostruzione del paleoambiente si veda anche qui M. Belelli Marchesini.

[26] ARDOVINO 1999. Diversamente COLONNA 2000 riconosce in questo ambiente la localizzazione dell'oracolo della ninfa *Tethys* che avrebbe dato origine ad un culto oracolare del dio *Śuri*, assimilato successivamente con Apollo, COLONNA 2000, p. 273-274.

[27] Per lo stretto legame tra Eracle ed il Santuario Monumentale, COLONNA 2000, pp. 308-309 e 331. L'ambientazione naturale dell'area di Pyrgi è stata posta di nuovo recentemente in primo piano da G. Colonna per sottolineare la somiglianza con altri santuari oracolari di Apollo, COLONNA 2007a, pp. 125-126.

[28] COLONNA 2000, p. 268, figg. 11-12.

[29] COLONNA 2007a, pp. 122-123, al quale si rimanda anche per la puntualizzazione dei dati stratigrafici.

reiterazione dell'offerta e delle azioni, fino a 38 colate ravvicinate, lungo un percorso seguito ritualmente dal sacerdote per delimitare lo spazio sacro. Il legame con le strutture affacciate sul piazzale è
sancito dall'offerta di piombo fuso colato in quantità maggiore rispetto a tutte le altre, e nota già da
tempo, collocata all'interno del cavo di fondazione del muro ovest della cella maggiore del sacello β,
mentre un'ulteriore chiazza di piombo fuso era stata libata a ridosso del lato est dell'altare θ. Questa
serie di "eccezionali libazioni"[30], e l'uso quasi esclusivo del piombo fin dalle origini metallo elettivo
per il Santuario Meridionale, rappresentano di certo il primo atto per ora noto di un inizio "istituzionale" di frequentazione dell'area sacra precedente anche all'impianto del santuario monumentale
per opera di *Thefarie Velianas* e, secondo l'interpretazione di G. Colonna, sarebbero la prova della
consacrazione del sacello β alla coppia infera *Śuri* e *Cavatha*[31].

Rimanendo nell'ambito di questo regime di offerte di fondazione, con un leggero scarto cronologico rispetto ai precedenti, il "deposito κ" costituisce l'eccezionale contraltare del "deposito ρ" (*Fig. 3*).

Si tratta di un atto propiziatorio riferibile all'ampliamento dell'area sacra all'esterno della
fascia meridionale del recinto originario τ, con l'impianto dell'altare monumentale λ (*Fig. 4*).
Anche in questo caso si tratta di un sistema composto da altare più deposito votivo. Il "deposito
κ" si configura come un contesto omogeneo cronologicamente, ma sul quale pesa l'incognita,
difficilmente risolvibile, della reale consistenza dell'azione di disturbo, o parziale asportazione
del materiale votivo, operata in antico e testimoniata dai frammenti combacianti di piede di *kylix*
attica iscritto con dedica alla coppia *Śuri* e *Cavatha*, provenienti da quest'area e dalla colmata del
Piazzale Nord[32].

Tuttavia, l'evidente omogeneità cronologica delle offerte unita alla loro contiguità, alla quota di
giacitura, allo stato di conservazione e non dispersione di altri frammenti, consente comunque di
considerare questo deposito come un contesto chiuso del quale è stato possibile enucleare le diverse
modalità di deposizione e sistemazione delle offerte. Le differenze con il precedente ρ sono notevo-
lissime a partire dall'assenza di una fossa -"contenitore" sostituita da una modalità di deposizione a
terra, marcata e, al contempo, incentrata intorno ai due filari di grandi pietre destinati ad enfatizzare
diversi gruppi di offerte. Mentre per ρ il sigillo era senz'altro costituito da uno spesso tappo di argilla, per κ si è ipotizzata una copertura a tumulo di terra[33].

Il deposito appariva costituito da due grandi nuclei di offerte sistemate intorno e all'interno di
due filari paralleli di grandi pietre[34]. A nord del filare settentrionale, a contatto con questo, si trovava

---

[30] COLONNA 2007a; si veda qui il contributo di L. Drago.

[31] COLONNA 2007a. L'uso del piombo durante questa "pratica liturgica" avrebbe, secondo l'autore, la stessa
funzione simbolica nei riguardi del dio "Nero" *Śuri* attribuita ai cosiddetti "lingotti" di piombo sepolti in diversi
e successivi momenti nell'area del santuario, per i quali si veda oltre, al pari delle punte di frecce e giavellotti
in ferro rinvenuti nella colmata del piazzale nord.

[32] COLONNA 1996, pp. 442-443; BAGLIONE 2004, pp. 311-316. Sulla base della ricostruzione delle vicende
dell'area proposta da G. Colonna, in seguito al sacco dionigiano, probabilmente nella prima metà del IV secolo
avvenne la sistemazione dell'area con lo smontaggio di λ, la "rasatura" dell'ipotetico tumulo che sovrastava il
"deposito κ" e la creazione del piazzale nord. Durante questi lavori una parte del piede della *kylix*, dal deposito,
è stata trascinata nella massicciata del piazzale Nord.

[33] COLONNA 1996, BAGLIONE 2000, 2004.

[34] COLONNA 1996, p. 44,2 ipotizza una disposizione a semicerchio delle offerte, ma in realtà la pur breve

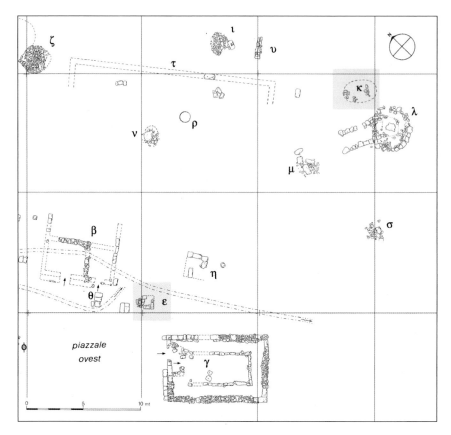

Fig. 3 Fascia meridionale del santuario con la localizzazione del deposito κ e del *bothros* ε.

parte di un oggetto in lamina di bronzo con i bordi rinforzati, sul quale era poggiato un grande anello in ferro (diam. cm 20, sez. cm 5/6), forse pertinente ad una catena di ancora, entrambi coperti da un grande coppo deposto intero[35] in allineamento est-ovest con le pietre del filare nord a sancirne il limite. Un *kyathos* a vernice nera[36] (*Fig. 5*) era stato collocato tra le pietre e la lamina, intorno alla quale si è individuata una concentrazione di carboni, resti organici (frr. di ossa di ovino[37]) e

_____

distanza tra le offerte poste sul versante occidentale evidenzia la volontà di separare queste due sezioni anche sotto il profilo tipologico.

[35] Il coppo di I fase in argilla rossiccia, rinvenuto in frammenti contigui era lungo cm 55 e largo circa cm 20.

[36] Inv. n. 95BF127, alt. cm 8,4. Questo piccolo *kyathos* trova un confronto molto stringente a Capua nel piccolo corredo della tomba 71 Fornaci, databile tra il primo ed il secondo quarto del V secolo a.C., JOHANNOWSKY 1983, p. 203, n. 4.

[37] Le analisi sui reperti osteologici sono state eseguite dall'*équipe* del prof. C. Sorrentino dell'Università di Pisa.

Fig. 4. Il "sistema" altare λ a sinistra-deposito κ riconoscibile nei due filari di pietre a destra.

semi combusti, oltre a due sezioni di panelle di bronzo a profilo leggermente curvilineo[38] (*Fig. 6*), poste sotto alla lamina, che completavano l'offerta rituale connotata dalla deposizione di metalli di tipo diverso, sia nelle forme di oggetti lavorati (come la lamina di bronzo o l'anello di ferro), sia metallo solo "formato", come i pani, deposti insieme alle tracce dell'offerta alimentare direttamente nella terra, ma tutti protetti e coperti dal coppo.

A contatto con il lato interno del filare settentrionale era adagiato il bordo di un oggetto circolare di lamina bronzea, probabilmente un

Fig. 5. Deposito κ: *kyathos* a vernice nera.

bacile a tesa decorata[39] molto deteriorato, del diametro di circa cm 60, che copriva in parte un

---

[38] In questo caso il bronzo, pur non lavorato come la lamina, appare non informe come l'*aes rude*, ma piuttosto come una sezione di uno o due originari pani regolarizzati. Il peso dei due frammenti raggiunge in totale quasi 1000 g. Sembra potersi ravvisare un confronto molto stringente con una delle modalità di offerte segnalate in ARDOVINO 1999, pp. 171-172 all'interno della più generale pratica della dedica di metalli nei diversi santuari demetriaci.

[39] COLONNA 1995, p. 442, BAGLIONE 2004, p. 93.

Fig. 6. Deposito κ: filare nord con le panelle di bronzo.

Fig. 7. Deposito κ: coppia di *alabastra* di alabastro.   Fig. 8. Deposito κ: *sauroter* di bronzo.

alabastron in alabastro deposto in posizione verticale sul lato interno del filare, mentre un secondo *alabastron* di alabastro era coperto del tutto dal bacino[40] (*Fig. 7*). A contatto con il margine meridionale del bacino si trovavano, un *sauroter* di bronzo[41] (*Fig. 8*), una piccola ansa mobi-

[40] BAGLIONE 2000, pp. 340-341, n. 5, EAD. 2004, p. 93, EAD. 2008a, p. 311, l'autrice propone di ricostruire l'offerta degli *alabastra* originariamente collocati all'interno del bacile rovesciato a coprire e proteggere questo piccolo deposito; la posizione degli *alabastra* secondo il rendiconto di scavo, sembra, piuttosto, indicare una sistemazione intenzionale in posizione verticale addossati al filare interno delle pietre.

[41] Dedicato, secondo G. Colonna, come *pars pro toto*, allusione alla lancia offerta al dio infero in qualità di sovrano dell'Ade, COLONNA 2007a, p. 117, ma si veda qui la proposta di M.D. Gentili; il *sauroter* trova un confronto in BUCCIOLI 1995, p. 602, n. 16, Tav. CXV,16.

le di filo di bronzo a sezione quadrangolare, forse pertinente ad un oggetto deteriorato. Il margine occidentale del bacino era accostato ad una sorta di teca composta da blocchetti di tufo all'interno della quale era deposta, parzialmente immersa nello strato base del deposito, un'olla cilindro-ovoide di impasto bruno con orlo a mandorla e fondo piano, alta circa cm 50, chiusa da un piccolo e sottile blocco di tufo rosso[42]. L'olla presenta sul fondo un foro risarcito con il piombo, possibile indizio di un precedente uso del vaso come strumento di culto. In seguito essa, ripristinata alla funzione di contenitore con la chiusura del foro,

Fig. 9. Deposito κ: scarabeo in corniola, b. retro con figura maschile incisa.

accoglie la deposizione e consacrazione di quattro pani di bronzo di diverse dimensioni, un *askos* discoidale con decorazione a figure nere a foglie di edera alternate di produzione locale[43] ed una corniola con incisa una figura di guerriero in corsa verso sinistra[44] (*Fig. 9a-b*). Da segnalare, inoltre il particolare trattamento cui vengono sottoposti i pani: uniti tra loro mediante una colatura di bronzo fuso del quale rimangono evidenti tracce sui pani stessi e sul fondo interno dell'olla[45] (*Fig. 10a-b*).

Accanto all'olla si trovavano due costole di bovino ed un coltello in ferro[46], adagiati a contatto con la terra. Questa associazione è estremamente significativa, poiché si tratta di offerte multiple ma

---

[42] BAGLIONE 2004, pp. 93-94, con foto in EAD. 2008a, p. 316, fig. 11.

[43] BAGLIONE 2008a, p. 316, n. 31, EAD. 2004, p. 94, n. 104. Questo vaso, dalla caratteristica forma, è un contenitore per sostanze oleose o miele che dovevano essere versate lentamente o dosate durante il sacrificio, BAGLIONE 1997a, pp. 11-13, 19-20; sulla funzione degli *askoi* ancora FORTUNELLI 2007, pp. 138-139.

[44] Lo scarabeo è vicino alla serie a globolo tondo, della quale potrebbe essere uno dei più antichi esemplari con un soggetto al momento unico; sugli scarabei a globolo tondo, ZAZOFF 1968, pp. 118-141, HANSSON 2005.

[45] Fin troppo noti sono ormai il valore e l'importanza delle offerte del metallo grezzo, di lingotti o monete, tutte forme di dono a Demetra valide in relazione al peso offerto e "oggetto di una consacrazione che ne interdice l'uso", ARDOVINO 1999, pp. 171-172. Anche nel nostro caso, sembra ravvisarsi la medesima volontà di escludere dall'uso il metallo donato attraverso una sorta di "rifusione". Il valore ponderale totale raggiunge il peso di g 2044,75, e qualifica l'offerta come possibile dono di un gruppo di fedeli, ARDOVINO 1999, p. 172.

[46] Il coltello ha una lunghezza, comprensiva del codolo dell'immanicatura, di cm 16, con lama della larghezza di cm 3. Sull'uso frequente dei sacrifici cruenti in onore di Demetra e del consumo del pasto condiviso, MASTRONUZZI 2008, p. 144, dove si elencano le suddivisioni del corpo della vittima da parte dei sacerdoti, in parti edibili destinate al consumo, mediante bollitura nelle olle o arrostimento con spiedi, e delle parti da offrire alla divinità su altari da fuoco. È da attribuire ancora alla pratica cultuale demetriaca il seppellimento rituale degli strumenti del sacrificio insieme alle porzioni di carne offerte, SABBIONE, MILANESIO MACRì 2008, pp. 209, 211-212; così anche per il Santuario Meridionale si è interpretato l'uso di conservare, insieme alle offerte votive, anche gli strumenti per il sacrificio, come provano i numerosi resti di coltelli, "*machairai*" di ferro, rinvenuti insieme ad ossa carbonizzate, all'interno del grande scarico prodotto attingendo al deposito votivo che ha consentito la creazione del Piazzale Nord, BAGLIONE 2000, p. 351.

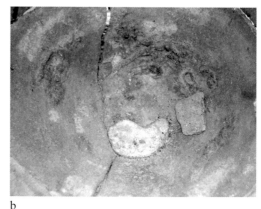

a   b

Fig. 10. Deposito κ: a. pani di bronzo contenuti nell'olla d'impasto; b. fondo dell'olla con foro risarcito con piombo e traccia del bronzo fuso.

collegate tra loro, come il metallo non coniato e nascosto, insieme a quella alimentare con carne di bovino e coltello in qualità di strumento per il sacrificio.

All'interno del filare meridionale, posizionati ad ovest erano: un cratere a colonnette di fabbrica locale con decorazione a fascia sul ventre ed un craterisco di ceramica acroma[47] (*Fig. 11*), deposti verticalmente, una fiasca in *faïence* detta del Capodanno o Anno Nuovo, coricata[48].

All'interno di un piccolo vano creato al centro delle pietre del filare sud e coperti sotto una delle stesse pietre, erano deposti accostati tre vasi contenenti sostanze profumate (un *aryballos* a corpo globulare a vernice nera, un *alabastron* e una *lekythos*, tutti attici[49], *Fig. 12*), insieme ad un pacchetto di almeno sei foglie in lamina di ferro e bronzo forate su uno degli apici[50] (*Fig. 13*). Completava

[47] La presenza di craterischi acromi è attestata in diversi contesti sia santuariali che funerari, ma appare interessante la modalità di deposizione di questa forma ceramica nei piccoli depositi dei santuari demetriaci magno greci, quali ad es. quello di Locri, contrada Parapezza, dove si trovano associati insieme a due coppette ed un *kyathos*, sempre miniaturistici, nel piccolo deposito D, Sabbione, Milanesio Macrì 2008, p. 197, e con un *kyathos* ed una foglia in metallo in uno dei depositi dell'altare/*eschara*, Milanesio Macrì 2005, pp. 233-234, n. II.64, assegnabili ad una fase di ristrutturazione dell'area sacra della seconda metà del IV secolo a.C.

[48] Baglione 2000, p. 343, con puntuale inquadramento cronologico e tipologico per la fiasca, oggetto legato a motivi benaugurali di rinnovamento e fecondità.

[49] L'*aryballos* trova un confronto diretto a Gravisca, Baglione 2000, p. 342, n. 9. La *lekythos*, Baglione 2000, p. 342, n. 7, ha ora un corrispondente identico a Pyrgi, nell'esemplare votato nell'*eschara* addossato al muro τ, per il quale si veda oltre. Per una disamina sul tipo di associazione e della sua ricorrenza anche in ambito funerario si veda ancora Baglione 2000, p. 342, n. 8.

[50] Baglione 2008a, p. 311, n. 23. Le foglie forate come quelle dedicate nel santuario in contrada Parapezza a Locri, Sabbione, Milanesio Macrì 2008, pp. 210-211, fig. 22, o nella stipe di Calderazzo a Medma, insieme a molte armi, Orsi 1913, p. 141, n. 23, fig. 187, ma anche nella stipe di Persephone a Camarina, Giudice 1979, p. 288, n. 12.

Fig. 11. Deposito κ: craterisco a colonnette acromo.

Fig. 12. Deposito κ: filare sud in corso di scavo, con gli unguentari deposti in situ.

questo nucleo di offerte una *oinochoe* trilobata di pasta vitrea blu con decorazione piumata gialla e celeste[51], sistemata appena fuori della pietra di copertura. I contenitori in questo caso sono coricati, a differenza dei loro analoghi deposti sotto il bacino, ma in posizione verticale; il rito probabilmente richiedeva che il contenuto fosse versato[52], mentre nell'altro doveva essere conservato.

Il settore meridionale del deposito (*Fig. 14*), posto all'esterno del filare sud di pietre, era composto da un gruppo di circa 20 vasi tutti di forma aperta, in maggioranza rappresentati da *skyphoi* e *kylikes* e in misura minore da coppette, di importazione e di produzione locale[53], alla

Fig. 13. Deposito κ: foglia in lamina di bronzo dal filare sud.

[51] Questa produzione di contenitori in pasta vitrea è presente a Pyrgi con numerosi esemplari di diversa tipologia, in gran parte *oinochoai*, restituiti da diversi punti del santuario, soprattutto dal piazzale nord; il nostro esemplare in particolare, privo del caratteristico bottone nell'attacco inferiore dell'ansa, non apparterrebbe alla produzione rodia. Sulla tipologia e sulla produzione in pasta vitrea si veda BAGLIONE 2000, p. 341, n. 5, fig. 5 (qui, evidentemente per una svista, l'Autrice indica come luogo di rinvenimento del vaso in questione il filare nord del deposito); FORTUNELLI 2007, pp. 301-303.

[52] BAGLIONE 2004, p. 311, EAD. 2008a, p. 311, l'autrice in questo caso propone l'ipotesi che il contenuto dei tre vasi fosse versato in un rituale di "preliminare consacrazione" del settore.

[53] Sono da ricordare anche uno *stemmed-dish* caliciforme ed una *phiale* a vasca profonda, appartenente al gruppo delle *achaemenid phialai*, con decorazione a costolature, BAGLIONE 2000, pp. 345-346, figg. 10-13. È già stato notato come la selezione delle forme vascolari sottintenda una precisa volontà di non comporre un servizio da banchetto completo, come accade in altri contesti, ad esempio Pontecagnano, santuario settentrionale, BAILO MODESTI *ET AL.* 2005b, p. 200.

Fig. 14. Deposito κ: filare sud, gruppo di ceramiche di forma aperta.

cui sommità, a sigillo di questo settore, si collocava la *phiale* onfalica con l'offerta alimentare composta da una cozza e una patella[54] cui erano stati aggiunti un dischetto ed un bocchello in osso di un contenitore deperibile ed un anello di verga di bronzo a capi aperti[55]. Alcuni degli esemplari ceramici sono miniaturistici, come la coppia di *skyphoi* con decorazione a bande larghe[56].

Fondamentale e certamente legata a rigide procedure rituali è la posizione dei vasi, alcuni coricati, ad indicare l'avvenuto versamento del contenuto, altri verticali, con il contenuto da preservare e alcune forme aperte rovesciate, come a sottolineare l'atto dell'avvenuta libagione compiuta dai partecipanti al rito, fino all'atto finale del dono costituito dalla *phiale* con l'offerta alimentare.

Due delle *kylikes* locali recano sotto il piede il nome del dedicante, nel primo caso la lettura è certa come *Larz Asmaias*[57], nel secondo l'iscrizione è lacunosa con il solo nome, interpretabile forse come gentilizio, *Auselii/Aurelii*[58].

Quasi isolato dal fitto gruppo dei vasi potori a ridosso del limite est del filare meridionale, deposto orizzontalmente con l'imboccatura verso ovest, si trovava il *kantharos* gianiforme configurato

---

[54] Sul valore e sull'interpretazione dell'offerta alimentare di molluschi si veda ancora BAGLIONE 2008a, p. 315, n. 28.

[55] BAGLIONE 2008a, p. 315, nota 28, EAD. 2004, p. 93, n. 40, EAD 2000, p. 344 con foto a fig. 9 della *phiale* recuperata con tutto il contenuto.

[56] BAGLIONE 2000, p. 347, fig. 16.

[57] COLONNA 1995, p. 443; COLONNA 1997b, p. 94.

[58] COLONNA 1997b, p. 97, n. 2bis.

a   b

Fig. 15. Deposito κ: a. filare sud, in corso di scavo, gruppo di offerte in coppia, busti e crateri a colonnette attici; b. in primo piano il secondo busto, in alto sono visibili gli spezzoni di tufo a rincalzo dell'olla d'impasto.

con testa di menade e satiro, assegnato all'atelier del pittore di Syriskos[59]. La sua posizione rispetto al numeroso gruppo delle ceramiche di forma aperta sottolinea ed enfatizza l'allusione alla sfera dionisiaca di questo settore.

Un gruppo di offerte, accomunate dall'iterazione degli oggetti, era collocato ad ovest del filare meridionale (*Figg. 14*, in alto a sinistra della foto, *15a*): una coppia di crateri a colonnette a figure rosse affiancati, uno dei quali deposto capovolto come per significare l'atto compiuto della libagione[60]; sul cratere deposto in piedi ed interamente ricomposto, ritorna la raffigurazione di Eracle[61], in questo caso simposiasta, con la dedica incisa in alfabeto ceretano sotto il piede, – *mi fuflunusra* –, che sottolinea l'appartenenza dichiarata del cratere alla sfera del simposio ed a Dioniso[62]; una coppia di busti protome femminili significativamente sovrapposti in piano (*Fig. 15a-b*), la cui offerta, allo stesso modo dei metalli, è attestata nei santuari demetriaci, quali doni parlanti e rappresentazione stessa della divinità[63]. In questo caso appare molto significativa la deposizione dei due busti

---

[59] BAGLIONE 2000, pp. 347-348, figg. 14-15; EAD. 2008a, p. 313.

[60] Come evidente dalla Fig. 14, il cratere capovolto ha il piede deposto alla sinistra del vaso.

[61] BAGLIONE 1997, pp. 85-93; EAD. 2000, pp. 348-349; EAD 2004, p. 94.

[62] COLONNA 1995, p. 442, n. 2, infatti propone la lettura dell'iscrizione come "io (sono un vaso) fuflunio". L'Autore è successivamente tornato sul significato di questo epiteto divino avanzandone un'interpretazione molto più articolata quale epiclesi di *Śuri*. In questo senso sarebbe da riferire a *Śuri* il dono dei due crateri COLONNA 1997b, pp. 94-98.

[63] BAGLIONE 2000, p. 350, fig. 19, con riferimento anche al loro inquadramento tipologico alle nn. 31-32.

sovrapposti come possibile collegamento alla coppia delle dee Demetra e Proserpina, qui ritenuta inscindibile.

Diversamente da ρ, il regime delle offerte del deposito κ è molto più articolato, per la maggiore varietà delle classi rappresentate, non più limitate alla sola ceramica, che pure costituisce la *magna pars*. I vasi sono di provenienza mista, produzione locale ed importazioni; solo per i vasi locali è prevista l'iterazione degli individui, mentre la ceramica attica è rappresentata solo da esemplari unici. Manca del tutto la classe funzionale delle *olpai*, ma anche delle *oinochoai* cioè dei vasi per versare, mentre è certamente enfatizzato l'aspetto simposiaco del contesto votivo nelle associazioni tra crateri a colonnette, tra i quali quello miniaturistico acromo, e *kantharoi*, del tutto assenti in ρ, oltre alle *kylikes*.

Persino il forte tratto comune della presenza importante della figura di Eracle rappresentato sui vasi offerti, mostra un diverso orientamento nella scelta dei soggetti, due volte l'episodio della prova per eccellenza della lotta al leone nemeo in ρ e l'Eracle simposiasta sul cratere attico a figure rosse in κ[64]. La differenza fondamentale è comunque costituita dalla presenza di contenitori per oli profumati, offerte alimentari e soprattutto dei metalli grezzi e lavorati quali le foglie, un bacino, gli altri oggetti in lamina, il *sauroter* in κ, assenti del tutto in ρ.

Il contesto è composto da una scelta di materiali fatta anche probabilmente attingendo ad offerte già votate nel santuario, come sembrano dimostrare le *kylikes* con il nome del dedicante, che si accompagnano ai due vasi con dedica alle divinità, la coppia *Śuri-Cavatha*[65], oltre a Dioniso-*Fufluns*.

La fondazione del vicino altare λ è connotata, sotto il profilo cultuale, dall'inusuale offerta di sette grandi lingotti di piombo[66]. Tutta l'area dell'altare è interessata da questo tipo di dono e da notare sono le diverse modalità di deposizione e di collocazione che costituiscono un particolare motivo di interesse. Quattro sono stati deposti nella metà occidentale del tamburo in coppie e allineati con orientamento nord-sud; un quinto è stato collocato nel punto di unione tra la rampa ed il tamburo, in direzione est-ovest, un sesto all'estremità meridionale del muro orientale della rampa in direzione nord-sud, il settimo sul filo esterno del muro orientale del tamburo, con orientamento nord-sud (*Fig. 16*).

La deposizione di questi lingotti si caratterizza per le diverse modalità rituali loro riservate[67]: per quanto riguarda il gruppo dei quattro, essi sono accompagnati da altre due significative offerte costituite da un alare in ferro deposto ortogonalmente a collegare la coppia a nord al filo interno del tamburo[68], e da un grande astragalo bovino deposto accanto alla coppia meridionale di lingotti. Il quinto, posto quasi a suggello tra il corridoio ed il tamburo, è stato completamente inserito nella tessitura delle pietre del muretto divisorio. Analogo trattamento è stato riservato al sesto anch'esso completamente innestato, quasi protetto, tra le pietre del filare interno del tamburo. In questo settore

---

[64] Eracle è "l'iniziato per eccellenza" ai misteri eleusini, Bérard 1986, pp. 105-107, Baglione 1997a, p. 90.

[65] Colonna 1995, p. 442, fig. 11,*a*.

[66] Per quanto riguarda la tipologia dei lingotti ed il loro valore ponderale si rimanda al contributo di L. Drago in questo stesso volume.

[67] Per una destinazione quale "cippi" di piombo, offerte elettive della coppia *Śuri* e *Cavatha* per "la ben nota valenza simbolica del piombo nei confronti dell'Oltretomba e degli dèi inferi" si veda Colonna 2007a, p. 120, p. 14. Su questa tipologia di offerte si veda ora L. Drago in questa sede.

[68] L'alare in frammenti ricomponibili è molto deteriorato, ma conserva ben riconoscibile la sezione cilindrica.

Fig. 16. Altare λ visto da sud con la platea centrale: lingotti di piombo in corso di scavo; all'esterno del tamburo, a destra al centro è visibile il grande coppo che copriva uno dei lingotti.

della struttura circolare, tra le pietre suddette e la platea tufacea centrale si è rinvenuta una lente di bruciato con piccoli frammenti di ossa combuste priva di frammenti ceramici o altri manufatti, probabilmente pertinente a residui di un rito che prevedeva il consumo di carne.

Il settimo lingotto, era stato deposto con orientamento nord-sud, all'esterno del lato orientale dell'altare, coperto longitudinalmente da un coppo e sigillato sui lati brevi da due pietre poste di taglio (*Fig. 16* a destra della foto). Inoltre in contiguità con il limite esterno dell'anello di fondazione dell'altare, era stata deposta una coppia di piccoli alari in ferro[69], affiancati in posizione parallela e disposti ortogonalmente a collegare con le estremità, da una parte il coppo e dall'altra il filo esterno del tamburo dell'altare. È da sottolineare la reiterazione di una modalità di deposizione che prevedeva l'associazione del dono del lingotto e di alari in ferro, a significare lo stretto legame tra l'offerta del metallo formato e la fondazione dell'altare, sancito dal rito del consumo di carne come dimostra la presenza degli alari, *instrumentum* del rito stesso[70].

La prossimità topografica e la connessione ideale tra il "deposito κ" e l'altare λ sono ulteriormente rafforzate dalla scelta dell'offerta di fondazione rinvenuta all'interno della platea tufacea quadrangola-

[69] Gli alari misurano cm 30 di lunghezza e sono posti ad una distanza di cm 20 tra loro. Cenno sulla loro presenza in BAGLIONE 2008a, pp. 311- 312, n. 23, dove si sottolinea la presenza di spiedi, alla pari degli alari, quali strumenti per la cottura della carne, anche nel *thesmophorion* di Locri contrada Parapezza.

[70] L'uso di offrire, oltre al dono alimentare, anche gli strumenti utilizzati per compiere il rito, come già visto per il deposito κ, è prassi ad esempio nell'*eschara* del santuario demetriaco di Locri Parapezza, SABBIONE, MILANESIO MACRÌ 2008, p. 209.

Fig. 17. Altare λ: particolare della platea con il craterisco acromo in corso di scavo.

re posta al centro del settore circolare dell'altare e orientata a NE-SO (*Fig. 17*). Essa consiste in un cratere a colonnette miniaturistico acromo deposto orizzontalmente lungo il limite orientale con l'imboccatura verso ovest, che trova il confronto più puntuale con quello del "deposito κ", costituendo dunque una prova dirimente del profondo legame interno tra i due monumenti costituenti un vero sistema sacrale[71].

Il tipo di vaso, ancora una volta allusivo all'attività simposiaca e la caratteristica della miniaturizzazione consente di collegare idealmente questa tipologia di offerta anche a quelle del piccolo *bothros* ε ed ancora alle più tarde relative al restauro del sacello γ[72].

Infatti il *bothros* ε (*Figg. 3, 18a*) costituisce un'ulteriore offerta di fondazione connessa con un altare da fuoco quadrangolare in blocchi di tufo, con gli angoli perfettamente orientati, contenuta all'interno di una cista litica rettangolare di piccole dimensioni, anch'essa con gli angoli orientati, costruita al di sotto della quota di spiccato, con "lastre di calcare che ne foderano anche il fondo, obliterata con uno strato di argilla, e segnalata in superficie da un giro di pietre a rincalzo"[73]. All'interno erano deposti in posizione coricata due vasi miniaturistici, un craterisco acromo di tipo campaniforme ed una *oinochoe* attica a figure nere attribuita da P. Baglione alla classe Copenhagen 68, inquadrabile tra il 480 ed il 470 a.C. (*Fig. 18b*)[74]. Lungo il lato settentrionale della teca, a contatto con questo era stato sistemato un ceppo di ancora di pietra calcarea[75] a significare lo stretto legame con la teca ed il suo contenuto. Collegata all'altare doveva essere anche la base di donario, composta da due blocchetti di tufo affiancati, posta poco ad ovest del *bothros*. La deposizione di un lingotto di piombo nei pressi del micro "sistema" altare + *bothros* rimanda ancora al più consistente gruppo dei lingotti votati all'interno e vicino all'altare λ[76]. In questo caso però è da tener presente la situazione stratigrafica compromessa dal passaggio "distruttivo" del canale post-antico che ha

---

[71] Si tratta di un cratere con anse a colonnette vicino alla forma della *kelebe*, corpo globulare, sottile piede a disco, inv. n. 94DL23, alt. cm 8,5, diam. fondo cm 4, imboccatura cm 6. La miniaturizzazione di questi crateri ne afferma la natura di *ex-voto par destination*, MOREL 1992.

[72] Per queste ultime si rimanda al contributo di L.M. Michetti e L. Ambrosini in questo volume.

[73] COLONNA 1991-92, pp. 63-115, ora anche in COLONNA 2005, p. 2300, fig. 12. Per una ricostruzione del monumento si veda qui M. Belelli Marchesini.

[74] BAGLIONE 2000, p. 353, fig. 23, sui due vasi anche COLONNA 1991-92, ora in COLONNA 2005, p. 2300, figg. 13-14.

[75] Lungo cm 40, visibile alla fig. 20, a destra. Sulla presenza non isolata di ceppi di ancora restituiti dall'area sacra, COLONNA 1991-92, ora in COLONNA 2005, pp. 2301-2302, il più grande dei quali, anepigrafe, è stato reimpiegato nel muro ovest della cella del sacello γ.

[76] Anche per questo lingotto si rimanda qui al contributo di L. Drago.

Fig. 18a. Sistema altare e *bothros* ε al termine del-lo scavo.

Fig. 18b. coppia di offerte dal *bothros* ε, il crateri-sco campaniforme e l'*oinochoe* a figure nere.

danneggiato gran parte dell'altare ε e probabilmente alterato l'assetto originario dell'offerta del lingotto, che oggi appare del tutto isolato e privo di qualsiasi "protezione" o copertura che, invece, caratterizzavano tutti gli altri[77].

CLAUDIA CARLUCCI

B. LE OFFERTE RITUALI E SACRIFICALI

Sulla base delle evidenze archeologiche restituite dall'area sacra si è individuata un'altra categoria di depositi riconducibile alle offerte legate alla pratica del culto o del sacrificio.

All'interno del recinto sacro τ si è isolata un'area posizionata a ridosso del muro, lungo il suo limite Est (*Fig. 19a*), delimitata e protetta da pietre ben connesse disposte a semicerchio. L'area è caratteriz-zata dalla presenza di un deposito sistemato nella terra che si configura come un'offerta composita, assimilabile alle *escharai* dei santuari tesmophorici magno-greci, costituita da un grande accumulo di terra, sabbia e ossa triturate e combuste di varie dimensioni, tra le quali due porzioni di mandibole animali (suino e ovino), miste a carboni, un piccolo bacile di lamina di bronzo contenente piccole ossa combuste, una *lekythos* attica a figure nere deposta coricata (*Fig. 20*). Priva di collo, orlo e ansa, presenta una decorazione a linee radiali sulla spalla, tre palmette a sette petali con cuore a losanga e dettagli graffiti alternate con linee verticali sul ventre; il fondo è dipinto a vernice nera, tranne una linea risparmiata alla base delle palmette, il piede a disco è dipinto superiormente. Essa è databile all'ultimo quarto del VI secolo a.C.[78].

---

[77] Si veda qui B. Belelli Marchesini per la proposta di una possibile posizione verticale del lingotto ad uso di cippo cardinale.

[78] La *lekythos*, unico elemento datante del contesto, trova, come si è già visto, un confronto all'interno della

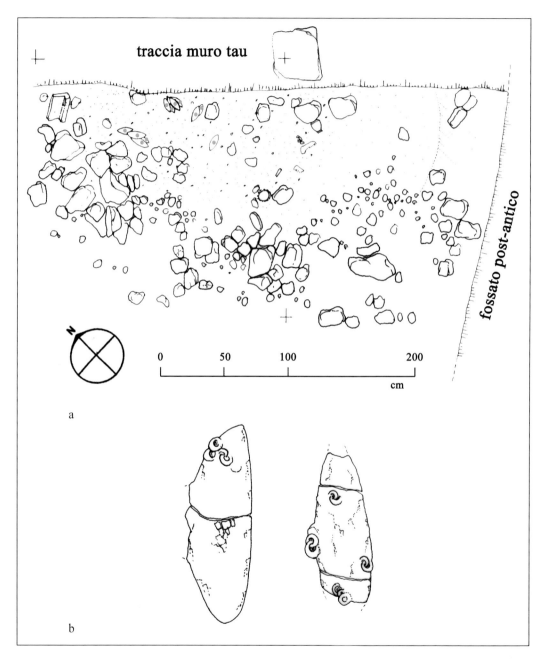

Fig. 19. Recinto sacro τ; a. particolare del rilievo dell'area a ridosso del muro τ con le offerte posizionate; b. due foglie in lamina di ferro.

Accanto alla *lekythos* sono sparse dodici foglie lanceolate in lamina di metallo, undici in ferro e una in bronzo (*Fig. 19b*). Nonostante l'attuale stato di conservazione delle foglie è possibile notare l'assenza del foro alla base, caratteristico degli esemplari rinvenuti nel "deposito κ", e, di contro, la presenza di occhielli laterali nei quali era inserita una catenella in ferro rinvenuta concrezionata ai lati di alcune delle foglie. Ciò induce pensare che fossero in origine allacciate tra loro[79].

La reiterazione dell'offerta delle foglie in lamina di metallo di tipo diverso anche a Pyrgi ha consentito di riconsiderare la destinazione e la funzione di questi doni alla luce dei confronti

Fig. 20. Recinto sacro τ: *lekythos* a figure nere.

stringenti con le numerose e ben più consistenti attestazioni dai grandi santuari demetriaci di area magno-greca.

Ma il tipo degli oggetti dedicati e la loro articolazione consente, in questo caso specifico, non solo il semplice confronto tipologico, ma anche di rimandare direttamente alle modalità dell'offerta seguite negli stessi santuari coloniali, con particolare riferimento alle piccole offerte deposte nell'*eschara* intorno all'altare dedicato a Demetra nel santuario di Locri Epizefìri in contrada Parapezza[80]. La funzione di questi particolari ex-voto nei santuari dell'Italia meridionale non è considerata univocamente[81], ma è da ritenersi convincente la proposta che li considera collegati al rito della *phillobolia*, menzionato e descritto in una composizione lirica di Filico di Corcira in onore di Demetra ctonia, durante il quale era previsto il lancio di foglie su Demetra per scongiurare il pericolo della terra resa infruttifera dalla dea in lutto[82].

Ancora all'interno del recinto, lungo il limite sud è stata rinvenuta un'offerta di tipo composito costituita da un gruppo di tre grandi pani di bronzo, tutti con almeno due lati regolari, uno dei quali porta l'incisione di un numerale (*Fig. 21*), una lama di coltello in ferro, un oggetto laminare in bronzo

---

stessa area sacra nell'esemplare dal deposito κ, per il quale si veda sopra. A tale riguardo forse vale la pena ricordare che queste piccole *lekythoi* appartenenti al medesimo tipo, trovano una diffusione anche nel *thesmophorion* di Bitalemi a Gela, ORLANDINI 2008, p. 174, fig. 62, durante la seconda fase del santuario, 530-490 a.C. momento corrispondente all'arrivo di un numero non elevato di ceramica attica. Sembra interessante dunque anche il dato statistico della scelta di questa forma vascolare tra tutta la varietà offerta dalla produzione attica a figure nere del periodo. Per la diffusione di questo tipo di vaso nel santuario pyrgense ed in ambito greco, BAGLIONE 2000, p. 362, EAD. 2004, pp. 96-97. Anche il santuario settentrionale di Gravisca ha restituito un numero considerevole di frammenti di *lekythoi* a figure nere, FORTUNELLI 2007, pp. 64-65.

[79] Questo modo di legare il gruppo di foglie di lamina costituisce una novità rispetto ai numerosi altri esemplari noti da diversi santuari magnogreci, per i quali si rimanda sopra alla nota, tutti caratterizzati da un foro di sospensione ad uno degli apici.

[80] Da ultimi SABBIONE, MILANESIO MACRÌ 2008, pp. 209-211.

[81] SABBIONE, MILANESIO MACRÌ 2008, p. 210.

[82] COLONNA 2000, p. 273, invece le considera come *sortes* oracolari.

Fig. 21. Recinto sacro τ: pani di bronzo, al centro quello con numerale inciso.

non meglio identificabile, ripiegato e rinvenuto infisso di taglio nello strato[83]; in associazione si trovano due borchie emisferiche di bronzo con stelo in ferro probabilmente elementi decorativi pertinenti ad un contenitore, un *kibòtion*[84]; intorno a questi si rinvengono sette panelle di *aes formatum*[85] e abbondanti frammenti di ferro saldati tra loro, insieme a ossa frantumate e combuste e legno carbonizzato.

Questa offerta si trovava in connessione stratigrafica con il compatto strato di pavimentazione, che ha obliterato l'area del recinto, composto da tegolame e ceramica, tra cui un'olletta stamnoide a vernice nera ricomponibile[86], databile alla fine del IV secolo a.C. periodo cui è possibile datare la completa ristrutturazione topografica e cultuale dell'intero Santuario Meridionale.

Il contesto è stato intercettato dal passaggio del canale post – antico ed è quindi difficile il suo inquadramento sia tipologico all'interno del regime delle offerte, sia filologico al fine di ricostruirne l'originaria composizione e associazione, tuttavia è possibile ipotizzare un'offerta collegabile alla dismissione dell'area, piuttosto che di frequentazione della stessa.

Il dato inconfutabile è la continuità dell'uso di quest'area sacra e la reiterazione della tipologia dell'offerta nello stesso sito, legata al dono di metallo alla terra, ancora alla fine del IV secolo a.C.

Nell'ambito dell'importante intervento su tutta l'area sacra, si collocano sia la ristrutturazione dell'edificio γ, sia la creazione della "colmata" del piazzale nord a ridosso del muro orientale dell'edificio α, relative alla dismissione ed alla contestuale rifunzionalizzazione degli edifici sacri (*Fig. 22*). Nel primo caso sono risultate di grande interesse, per l'analisi, la ricorrenza e le associazioni delle forme e dei tipi di vasellame, le modalità della formazione a rincalzo dell'angolo sud est dell'edificio, effettuata con uno scarico di materiale di copertura in grandi frammenti, soprattutto tegole, disposti per taglio e frammisti all'argilla. Insieme agli elementi architettonici, deputati al rinforzo statico della struttura, si trova un notevole numero di ceramiche in molti casi scaricate intere e ritrovate in connessione. La congerie del materiale ceramico è probabilmente frutto dell'accantonamento nel tempo di ex-voto impiegati per la pratica devozionale e la frequentazione dell'edificio γ, ma si

---

[83] Dim. del coltello: lunghezza cm 10, larghezza cm 3. La consuetudine di votare oggetti in lamina infilati di taglio all'interno della terra del deposito, richiama ancora una volta le foglie di metallo spesso donate con questa modalità, Sabbione, Milanesio Macrì 2008, p. 210.

[84] Diam. delle borchie cm 3,5. Per i *kibotia* in legno v. ad esempio Richter 1966, p. 75, fig. 395, Steingräber 1979, pp. 50-52.

[85] Per le questioni ponderali e l'inquadramento tipologico di questi pani si veda in questa sede il contributo di L. Drago.

[86] Vicina alla serie Morel 4432, Morel 1981. È da ricordare che questo strato ha restituito anche un notevole numero di iscrizioni greche con dedica a Demetra, si veda in questa sede il contributo di D.F. Maras.

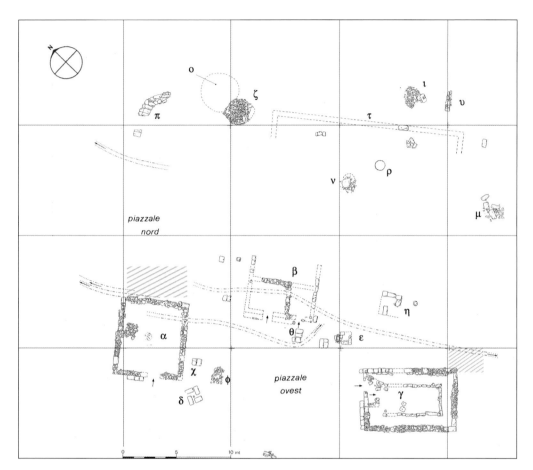

Fig. 22. Planimetria del Santuario: in evidenza lo scarico di materiale votivo a ridosso dell'angolo sud-est dell'edificio γ a destra e lo scarico a ridosso del muro nord dell'edificio α a sinistra.

ravvisa una certa logica nella selezione delle forme vascolari utilizzate per questo intervento, alcune delle quali forse impiegate per compiere riti espiatori[87]. Sono questi i casi del craterisco[88], deposto sulla sommità dello scarico insieme ad un'olpetta acroma non miniaturistica[89] e due coppe a vernice

---

[87] Si tratta probabilmente della testimonianza della celebrazione dei *piacula* connessi all'inevitabile profanazione dell'edificio in occasione della sua ristrutturazione; l'attenzione verso queste pratiche legate ai riti di chiusura o defunzionalizzazione di alcuni settori nei santuari antichi è stata recentemente proposta in CERCHIAI 2008.

[88] Inv. 95B0, alt. 4,3, diam. max 3,7. Per l'inquadramento di questo tipo di vaso si veda qui il contributo di Ambrosini, Michetti. Significativo l'impiego di altri due esemplari simili "votati" in altri punti dell'edificio che consentono di inquadrare questo intervento tra la fine del IV e l'inizio del III secolo a.C.

[89] Inv. 95CO1, alt. 13,5; l'olpe a corpo ovoide espanso, ampio collo svasato ed ansa sormontante ad orec-

nera di produzione locale impilate e capovolte con imboccatura in basso, oppure il secondo vaso miniaturistico, un'*olpe* acroma a profilo continuo (*Fig. 23,5*)[90], proveniente dal fondo della catasta, deposta prima di iniziare l'intervento di rinforzo dell'angolo, insieme a frammenti di ossa e conchiglie. Riguardo alle forme attestate si tratta in gran parte di forme aperte rappresentate soprattutto da coppe tardo-arcaiche a vernice nera di produzione locale (*Fig. 23,4*)[91] e di importazione, come l'esemplare rinvenuto intero con ampio foro intenzionale sul fondo (*Figg. 23,1, 24*), o l'esemplare frammentato appartenente al tipo concavo-convesso (*Fig. 23,2*)[92], coppette miniaturistiche a vernice nera (*Fig. 23,3*)[93], piattelli acromi (*Fig. 23,8*) e ciotole coperchio di impasto bruno-rossastro (*Fig. 23,7*)[94]. La maggiore presenza di forme destinate alla libagione è enfatizzata dalla prestigiosa offerta

chia è affine ad alcuni esemplari dalla cisterna arcaica del santuario di Portonaccio a Veio, AMBROSINI 2009A, tipo 3, nn. 410-411, databile nel IV secolo a.C., alla quale si rimanda per i confronti e le indicazioni bibliografiche. Sulle dimensioni e sulla tipologia delle *olpai* acrome si veda oltre.

[90] Inv. 95CV36, alt. cm 5,5, diam. max 4,5, con tracce di ingobbio. Per la forma si avvicina al tipo miniaturistico dal santuario settentrionale di Gravisca, FORTUNELLI 2007, pp. 181-182, tipo 2, E 60-63, tav. 18, la cui datazione tra il tardo VI e gli inizi del V secolo a.C., è da considerare troppo alta per l'esemplare pyrgense.

[91] Sono le cosiddette coppe etrusco-arcaiche a vernice nera, per un totale di cinque esemplari ricostruibili, quello riprodotto a fig. 25,4 ha inv. 95BV8, e numerosi frammenti, anche di grandi dimensioni di esemplari diversi, appartenenti a tipi ben rappresentati a Pyrgi nel santuario maggiore, COLONNA in *Pyrgi* 1970, p. 241, fig. 167, nn. 1, 7; DI PAOLO COLONNA, in *Pyrgi* 1988-89, p. 301, fig. 260, n. 5; questa classe ceramica è presente anche nel santuario settentrionale di Gravisca, FORTUNELLI 2007, pp. 169-170, tipo 1, E4, E11. Sono state, inoltre, recuperate altre quattro coppe ricomponibili tipo *Spurinas* a vernice nera con labbro arrotondato (esemplare a Fig. 25, 6, ricomposto da: 95 BO 17, CC 13a-b, AL, diametro orlo 14, piede 7,5), un fondo in due frr (95CM,BV), diam. cm 14 ca, confrontabili ancora con quanto restituito sia dal santuario maggiore, COLONNA in *Pyrgi* 1970, pp. 239-241, fig. 166,7, p. 468, fig. 370, che anche dal "deposito di coppe" accumulato nell'area precedentemente occupata dall'edificio β, per il quale si veda qui Michetti. Il piccolo gruppo appartiene al tipo II,a codificato in BERNARDINI 2001, pp. 13-15, tav. I,a. Anche nel caso di questa classe è possibile trovare confronti molto stringenti con gli esemplari dal santuario settentrionale di Gravisca, FORTUNELLI 2007, pp. 171-173, tipo 2, e per quanto riguarda l'esemplare pyrgense di cui si presenta il disegno, Fig. 25,6, EAD. p. 173, E23. Per una diffusione della classe ancora BERNARDINI 2001, pp. 13-15 e FORTUNELLI 2007, pp. 171-172.

[92] La coppetta forata, inv. 95CZ4, del tipo delle *small bowl: early and heavy* dall'agorà di Atene, SPARKES, TALCOTT 1970, p. 134, nn. 854-862, è già attestata tra le importazioni attiche nel santuario, BAGLIONE 2000, p. 345, Fig. 10. La pratica di forare intenzionalmente un vaso per cambiarne la funzione destinandolo a strumento diretto di libagione con offerta liquida è comune nei culti di natura catatonia e noti ampiamente nel nostro santuario, oltre all'olla forata dal deposito κ, si rimanda qui al contributo di Michetti, Ambrosini, con relativi rimandi bibliografici. La seconda coppetta attica, inv. 95AL1, trova confronti in SPARKES-TALCOTT 1970, pp. 130-131, fig. 8, n. 817, mentre un secondo esemplare intero iscritto proviene dal Piazzale Nord, COLONNA, MARAS 2003 in *REE*. Il tipo trova confronti anche a Gravisca, VALENTINI 1993, pp. 25-26, tipo 11, tav. 5. Entrambi i tipi sono databili intorno al 450 a.C.

[93] Per un totale di cinque esemplari, vicini ai tipi Morel 2971 a1, Morel 2971 b1, entrambi datati al IV secolo a.C.

[94] Per un totale di sette esemplari: tre ciotole coperchio con presa ad anello molto frammentate e ricomponibili (inv. 95CC, impasto bruno, diam. piede 5,5; inv. 95CN31, impasto rossastro, diam. 5; inv. 95CN32, impasto bruno, diam. piede 6), due ciotole coperchio con presa a bottone (95DT40, impasto rossastro, diam. 2; inv. 95DT59, impasto bruno, diam. 4) appartenenti a tipi già noti nel Santuario maggiore, SERRA in *Pyrgi* 1970, pp. 516-518, fig. 389,2,6; due ciotole o coppe frammentarie con piede ad anello (inv. 95CZ77, impasto bruno, diam. piede 6; inv. 95CZ76 labbro ingrossato, impasto bruno, diam. piede 4,5), anche in questi casi si tratta di tipi comuni e già noti nel Santuario maggiore, EAD. p. 516, fig. 388, 10-11.

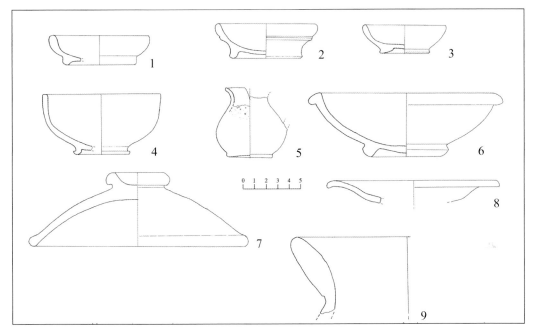

Fig. 23. Edificio γ: tavola con scelta di materiali dallo scarico, 1. coppetta a vernice nera attica con foro centrale; 2. coppetta a vernice nera attica concavo-convessa; 3. coppetta a v.n. locale; 4. coppetta a vernice nera locale etrusco-arcaica; 5. olpetta miniaturistica dalla sommità dello scarico; 6. coppa "Spurinas"; 7. ciotola-coperchio in impasto; 8. piattello acromo; 9. labbro di olla d'impasto.

di un *kantharos* frammentario a protome silenica attribuito alla Manchester *Class*[95], rinvenuto sulla sommità del secondo livello dello scarico insieme ad una seconda coppia di coppette etrusco-arcaiche a vernice nera deposte rovesciate e ad un ramoscello carbonizzato.

Le forme chiuse sono rappresentate da vasi per versare come le olpette acrome (*Fig. 25*)[96], forma ormai divenuta usuale nella pratica cultuale del santuario, e da quattro olle: due globulari

---

[95] BAGLIONE 2000, pp. 355-356, fig. 25. I soggetti scelti per il fregio sono ancora una volta Eracle, qui arciere, e Dioniso con satiro, a sottolineare ancora lo strettissimo legame tra l'eroe e la sfera dionisiaca già enfatizzata nel cratere dal deposito κ; sul valore simbolico di questa classe ceramica e sulla consuetudine di offrire *kantharoi* nei santuari dedicati ad Eracle, BAGLIONE loc. cit., p. 356, n. 50. Il leggero divario cronologico tra questo *kantharos* e quello dal deposito κ più antico, contribuisce a definire meglio l'orizzonte cronologico delle ceramiche fini locali e d'importazione determinabile intorno al 450 a.C.

[96] Sei olpette in totale, oltre a quella dalla sommità dello scarico, una seconda ricomponibile dello stesso tipo, inv. 95CZ22, diam. orlo 7, fondo 4,8, votata intera e frantumata sul piano formato da uno dei livelli dello scarico, più frammenti relativi ad altri quattro esemplari. Le analisi condotte dalla Dott.ssa Alessandra Celant, Dipartimento di Scienze della Terra, Sapienza Università di Roma, sul campione di terra contenuta nell'olpe inv. 95CZ22 con resti paleobotanici hanno rivelato: un fr. carbonizzato di fusto (tronco) di *Quercus* s.p. gruppo sempreverdi (probabilmente Ilex, cioè leccio o sughera).

Fig. 24. Edificio γ: coppetta a vernice nera attica con foro centrale.

Fig. 25. Edificio γ: olpetta acroma dalla sommità dello scarico.

con labbro a mandorla, impasto rossastro e bruno, una biansata con labbro a sezione triangolare, fondo piano, in impasto chiaro sabbioso; una stamnoide biansata con piede ad anello, labbro a colletto, impasto chiaro sabbioso, ricomponibile (*Fig. 23,9*), tutti appartenenti a tipi noti dal santuario maggiore[97].

Degni di nota sono i due vasi miniaturistici, il craterisco e l'olpetta già menzionati. Essi contribuiscono ad incrementare il numero di esemplari di ceramica a vocazione esclusivamente votiva restituiti dal santuario in tutte le sue fasi di vita. Per quanto riguarda gli esemplari inquadrabili nell'arco cronologico indagato in questo contributo, è da notare come l'uso di questi ex-voto, non molto numerosi, fosse frutto di una selezione elettiva, probabilmente subordinata a rituali specifici nei quali era forse richiesta questa tipologia di offerte.

La colmata del piazzale Nord, realizzata, com'è noto, per creare un'area libera priva di edifici, ha restituito un'evidenza di grande interesse rappresentata da un consistente nucleo di materiali e offerte votive che si sono distinte dal resto del piazzale per la particolare concentrazione, per le dinamiche di formazione e per la presenza di *piacula*[98], tale da assumere una spiccata fisionomia di favissa (*Fig. 22* a sinistra) e poter essere considerata nel novero dei depositi rituali di tipo aperto. La favissa addossata lungo il muro nord-est dell'edificio α, si distribuisce per una ampia fascia lunga ca. 8 metri e larga ca. 4[99]. Questa raccolta di materiale votivo è composta, nella quasi totalità, da ceramiche delle diverse

---

[97] Rispettivamente: inv. 95CQ, 95CV-CQ, 95EF, 95CS, quest'ultima ha dimensioni notevoli, come dimostra il diametro dell'imboccatura di cm 24.

[98] Si tratta di piccoli gruppi di ossa, in prevalenza combuste, ricoperti da frammenti coppi o tegole, coppette rovesciate e olpette ritrovate in connessione, cioè deposte intere a volte associate ad *aes rude*, Baglione 2000, pp. 351-352, Ead. 2004, pp. 94-95, Ead. 2008a, pp. 308-309.

[99] Baglione 2000, pp. 351-352, Ead. 2004, pp. 94-95, Ead. 2008b, pp. 308-309. In questa sede saranno analizzati i reperti restituiti esclusivamente da questo scarico, ben distinto dal resto del Piazzale nord, proprio per la consistenza dell'accumulo di materiali dismessi addossati al muro esterno dell'edificio.

classi, di produzione locale e di importazione, da armi (soprattutto frecce e giavellotti[100] *Figg. 26-27*), astragali di caprovini, rari ex voto fittili (tra i quali, statuette femminili con diversi attributi, fiaccola, *alabastron*, patera, ex-voto animali, tartarughe, teste di ariete, bovini)[101] ma anche da oggetti che provengono da una fase di vita dell'edificio sacro, come la serratura in ferro[102], i chiodi da carpenteria.

Tutto il materiale è in giacitura secondaria e potrebbe qualificare questa colmata, come uno "scarico" di ex-voto e strumentari, equiparabile a quelli nelle cisterne o cavità all'interno dei santuari di tipo monumentale[103]. La stragrande maggioranza della ceramica di produzione locale è rappresentata dalle olpette acrome di fabbrica ceretana come dimostrano i confronti con i tipi rinvenuti in contesti funerari da *Caere* tra V e IV secolo a.C.[104] (*Fig. 28a-b*). Il calcolo degli individui, almeno ottanta, è stato condotto sulla base degli esemplari quasi interamente ricostruiti (*Fig. 29*) e correlando il numero dei fondi e delle anse, nei casi di difficile ricomposizione degli esemplari interi a causa dello stato di conservazione dei frammenti[105]. Da segnalare la presenza di alcuni fondi di ollette forati intenzionalmente al centro prova di un uso rituale diverso del vaso, forse come *infundibulum* (*Fig. 28c*)[106] Le recenti analisi paleobotaniche condotte su campioni di terra contenuti in due olpette intere[107], hanno evidenziato in un caso la presenza di carboni di legno di rovere e nel secondo cariossidi di *Triticum* e frammenti di legno di rovere e quercia sempreverde.

---

[100] Per la quantificazione e distribuzione di questa classe si veda BAGLIONE 1989-90, pp. 558-561, fig. 5. Sulla valenza di questo tipo di armi considerate non in quanto allusive alle spoglie, ma per il loro portato simbolico, COLONNA 1991-92, pp. 101-104, figg. 42-44, ora in COLONNA 2005b, pp. 2325-2327, ribadito in COLONNA 2007a, p. 120, p. 14, dove le frecce ed i giavellotti sono ritenuti simboli della capacità fulguratoria del dio *Śuri*. Per un'altra possibile interpretazione di questi ex-voto si veda qui Gentili. Per la loro diffusione nei santuari d'Etruria, si veda ancora COLONNA 1991-92, pp. 103-104, ora in COLONNA 2005b, pp. 2327-2329.

[101] Per i quali si veda qui il contributo di M.D. Gentili, figg. 20-25.

[102] Per un inquadramento di questo tipo di oggetti si veda qui il contributo di Michetti, Ambrosini, fig. 11, *f*

[103] Come nei casi di *Caere*, Vigna Parrocchiale e, Manganello, Veio, Portonaccio e Casale Pian Roseto, Falerii, Vignale, Scasato e Sassi Caduti, ecc. Sulla natura del materiale impiegato per la creazione del Piazzale nord, BAGLIONE 2000, p. 351 con ampia bibliografia di riferimento.

[104] Si tratta sostanzialmente di due tipi in particolare, il primo, Fig. 28a, inv. 85.39b, con collo alto troncoconico leggermente concavo, distinto dal corpo ovoide, ansa sormontante, sottile piede a disco, derivato da modelli del bucchero, FORTUNELLI 2007, p. 180, AMBROSINI 2009a, pp. 178-180, tipo 5, ed un secondo tipo, Fig. 28b, inv. 85.23b5, caratterizzato da collo basso distinto dal corpo di forma globulare, ansa sormontante ad orecchia a sezione ingrossata o a nastro, sottile piede a disco che trova ampi confronti in AMBROSINI 2009a, p. 168, fig. 29, tipo 1, variante a, con esemplari databili a Veio Portonaccio nel IV secolo a.C. Le dimensioni si attestano nel formato medio indicato da Laura Ambrosini, con una concentrazione intorno ai 13 centimetri, calcolata all'imboccatura e con una consistente presenza di formati piccoli, di altezza variabile tra 10 e 11 cm e piede con diametro tra i 4 e i 4,5 cm; per le dimensioni degli esemplari citati, si veda oltre l'appendice metrologica, a nota 116.

[105] Sulla presenza caratterizzante e sulla distribuzione di questa classe ceramica nel "deposito aperto" si veda BAGLIONE 1989-90, p. 662, EAD. 2000, pp. 351-353.

[106] La presenza all'interno del deposito ρ di una sola olpe, tra le nove presenti, con il fondo forato rafforza l'ipotesi di usi rituali diversi anche per lo stesso tipo di vaso; fondi di olpai forati rinvenuti anche nel deposito ο, confermano la diffusione e la continuità del medesimo rituale nel Santuario meridionale, per il quale si rimanda al contributo di L. Ambrosini, L.M. Michetti.

[107] A cura di Alessandra Celant, alla quale è affidato lo studio dell'intero complesso dei reperti paleobotanici restituito dal Santuario Meridionale.

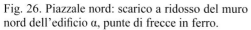

Fig. 26. Piazzale nord: scarico a ridosso del muro nord dell'edificio α, punte di frecce in ferro.

Fig. 27. Piazzale nord: scarico a ridosso del muro nord dell'edificio α, punte di giavellotti in ferro.

Per quanto riguarda, invece, la presenza della ceramica di impasto, sicuramente di produzione locale, la forma più ricorrente è l'olla, presente con circa 30 esemplari, riconducibili a due tipi già noti nel Santuario Maggiore, cioè l'olla biansata in impasto chiaro sabbioso, con labbro a sezione triangolare, fondo piano (*Fig. 30*) e l'olla di forma globulare in impasto bruno, con labbro a mandorla e fondo piano (*Fig. 32*)[108].

Accanto alle olle sono presenti coperchi, del tipo con presa ad anello (*Fig. 31,b*), e ciotole coperchio, circa 20 esemplari in tutto in maggioranza in impasto bruno, due dei quali con ingobbio rosso (*Fig. 31,a*).

Alcune classi sono rappresentate solo da frammenti non ricomponibili, come i bacini di impasto chiaro sabbioso e le anfore di importazione.

La maggior parte delle olle e delle ciotole coperchio presenta tracce evidenti di uso sul fuoco, facendo ipotizzare anche la presenza del "cucinato", tra le offerte alimentari, che prevedevano la cottura prima del consumo del pasto rituale comune.

L'ipotesi del consumo di cibo cucinato è supportata anche dalla presenza di coltelli in ferro e ossa di animali alcuni dei quali con tracce di macellazione[109].

La ceramica di importazione, costituita per la maggior parte da ceramica attica è stata affrontata ed illustrata in più sedi da P. Baglione[110].

---

[108] Rispettivamente: Serra in *Pyrgi* 1970, p. 512, 386, Ead. 1970, p. 523, fig. 390. Da notare che, anche se ricomponibile in tutto o parzialmente, nessun esemplare di olla di grande formato sembra essere stato utilizzato nello scarico come contenitore di offerte, ma per le tracce d'uso e la giacitura è possibile certamente annoverare tali contenitori nello strumentario per le azioni rituali svolte in relazione con i culti dell'edificio α.

[109] Baglione 2000, p. 351; si tratta con tutta evidenza di oggetti utilizzati per il rito "intenzionalmente ridotti in frammenti ed associati a resti ossei di animali" Cerchiai 2008, p. 24; un primo risultato sulle analisi delle ossa rinvenute nel Piazzale in Sorrentino 2005, pp. 127-129, Baglione 2008a, p. 316 Ead. 2009, p. 220, nota 32.

[110] Si rimanda a quanto già noto dell'autrice, Baglione 1989-90, Ead. 1997a,b, Ead. 2000, pp. 351-382 Ead. 2004, Ead. 2008a, Ead. 2009, pp. 220-221.

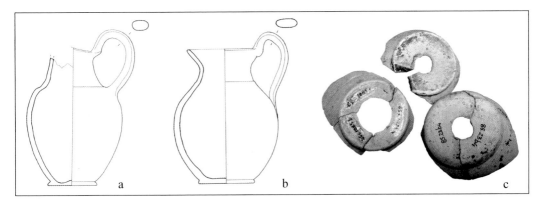

Fig. 28. Piazzale nord: scarico a ridosso del muro nord dell'edificio α, tipologia delle olpette acrome, a. tipo con corpo ovoide; b. tipo con corpo globulare; c. fondi di olpette acrome con foro centrale.

Fig. 29. Piazzale nord: scarico a ridosso del muro nord dell'edificio α, olpette acrome in fase di ricomposizione.

Fig. 30. Piazzale nord: scarico a ridosso del muro nord dell'edificio α, olla biansata d'impasto chiaro sabbioso in corso di restauro.

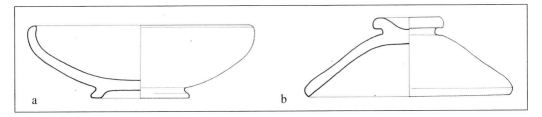

Fig. 31. Piazzale nord: scarico a ridosso del muro nord dell'edificio α, a. coppa d'impasto; b. ciotola coperchio d'impasto.

Fig. 32. Piazzale nord: scarico a ridosso del muro nord dell'edificio α, olla d'impasto bruno.

Ci si limita a sottolineare la presenza e il ricorrere di alcune forme per bere come gli *skyphoi* ed in misura minore *kylikes*[111], e piatti, probabilmente utilizzati nella loro funzione originaria di contenitore per il pasto rituale, tutti difficilmente ricomponibili.

Sono presenti, anche se in misura minore, le ceramiche a vernice nera di produzione locale, alcune delle quali sovradipinte (*kantharoi, glaukes*), che consentono di datare la formazione della colmata verso la fine del IV secolo in significativo collegamento con la grande ristrutturazione dei sacelli di culto, γ e, soprattutto α, che viene smantellato e rifunzionalizzato per la frequentazione del culto a cielo aperto[112].

Una parte fondamentale riveste il ritrovamento di molte iscrizioni in etrusco, su vasi greci come supporto, con dedica alla dea etrusca *cavatha*[113].

Un valido confronto, rispetto alle associazioni riscontrate nel piazzale nord, può essere fatto con la situazione stratigrafica rinvenuta, in anni recenti ed ancora in corso di studio, nel piazzale sud.

In questo caso abbiamo in connessione con piccoli cumuli di pietre, una massiccia presenza di olpette acrome, in giacitura primaria, schiacciate sul posto, dopo essere state utilizzate probabilmente per un rito legato al culto[114].

Le olpette sono associate ad olle biansate con labbro a sezione triangolare di impasto chiaro sabbioso, ciotole coperchio di impasto bruno, un'olla globulare di impasto bruno, ceramica attica, in prevalenza *skyphoi*, coppe ed un'*oinochoe* configurata a testa di negro databili nel V sec a.C.[115]. Confrontando queste associazioni con quelle evidenziate nel piazzale nord si nota che risultano assenti le armi e l'*aes rude*, ovviamente la ceramica a vernice nera e sovradipinta di produzione locale a dimostrazione che queste classi di offerte non erano pertinenti all'associazione primaria, in parte chiaramente per motivi cronologici, ma forse in parte perché destinate ad altro culto e poi confluite nel deposito aperto del piazzale Nord.

Lorella Maneschi

---

[111] Baglione 2000, p. 353-355, per altre forme ceramiche d'importazione Ead. 2000, pp. 357-370, con carte di distribuzione delle diverse forme alle figg. 35, 39, 43.

[112] Per l'ultima frequentazione si vedano qui i contributi di B. Belelli Marchesini, e L. Ambrosini, L.M. Michetti. Si confronti il caso di Pontecagnano a proposito della distruzione di edifici di culto successivamente ricoperti da scarichi, come ad Albanella, nello stesso periodo della fine del IV e la prima metà del III, Cerchiai 2008, p. 25.

[113] Per le quali si rimanda qui al contributo di D.F. Maras.

[114] Si confronti il contributo di B. Belelli Marchesini.

[115] Tutti i materiali sono ancora inediti ad eccezione dell'*oinochoe* a testa di negro, Baglione 2004, p. 96, fig. 19.

APPENDICE METROLOGICA

Appunti di capacità

Il rinvenimento nel Piazzale Nord del Santuario Meridionale di Pyrgi di un cospicuo numero di *olpai* in ceramica acroma in buono stato si conservazione, delle quali è stata avviata la ricomposizione, ha permesso di effettuare analisi preliminari sulle misure di capacità dei vasi. Già a partire dall'analisi autoptica e tipologica infatti, le *olpai*, nonostante le specifiche varietà, sembravano suggerire un'analogia nei volumi. In nessun caso però gli esemplari analizzati[116], scelti tra i più completi e tipologicamente rappresentativi, si presentavano completamente integri, circostanza che ha impedito il tradizionale calcolo manuale e imposto che la capacità venisse calcolata mediante l'ausilio di un supporto informatico, con sistema AutoCAD 2008. I valori ottenuti sono stati scelti tenendo presente come limite superiore del volume l'attacco del collo distinto in tutti gli esemplari, e approssimati secondo una successiva calibratura con il valore della massa. La tabella seguente esemplifica i valori ottenuti:

n. esemplare	Capacità	capacità calibrata
85.23b5	461,60	462 cl
85.c4847	452, 82	453 cl
85.39b	447,66	448 cl
85.32b2	308,63	309 cl
84.10b[116]	176,14	176 cl

Come è evidente, i primi tre esemplari si attestano attorno al valore di circa 450 cl, l'esemplare 85.32b2 è prossimo ai 300 cl, mentre l'84.10b si avvicina ai 150 cl sebbene con uno scarto di 25 cl Nonostante dunque le prime analisi si siano concentrate solamente su cinque esemplari, si potrebbe osservare in via del tutto preliminare che si vengono a costituire tre gruppi, di grandi, medie e piccole dimensioni, legati tra loro da una differenza proporzionale di 150 cl. Il lungo lavoro di ricomposizione e restauro sui moltissimi frammenti, attualmente in corso, permetterà di contribuire con nuovi dati ad arricchire il panorama dei valori di capacità di questa specifica classe, la deposizione della quale sembra assumere un ruolo predominante nel Piazzale Nord. L'ampia cronologia della classe che, per quanto concerne il santuario meridionale, rimane ancora da fissare nettamente attraverso una definizione tipologica e che, ad ogni modo, sembra estendersi per un arco cronologico che si

---

[116] 1) Inv. 85.23b5, collo basso distinto dal corpo di forma globulare, ansa sormontante ad orecchia a nastro, sottile piede a disco, alt. imboccatura cm 13,1, alt. alla base del collo cm 9,7, diam piede cm 5,4; 2) inv. 85c4847, tipo id al precedente, alt. imboccatura cm 12,9, alt. alla base del collo cm 9,7, diam piede cm 5,1; 3) 85.39b, collo alto leggermente concavo distinto dal corpo ovoide, ansa sormontante ingrossata ad orecchia, sottile piede a disco, alt. imboccatura 14,7, alt. alla base del collo cm 10,5, diam. piede cm 5,4; 4) Inv. 85.32b2, lacunosa, manca della parte superiore del collo e dell'ansa, corpo ovoide, piede a disco, alt alla base del collo cm 9,2, diam. piede cm 5,4; 5) Inv. 84.10b, lacunosa, manca della parte superiore del collo e dell'ansa, collo alto troncoconico, corpo ovoide, piede a disco, alt alla base del collo cm 7,5, diam. piede cm 4,5.

estende dal V fino all'inizio del III secolo, rende più problematica l'individuazione dell'adozione di un preciso sistema volumetrico costante nell'arco del periodo considerato.

Un notevole apporto alla problematica è stato offerto dall'analisi più recentemente condotta da Laura Ambrosini a proposito delle *olpai* dalla cisterna arcaica di Veio Portonaccio (scavi Santangelo)[117], per le quali l'A. propone l'aggancio al sistema volumetrico romano.

JACOPO TABOLLI

---

[117] AMBROSINI 2012 c.s.

LE CERAMICHE ATTICHE E I RITUALI DEL SANTUARIO MERIDIONALE*

Le ceramiche attiche possono essere considerate l'elemento caratterizzante del regime votivo nel santuario meridionale; la massa di frammenti recuperati, testimonianza di offerte accumulate ad opera dei frequentatori di questo non vasto spazio sacro appare tanto più significativa in quanto è riferibile a un arco cronologico ristretto che copre essenzialmente la prima metà del V secolo[1]. Nel corso di due generazioni circa convergono verso il santuario meridionale serie omogenee di classi funzionali che, per la ripetitività delle attestazioni e la serialità delle capacità relative alle diverse forme, attestano un più che probabile impiego nello svolgimento delle pratiche rituali; al tempo stesso, contemporaneamente a questi rinvenimenti seriali, emergono pezzi isolati, del tutto particolari, che non trovano paralleli in contesti santuariali coevi d'Etruria, la cui scelta appare espressione di frequentatori in grado di valutarne la valenza sul piano culturale e di "trapiantarla", senza apparenti mediazioni, direttamente all'interno di un'area sacra connessa alla metropoli dell'Etruria fortemente ellenizzata come era *Caere*[2].

In questo orizzonte, è paradigmatica la presenza del più grande donario rinvenuto nel santuario sud, l'imponente *phiale* con l'inusuale tema del massacro dei Proci, raffigurato all'esterno come un *continuum*, che evidenzia quanto profondamente incidesse l'indubbia e sperimentata prerogativa di vettore ideologico assunta dalle ceramiche attiche[3] (*Figg. 1-2*). Il tema della Mnesterofonia è già

---

[1] Si farà riferimento ai diversi aspetti del rituale e attribuzioni delle ceramiche attiche, trattati in precedenza a partire da BAGLIONE 1989.

[2] L'associazione di forme vascolari peculiari unite al ritrovamento ricorrente di classi di materiali determinate (in particolare, le punte di freccia in ferro, i frammenti di *aes rude*, gli astragali) è stata oggetto di osservazioni ripetute, dove si è cercato di considerare le diverse manifestazioni delle tipologie delle offerte come elementi di un medesimo contesto cultuale riferibile a una divinità femminile (BAGLIONE 1989; BAGLIONE 2000; BAGLIONE 2004) connessa alla sfera demetriaca. Secondo l'interpretazione di G. Colonna (COLONNA 2007a, in particolare pp. 122-123), la divinità femminile è da interpretare come *Cavatha*/Persefone, la dea "figlia" cui convengono i rituali di tipo demetriaco riscontrati nell'area sud, ai quali occorre attribuire una valenza secondaria rispetto alla caratterizzazione infera, provata in primo luogo dalle offerte di punte di freccia e giavellotti, unite alle diverse classi di offerte in piombo, che dovrebbero evidenziare nettamente il carattere infero della coppia venerata nel santuario meridionale.

[3] BAGLIONE 2000, pp. 370-380; cfr. EAD.: contributo in *Odysseus* 1999, pp. 365-367. Il racconto continuo è adottato dal Pittore di Brygos nella decorazione delle grandi *kylikes* dove sono raffigurati temi di particolare impegno, come è il caso della *kylix* G 152 con Ilioupersis, al Louvre (cfr. FRONING 1988, pp. 194-196); per le scelte iconografiche ispirate all'epos omerico e per i criteri seguiti nella traposizione iconografica cfr. SHAPIRO 1994, pp. 23-48.

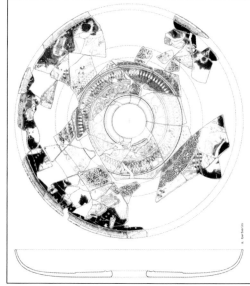

Fig. 1. *Phiale* attica f.r., l'esterno con scena di Mnesterofonia (dis. S. Barberini).

Fig. 2. *Phiale* attica, l'interno con scena di convito (dis. S. Barberini).

di per sé inconsueto all'interno del repertorio dei miti odissaici; la scelta di un preciso momento nella drammatica narrazione della Mnesterofonia, il momento finale, in cui Odisseo compie l'atto conclusivo della strage che sola gli consente di ristabilire l'ordine nella sua dimora violata, distacca nettamente la fase narrativa prescelta per questo pezzo eccezionale dalle iconografie adottate sulle ceramiche attiche e italiote, nelle quali è privilegiata la fase iniziale della strage. La composizione adottata per la *phiale* la avvicina invece alle grandi realizzazioni della pittura greca come la megalografia realizzata da Polignoto nel portico del tempio di Atena Areia a Platea, restaurato a cura di Atene dopo aver superato i pericoli delle guerre persiane[4]. A Platea la scelta di raffigurare la fase finale della strage mette in parallelo la figura dell'eroe che ristabilisce l'ordine nella sua casa con la *polis* di Atene che ha garantito la sopravvivenza della grecità contro l'attacco portato dai barbari. La presenza, sull'altro lato del portico, del mito dei Sette contro Tebe oltre che come condanna della *hybris* delle città medizzanti, suona anche come monito contro la violazione della norma di seppellire i morti, fondamento del mondo ellenico. In parallelo, anche il massacro dei Proci è la condanna di coloro che con arroganza insidiarono dall'interno la stabilità della casa di Odisseo e l'autorità del capo della famiglia e del regno. L'opera di Polignoto è assegnata al 477/76 e, come è stato rilevato, il particolare momento rappresentato -la conclusione della strage- non avrà seguito nell'iconografia

---

[4] In Roscino 2010, pp. 13-18, è presentata una penetrante lettura in chiave storico-politica della commissione affidata da Atene al giovane Polignoto per la decorazione del tempio di Athena Areia di Platea, la città che vide la sconfitta dei Persiani nel 479 ad opera delle *poleis* greche alleate; la ricostruzione del tempio fu realizzata grazie al bottino di guerra, per una somma di 80 talenti.

sul tema per il quale si sceglierà piuttosto di illustrare lo svolgimento del massacro[5]. Il soggetto dispiegato sulla faccia esterna della *phiale* sembra essere molto direttamente legato alla megalografia di Polignoto e rimane, con ogni probabilità, l'unica replica pervenutaci, realizzata nel medesimo orizzonte cronologico e formulata secondo dettami etico-politici che Atene andava affermando dopo aver stabilizzato la propria supremazia ponendosi agli occhi della grecità come la potenza che era riuscita a salvaguardare e restaurare i valori panellenici.

Le misure imponenti della *phiale* ne sottolineano il carattere di eccezionale donario, ricollegabile a una scelta produttiva e ideologica che si diffonde dalla fine del VI ai primi decenni del secolo successivo in Grecia e che giunge anche in Etruria, a *Caere* in primo luogo. *Kylikes* e *phialai* di grandi dimensioni, autentici "pezzi d'autore" sovente firmati, sono dedicati in contesti santuariali, destinati forse a cerimonie conviviali come le *Theoxeniai* o *Heroxeniai* a cui partecipavano direttamente le divinità secondo quanto ipotizzato recentemente anche sulla base della acuta osservazione di M. ROBERTSON a proposito della grande *phiale* di Douris "*Far too large for the human hand*"[6]. La provenienza di questa seconda *phiale* dall'Etruria è assicurata dal frammento di iscrizione sull'esterno menzionata dall'A. I soggetti sono di particolare interesse e, anche in questo caso, poco frequenti: all'esterno, è forse raffigurata la sfida fra *Herakles*, *Eurythos* ed i suoi figli; all'interno, nel gruppo delle otto divinità sedute, chiaramente identificabili grazie ai nomi ascritti ed ai rispettivi attributi, è possibile distinguere il gruppo delle "*three Eleusiniai*", affiancate e tutte retrospicienti. La raffigurazione offre una notevole affinità con quanto è stato possibile ricostruire sui culti e le divinità attestati nel santuario meridionale. Il gruppo comprende Plutone, con folta barba e capelli chiari, Demetra, con le spighe di grano, e una giovane dai capelli biondi, *Kore*; Dioniso, coronato dai pampini, è anch'esso compreso fra le otto divinità, separato però dalle tre precedenti[7]. Secondo Robertson, anche nell'organizzazione di un soggetto usuale come il consesso di divinità è presente

---

[5] ROSCINO 2010, p. 16; restano tuttora valide le osservazioni avanzate da TOUCHEFEAU 1968, pp. 256-263 e EAD., *LIMC*, 6.2, s.v. *mnesteres* (malgrado il fraintendimento che ha portato l'A., e diversi altri studiosi, a "unificare" la *phiale* di Pyrgi con la *phiale* già al Getty, presentata da ROBERTSON, 1991, pp. 75-98; cfr. a questo proposito BAGLIONE 2000, p. 377 e n. 98). La scelta preferenziale per la narrazione della strage in corso è evidente anche nel repertorio di opere considerate nell'ultima edizione della mostra relativa al mito di Odisseo (*Odysseus* 1999, pp. 365-379).

[6] ROBERTSON 1996, p. 85; la classe delle c.d. *parade cups* è stata riesaminata in TSINGARIDA 2009, pp. 185-201, che esamina i più recenti rinvenimenti includendo anche le grandi *phialai*, in particolare quella di Pyrgi e quella di Douris. Oltre a rilevare come diversi soggetti scelti per questi grandi vasi, nei quali si cimentavano i ceramografi più affermati, fossero del tutto innovativi (pp. 194-195), in pieno accordo con il carattere di alto livello dei prodotti quasi certamente eseguiti su commissione, l'A. formula l'ipotesi di una loro destinazione cultuale nell'ambito di cerimonie religiose di carattere conviviale riservate alla celebrazione di dei o eroi che avrebbero partecipato come ospiti al convito rituale (cfr. pp. 195-196).

[7] L'identificazione delle "*three Eleusinians*" (ROBERTSON 1996, pp. 85-86) è considerata straordinaria, sia per la presenza delle tre divinità riunite, che per i nomi ascritti di Kore e Plouton. La denominazione della prima è "*extremely unusual*", quanto a Plouton "*is....the first attested appearance of the name*" (ROBERTSON 1996, pp. 91-92) . La *phiale* di Douris, già al Paul Getty Museum, è stata restituita all'Italia: *Nostoi* 2007, p. 110, n. 24. M.A. Rizzo (RIZZO 2009, pp. 376-377) formula nuove considerazioni sul contesto di rinvenimento, per il quale non suggerisce la provenienza ceretana ma certamente la provenienza da un contesto sacro, tenuto conto anche dell'integrazione proposta per l'iscrizione in COLONNA 2001, p. 162, nota 35.

un elemento fortemente innovatore rappresentato da Plouton, di cui si avrebbe qui la più antica menzione, e *Kore*, così denominata in questo stesso periodo solo all'interno di un contesto eleusino.[8]

È significativo trovare nella ricercata composizione di un'opera prodotta e firmata da un "maestro" di bottega come Douris e dal ceramista, forse Smikros, una precisa scelta iconografica che mette in rilievo il gruppo delle "*three Eleusinian*"a cui è possibile associare, sia pure distaccata, l'immagine di Dioniso[9]. Questo particolare soggetto giunge in Etruria nello stesso periodo in cui viene strutturato il culto del santuario meridionale, con rilevanti azioni di dedica e consacrazione, e giunge veicolato mediante un manufatto peculiare per dimensioni e funzione che trova il suo parallelo immediato proprio nella *phiale* di Pyrgi[10].

L'accurata lettura proposta dalla Dott.ssa Belelli permette ora di connettere più saldamente i rinvenimenti che saranno esaminati con i rispettivi contesti di ritrovamento e, al tempo stesso, attraverso la definizione dell'articolata scansione cronologica dei vari interventi che interessarono il santuario meridionale, consente di inquadrare più chiaramente l'ingente patrimonio delle importazioni attiche nel panorama storico delle fasi del santuario stesso. La ceramica attica restituita dal santuario svolge un ruolo fondamentale nella definizione delle pratiche cultuali e dell'ambito culturale dei frequentatori sia per la massa dei rinvenimenti, che ne fanno un elemento costitutivo del regime delle offerte, che per i criteri delle scelte funzionali e tipologiche seguiti dagli attori delle azioni sacre. Per questo motivo appare indispensabile non considerare i manufatti attici in sé, ma ricollegarli costantemente alla fitta rete di azioni rituali, di offerte e strumenti di varia natura associati ai manufatti importati, in un continuo rapporto di relazioni non sempre chiaramente percepibili, illuminate sovente dal confronto con analoghe situazioni in ambiti culturali diversi dall'Etruria.

I due depositi chiusi, il *bothros* ρ ed il deposito κ, (*Fig. 3*) sono legati a momenti cruciali della vita del santuario, rispettivamente il primo impianto sacralizzato nel settore centrale di cui si siano individuati i resti delle strutture e l'ampliamento successivo dell'area sacra verso sud, legati ambedue, come si è visto, alla fondazione di punti "aggreganti" del culto, rispettivamente l'altare ν e l'altare λ[11]; tali interventi costituiscono dei preziosi incunaboli di azioni rituali di offerta e consacrazione e risultano all'incirca paralleli alle due grandi fasi di vita del santuario monumentale, l'impianto del tempio B e la fase di realizzazione del tempio A.

I rinvenimenti più consistenti di ceramiche attiche, sotto il profilo numerico e qualitativo, sono da localizzare in quelli che appaiono come spazi "liberi", volutamente lasciati privi di strutture per motivi di agibilità, come può essere il caso del piazzale ovest o per motivi legati molto probabilmente al "rispetto" di settori investiti da opere di ristrutturazione/obliterazione e rituali di espiazione, come è il caso dell'ampio piazzale nord (*Fig. 3*). Quest'ultimo, originariamente compreso entro

---

[8] ROBERTSON 1996, p .92.

[9] ROBERTSON 1996, pp. 88 e 95-96.

[10] Il rapporto intercorrente fra i frequentatori dei santuari anellenici dell'Italia meridionale e l'impiego della ceramica attica nella sfera cultuale è un campo di indagine particolarmente attivo che viene puntualizzandosi contemporaneamente all'ampliarsi delle indagini sul campo; fondamentali restano le osservazioni sui centri messapi di SEMERARO 2006 (in particolare pp. 172-174); largo spazio a questa tematica è stato riservato in *Atti Perugia* 2009 relativamente ai luoghi di culto della Sicilia e della Magna Grecia (in particolare cfr. LIPPOLIS 2009, pp. 425-438 e OSANNA-PILO-TROMBETTI 2009, pp. 455-497).

[11] Cfr. BELELLI MARCHESINI, in questa sede.

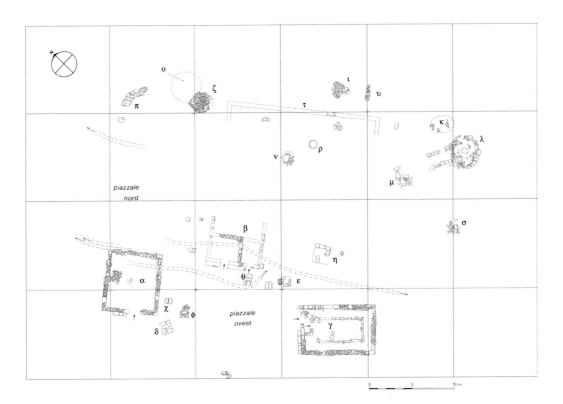

Fig. 3. Il Santuario Meridionale, i depositi e i piazzali.

una zona situata a un livello leggermente inferiore rispetto all'area circostante, fu colmato da una vera miniera di offerte di varia natura e di strumenti cultuali, una miniera tanto inesauribile quanto disperante per lo stato dei materiali, all'interno della quale è stato tuttavia possibile individuare i frammenti dei più singolari e pregiati manufatti attici consacrati nel santuario[12]. Quella che Giovanni Colonna, con una felice sintesi, definì la "grande colmata", realizzata dopo il sacco dionigiano impiegando in larga misura i resti di offerte o strumenti precedentemente accumulati all'interno di depositi preesistenti nell'area sacra, ci ha restituito un quadro molto evidente non solo del livello culturale dei frequentatori, attraverso l'accumulo delle importazioni attiche, ma anche indicazioni precise sulle modalità dei culti seguiti, grazie alle associazioni delle classi funzionali delle ceramiche rinvenute, di gruppi specifici di offerte (le associazioni, più volte evidenziate, di punte di freccia in ferro, astragali di ovicaprini, *aes rude*) e grazie alla presenza di una serie di strumenti legati alla

---

[12] Lo scavo del Santuario Meridionale ha avuto inizio quasi al centro del riempimento del grande piazzale nord, nel 1983, intaccando il poderoso strato di frammenti ceramici compattati insieme con ciottoli lenticolari che caratterizza l'intera formazione (per le prime fasi dello scavo, cfr. COLONNA 1984-85, pp. 68-79 e, in questa sede, BELELLI MARCHESINI).

sfera sacrificale (in primo luogo le *machairai* in ferro, in diversi casi ricomponibili) che attestano l'esistenza di sacrifici cruenti e del conseguente svolgimento di pasti rituali[13].

Il deposito ρ, che per la regolarità della forma cilindrica richiama analoghi impianti in santuari demetriaci, funge in sostanza da "luogo di seppellimento"dell'anfora centrale a figure nere del Gruppo Toronto 305, databile intorno al 510, all'interno della quale era stata sepolta una *parure* in lamina d'argento (metallo connesso a Demetra) composta di vaghi a forma di ghianda e dal pendente a tartaruga, richiamo evidente alla sfera di protezione della fertilità, che trova una duplice replica fittile in ciascuno dei due piazzali[14]. Nel piazzale nord, in particolare, la posizione del

---

[13] Il consumo dei pasti in comune rivestiva un ruolo primario all'interno dei rituali demetriaci nel mondo greco proprio e nel mondo greco d'occidente; per la Grecia propria, il santuario di Demetra e *Kore* sull'Acrocorinto è l'esempio più complesso e meglio indagato: cfr. BOOKIDIS *ET AL.* 1999, pp. 1-34; BOOKIDIS 2008, pp. 99-105; per le colonie greche in Sicilia, in KRON 1992, pp. 611- 650 viene esaminato l'intero apparato di strumenti e vasellame riconducibile alle due fasi sacrificio-offerta/consumo del cibo relativamente a Bitalemi; HINZ 1998 sottolinea a sua volta l'aspetto comunitario del consumo di cibo nei diversi luoghi di culto sicelioti e magno-greci considerati, ritenendolo non solo un carattere unificante ma anche costitutivo nello svolgimento delle pratiche rituali; ARDOVINO 1999 estende la tematica delle offerte alimentari e del consumo dei pasti alle aree sacre campane, sottolineando come queste pratiche rappresentino un carattere fondante del rituale demetriaco. Queste prospettive sono state ampiamente riprese in *Atti Enna* 2008 (in particolare, DE MIRO 2008, pp. 49-50; MASTRONUZZI 2008, pp. 139-151, per i due santuari di Oria-Monte Papalucio e di Vaste, con analisi dei resti animali e vegetali; ORLANDINI 2008, pp. 174-177: frequenti i resti del consumo di suini riscontrati a Bitalemi, lasciati in posto senza interventi particolari di sistemazione; SABBIONE- MILANESIO MACRÌ 2008, pp. 210-211: a Locri-Parapezza una consistente presenza di vasellame da cucina (pentole) prova il ricorso ai pasti rituali).

[14] BAGLIONE 2004 per la presentazione del deposito ρ e per i rituali e BAGLIONE 2009; l'offerta di metalli – sia nella forma pre-monetale dell'*aes rude* e dell'*aes formatum*, – in prevalenza interrata in contenitori, è ormai recepito come carattere costante dei luoghi di culto demetriaci; cfr. quanto rilevato da HINZ 1998 riguardo all'organizzazione del regime cultuale nei santuari sicelioti e magno-greci; ARDOVINO 1999, pp. 171-172 rileva che, fra le offerte in metallo, nei santuari demetriaci è possibile rilevare una ricorrente percentuale di oggetti in argento. ORLANDINI 2008, p. 174, fig. 49, ricorda l'offerta in argento (un anello) deposta all'interno di una brocca argiva dallo strato 5, secondo modalità avvicinabili a quanto riscontrato nel deposito di Pyrgi. Fra le offerte in argento si possono ricordare le numerose foglie dal deposito dell'*eschara* del *thesmophorion* di contrada Parapezza (SABBIONE- MILANESIO MACRÌ 2008, pp. 209-211) . Non mi sembra si possano annoverare nello stesso sistema ideologico i casi dei "tesoretti" di nominali in argento, presenti in più contesti sicelioti (Bitalemi, Gela Via Fiume: HINZ 1998, p. 66).

È da ricordare un analogo rituale di seppellimento all'interno di un'olla di produzione locale, coperta da una patera in lamina di bronzo e contenente un gruppo di cinque vaghi in oro, una coppia di vaghi in ambra, e, sempre in oro, una capocchia di spillone, un anello a verga, un diadema a fascia ripiegato e frammenti di lamina (COLIVICCHI 2004, pp. 27-28, nn. 4-9) da Gravisca. L'offerta proviene dall'interno dell'edificio α (nel cortile F, sotto al muro 40 α: un'offerta di fondazione?) consacrato ad *Hera* (FIORINI 2005, p. 134) e la deposizione viene datata alla fine del V sec. sulla base della cronologia della *phiale* bronzea di copertura.

Un confronto per la collana con pendenti a forma di ghianda è registrabile proprio ad Eleusi: LIPPOLIS 2006, p. 140, sulla scorta delle liste redatte nel santuario di Eleusi edite in CLINTON 2005, ricorda, fra le varie offerte in metalli preziosi, l'offerta di una collana "in oro con pendenti a ghiande del peso di 12 dracme".

Un'armilla in verga d'argento a sezione cilindrica e capi appiattiti è stata rinvenuta nel grande riempimento del piazzale nord, da cui provengono altre offerte di gioielli in oro e scarabei in corniola.

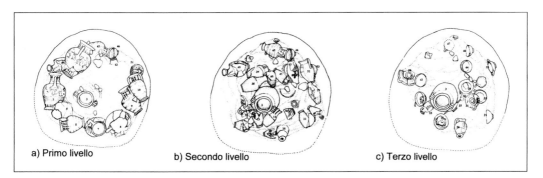

a) Primo livello b) Secondo livello c) Terzo livello

Fig. 4 a-c. I tre livelli del deposito ρ (Dis. B. Belelli Marchesini).

piccolo ex-voto coincide con una forte concentrazione di resti di animali reali che non può essere ritenuta casuale[15].

Nel deposito ρ, il fondo era stato accuratamente predisposto spargendo sabbia e ciottoli; al livello inferiore, intorno all'anfora fulcro del rituale, prevalgono le forme aperte (*Fig. 4c*). Fra le prime offerte furono deposte la *kylix* della *Segment Class* con Eracle e il leone nemeo, rovesciata, e l'olpetta a pannello a f.n. con foro intenzionale sul fondo, con oplita e arciere[16]. "Irregolare" appare l'inserimento, in un contesto rigorosamente composto da forme per gestire liquidi, della *lekanis pixis*, deposta chiusa dal suo coperchio, chiaro richiamo alla sfera femminile, assegnabile al tipo Athenian Agora 1266 e databile ancora entro il VI secolo (*Fig. 5*)[17]. Alla rigida selezione delle forme ed anche delle classi – 12 *floral band-cups* del Gruppo di Cracovia, tutte della medesima capacità, calcolabile a poco più della metà rispetto all'unica *kylix Segment Class* e a una *stemless* a bande – fa riscontro anche una precisa volontà di fissare i diversi atti compiuti bloccando con l'inserimento di ciottoli i singoli pezzi nella posizione assegnata. Ciò è evidente nel livello intermedio, dove furono raccolte le *olpai*, direttamente associate alle *floral-band cups* in due casi (*Figg. 4b-6*); questo potrebbe esser definito il livello delle libagioni iterate, effettuate impiegando contenitori di capacità analoga, ma fra loro nettamente differenziati, dai più rari esemplari della classe *red-bodied*, ai tipi con labbro

---

[15] Per la posizione dei resti di tartarughe all'interno del piazzale nord, in numero consistente, oltre un centinaio di frammenti, cfr. BAGLIONE 2008a, p. 316, n. 32 e 2009, p. 218. I dati preliminari sulle analisi dei resti faunistici mi sono stati comunicati dall'amico prof. Claudio Sorrentino, dell'Università di Pisa, a cui sono gratissima per la disponibilità continua e l'attenzione al nostro lavoro.

[16] Per l'inquadramento dei materiali del deposito: BAGLIONE 2004, pp. 87-92. Recentemente, KAŞKA 2009, p. 33 e p. 92, n. 71 esprime dubbi sull'identificazione con Herakles del personaggio con clava raffigurato sul fondo della *kylix* per due motivi: l'uomo avrebbe un atteggiamento difensivo e, a differenza dell'iconografia corrente, è raffigurato a destra del leone. Si avrebbe un'iconografia di un combattimento anonimo contro un leone di un uomo, caratterizzato da attributi propri di Eracle. L'olpetta n. 20, con arciere scita che fronteggia un oplita, è databile negli ultimi due decenni del VI sec.; confrontabile con un'olpetta collezione Bareiss, ora J.P. Getty Museum, inv. 86. AE.128 (cfr. BAGLIONE 2004, p. 102, n. 19).

[17] BAGLIONE 2004, p. 91 e n. 27 per i confronti.

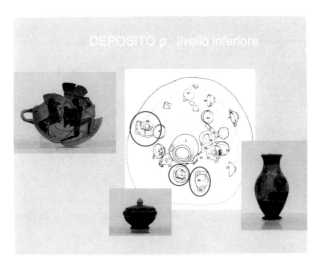

Fig. 5. Deposito ρ, il livello inferiore; evidenziata la *kylix* della *Segment Class*.

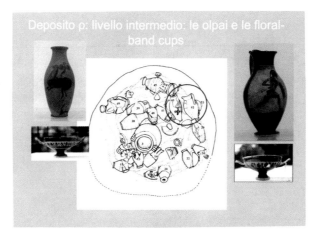

Fig. 6. Deposito ρ, il livello intermedio; evidenziate le *olpai* sovrapposte alle *Floral band-cups*.

a vernice nera databili nei decenni 520-510, fino agli esemplari interamente a vernice nera, i più recenti, che dovrebbero scendere agli inizi del secolo successivo[18]. Il gruppo delle nove *lekythoi*

---

[18] L'olpe con acrobata e cavallo e una seconda a pannello con oplita verso destra hanno conservato la connessione con le *floral band-cups*. Per le due olpette *red-bodied* cfr. Baglione 2004, pp. 90-91; la cronologia

comprese nel livello è invece più uniforme, costituito da quattro esemplari della Classe E del Gruppo di Phanyllis e dalle più semplici *black-bodied* (*Fig. 6*)[19].

I contenitori di maggiori dimensioni erano stati raccolti nel livello superiore, formando un cerchio intorno alla parete della fossa (*Fig. 7*). Un gruppo fu deposto con l'imboccatura verso l'alto e comprendeva un'anfora attica a profilo continuo, non ricomponibile e due grandi *olpai*, con "soggetti parlanti": una replica di Eracle e il leone nemeo, – la scelta dello stesso soggetto all'inizio ed alla conclusione del deposito non è casuale- forse del Pittore di Acheloo, e Dioniso fra i sileni, assegnabili ambedue ancora al 530/520 circa[20]. Le sei anfore rimanenti erano invece state adagiate orizzontalmente consacrando, come ultimo atto, i contenitori delle sostanze probabilmente impiegate nelle precedenti libagioni. I pezzi sono iterati: quattro le anforette a bande con tralcio d'edera sul collo, probabile prodotto locale forse più prossimo a prodotti attici che alle serie ioniche, e due le anfore calcidesi del Pittore di Phineus (*Fig. 7*), presenza che ben si inquadra fra i rinvenimenti dalle necropoli cerite[21]. Il deposito fu realizzato in un momento ben circoscrivibile nel tempo e nello spazio, con una rigorosa selezione di forme non cronologicamente omogenee: non solo fu inserita la coppia di ceramiche corinzie, composta dalla *kotyle* e dalla *oinochoe* a fondo piano, riferibili alla fase iniziale del corinzio tardo, pezzi tramandati almeno per una generazione, che sono l'offerta

---

proposta per i due pezzi copre i decenni 530-510; i soggetti raffigurati (pugilatore e forse un acrobata armato volteggiante su un cavallo) propongono temi poco consueti – il secondo, in particolare – relativi a esercizi ed abilità fisiche che, ad una prima lettura, non sembrano collegarsi con l'ambito rituale. Tuttavia, non ritengo possibile che l'impiego dei ricercati vasi *red-bodied* all'interno di un contesto di carattere così rigidamente rituale possa esser considerato casuale.

Gli esemplari a vernice nera rientrano, come d'altra parte le *floral band-cups*, all'interno dei primi decenni del V secolo; questo limite cronologico pone l'atto di consacrazione del deposito ρ non in parallelo con l'inaugurazione del tempio B, ma in momento immediatamente successivo.

[19] Le *lekythoi* concentrate in questo livello comprendono un solo esemplare del Gruppo di Phanyllis che raggiunge i 20 cm.; vicino a questa *lekythos* ne sono state deposte altre tre che misurano circa la metà (*black-bodied* e *key-pattern*).

[20] L'olpe con Eracle e il leone è forse attribuibile al Pittore di Acheloo e databile ancora intorno al 530/20 (BAGLIONE 2004, p. 90); la grande olpe senza pannello con Dioniso fra sileni è avvicinabile alla produzione del Pittore del Louvre 161 e databile nello stesso periodo della precedente. Per il ruolo dell'eroe all'interno del santuario di Pyrgi e nel comprensorio cerite, cfr. COLONNA 2000, pp. 266-336 e BAGLIONE 2004, pp. 90-92; da ricordare la dedica ad Eracle rinvenuta negli scavi del 2002, per la quale cfr. COLONNA, MARAS 2003, pp. 319-322 (dedica ad Eracle ad opera di un individuo -carucra- il cui onomastico è riferito da G. Colonna alla forma dorica del nome dell'araldo, καρυξ, graffita sul fondo di una *stemless* attica databile intorno alla metà del V sec.).

[21] Alle obiezioni ed ai dubbi espressi in precedenza (AMBROSINI 2009b, pp. 209-210) sul gruppo delle anforette, ritenute tutte attribuibili a manifatture attiche, l'A. fa seguire alcune interessanti precisazioni (AMBROSINI 2010, p. 358) presentando l'anfora dalla tomba 1 a sinistra della Via Diroccata, da Caere, ora esposta a Villa Giulia con l'intero corredo. L'esame diretto del pezzo conferma le forti analogie per il tipo argilla, tecnica e trattamento degli elementi decorativi con l'anforetta dal ventre molto rastremato, deposta a maggiore profondità rispetto alle altre. I due pezzi possono essere attribuiti ad una medesima bottega, che, al momento, non ritengo di poter localizzare con certezza, tenuto conto di diverse peculiarità che differenziano le due anforette dal territorio cerite dagli esemplari assegnati a produzione attica. Le pur frequenti attestazioni presenti nei contesti siciliani non hanno fornito, per il momento, confronti significativi.

Fig. 7. Deposito ρ, il livello superiore.

più antica deposta all'interno del pozzo[22], ma anche le ceramiche attiche si distribuiscono fra il 530/20 (l'olpe del Pittore di Acheloo) e l'inizio del secolo successivo (le *floral band-cups* del gruppo Cracovia, la *kylix Segment Class* e la coppia di olpette a vernice nera). Altra osservazione: tutti i vasi usati, tranne le quattro anforette a bande, di cui rimane tuttora non chiaramente definibile il centro di produzione, non sono di produzione locale; questo è forse indice della connotazione culturale degli esecutori della cerimonia, ai quali le uniche soluzioni adeguate sul piano funzionale ed ideologico allo svolgimento del rito sembrava potessero essere individuate all'interno del patrimonio fornito dalle ceramiche più direttamente riconducibili all'ambito greco.

Il deposito ρ rispecchia, nella sistemazione circolare dei vasi intorno all'anfora centrale, modalità riscontrate a Bitalemi[23]; l'offerta di liquidi e sostanze solide direttamente al suolo è ormai universalmente riconosciuta come tratto caratterizzante dei rituali demetriaci. La composizione del deposito stesso conserva volutamente, fin dal suo impianto, la successione delle azioni compiute "cristallizzando" il rito mediante la posizione reciproca degli strumenti usati. Le sostanze impiegate nello svolgimento del rito sono chiaramente indicate dalle concentrazioni delle classi funzionali: il vino, travasato nelle *olpai* e, probabilmente, da queste nelle *floral band-cups* di capacità uniforme o anche, fatto cadere direttamente al suolo dalle *olpai* con il fondo forato; e l'olio, o sostanze oleose profumate, sparso dalle *lekythoi* che a loro volta comprendono un gruppo di capacità uniforme. Le anfore furono deposte superiormente, a chiusura della cerimonia, in modo da circondare l'imboccatura dell'anfora centrale, dopo averne impiegato il contenuto. Una minima quantità di sostanze

---

[22] Per l'inquadramento della coppia di vasi cfr. Baglione 2004, p. 91.

[23] Grandi contenitori, anfore vinarie o da olio di importazione, infisse nel terreno sabbioso e circondate da vasellame per il consumo del vino, forme aperte e chiuse, sono stati rinvenuti collegati alle fasi di frequentazione di VI-V sec.: Orlandini 2008, p. 174, figg. 28 e 58.

solide era contenuta nella *lekanis pixis*, protette dal coperchio forse perché non si disperdessero (*Fig. 4c*). È facile supporre che al suo interno fossero stati deposti semi, la cui offerta è attestata ripetutamente nei contesti demetriaci. Molto probabilmente il rituale, eseguito con precisione canonica e iterando una serie di azioni, è l'espressione di un atto di culto collettivo che ha riunito i membri di un gruppo legato da affinità che potrebbero essere religiose, culturali e politiche al tempo stesso. Le cerimonie di libagione compiute prevedevano, come è stato rilevato in BATINO 2009, la completa distruzione delle sostanze offerte, che restavano così inscindibilmente legate all'atto compiuto ed alla divinità, senza esser spartite fra i partecipanti come avviene invece nel corso della *thysìa*.[24]

I termini cronologici definiti dai materiali più recenti sono di poco posteriori alle date proposte per il tempio B e sembrano indicare che l'interessamento per una regolarizzazione ulteriore del comparto del santuario meridionale abbia seguito, sia pure di poco, la grande impresa di monumentalizzazione del santuario settentrionale.

Il deposito κ rappresenta una realtà complessa, nella quale i diversi settori appaiono nettamente caratterizzati da modalità rituali differenziate che, nella articolazione delle azioni e degli spazi, hanno lasciato la testimonianza del concatenarsi di serie di interventi indirizzati a finalità precise che è soltanto possibile intuire. Una caratteristica del deposito sembra la ripetuta iterazione di atti rituali tendenti a ridefinire porzioni di spazio all'interno dell'area prescelta come luogo per la cerimonia di consacrazione. In questo modo, non solo risultano determinati i tre "settori" distinti fra loro da modalità diverse nei riti di deposizione e nella natura delle offerte, ma anche all'interno di tali spazi è possibile focalizzare azioni circoscritte indirizzate alla deposizione o al trattamento di offerte all'interno di contenitori che vengono a rideterminare un'ulteriore porzione di spazio consacrato all'interno del quale deve essere salvaguardata la relazione stabilita dagli offerenti, nel momento dell'esecuzione del rito, fra i materiali "sacrificati" e il contenitore che, raccogliendoli ed accogliendoli, conferisce loro uno status diverso rispetto agli altri oggetti deposti a contatto con il suolo. Se è possibile definire il carattere di questo deposito, credo proprio che questo risieda nella estrema varietà di situazioni ricostruibili, nelle diverse relazioni intercorrenti fra le diverse unità oggetto di offerta e nel diverso trattamento da esse subìto; non soltanto, dunque, il deposito κ riunisce materiali che presentano un ampio ventaglio di varietà sul piano funzionale e ideologico, ma questi stessi materiali sono connessi fra loro da una serie di successioni e di interferenze di azioni isolate, ciascuna con una propria valenza ideologica che offre una propria chiave interpretativa. Vengono in tal modo definiti settori all'interno dei quali sono state attuate parti di un rituale più complesso che deve essere riletto nella sua globalità, guidati dal "filo rosso" dei caratteri dominanti nei rituali posti in opera; le singole azioni ed i materiali chiaramente riconducono, sotto il profilo semantico, alla sfera demetriaca ed a quella dionisiaca connesse fra loro all'interno di un progetto che, dall'origine, prevedeva una compenetrazione ideologica dei due ambiti.

Il contesto sarà analizzato più oltre da C. Carlucci e L. Maneschi; mi limito, in questa sede, a riprendere e sottolineare alcune peculiarità significative già evidenziate in precedenza.

Il fulcro più ristretto e compatto, e probabilmente generatore, nasce dalla delimitazione e consacrazione del piccolo spazio del nucleo A, con i filari di pietre grezze a sud sotto cui sono obliterati sia il gruppo delle lamine foliate in ferro e bronzo, riflesso del rituale demetriaco della *phillobolia*,

---

[24] BATINO 2009, pp. 198-210.

deposte orizzontalmente, che i tre diversi vasi portaunguenti, a loro volta affiancati orizzontalmente[25]. Il bacile di bronzo rovesciato, di cui restano frustuli della tesa e del bacino, poggiato con l'orlo sul filare nord, segnava una ulteriore delimitazione dello spazio delle offerte, recando al suo interno gli altri contenitori portaprofumo in materiale pregiato, la coppia di *alabastra* e l'*oinochoe* in pasta vitrea. L'insistenza sulla libagione/dispersione di sostanze profumate iterata in due diverse situazioni (è suggestivo pensare che ai contenitori più pregiati corrispondessero sostanze più rare rispetto al contenuto dei tre vasi raggruppati sotto alla pietra) impiegando contenitori ben definiti sul piano funzionale conferisce a queste serie di azioni una forte valenza "femminile"[26]. Ancora all'interno della sfera femminile rientra anche l'eccezionale associazione con il *sauroter*, oggetto che rimanda ai contesti di offerta magno-greci dei grandi *heraia* e della *Malophoros* di Selinunte[27].

---

[25] Una prima presentazione riguardante essenzialmente i diversi contenitori (ceramici e non) raccolti nel deposito in BAGLIONE 2000, pp. 339-350 e BAGLIONE 2004, pp. 93-95; l'interpretazione di rituali peculiari (la *phillobolìa*) e la "ridefinizione" degli spazi nella sequenza delle offerte in BAGLIONE 2008a, pp. 311-315.

[26] Il gruppo dei tre vasi nettamente distinti per forma può essere considerato paradigmatico come indizio dello stretto rapporto forma-contenuto: grazie alla forma del contenitore era possibile desumere quale sostanza sarebbe stata impiegata nel rito (BAGLIONE 2000, pp. 341-343); a Graviscà un altro raro esemplare di *aryballos* fu offerto all'interno dell'edificio γ, un *aphrodision* (VALENTINI 1993, p. 32, n. 80).

[27] Su questo ritrovamento, rimando all'esame più approfondito condotto da D. Gentili (v. oltre). COLONNA 2007a, p. 119, a cui si deve l'edizione del pezzo, lo considera un'offerta consacrata come *pars pro toto* al sovrano dell'Ade, Aita, riferito all'attributo della lancia.

Nel deposito del santuario settentrionale di Graviscà, che presenta continui collegamenti con il deposito κ, è presente un piccolo gruppo di punte di lancia in bronzo e ferro insieme con *sauroteres* prevalentemente miniaturizzati, in lamina di forma conica (FORTUNELLI 2007, pp. 290-292 e 296-297, che ricorda anche i pochi altri ritrovamenti dal santuario; l'unico esemplare fuso come quello di Pyrgi è il n. 15, p. 292). Per i tre *sauroteres* dal santuario della *Malophoros* non è noto il contesto di rinvenimento (cfr. GABRICI 1927a, col. 363 fig. 157 f-i e fig. 158 b).

In ambito magno-greco, SPADEA 1997, pp. 257-258, analizza i contesti dei quattro puntali, tipologicamente diversi da quello presente nel deposito κ, provenienti dall'edificio in contrada Vigna Nuova di Crotone, un edificio ad *oikos* interpretato come *heraion*. È interessante ricordare che nel santuario di Vigna Nuova è stata rinvenuta una considerevole serie di ceppi in ferro, unita a strumenti di lavoro ed armi, fra cui i "puntali d'asta" (p. 255). Anche a Pyrgi, dal recinto τ (cfr. BELELLI, in questa sede), proviene una coppia di ceppi in ferro, considerati una dedica dopo la manomissione; questo rinvenimento apre ulteriori livelli di lettura, all'interno di un sistema che sembra interessare i santuari delle due grandi divinità femminili, *Hera* e Demetra. Il tema della manomissione è affrontato sotto ottiche diverse; è considerata la più significativa prerogativa "politica" della dea *Hera* (cfr. MADDOLI 1988, pp. 130-131): presso il santuario di Capo Lacinio, *Hera* è "per eccellenza "la liberatrice" da ogni vincolo di schiavitù". L'argomento è ripreso con ampiezza da SPADEA 1997, pp. 256-259, che, tenuto conto dell'abbondanza dei rinvenimenti, propone di ricollegare le catene e i ceppi a una grande manomissione collettiva di prigionieri sibariti attribuita al tiranno Clinia, successivo a Pitagora.

Un secondo filone individua nei santuari demetriaci un altro luogo sacro preposto alle pratiche di manomissione; l'argomento è affrontato da HINZ 1998 che ricorda, in Sicilia, i dati delle fonti e i rinvenimenti relativi a Siracusa (p. 96) e, in età ellenistico-romana, le *tabellae defixionis* in piombo dal santuario centrale nell'agorà di Morgantina (HINZ, p. 134). Il rinvenimento di due ceppi aperti dal deposito 85/6 ad ovest del tempio di Demetra a Herakleia (HINZ, pp. 191-193) testimonia che questo rituale era praticato anche nei santuari di Demetra, forse relativamente a schiave donne. Negli *Atti Matera* 2005 la problematica è ripetutamente affrontata, poiché costituisce un elemento ricorrente e caratterizzante delle pratiche cultuali nel comprensorio italico-meridionale.

La rete di relazioni che l'analisi delle offerte materiali lascia intuire non è affatto univoca; gli oggetti sono l'ultimo segno tangibile di una serie di cerimonie che conferisce a ogni singola offerta significato e valore e, soprattutto nel caso del deposito κ, la complessità del rito ed i rimandi sovrapposti ed intersecati fra sfere di "competenze" che appaiono prerogative di divinità diverse, richiede che questo articolato intervento di consacrazione e offerta sia letto in modo unitario.

La congerie di forme aperte, in netta prevalenza potorie, deposta a sud, apparentemente senza delimitazioni nel terreno, era conclusa alla sommità dalla *phiale* in ceramica locale contenente offerte di cibo deposte a suggellare l'ultima azione. Il contenuto della piccola *phiale* comprendeva i resti di contenitori in sostanze organiche (rimane il bocchello in osso con orlo a tesa riferibile a un piccolo recipiente, forse in

Fig. 8. Il deposito κ, con il settore dei vasi a forma aperta e i crateri a colonnette sulla sinistra.

cuoio), un'ansetta in filo di bronzo e un dischetto in osso[28]; il tutto era coperto dai gusci di una cozza e di una patella, di grandi dimensioni. I molluschi sono attestati nei residui dei pasti rituali consumati all'interno dei santuari demetriaci di Sicilia e Magna Grecia e nel santuario dell'Acrocorinto; forse a pasti rituali è riconducibile anche la grande quantità di valve di molluschi rinvenute nell'antro Coricio a Delfi[29]. Nel caso di Pyrgi, la *phiale* potrebbe esser stata destinata a svolgere una funzione diversa da quella canonica dopo aver compiuto una libagione di chiusura[30].

La maggior parte dei vasi offerti nel settore B è in ceramica locale; comprende in prevalenza *skyphoi* a gocce classe Vaticano 246, abbinabili a coppia, e redazioni diverse di coppe con decorazione a fasce, fra le quali due recano le note iscrizioni con nomi dei dedicanti[31]. Le ceramiche

L'acquisizione di questa prerogativa da parte del santuario di Demetra a Herakleia è stato ricondotto al ruolo svolto dalla città come sede della Lega Italiota, ruolo nel quale succedette a Crotone intorno al 374 (Otto 2005, p. 17), oggettivando, mediante tale continuità, una sostanziale equivalenza nella prerogativa di "liberatrice" fra *Hera* e Demetra. Ceppi sono presenti nel santuario di Artemide Bendis, associata a Demetra, nel santuario di S. Chirico Nuovo (Tagliente 2005, p. 123). Anche nel santuario settentrionale di Pontecagnano (cfr. Bailo Modesti ET AL. 2005b), dedicato secondo gli AA. "ad una divinità femminile, con valenza ctonia, connessa alla sfera della fertilità e legata ai passaggi di status", sono stati rinvenuti ceppi all'interno dell'alveo di canali (pp. 200-201 e nota 33, con lista dei santuari dove erano presenti ceppi da schiavo).

[28] Cfr. Carlucci-Maneschi, *infra*.

[29] Baglione 2000, pp. 344-345.

[30] L'impiego delle *phialai* come "vaso contenitore" sembra ricorrente a Medma, come è evidenziato da Meirano 2005, pp. 49-50.

[31] Il deposito votivo del santuario settentrionale di Gravisca comprende, come elemento costitutivo, questa classe di *skyphoi* uniti alle *olpai* a corpo semiverniciato; Fortunelli 2007, pp. 314 ss., analizza le valenze di tale

attiche, contrariamente al caso del deposito ρ, sono in percentuale minore. Solo i due *skyphoi* minia-turistici tipo N Ure sono in coppia, mentre i rimanenti pezzi in ceramica attica sono singoli[32]. Oltre a forme comuni a vernice nera (ad esempio, la coppetta a pareti spesse forma Athenian Agorà 854 e lo *skyphos* tipo B ad anse disparate, forma 361), risaltano lo *stemmed-dish* caliciforme a fondo bianco e la *achaemenid phiale*, originariamente in *coral-red* all'esterno, inusuali nei circuiti dell'Etruria propria, la cui produzione viene posta intorno al 480[33]. In particolare, è da sottolineare come queste ultime, che toccano un vasto areale nel Mediterraneo, compreso il circuito adriatico, ricompaiano a Pyrgi nel piazzale ovest e unicamente nel deposito Nord di Gravisca[34]. Il *kantharos* gianiforme del gruppo di Syriskos, di un decennio posteriore, conferisce al gruppo una forte connotazione dionisiaca che permane nel terzo settore del deposito, dove la coppia di crateri a colonnette, i vasi da simposio per eccellenza, è iterata in una replica ridotta a un terzo, di produzione locale. Due appaiono le componenti associate in questo settore, quella dionisiaca, a cui riconducono funzione e immagine del cratere con Eracle simposiasta, attribuito al Pittore di Tyskiewicz, databile al 470, nel quale al messaggio figurato si aggiunge un'ulteriore oggettivazione portata dal messaggio testuale: *mi fulflunusra* recita l'iscrizione incisa sotto al piede deliberatamente deposto separatamente dal corpo[35]. Immediatamente a fianco ai crateri, il settore "demetriaco" è chiaramente enunciato dalla

---

associazione sul piano rituale, che non ha riscontro nel deposito κ, nel quale, in questo settore, si selezionarono esclusivamente forme aperte. Per le iscrizioni, cfr. Colonna-Maras-Morandi 1998, pp. 377-380, nn. 38-40 e Colonna, *ibid.*, pp. 417 ss.

[32] Cfr. Baglione 2000, p. 347. Un'ipotesi suggestiva è proposta da Batino, 2002, p. 21, secondo cui *skyphoi* e *kotylai* di dimensioni ridotte avrebbero potuto contenere non liquidi, ma sostanze come il miele.

[33] L'unico confronto istituibile per il calice a fondo bianco è quello con l'esemplare frammentario dal deposito votivo del santuario settentrionale di Gravisca; Fortunelli 2007, pp. 69-70, n. C 17, tav. 3 e p. 328, sottolinea l'estrema rarità del formato e della tecnica, che portano a differenziare gli esemplari di Gravisca e Pyrgi dai tipi attestati a più ampio raggio, di dimensioni più ridotte e interamente a vernice nera. È suggestiva la proposta che vede nei calici strumenti analoghi ai *kyathoi* ed ai *simpula* in bronzo, impiegati nella misurazione di vino e cibo da consumare nei pasti.

[34] Per la *achaemenid phiale*, è interessante ricordare il circuito di distribuzione (cfr. Baglione 2000, pp. 345-346) come è stato ricostruito in Shefton 1999, pp. 466-468 e carta distribuzione fig. 2. L'areale è molto va-sto e tocca i due estremi orientale ed occidentale del Mediterraneo, forse in connessione con rotte commerciali legate alle miniere d'oro. Tsingarida 2008, pp. 193-195, fig. 5, segue le linee tracciate da Shefton, aggiornando-ne i dati (inserendo i rinvenimenti di Gravisca ma non quelli di Pyrgi e di Populonia). I ritrovamenti di Gravisca (Fortunelli 2007, pp. 135-136, nn. C 213-215, tav. 10 e p. 320), di Pyrgi e di Populonia (cfr. Romualdi 2004, pp. 189-90, figg. 11-12), aprono una diversa prospettiva, obbligando a considerare i due scali all'interno della rete di distribuzione che sembrava toccare molto marginalmente l'Etruria. Anche la situazione del versante adriatico presenta chiari indizi di un percorso che risale verso gli scali padani: le *phialai* compaiono all'imboc-co della rotta verso nord, nel santuario dedicato a Diomede nell'isola di Pelagosa (Colonna 1998b, pp. 363-378) e quindi negli scali padani, a Spina, nella tomba 41 D di Valle Pega (da cui proviene anche la *pelike* con leone del Pittore di Berlino, più volte ricordata per la *lekythos* di Pyrgi: Baglione 2000, pp. 346 e 363-364) e ad Adria, dove sono attestate, fra i materiali della Collezione Bocchi, la *lekytohs* del Pittore di Berlino (Wiel-Marin 2005, pp. 182-183) e una *achaemenid phiale* (*CVA Adria*, II, tav. 51.3).

[35] I due crateri, e un terzo dall'area meridionale, rientrano nelle produzioni di capacità ridotte, senza pannel-lo, non destinati al servizio iterato per molti commensali nel corso di un convito, come si deduce dall'iconogra-fia corrente. Il secondo cratere, molto gravemente danneggiato, presentava sulla f. A una figura femminile alata,

coppia busto-protome/protome sovrapposti orizzontalmente e dalla grande olla in impasto, coperta da una scaglia di tufo, sulla quale prima dell'interro si intervenne ripetutamente, aprendo un foro sul fondo richiuso poi da una colatura di bronzo. Il busto-protome, un *unicum* in Etruria, è avvicinabile ad area magnogreca, e più precisamente a serie di Medma, mentre la protome, di matrice siceliota, trova un buon confronto a Selinunte (*Fig. 9*); anche a Gravisca, nel deposito del santuario settentrionale, è presente una serie di protomi assegnate a produzioni siceliote, tipologicamente affini a quelle selinuntine[36]. Il trattamento dell'olla, adattata per rituali ctoni, e l'occultamento al suo interno di cospicui frammenti di *aes rude* e *aes formatum* insieme con un *askos* discoidale con fregio a foglie d'edera di produzione locale e uno scarabeo in corniola, rientrano nel già evocato panorama degli apprestamenti rituali demetriaci, dove in particolare le olle trovano largo impiego come contenitori di gruppi di offerte, in apparente contrapposizione al sistema delle "offerte al suolo" maggiormente attestato[37].

Fig. 9. Frammenti di protome femminile dal piazzale nord dello stesso tipo del ritrovamento in κ.

Passando ora dai contesti chiusi, in cui le forme sono ancora rivestite delle relative caratteristiche funzionali e ideologiche, alla massa di materiali restituiti dalle aree "libere", i piazzali e la fascia sud, appare evidente come nel piazzale nord sia stato concentrato l'ammasso maggiore, fino a raggiungere una poderosa formazione che, nel settore centrale, raggiungeva i 40 cm. di altezza,

con *sakkos* (Iris?). Ritengo che i piedi, deposti a fianco dei rispettivi vasi, siano stati staccati intenzionalmente; malgrado lo schiacciamento subìto ed il pessimo stato di conservazione, sembra che il cratere con Eracle sia stato deposto con l'imboccatura verso il suolo. Cfr. l'analisi in BAGLIONE 1997a, pp. 85-93; COLONNA 1997b, pp. 94-97 inserisce il "messaggio" dell'iscrizione all'interno del contesto cultuale dell'area sud, considerandolo un epiteto riferibile al dio *Śuri:* il cratere enuncia la propria appartenenza al dio fuflunio.

[36] Per il busto e la protome, BAGLIONE 2000, pp. 350-351; la protome, con capigliatura a fitte ciocche regolari, ha una replica in due frammenti combacianti provenienti dalla colmata del piazzale nord che offrono ulteriore motivo di riflessione sulle azioni di disturbo e dislocazione che avrebbero interessato alcuni settori del deposito κ in concomitanza con le azioni di obliterazione dell'area sacra nel post- sacco dionigiano; le due protomi rientrano nel gruppo N Croissant e sono avvicinabili a un esemplare dal santuario della Malophoros, GABRICI 1927a, col. 279, tav. LXV, n. 2 e al tipo 13 F della classificazione WIEDERKEHR-SCHULER 2004, pp. 216-217, tav. 67. Per le protomi di Gravisca: FORTUNELLI 2007, pp. 279-282.

[37] Il movente ideologico rimane quello di interrare nella "terra madre" risorse che la terra restituirà; cfr. le osservazioni ripetutamente espresse in ARDOVINO 1999, e l'ingente offerta di *aes rude* sepolta all'interno di un *pithos* nel santuario di S. Anna di Agrigento, ritenuto il punto di partenza per l'*anabasis tou thesmophoriou* che raggiungeva il santuario occidentale sulla collina (DE MIRO 2008, p. 55). Paradigmatici, in questo senso, sono i numerosi rinvenimenti da Bitalemi (cfr. la sintesi di ORLANDINI 2008, p. 174).

operando una pesante dislocazione e "dismissione" anche dei pezzi più pregiati, come è il caso della grande *phiale*, i cui frammenti furono sparsi quasi per l'intera area. Nel piazzale ovest i materiali sembrano aver subìto un più ridotto intervento di dislocazione, come pure nella fascia sud dove, anzi, è più frequente la presenza di pezzi isolati parzialmente ricomponibili e, pertanto, interrati con precise finalità.

Nella massa dei frammenti diagnosticabili, sembra di poter individuare una sorta di "sistema" in cui rientrano forme ceramiche specializzate e classi di materiali definite. Forme come le *lekythoi*, i piatti, le *oinochoai* configurate a protome femminile ricorrono con frequenza considerevole e pertanto si può ipotizzare che fosse loro affidato un ruolo primario, giustificato da precise esigenze di culto che riconducono invariabilmente a contesti santuariali dedicati a divinità femminili, che presiedono ai rituali di passaggio e della fertilità e sono, al tempo stesso, investite da una forte caratterizzazione ctonia[38]. Nel piazzale nord si è rilevato, inoltre, che nei punti in cui tali presenze di materiali, di offerta o di servizio, si addensano, viene incrementandosi contemporaneamente il numero di frammenti di *aes rude*, di punte di armi da lancio in ferro e di astragali di ovino, lavorati e non. Le carte di distribuzione delle ceramiche attiche sottolineano un significativo diradarsi di presenze all'interno del quadrilatero definito dal muro di temenos τ e dal sacello β, che non risulta interessato dall'opera di obliterazione/ristrutturazione attuata per la realizzazione del piazzale nord.[39] Prima di avanzare ipotesi interpretative occorre tener presente che più elementi concorrono a dare una indubbia connotazione femminile ai materiali del piazzale nord e del piazzale ovest: oltre agli ornamenti preziosi, raccolti nel piazzale nord, sono da considerare oggetti significanti la coppia di *epinetra*, assegnabili a pittori dediti alla decorazione di simili oggetti- il Pittore di Saffo e il Pittore di Golonos- che appaiono dislocati nel piazzale nord e in prossimità del sacello γ[40] (*Fig. 10*). Agli *epinetra* è da aggiungere un piccolo gruppo di frammenti di *lekanides*, comprendente anche un inusuale esemplare, pressoché integro, a tre scomparti, databile, in base al profilo, alla metà del V secolo[41].

---

[38] La complessa lettura offerta dai dati del santuario meridionale non consente di separare le diverse prerogative, percepibili, a seconda dei contesti, a livelli diversi, ma tutti strettamente connessi. L'argomento è stato affrontato nei diversi contributi dedicati all'esame dei contesti e dei materiali del santuario, a partire da Baglione 1989.

[39] A questo proposito, rimando all'analisi decisiva di B. Belelli in questa sede; per le carte di distribuzione, rimane ancora valido quanto è segnalato in Baglione 2004, p. 86, figg. 2-4.

[40] La presenza della coppia di *epinetra* è un *unicum* nei santuari d'Etruria; l'eccezionalità di tali ritrovamenti ha portato a prenderli ripetutamente in considerazione: cfr. in particolare le considerazioni in Baglione 1989, pp. 664-665; Baglione 2000, pp. 358-361; Baglione 2004, p. 96 e 2009, pp. 221-222.

[41] La *lekanis* rientra nel tipo *Athenian Agora* 1286; si tratta di un prodotto munito di sigla commerciale classificabile nel tipo 2 B Johnston (Johnston 1979, p. 89). L'elemento inusuale è costituito dai due setti che dividono la vasca in tre parti, con un preciso rapporto di due quarti e una metà, chiaramente predisposti in fase di produzione. È logico supporre che gli scomparti fossero destinati a contenere tre sostanze diverse, che non dovevano miscelarsi e che il preciso rapporto 1 metà/2 quarti rifletta precise prescrizioni rituali nella preparazione di cibi o miscele di bevande, consumate, come è noto, nel corso dei rituali demetriaci. Fondamentale nelle liturgie demetriache di ambito greco è l'uso del *kernos,* dove contenitori miniaturizzati riuniti insieme erano destinati a contenere le diverse sostanze presentate e impiegate nel corso dei rituali. Considerando che con questo nome erano indicati anche più semplici "vassoi a scomparti", è possibile suggerire che la piccola *lekanis* svolgesse un ruolo analogo (cfr. Bakalakis 1991, pp. 105-117, per i *kernoi* nei rituali eleusini).

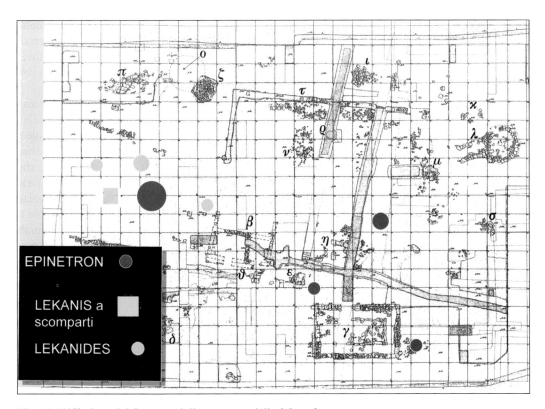

Fig. 10. Diffusione dei frammenti di *epinetra* e delle *lekanides*.

Gli *epinetra* e le *lekanides* sono oggetti che assumono la loro precisa valenza all'interno di un quadro di consuetudini strettamente legato ai rituali di passaggio del mondo greco, senza ulteriori sovrapposizioni. La consacrazione di tali oggetti presuppone da parte dell'offerente una perfetta conoscenza della loro funzione nell'ambito sociale originario e l'assimilazione della divinità destinataria in Etruria alle divinità femminili cui normalmente erano rivolte tali offerte in ambito greco. Il "sistema" *lekythoi*-piatti-*oino-choai* configurate- *epinetra* è un linguaggio comune che assimila i grandi santuari femminili, Brauron in primo luogo, il santuario di Eleusi e quello di Demetra sull'Acrocorinto, il santuario di Atena Lindia e, nel mondo coloniale, la *Malophoros* di Selinunte[42].

Non credo possibile istituire confronti con prodotti della tradizione etrusco-italica, come i *kadiskoi* a quattro scomparti, destinati a miscelare liquidi. Un parallelo può essere trovato nel santuario di Collina del Serpente ad *Ausculum*, dove, nell'ampio repertorio di forme presenti, sono segnalate "due coppette miniaturistiche con vasca tripartita"; si ipotizza che le coppette fossero destinate all'offerta di primizie o chicchi di cereali, poi trattati nel corso della cerimonia (FABBRI-OSANNA 2005, p. 221).

[42] Sulla base di queste considerazioni non ritengo possa esser condiviso il pensiero di HEINRICH 2006, p.

I frammenti di piatti raggiungono una notevole concentrazione all'interno del piazzale nord e sono attestati anche nel settore meridionale e nel piazzale ovest; nella sequenza delle azioni rituali, i piatti potrebbero essere impiegati per raccogliere e presentare offerte di tipo alimentare, alla stessa stregua di quanto è stato constatato dalla Callipolitis nei santuari greci[43]. L'unico frammento di piatto da Portonaccio e le presenze sporadiche a Gravisca non sembrano interpretabili in questa stessa prospettiva[44]. Cronologicamente, i frammenti segnano a Pyrgi un "arrivo" molto compatto, circoscritto fra i decenni finali del VI (piatto della cerchia di Phaidippos con iscrizione greca)[45] e gli inizi del successivo, in cui possono rientrare alcuni esemplari a figure nere su fondo bianco, con tracce di *coral-red* nella faccia inferiore della tesa, assegnabili all'officina del Pittore di Haimon. La circolazione dei piatti in Etruria, che in questo ambito cronologico sembrano seguire alcuni circuiti preferenziali, indirizzati verso l'Etruria interna, secondo Iozzo avrebbe il primo centro di diffusione in Vulci[46].

In prossimità del sacello γ, nel settore S-O del santuario, sono localizzabili due rinvenimenti analoghi per la raffinata tecnica inseribili nei decenni centrali della prima metà del V secolo. Si tratta di una *kylix* nella doppia tecnica a fondo bianco interno e figure rosse all'esterno e di un piatto pure a fondo bianco; un secondo frammento di un piatto sempre a fondo bianco proviene dalla parte opposta del santuario, in prossimità della struttura π. Dai dati di ritrovamento a suo tempo raccolti dalla Wehgartner appare evidente come la destinazione primaria di questi delicati manufatti fosse quella dei circuiti santuariali, in maggioranza attici (*Fig. 13*)[47]. L'area sud, anche in questo caso, si inserirebbe in un'ottica prettamente ellenica, senza paralleli in Etruria, tranne per il caso ipotetico

---

65, che ritiene gli *epinetra* oggetti indifferenziati, importati all'interno della grande massa di vasellame attico giunto nell'area sud, senza che ne fosse nota la valenza culturale.

[43] Come osservato in precedenza sulla scorta delle liste della CALLIPOLITIS 1974, i santuari sull'Acropoli di Atene privilegiano l'uso dei piatti rispetto agli altri santuari greci; consistenti i rinvenimenti a figure nere dall'Agora, forse da connettere ai *sussytia* come si è ipotizzato per il settore dall'angolo N-O (BAGLIONE 2000, pp. 364-367, con bibliografia).

[44] Il frammento, attribuito a Euthymides, proviene dal riempimento della piscina (BAGLIONE 2011a, p. 98, fig. 8). Nel deposito del santuario settentrionale di Gravisca i piatti, in argilla depurata, impiegati nel consumo rituale del cibo, costituiscono solo l'1% delle forme; mancano piatti figurati attici, attestati invece nel santuario con tre frammenti, datati rispettivamente uno al 500-490 a.C. e due intorno al 430-400 (HUBER 1999, p. 105, nn. 808-810).

[45] BAGLIONE 2004, p. 98, nota 72.

[46] IOZZO 2006, pp. 115-116.

[47] La *kylix*, con cornice lineare, presenta all'interno le tracce di una figura femminile seduta su un sedile con spalliera con la metà inferiore del corpo ricoperta da un *himation* (?) di tonalità scura ricadente in pieghe; è assegnabile al Gruppo 2 (*Vierfarbenbemalung*) della Wehgartner, datato entro il primo quarto del V sec. Nell'interno del piatto sono individuabili un *kalatos* e tracce di una figura femminile; il profilo del fondo dalle molteplici costolature permette di assegnarlo al gruppo più antico, assegnato anch'esso al primo quarto del V sec. Anche nel frammento isolato è chiaramente riconoscibile un *kalatos*, lo strumento che evoca immediatamente scene "di genere" femminili riferite alla filatura (cfr. BAGLIONE 2004, p. 98, figg. 24-25 e BAGLIONE 2009, p. 220); per la classificazione, cfr. WEHGARTNER 1983, pp. 51-76 e 150-152; TSINGARIDA 2008, pp. 199-200, riconsiderando la distribuzione di *kylikes* e *phialai* a fondo bianco sottolinea ulteriormente come tali raffinati e delicati prodotti avessero in primo luogo una destinazione santuariale; intorno alla metà del V sec. si sarebbero incrementati sia l'impiego in ambito funerario che l'esportazione verso mercati esterni, a largo raggio.

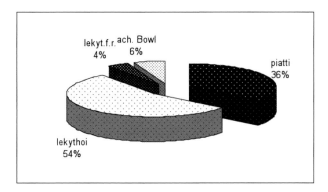

Fig. 11. Percentuali dei frammenti di *lekythoi* a f.n., a f.r,
piatti e *achaemenid bowls* dai piazzali nord e ovest.

della *kylix* di Pistoxenos rinvenuta da Vincenzo Campanari nelle adiacenze del tempio Grande di
Vulci[48].

L'altra forma che rientra nel sistema enunciato in precedenza, e attestata con maggiore frequenza
rispetto alle altre, è quella delle *lekythoi*, superiori in percentuale nel piazzale nord rispetto agli altri
due settori; alle *lekythoi* spettava un ruolo specializzato nell'economia delle offerte, da individuare
all'interno dei diversi ambiti d'uso a suo tempo definiti dalla Haspels (banchetto, cura del corpo)
(*Fig. 11*). È interessante osservare come fra le produzioni standardizzate di fine VI-inizi V, si inse-
riscano, nello stesso periodo del piatto e della *kylix* a fondo bianco, la coppia di *lekythoi* a figure
rosse del Pittore di Berlino, di dimensioni considerevoli, che recano come "cifra" l'inconfondibile
protome di leone in attacco[49]. Un raffinato frammento, riferibile alla spalla di una *lekythos* di dimensioni più ridotte, con giovane simposiasta riverso sui cuscini, in atteggiamento estatico, si aggiunge
al ristretto gruppo delle redazioni a figure rosse; può essere avvicinato alla cerchia di Makron, anche
se non sembra che la bottega si dedicasse alla produzione di *lekythoi* (*Fig. 12*)[50].

Fra le realizzazioni in formato ridotto, mi sembra degna di nota una *lekythos* con corpo a scacchiera
in rosso e bianco e corsa di bighe miniaturistica sulla spalla, nella quale sembrano concentrati i più ricercati repertori decorativi e iconografici utilizzati dagli *ateliers* del Pittore di Diosphos e di Haimon[51].

Le altre forme chiuse in ceramica attica (*olpai* e anforette) nel piazzale sono molto più rare rispetto
a quanto presentava il deposito ρ, raggiungendo, nel caso delle anforette, poche unità (7 frammen-

---

[48] BURANELLI 1992, pp. 47, 67, 140, figg. 2-3.

[49] Le indagini in magazzino hanno confermato che anche in questo caso si tratta di un'offerta "a coppia",
come già riscontrato per gli *epinetra* e come si vedrà per gli *askoi* del *Seven Lobster Goup*. Sulla diffusione
delle *lekythoi* del Pittore di Berlino, cfr. BAGLIONE 2004, p. 97. Per la *lekythos* della Collezione Bocchi al Museo
di Adria, inv. I.G. 22125, cfr. WIEL-MARIN 2005, pp. 182-183 con datazione al 495.

[50] La figura del giovane con la destra alla fronte è avvicinabile a quella presente su un frammento di *kylix* da
Adria, attribuito alla cerchia di Makron e datato al 480 a.C.; cfr. WIEL-MARIN 2005, p. 335, n. 1267 I.G. 22073.

[51] BAGLIONE 2004, p. 97, fig. 22.

Fig. 12. Frammento di spalla di *lekythos* f.r.

ti). Si può ipotizzare che, dopo la consacrazione del deposito ρ, una più rigida configurazione del culto tendesse a sostituire le *olpai* attiche con la redazione locale delle olpette acrome, risultate così abbondanti da rappresentare l'elemento costitutivo delle colmate dei piazzali e così regolari per tipologia e capacità da far ipotizzare che ad esse fosse demandato un ruolo primario, ineliminabile, nello svolgimento dei rituali.

La percentuale delle *lekythoi* all'interno del riempimento del piazzale nord (*Fig. 11*) e, soprattutto, nella composizione del deposito ρ, inducono a considerarle una componente essenziale nello svolgimento dei rituali, nei quali possono aver svolto un ruolo duplice, sia come offerta legata al *mundus muliebris*, al quale rimandano natura e funzione di molte offerte, sia come elemento impiegato nella consumazione dei pasti rituali, il cui svolgimento è indiziato dalla ripetuta concentrazione di resti di ossa animali, dalla presenza di vasellame d'uso domestico e dallo strumentario sacrificale. L'analoga situazione registrata a Gravisca ha portato a ipotizzare una costante presenza di elementi greci nel santuario, ai quali sarebbe da ricondurre l'impiego diffuso di una forma vascolare "allogena", estranea al regime sacrale dell'Etruria ma caratteristica invece dei contesti sacrali greci[52]. L'ipotesi è certamente condivisibile anche nel caso di Pyrgi, dove il livello direttamente riconducibile alla matrice greca dei frequentatori è ripetutamente attestato nella scelta delle offerte.

Nella composizione dei due depositi esaminati in precedenza, non compaiono le *oinochoai* a protome muliebre, forma chiaramente evocativa di divinità femminili in età giovanile e ad esse consacrate in modo costante, nel mondo greco e greco coloniale, nei santuari dedicati a divinità femminili. Tale assenza appare quasi contraddittoria, se si tiene conto dell'evidente collegamento istituibile fra i santuari dedicati a divinità femminili in Grecia e nel mondo coloniale, non necessariamente connotati come santuari preposti a riti di passaggio o di carattere eleusinio, e questa peculiare classe vascolare. È evidente che nel santuario meridionale le *oinochoai* configurate erano impiegate per rituali iterati di offerta/libagione, gestiti forse direttamente dai fedeli; la drastica selezione che non ne ha consentito l'interro nei depositi sigillati a Pyrgi non è attiva nella composizione del deposito del santuario settentrionale di Gravisca dove si annoverano, oltre alla raffinata *oinochoe* firmata da Charinos, altri frammenti assegnabili alla medesima forma vascolare[53].

---

[52] FORTUNELLI 2007, pp. 319-322.

[53] FORTUNELLI 2007, pp. 145-149, nn. C 224-C 230; l'A. conduce poi (pp. 326-327) un approfondito esame dell'*oinochoe* di Charinos (C 226), dell'areale e dei contesti di diffusione delle *oinochoai* configurate e più genericamente dei vasi configurati a protome, che amplia e aggiorna i dati raccolti in BAGLIONE 2000, pp. 367-368, figg. 41-43. In Etruria si hanno ulteriori rinvenimenti di *oinochoai* a protome muliebre in altri quattro santuari, isolate o al massimo in coppia (a S. Marinella-Punta della Vipera, Carraccio dell'Osteria e Fontanile di Legnisina nel territorio di Vulci; a Campetti a Veio, cui è da aggiungere un altro esemplare da Portonaccio, scavi Stefani, nei magazzini di Villa Giulia); secondo FORTUNELLI 2007, p. 327, tali offerte sono collegabili con divinità genericamente femminili, attinenti sia alla sfera ctonia che alla sfera demetriaca.

A maggior ragione occorre postulare una peculiare funzione rituale per i pochi esemplari di *head-vases* isolati interrati integri o con rotture intenzionali. Viene conferita a questi pezzi la prerogativa di segnare situazioni particolari e devono esser ritenuti, pertanto, offerte intenzionali legate a rituali di fondazione, di risarcimento o di limitazione degli spazi sacri. All'interno del cavo di fondazione della recinzione τ, associata a un secondo gruppo di lamine foliate ed a una *lekythos* della *Little Lion Class*, la *oinochoe* della Cook *Class*, databile al 480/70, inaugura la ridefinizione degli spazi del settore centrale, forse in vista dell'allargamento dell'area di culto verso sud[54]. Altri due *head vases* sembrano esser stati impiegati per definire limiti puntuali dell'area sacra: a sud, uno *head vase* a testa di negro, forse della stessa matrice di un'anforetta del British, del Gruppo N Beazley, è allineato verso occidente con l'altare λ e richiama il soggetto scelto per le antefisse del tempio B[55]. A nord, la più recente *oinochoe* del Gruppo Vanessa, datata intorno al 460, con rottura intenzionale dell'ansa, delimita l'estrema propaggine settentrionale, nell'angolo N-O, e segna il piano tufaceo su cui sarà innalzato il basamento in blocchi di tufo π[56] (*Fig. 14*).

Un secondo *head-kantharos* a protome silenica, molto frammentario, proviene dal lato est del sacello γ, interrato in uno scarico di ceramiche; i *kantharoi* non sembrano soggetti allo stesso trattamento delle *oinochoai*, visto che i vasi potori del deposito κ comprendono il *kantharos* del Pittore di Syriskos deposto in grande evidenza. Questo secondo *kantharos*, assegnabile alla Manchester *Class* e databile verso il 460 a.C., riunisce l'ambito dionisiaco con la figura di Eracle, rappresentato sul campo figurato del collo, armato di arco (*Fig. 13*)[57].

Un analogo valore da ricollegare a punti cruciali della struttura santuariale può essere ipotizzato anche per i crateri a colonnette, enfatizzati nel deposito κ: il primo, dislocato sul terreno ma ricomponibile nella metà superiore, segnava, unitamente a uno *skyphos* St. Valentin tipo VII. 7 Howard Johnson, un allineamento lungo il margine nord del piazzale[58]; il secondo, interrato dopo averne asportato il fondo, forse attribuibile al Pittore dell'Angelo Volante, era invece vicino al lato sud-ovest dell'altare λ in prossimità di un ridotto agglomerato di pietrame definito struttura μ, forse residuo di un altare in pietre brute[59](*Fig. 15*).

---

[54] BELELLI MARCHESINI, in queta sede; BAGLIONE 2004, p. 96, fig. 20.

[55] BAGLIONE 2004, p. 96, fig. 19, in prossimità della struttura μ.

[56] Collegato alla struttura π, considerata un basamento con pretese di monumentalizzazione, era il gruppo di statue/donario in terracotta frantumato e disperso in prossimità, probabilmente in relazione all'opera di obliterazione successiva al sacco dionigiano. Da ricordare la figura di offerente con porcellino, grande quasi al vero, il cui restauro è in corso, che è un *unicum* nei santuari dell'Etruria, per dimensioni e tipologia del soggetto (il porcellino è tenuto per le zampe posteriori, in posizione idonea all'uccisione). La datazione proposta, ancora da definire, è a cavallo fra V e IV sec. a.C. Cfr. oltre GENTILI in queta sede.

[57] BAGLIONE 2000, p. 356, fig. 25; le raffigurazioni sul collo riuniscono perfettamente i due temi: a Eracle arciere si contrappone Dioniso che brandisce il *kantharos* fronteggiato da un sileno.

[58] Potrebbe trattarsi di un atto unitario di consacrazione di due forme funzionalmente complementari, che costituiscono un "servizio" ridotto all'essenziale

[59] Il cratere, rinvenuto nel 1999, proviene dai quadrati XXIII, 9/4 e XXIII, 9/5. Rientra nella produzione coeva ai crateri del deposito κ e "segna" una probabile selezione di forme funzionali legate forse alla stessa fornitura giunta al santuario. Si presume che il fondo sia stato asportato perché non rinvenuto in corso di scavo, seguendo l'azione rituale già riscontrata nel deposito κ. Nel santuario sorgivo di Siris-Herakleia, a cui presiedeva Demetra, questa cerimonia è iterata e interessa i contenitori per la distribuzione dei liquidi, come le *hydriai*

MARIA PAOLA BAGLIONE

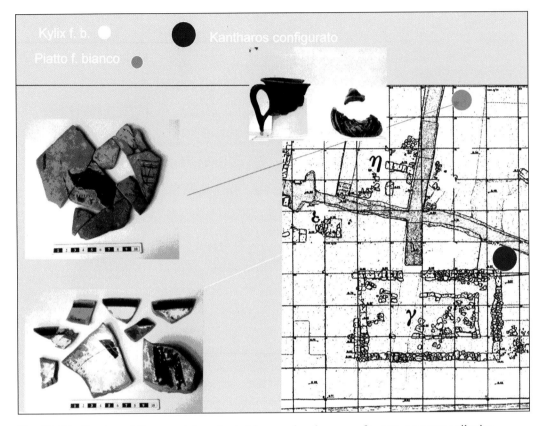

Fig. 13. Distribuzione delle ceramiche a fondo bianco e *kantharos* configurato a protome silenica.

Una campionatura condotta nel settore "cruciale" del piazzale nord, nell'area di circa 60 mq. contigua al sacello α, dove si concentrano tutte le classi di reperti attestate nella grande colmata -dalle ceramiche attiche alle olpette acrome, alle armi da lancio fino, in particolare, ai resti zoologici- ha permesso di osservare che la forma di vaso potorio preferita non è la *kylix* ma lo *skyphos*, in redazioni diverse per capacità e classi tipologiche, a cui seguono le forme affini delle *mastoid cups*. Le attestazioni più antiche, che si collocano al passaggio fra VI e V secolo, sono del tutto omologhe con le classi ampiamente esportate nel Mediterraneo occidentale, a cominciare dai tipi M1 Ure fino alle *mastoid-cups* assegnabili al gruppo di Haimon e Vaticano G 57[60]. L'unica raffigurazione di Athena rinvenuta nel santuario, ci

e i crateri a colonnette (OTTO 2005, pp. 8-9: *hydriai* nel settore della sorgente in basso; p. 13, fig. 18: un cratere laconico, da un punto non precisato).

[60] La stessa selezione di forme è stata operata nel deposito del santuario settentrionale di Gravisca, all'interno del quale prevalgono prodotti locali del Gruppo Vaticano 246 (FORTUNELLI 2007, pp. 320-322); accanto a questi, però, fra le importazioni attiche le diverse classi di *skyphoi* rappresentano oltre un quarto (il 27%), con

e quasi condizionano *ab origine* il regime delle offerte votive.

Il deposito ρ, composto quasi esclusivamente da vasi di importazione greca[8], designa una divinità femminile, riconoscibile nell'etrusca *Cavatha*, come titolare dell'area sacra poiché racchiude all'interno dell'anfora attica centrale un nucleo di monili ipoteticamente ricomponibili in un'unica collana[9]. Si tratta di tre pendenti in argento, due a forma di olla globulare con appiccagnolo trasversale baccellato e uno, fornito dello stesso dispositivo di sospensione, elaborato in guisa di carapace e realizzato ad astuccio con due lamine, attualmente una dentro l'altra, unite da una piccola cerniera; tre grani sferici in pasta vitrea (*Fig. 2*). La loro associazione riconduce ad un tipo di gioiello di lunghissima fortuna che trova un significativo antefatto in un esemplare consimile, ma privo della *bulla* a carapace, dalla tomba Castellani di *Praeneste*[10] e prosegue quasi inalterato con attestazioni più tarde in cui sopravvive il gusto per la pregevole alternanza di sfere colorate e pendenti in lamina di metallo prezioso[11]. Fuori dell'anfora erano deposti due pendenti in ambra, uno di forma allungata e sfaccettata con iscrizione miniaturistica di difficile lettura[12] e uno a testa di ariete (*Fig. 3*), appartenente ad un tipo di ornamento

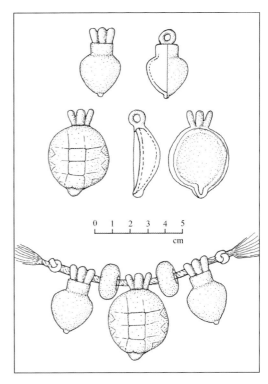

Fig. 2. Collana in argento e pasta vitrea dal deposito ρ (ricostruzione ipotetica, dis. B. Belelli Marchesini).

piuttosto diffuso e documentato sia in materiali di pregio limitato[13] che in oro[14]. Completava la piccola collezione di gioielli un anello con verga e castone ovale in argento di cui, durante l'arcaismo, ricorrono esemplari con castone liscio, come quello pyrgense, oppure inciso[15] (*Fig. 4*). Il valore

---

[8] BAGLIONE 2004, pp. 85-93; BAGLIONE 2008a, pp. 310-311.

[9] L'uso di deporre gioielli all'interno di vasi a loro volta compresi in depositi votivi di tipo demetriaco è bene attestato, ad es., nel santuario di Bitalemi a Gela: ORLANDINI 2008, p. 174.

[10] MORETTI SGUBINI 2000, p. 129, n. 81.8, con bibliografia precedente; di analoga provenienza prenestina sono altre due collane parimenti assegnabili all'Orientalizzante medio: CRISTOFANI, in CRISTOFANI-MARTELLI 1983, pp. 277-278, nn. 87-88, fig. a p. 130.

[11] Cfr. ad es. RIZZO, in CRISTOFANI-MARTELLI 1983, p. 314, n. 258, fig. a p. 233.

[12] MARAS, in COLONNA, MARAS 2003, pp. 312-313, n. 23.

[13] CARUSO 1988, p. 45, n. 85: esemplare in osso.

[14] SCARPIGNATO 1985, n. 74.

[15] SANNIBALE, in BURANELLI-SANNIBALE 2004, p. 107, n. 135; p. 108, n. 137.

Fig. 3. Pendenti in ambra dal deposito ρ.   Fig. 4. Anello in argento dal deposito ρ.

non eccessivo di questi ultimi monili e la loro collocazione dispersa tra i vasi del deposito, anziché all'interno di essi, ne fanno la probabile testimonianza della partecipazione al rito solenne di singoli devoti che, presenziando alla cerimonia, hanno affidato alla terra un segno di omaggio individuale.

Contemporanea alla creazione della fossa ρ è la ristrutturazione dell'edificio β[16] che, secondo l'ipotesi di G. Colonna[17], ospitava il culto di *Cavatha* e *Śuri*, coppia eminente del *pantheon* pyrgense. L'intervento, realizzato sullo scorcio del VI sec. a.C. e documentato archeologicamente dalla serie più recente dei singolari acroteri con avancorpo di Acheloo[18], fu sacralizzato deponendo nel battuto pavimentale della più ampia cella settentrionale una coppia di orecchini in oro[19] e in quello della più angusta cella meridionale una piccola *olpe* a fondo piano di tipo "ionico" con il corpo risparmiato e l'imboccatura e l'ansa verniciate[20]. Particolare significato assume la coppia di orecchini (*Fig. 5*), rinvenuti in buono stato di conservazione e apparentemente privi di ogni traccia di usura, poiché si presenta quale immediato corrispettivo degli ornamenti preziosi compresi nel deposito ρ, ad eloquente conferma dell'importanza dei gioielli nel culto della dea pyrgense. Dal punto di vista morfologico si tratta di orecchini formati da una fascetta ripiegata ad anello ovale e decorata con un motivo di semicerchi contrapposti realizzati con l'applicazione di un sottile filo d'oro. Dall'anello pende un grappolo di tre globetti ad ognuno dei quali è applicato un trittico di sferette più piccole, circondate da granuli d'oro; completano la decorazione tre rosette cave, in lamina, con pistillo centrale emisferico. Si tratta di un tipo assai raro in Etruria ove il grande repertorio della pittura tarquiniese

---

[16] COLONNA 2000, p. 268; BAGLIONE 2008a, p. 305; BELELLI MARCHESINI in questa sede.

[17] COLONNA 2000, pp. 266-275; COLONNA 2006b, pp. 149 ss.

[18] COLONNA 2000, p. 268-270; BAGLIONE 2008a, p. 305; BELELLI MARCHESINI in questa sede.

[19] COLONNA 1995, p. 445; COLONNA 2000, p. 267.

[20] MARTELLI 1978, pp. 185, 190 g, Tav. LXXXIII, n. 53; FORTUNELLI 2001, p. 129; FORTUNELLI 2007, pp. 229-238; l'*olpe* di Pyrgi trova un puntuale confronto a Graviasca in un esemplare che S. Fortunelli (pp. 234-235, tipo 2, Tav. 23) ascrive a produzione greco-occidentale.

degli ultimi decenni del VI sec. a.C.[21] e la coeva coroplastica funeraria cerite[22] mostrano il favore largamente accordato dal pubblico femminile ai grandi orecchini a disco e "a bauletto". Qualche riscontro iconografico offerto dalla ceramografia greca[23] sembrerebbe ricondurre l'ispirazione del monile alla tradizione ellenica dell'orecchino a cerchio con pendenti ma, a ben vedere, il più probabile modello primario da cui in età arcaica prese le mosse l'elaborazione del tipo in esame, può essere riconosciuto nell'oreficeria orientale di matrice fenicio-punica. Il miglior candidato è un piccolo orecchino a cerchio con grappolo di globuli[24] attestato a Cipro e nelle tombe puniche di Sicilia e Sardegna, ma non diffuso in Grecia, salvo qualche esemplare a *Lindos*[25], databile fra VI e V sec. a.C.

Fig. 5. Coppia di orecchini in oro dal battuto pavimentale dell'edificio β.

Semmai agli artigiani greci può essere ascritto un tipo definito "a sanguisuga", con anello tubolare e grappolo di sferette[26]. L'interpretazione etrusca, nella sua versione più sobria, presuppone un tipo ad anello piatto con sferette pendenti disposte a piramide rovesciata[27] che, arricchendosi progressivamente, evolverà in breve lasso di tempo fino alla creazione dell'orecchino "a grappolo"[28]. E proprio in questa ipotetica linea evolutiva il gioiello di Pyrgi, collocato dai confronti e dal dato stratigrafico alla fine del VI sec. a.C., acquisisce il fondamentale ruolo di mediazione fra i tipi più antichi, di diretta ispirazione esotica, e quelli più recenti di varia morfologia, ma tutti indistintamente denominati "a grappolo"[29]. Sia la concezione formale che la realizzazione tecnica degli orecchini offerti alla dea di Pyrgi marcano decisamente la distanza dagli esemplari di età classica ed ellenistica: la struttura portante del monile è infatti costituita da una semplice fascetta ripiegata cui è applicato un grappolo di globetti forati nella parte posteriore, ben distinti dagli esempi più tardi di forma lenticolare o addirittura cavi, mentre l'apparato decorativo è realizzato con le tecniche più

---

[21] STEINGRÄBER 1985, p. 290, fig. 25 (tomba dei Baccanti); pp. 299-300, fig. 45 (tomba della Caccia e Pesca); pp. 315-316, figg. 87-89 (tomba dei Giocolieri); p. 322, fig. 98 (tomba delle Leonesse).

[22] PROIETTI 1980, p. 132, fig. 168.

[23] ARIAS 1963, pp. 158-159, Tav. XLVIII-XLVIII bis.

[24] PISANO 1987, p. 80; p, 175, n. 138, Pl. 38 e, 44 g.

[25] HIGGINS 1961, p. 108.

[26] MARSHALL 1911, p. 166, n. 1593, Pl. XXVI; BURANELLI-SANNIBALE 2004, p. 38, n. 10.

[27] Un esemplare della Collezione Castellani è conservato al British Museum: MARSHALL 1911, p. 255, n. 2249, Pl XLIV.

[28] L'orecchino "a grappolo" nella sua versione più imponente è già documentato in una ben nota statua votiva lavinate datata alla prima metà del V sec. a.C.: FENELLI, in *Enea nel Lazio* 1981, pp. 225-227, D 202.

[29] RIZZO, in CRISTOFANI-MARTELLI 1983, p. 311, n. 240, fig. a p. 223; BURANELLI-SANNIBALE 2004, pp. 38-41, nn. 11-15; BORDENACHE BATTAGLIA, in PROIETTI 1980, p. 342, n. 61.

Fig. 6. *Olpe* dal battuto pavimentale dell'edificio β.

ricorrenti in Etruria durante l'Arcaismo, quali l'applicazione di fili d'oro, l'inserimento di piccoli elementi laminati, la granulazione. Dal punto di vista stilistico gli orecchini appaiono ispirati a criteri di semplicità e misura e il particolare delle rosette in lamina, benché inserito con estrema discrezione, potrebbe essere un indizio per ricondurre il manufatto alla maniera delle botteghe vulcenti[30] e, soprattutto, ceriti[31] autrici di fastosi orecchini a disco e "a bauletto" decorati, con ben altra esuberanza, da una fioritura di corolle in rilievo.

Di tipologia ben nota, benché anch'essa piuttosto rara in Etruria, è invece la piccola *olpe* (*Fig. 6*) offerta nel battuto pavimentale della cella meridionale dell'edificio β[32], interpretata da G. Colonna come vaso allusivo all'atto rituale della libazione di vino in onore di *Śuri*[33]. Senza dubbio l'*olpe* dal profilo continuo e sinuoso rappresenta il più antico e diffuso vaso per versare liquidi, prima che l'*oinochoe* con stacco netto fra collo e corpo si affermi, dopo la metà del VI sec. a.C., come la forma più comunemente riservata alla funzione di versare il vino[34]. Ciò non ostante, l'attribuzione al vasetto di un significato così pregnante in un contesto cerimoniale di carattere ufficiale come quello della ristrutturazione e riconsacrazione di un edificio di culto, merita forse un supplemento di riflessione. Infatti proprio l'evidenza offerta dalla composizione e, soprattutto, dalle modalità di deposizione dei materiali della fossa ρ, ove in più di un caso le *olpai* sono adagiate all'interno della rispettiva coppa[35], avverte che il cimelio archeologico del rito libatorio è rappresentato dalla combinazione fortemente caratterizzata dell'*olpe* e della coppa, circostanza confermata anche dall'imponente documentazione del santuario settentrionale di Gravisca[36]. Ma ancora più significativa è la testimonianza concorde del repertorio iconografico, sia greco[37] che etrusco[38], nell'attribuire alla *phiale* il valore per eccellenza di strumento tecnico della libazione, fino a divenire essa stessa dono votivo, in virtù di un proces-

---

[30] CRISTOFANI, in CRISTOFANI-MARTELLI 1983, p. 288, n. 123, fig. a p. 155.

[31] BOITANI, in MORETTI SGUBINI 2000, p. 178, n. 132; CARUSO 1988, p. 27, n. 39, fig. a p. 25.

[32] COLONNA 2000, p. 267; BAGLIONE 2000, p. 351, nota 34; BAGLIONE 2004, p. 87, nota 2. Sulla diffusione del tipo in Etruria v. FORTUNELLI 2007, pp. 229-232.

[33] COLONNA 2000, p. 267.

[34] BOARDMAN 1990, p. 197.

[35] BAGLIONE 2004, p. 91; BAGLIONE 2008a, p. 311; CARLUCCI-MANESCHI in questa sede.

[36] FORTUNELLI 2007, pp. 314-320.

[37] LISSARAGUE 1991.

[38] AMBROSINI 2006, pp. 201-204.

Fig. 12. Corniole ed elementi in oro dall'Area Sud.

Benché manomesso nella fase di riorganizzazione del santuario successiva all'attacco dionigiano del 384 a.C., il deposito κ mostra ancora un assetto unitario all'interno del quale però le offerte sono disposte in due settori delimitati da pietre che hanno la funzione di definire i momenti dell'azione sacerdotale e di mantenere gli oggetti nel giusto assetto, secondo un uso tutt'altro che raro nei depositi di valenza rituale[75]. Ad un primo sguardo, il filo conduttore ideologico che unifica le sezioni in cui è organizzato il deposito si concretizza in una successione di atti rituali solennemente introdotti dall'azione dell'*árchesthai,* l'iniziare, riconoscibile nella purificazione preliminare della vittima attraverso l'aspersione dell'acqua, cui potrebbe alludere il bacile in bronzo al centro del deposito, e nel lancio propiziatorio di semi sull'altare, di cui si sono raccolti numerosi esemplari combusti, particolarmente indicato in presenza di Demetra, la dea che, secondo l'oracolo delfico citato da Erodoto (VII, 141), si identifica con i chicchi di grano. Segue poi il sacrificio dell'animale cui tengono dietro la libazione di vino (crateri a colonnette, *skyphoi* e *kylikes*) espiatoria dell'atto cruento, l'offerta alla divinità di alimenti sia cotti (costole di bovino) che crudi (*phiale* con valve di molluschi), e in fine il pasto rituale con divisione di porzioni tra i partecipanti (coltello in ferro)[76]. Ma a questi si associano elementi specifici che, in parte, sembrano precisare l'identità dei numi venerati, richiamando l'attenzione sulla ricchezza delle loro attribuzioni e, in parte, sembrano sospingere in primo piano altre personalità divine, alcune compartecipi del culto fin dalle origini, altre forse chiarite successivamente

[75] ORLANDINI 1966, p. 29; DE MIRO 2008, pp. 68-72; SABBIONE-MILANESIO MACRÌ 2008, p. 194.
[76] BURKERT 1984, pp. 83-85; per la ricostruzione di una sequenza analoga v. MASTRONUZZI 2008, pp. 144-145.

Fig. 13. Busto protome dal deposito κ.

nella portata del loro ruolo. Nel primo caso l'etrusca *Cavatha* mantiene in bella evidenza la sua connotazione più prossima a *Kore*, la fanciulla non estranea alla sfera dei riti che preparano alle nozze, fondamentale passaggio esistenziale delle giovani donne[77]. A questo aspetto, la cui rilevanza cultuale è sancita dalla lunga iscrizione su uno *skyphos* attico, probabilmente appartenente all'*instrumentum* del culto, già citata per l'appellativo *seχ* assunto dalla dea[78], si possono riferire i vasetti per contenere olii profumanti (*alabastra*, *aryballoi*, brocchette in pasta vitrea), cui si affiancano nell'area del santuario altre forme ritualmente significative, come le *lekanides*, le pissidi, gli eccezionali *epinetra*[79] e, naturalmente, i gioielli allusivi alla dote. Al fianco della figlia, la madre Demetra, rappresentata secondo una solida tradizione dai due busti protome[80] di produzione magnogreca (*Fig. 13*), assai rari nei contesti etruschi[81], trova nel pacchetto di lamine foliate in bronzo e ferro un esplicito richiamo alla complessità della vicenda mitica, attualizzata dal singolare rito della *phyllobolia*[82], e assume l'immagine più diffusa nei santuari thesmophorici, di dea destinataria di tutti i doni della terra, dagli alimenti ai metalli[83]. In effetti uno degli aspetti del deposito κ che si riverbera con più evidenza negli usi votivi del santuario[84], è costituito dal dono di panelle in bronzo, sia nel nucleo di offerte prossimo

[77] Ardovino 1999, p. 175; Mastronuzzi 2008, p. 137; Pautasso 2008.

[78] Cfr. nota 73.

[79] Baglione 1989-90, p. 665; Baglione 2000, pp. 358-360, 380; Baglione 2004, pp. 95-96. Per gli *epinetra* v. Robert 1892; Robinson 1945; Bakalakis 1960; Bianco 1960; Giuman 2006.

[80] Baglione 2000, p. 350; Croissant 1983; Siracusano 1986-87; Ardovino 1999, p. 173 con ampi riferimenti; Sfameni Gasparro 2008, p. 33; Kron 1992, p. 625. La duplicazione dei busti-protome a Pyrgi ribadisce l'abbinamento inscindibile di Demetra con la figlia.

[81] Il riscontro più immediato in area etrusca è offerto da due busti rinvenuti nel santuario settentrionale di Gravisca: Fortunelli 2007.

[82] Baglione 2008a, p. 311; Milanesio Macrì 2005, pp. 229-234; Sabbione, Milanesio Macrì 2008, pp. 210-211.

[83] Orlandini 1965-67; Ardovino 1993; Ardovino 1999, pp. 171-172.

[84] In quasi tutta l'estensione del santuario si sono rinvenuti infatti notevoli quantitativi di *aes rude* (Baglione 1989-90, pp. 660-662). Particolare interesse riveste anche un deposito di tre grandi pani in bronzo, uno dei quali con numerale inciso, associati a sette panelle di più piccole dimensioni, a frammenti di oggetti in lamina e ad un coltello in ferro. Il contesto, gravemente danneggiato dal passaggio di uno dei canali post-antichi che attraversano l'area da Est ad Ovest, conserva tuttavia in piena evidenza la sua relazione stratigrafica con la fase di ristrutturazione del santuario della fine del IV sec. a.C., a dimostrazione della continuità dell'uso di offrire metallo semplicemente formato.

al filare di pietre settentrionale, che all'interno di un'olla sostenuta da bozzame di tufo. Si tratta di metalli grezzi che si presentano nella forma di pani sezionati, molto probabilmente, secondo i valori di un sistema ponderale[85], a conferma di un regime votivo ben noto nei culti demetriaci, in base al quale il dono del metallo vale in relazione al suo peso, piuttosto che al pregio del manufatto[86], ma non costituisce una ricchezza che il santuario amministra e redistribuisce, poiché è volutamente consegnato alla terra con l'auspicio che essa lo restituisca accresciuto[87]. In quanto *anathema*, l'intangibilità del metallo grezzo donato alla dea è garantita o dalla deposizione sotterranea o da procedure particolari come quella che sembra di riconoscere nel deposito κ, ove le quattro panelle in bronzo (*Fig. 14*) raccolte

Fig. 14. Panelle in bronzo dal deposito κ.

nell'olla erano letteralmente "cementate" sul fondo del vaso per mezzo di un'ulteriore colatura di bronzo che le saldava fra di loro e alla parete del contenitore[88]. Analogo scrupolo si osserva nell'altare λ, dedicato a *Śuri*[89] e forse anche alle altre divinità del *pantheon* pyrgense e intimamente legato al deposito κ dal rapporto che intercorre fra il monumento e la sua offerta di fondazione. Anche il dio appare destinatario del dono di metallo, rappresentato da sette lingotti in piombo sepolti nella fondazione dell'altare. Al di là del significato specifico dell'offerta di piombo ad una divinità di natura infera[90], in questo caso l'aspetto che maggiormente risalta è la dimensione quantitativa del dono che, superando di gran lunga la disponibilità dei singoli devoti, lo qualifica come intervento dell'autorità pubblica, a conferma della valenza politica del culto.

La partecipazione dei privati si recupera invece nel deposito κ, se così possono essere interpretate le due *kylikes* di produzione locale, deposte nel settore meridionale e siglate con il nome dei dedicanti[91]. Altra offerta di grande pregnanza ideologica è il puntale di lancia in bronzo[92] (*Fig. 15*) rinvenuto a contatto con il bacino nel comparto settentrionale del deposito. Il pregio del *saurotér*, più raro delle cuspidi[93] perché funzionalmente non indispensabile e proprio per questo, fornito

---

Per questo nucleo v. qui CARLUCCI, MANESCHI e le considerazioni di L. DRAGO TROCCOLI.

[85] Tutta la problematica delle offerte metalliche nel santuario è trattata in questa sede da L. DRAGO TROCCOLI.

[86] ARDOVINO 1999, pp. 171-173.

[87] DE MIRO 2008, p. 55.

[88] Vedi in questa sede il saggio di C. CARLUCCI e L. MANESCHI.

[89] COLONNA 1997b, p. 95.

[90] HOFMAN 1885 con ampia raccolta di fonti antiche; COLONNA 2007a, pp. 120-123.

[91] COLONNA 1995, p. 443; COLONNA 1997b, pp. 94, 97, nota 2 bis. Per una diversa interpretazione cfr. in questa sede il saggio di C. CARLUCCI e L. MANESCHI.

[92] COLONNA 2007a, p. 119, fig. 2. Per il tipo v. SANNIBALE 1998, pp. 53-54, n 31.

[93] SABBIONE 1975, pp. 586-589; ARDOVINO 1980, pp. 61-66.

Fig. 15. *Sauroter* in bronzo dal deposito κ.

dello speciale valore di oggetto da parata, cui allude anche un passo di Erodoto (VII, 41, 2), ne conferma la funzione simbolica all'interno di un contesto di spiccata natura rituale e ne fa l'alfiere di una delle categorie di ex voto "per trasformazione" più rappresentate nel santuario meridionale, quelle centinaia di punte di freccia, lancia e giavellotto in ferro, rinvenute prevalentemente nella massicciata del piazzale Nord[94] (*Fig. 16*) . La giacitura degli esemplari distribuiti nello spazio sacro e non raccolti in fosse appositamente scavate[95], dimostra che in questo caso il dono di armi alla divinità non sottende la celebrazione di specifici fatti bellici ma, come si è ipotizzato ad esempio per le armi rinvenute nel santuario alle foci del torrente S. Venera a Naxos[96], potrebbe essere direttamente connesso ai sacrifici che richiedevano la consacrazione congiunta della vittima e degli strumenti rituali. La natura delle offerte pyrgensi, rappresentate esclusivamente da armi da getto, ne ha suggerito a G. Colonna l'attribuzione al culto di *Śuri* nella sua veste di divinità folgoratrice[97], ma in aggiunta e per giustificare il numero esorbitante di attestazioni, è bene non sottovalutare la possibilità, ampiamente documentata in Grecia e in Italia, che anche le divinità femminili possano essere destinatarie dell'offerta di *hopla*[98] e fra di esse in modo particolare Atena/Minerva nel duplice ruolo di dea *promachos* e di protettrice dei giovani maschi nel momento del passaggio all'età adulta, simboleggiato dal raggiungimento dello statuto di cittadino atto alle armi[99]. Quattro attestazioni epigrafiche, databili alla prima metà del V sec. a.C., confermano il culto di *Menerva* a Pyrgi[100] e ad essa paiono adattarsi bene entrambi gli aspetti di cui si diceva: si potrebbe infatti immaginare appannaggio della dea la tutela delle iniziazioni maschili[101], a complemento di quelle femminili affidate a *Cavatha*, mentre nell'economia generale della storia del santuario si potrebbe supporre che i grandi eventi di cui esso fu teatro abbiano indotto alla valorizzazione degli aspetti marziali della figlia di *Zeus*. Infatti la proposta di

---

[94] BAGLIONE 1989-90, pp. 662-664; BAGLIONE 2004, p. 95.

[95] V. ad esempio ROMUALDI 2009.

[96] LENTINI 2000. V. anche LA TORRE 2011.

[97] COLONNA 1991-'92, pp. 101-107; COLONNA 2004a, pp. 72-73; COLONNA 2007a; COLONNA c.s. a.

[98] MARTELLI 1988, pp.; HINZ 1998, p. 60; COLONNA 1999; CARDOSA 2000; ORLANDINI 2003, p. 511; MARTELLI 2003; MARTELLI 2004, pp. 3-9; PARRA 2006.

[99] MARTELLI 2003, p. 469; MARTELLI 2004, p. 7; ROMUALDI 2009, p. 380.

[100] COLONNA 1989-90a, n. 34; COLONNA, MARAS, MORANDI1998, nn. 42, 46, 47.

[101] Peraltro la dea non è estranea ai passaggi di stato delle fanciulle: MARTELLI 2004, pp. 9-14.

assegnare a *Menerva* il settore nord-orientale del santuario e, in particolare, l'altare di pietre ζ[102], sembra porre sotto la protezione della divinità la fase di riorganizzazione dell'area sacra databile al pieno IV sec. a.C., in un momento successivo all'attacco dionigiano. In questa luce la posizione liminare dell'altare, edificato al di fuori della linea del muro di *temenos* τ, ben si potrebbe accordare con la funzione di sentinella e custode armata dei santuari che la dea svolge sia in Grecia che in Italia[103].

Ancora il deposito κ racchiude alcune presenze di grande valore ideologico, che trovano riscontro nella consuetudine rituale e votiva del santuario: le due *kelebai* deposte in stretta relazione con i busti-protome nel settore occidentale[104] e il *kantharos* gianiforme con maschere di sileno e menade, nel settore meridionale[105]. L'appartenenza delle forme alla sfera dionisiaca non richiede particolari commenti, ma a rendere ancora più esplicito il legame con il dio interviene l'ormai nota iscrizione *mi fuflunusra*

Fig. 16. Armi da getto in ferro.

apposta sotto il piede del cratere attribuito al Pittore di Tyszkiewicz[106], con la quale il vaso stesso, ricorrendo alla formula dell'oggetto parlante, dichiara la propria appartenenza a *Fufluns*. La contiguità delle *kelebai* e dei busti materializza quel legame preferenziale fra Demetra e Dioniso, ben documentato in alcuni santuari greci e magnogreci[107], basato sulla tutela che entrambi estendono sui fondamentali elementi "agrari" del grano e della vite e rafforzato ulteriormente dal carattere misterico che i rispettivi culti possono assumere. La dimensione dionisiaca, esplicitamente enunciata nel rituale del deposito κ, trova riscontro nella prassi votiva dell'area ove si osserva una particolare incidenza dei crateri e soprattutto dei crateri miniaturistici[108] (*Fig. 17*), uno dei quali, come si vedrà, dispiega tutto il suo valore simbolico all'interno del *bothros* ε[109]. Né la rilevanza degli aspetti dionisiaci del santuario meridionale di Pyrgi si può considerare ridimensionata da una

---

[102] COLONNA, in COLONNA, MARAS 2003, p. 337.

[103] COLONNA 1999, pp. 98-101.

[104] BAGLIONE 2000, pp. 348-350; BAGLIONE 2004, p. 94; BAGLIONE 2008a, pp. 313-314.

[105] BAGLIONE 2000, pp. 346-347; BAGLIONE 2004, p. 93; BAGLIONE 2008a, pp. 313-314.

[106] COLONNA 1995, p. 442; COLONNA 1997b.

[107] BAGLIONE 1997a, p. 88; ARDOVINO 1999, pp. 177-178.

[108] Nell'area Sud di Pyrgi i crateri miniaturistici sostituiscono le *hydriskai* tanto diffuse nei santuari demetriaci: ORLANDINI 1966, p. 30 ricorda "migliaia di idrie" nel santuario di Bitalemi. cfr. anche MASTRONUZZI 2008, pp. 145-146; SABBIONE-MILANESIO MACRÌ 2008, pp. 197, 214-215.

[109] COLONNA 1991-92, p. 72, figg. 12-15; BAGLIONE 2000, p. 353, fig. 23.

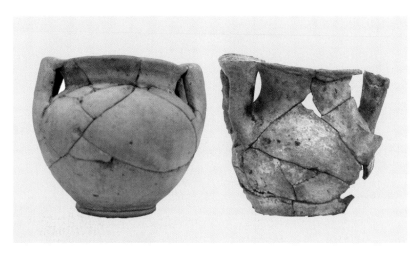

Fig. 17. Crateri miniaturistici.

più recente interpretazione della stessa iscrizione proposta da G. Colonna[110] che vede in *fuflunusra* un epiteto di *Śuri*. Anzi, a questo proposito, riveste un certo interesse osservare come in Attica sia documentata la compresenza di Demetra, *Kore*, Dioniso e Apollo in un santuario sulla via da Atene ad Eleusi (PAUS., I, 37, 6) e in uno nel territorio di *Phyla* (PAUS., I, 31, 4), ove Apollo assume l'eloquente appellativo di *Dionysodotos*[111]. Quanto al *bothros* ε, formato da una cista sotterranea con il fondo e i lati costituiti da lastre calcaree e forse coperto da una piccola calotta di terra trattenuta da un giro di pietre, esso riveste senza dubbio una notevole importanza sacrale non ostante le sue esigue proporzioni. L'apprestamento, realizzato agli inizi del V secolo a.C. contemporaneamente al deposito κ, comprende anche un ceppo d'ancora in pietra deposto lungo il lato settentrionale della teca, un altare formato da due blocchi di tufo affiancati, una base di donario e un lingotto di piombo in funzione di cippo o di offerta di fondazione. L'autonomia del complesso rispetto al vicino edificio β è segnalata dal diverso orientamento, ma la contiguità topografica costituisce pur sempre un elemento altamente indicativo soprattutto nella prospettiva di attribuzione del piccolo complesso ad una delle divinità dell'area sacra, suggerita dal rinvenimento di due vasetti all'interno della cassetta sotterranea: un cratere miniaturistico acromo e una piccola *oinochoe* attica a figure nere[112] (*Fig. 18*). L'abbinamento assai significativo delle due forme, destinate al consumo del vino, conduce alla figura di Dioniso, il dio che un verso di Pindaro chiama "*paredros* di Demetra" (*Isthm.* VII, 3-4) e che una tradizione più volte ribadita definisce figlio di Persefone (CALLIMACO, fr. 43, 117. DIODORO, III, 64; V, 75. PLUTARCO, *Caes.*, IX), e trova una singolare conferma ico-

---

[110] COLONNA 1997b.

[111] Su tutta la problematica v. LAMBRINOUDAKIS 2008. In Etruria l'associazione in uno stesso santuario di Demetra, Apollo, *Menerva* ed *Hercle* è dimostrata dai doni votivi rinvenuti al Fontanile di Legnisina presso Vulci: RICCIARDI 1988.

[112] BAGLIONE 2000, p. 353, fig. 23.

nografica nell'apparato figurativo del sontuoso
cratere a calice del Pittore di Nazzano al Museo
di Villa Giulia[113] in cui una menade, in compa-
gnia di Apollo, incede sostenendo in una mano
una cassetta sul cui coperchio sono poggiati un
cratere e una piccola *oinochoe*. Nell'area sacra
di Pyrgi il rito dell'occultamento in una cista
di due forme vascolari che ipostaticamente
rappresentano Dioniso potrebbe evocare più di
un aspetto della complessa vicenda mitica del
dio, sia attraverso la figura dell'infante affidato
alle nutrici e chiuso in una cesta[114], tema noto
in Occidente da numerosi *pinakes* locresi con
l'immagine di Persefone che apre la cesta e
contempla il bambino, sia attraverso la storia
cruenta dello sbranamento del dio da parte dei
Titani, cui seguono il pietoso seppellimento ad
opera di Apollo nel tempio delfico e in fine la

Fig. 18. Vasetti miniaturistici dal *bothros* ε.

rinascita a nuova vita, tema che, nella metafora del rito iniziatico, simboleggia il passaggio dall'in-
fanzia alla giovinezza[115]. Ed anche l'offerta del ceppo d'ancora risulta perfettamente organica al
rituale dionisiaco se si ricorda la similitudine ricorrente nelle fonti (ATENEO, XI, 480 c) tra la dimensione del *thiasos* e il viaggio per mare. Qualora la suggestione raggiungesse il livello di ipotesi
interpretativa degna di futuri, accurati approfondimenti, il *bothros* ε si potrebbe iscrivere a pieno
titolo tra i documenti archeologici di quel processo in atto nell'area sacra nella prima metà del V
secolo a.C., cui si è già accennato, attraverso il quale si percepisce una ridefinizione o una migliore precisazione dei ruoli attribuiti alle divinità venerate. La prassi cultuale e votiva del santuario
sembra assumere una decisa connotazione in senso ellenico attraverso una meditata operazione di
adozione selettiva e reinterpretazione di modelli assai radicati in *Magna Graecia* e Sicilia, nella
quale è difficile non scorgere il riflesso della speciale proiezione mostrata, nei primi decenni del V
secolo a.C., dalle città etrusche costiere verso il settore meridionale del Mediterraneo e culminata
nella presa di Lipari[116], come pure, nei decenni successivi, non è escluso che la politica religiosa
messa in atto dalla città di *Caere* nel Santuario Meridionale di Pyrgi abbia accolto qualche venatura
polemica nei confronti dei Dinomenidi, potenti avversari degli Etruschi[117], notoriamente devoti a
Demetra, depositari a Siracusa dei sacri oggetti della dea e gelosi detentori del suo sacerdozio per
diritto ereditario[118].

---

[113] CRISTOFANI 1987, pp. 316-317, n. 146.
[114] KERÉNYI 1980, p. 214; CÀSSOLA 1994, p. 7.
[115] CÀSSOLA 1994, pp. 11-14.
[116] COLONNA 1984.
[117] Con un procedimento analogo a quanto si è in parte supposto per l'altorilievo del tempio A: COLONNA
2000, pp. 333-335.
[118] PIND., *Ol.* VI, vv. 92-96; HEROD., VII, 153, 1; SFAMENI GASPARRO 2008, pp. 28-29.

Fig. 19. Bustino femminile in terracotta.

Fig. 20. Framm. di fiaccola in terracotta.

Il versante degli ex voto "per destinazione" manifesta nel santuario di Pyrgi un aspetto del tutto particolare poiché, a fronte di una relativa esiguità numerica delle attestazioni[119], rivela una forte caratterizzazione ideologica degli oggetti che compongono la categoria. A cominciare da esemplari rarissimi in Etruria come il bustino con il capo velato (*Fig. 19*), di probabile produzione magnogreca, databile nella seconda metà del V sec. a.C., che si affianca alle protomi del deposito κ e agli *epinetra* nel definire una pratica votiva riferibile ad elementi di cultura e tradizione elleniche. La figurina si presenta del tutto liscia e priva di attributi, con le braccia aderenti ai fianchi indicate fino all'altezza del gomito e non ripiegate sul torace come spesso si osserva anche nei busti di piccole dimensioni[120].

Espressamente riferibili al culto demetriaco sono due frammenti di statuette femminili con la fiaccola (*Fig. 20*), appartenenti ad un tipo ignoto prima della fine del V sec. a.C.[121] e allusivo ai rituali notturni o piuttosto alla vicenda mitica delle peregrinazioni di Demetra alla ricerca della figlia[122] o, ancora meglio, simbolo della dea civilizzatrice che largisce agli uomini la luce della conoscenza[123]. Ancora fra le piccole terrecotte si annoverano il frammento di una figurina che stringe un *alabastron* (*Fig. 21*) e alcuni esemplari di figurine femminili in trono, dislocati fra la metà del V sec. a.C. e l'Ellenismo (*Fig. 22*) uno dei quali, raccolto all'interno dell'edificio γ[124], induce a pensare che, non ostante l'austera semplicità formale e la mancanza di attributi, con queste immagini i donatori intendessero rappresentare la stessa di-

---

[119] La caratteristica di una presenza di ex voto in terracotta quasi centellinata rimarrà costante anche nelle fasi tarde di frequentazione del santuario, sulle quali v. in questa sede il saggio di L. Ambrosini e L.M. Michetti.
[120] SANI 1987.
[121] SGUAITAMATTI 1984, pp. 32-33.
[122] Inno Omerico II A Demetra, vv. 48, 61; SFAMENI GASPARRO 2008, p. 35.
[123] ARDOVINO 1999, p. 174.
[124] COLONNA 1991-92, pp. 74-75, fig. 17.

Fig. 21. Framm. di figurina con *alabastron*.

Fig. 22. Figurine femminili in trono.

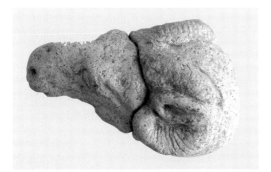

Fig. 23. Testina di ariete in terracotta.

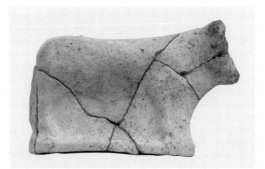

Fig. 24. Figurina di bovino in terracotta.

vinità che sui *pinakes* locresi e nella piccola plastica magnogreca appare sontuosamente abbigliata e adorna di monili[125]. Sono presenti piccole immagini di animali, tra cui alcune teste di arieti (*Fig. 23*) riferibili al culto di *Kore*[126], bovini (*Fig. 24*) assai diffusi nei depositi votivi e tartarughe (*Fig. 25*), legate al concetto di fecondità femminile[127]. Fra le terrecotte tuttavia un aspetto meritevole di attenzione è costituito da alcuni esemplari, anch'essi scarsi numericamente ma rilevanti ai fini del culto, di figure di grande formato fra cui spicca una testa, probabilmente femminile (*Fig. 26*), ancora in fase di restauro. L'acconciatura dei capelli, divisi in due bande lisce e appiattite che scendono ai lati del volto e si ripiegano dietro le orecchie, terminando sulla nuca in una massa compatta, riecheggia

[125] LANGLOTZ 1968, p. 279, n. 72; DE MIRO 2008, p. 59, fig. 32.
[126] ARDOVINO 1999, p. 175.
[127] BAGLIONE 1989-90, p. 660.

Fig. 25. Tartaruga in terracotta.   Fig. 26. Testa di statua femminile.

soluzioni che appaiono in Grecia durante la prima metà del V sec. a.C.[128] e subito si diffondono in Etruria[129], permanendo a lungo; tuttavia la struttura squadrata del volto dalle forme pesanti soprattutto nella parte inferiore e sostanzialmente atone, guida verso una datazione alla fine del V sec. a.C.

Alla stessa fase risale un'interessante immagine che traspone nella tradizione etrusco-italica della statuaria votiva[130] il soggetto dell'offerente con porcellino (*Fig. 27*), ben noto nei santuari di Sicilia a *Magna Graecia*[131] in versioni di piccola taglia, fra le quali l'esemplare maggiore raggiunge i 50 cm. di altezza[132]. Il frammento pyrgense, che trova un precedente di metro analogo solo nella statua rinvenuta nel santuario del Fondo Ruozzo a Teano[133], è conservato esclusivamente nell'estremità inferiore, ma si può ricostruire come figura alta più o meno un metro e mezzo, concepita per una visione in piena frontalità e abbigliata con un chitone che si interrompe al di sopra delle caviglie, componendosi in pieghe scanalate mosse da una lieve increspatura dell'orlo. Il tipo iconografico prescelto è quello dell'offerente stante con il porcellino nella mano destra, saldamente afferrato per le zampe posteriori e lasciato ricadere in verticale lungo il fianco[134], la cui diffusione in *Magna Graecia* si registra a partire dalla fine del V sec. a.C.

Nella condizione altamente frammentaria della statua, gli unici elementi che si prestino ad una qualche considerazione di carattere formale sono rappresentati dall'ardito aggetto dell'animale che, puntando le zampe anteriori sulla gamba del personaggio femminile, si protende libero nello spazio circostante, sollevando il muso, e dalla peculiare struttura dei piedi scalzi dell'offerente, magri e al-

---

[128] Charbonneaux, Martin, Villard 1978, p. 117, fig. 124; p. 120, fig. 127; p. 128, fig. 136.

[129] A titolo esemplificativo v. Cristofani 1985, p. 269, n. 49, fig. a p. 160; Steingräber 1985, fig. 168.

[130] I complessi più noti e indagati sono i cicli statuari di Veio Portonaccio (Baglione 2001; Baglione 2008 b) e di Lavinio Santuario Orientale (*Enea nel Lazio* 1981, pp. 221-264).

[131] Sguaitamatti 1984.

[132] Sguaitamatti 1984, p. 73, nota 4; p. 90, nota 1, Pl. 32, 114.

[133] Pena 1989; Morel 1998a.

[134] La statua sembra molto vicina al tipo A.3.2.1 della classificazione di Sguaitamatti 1984, pp. 60, 96-96.

lungati con resa evidente dei tendini fra il dorso e le dita che costituisce un tratto in comune con due gambe votive a grandezza naturale una delle quali, fornita di schiniere anatomico (*Fig. 28*), richiama gli aspetti già discussi del culto di *Menerva*. Questi dettagli riconducono gli esemplari votivi al lavoro di un'officina di un certo livello e in particolare la conformazione dei piedi suggerisce l'ipotesi di una bottega locale nella quale, a distanza di alcuni decenni, doveva essere ancora viva la lezione stilistica della grande scuola coroplastica autrice dell'altorilievo del tempio A, delle cui figure cita testualmente il particolare anatomico degli arti inferiori[135].

E proprio quest'ultima osservazione richiama l'attenzione sul peso determinante che la tradizione locale deve aver avuto nell'organizzazione dei culti dell'Area Sud di Pyrgi e nelle forme assunte dalla devozione. Volendo infatti gettare uno sguardo d'insieme sugli aspetti fondamentali del santuario, si scorge una trama

Fig. 27. Statua femminile con porcellino.

consistente di elementi che possono aver favorito, da parte dei frequentatori di cultura ellenica, lo sviluppo di aspetti assimilabili a culti di tipo thesmophorico: dalla posizione geografica fra il mare e i corsi d'acqua[136], alla tipologia architettonica alquanto povera degli edifici di culto[137], dalla presenza di spazi aperti (piazzali Nord e Ovest) per l'allestimento di strutture temporanee durante lo svolgimento delle feste[138], al modello votivo che privilegia l'offerta di metalli grezzi, di cibi e bevande[139] direttamente alla terra, al sacrificio di vittime animali che sembra rispettare l'osservazione diodorea (V, 5) a proposito del *thesmophorion* di Siracusa, sulla distinzione tra le vittime di piccola taglia, offerte dai privati[140] e il sacrificio solenne di tori attribuito alla collettività, riconoscibile a Pyrgi nella deposizione ordinata di diciotto crani di bovino nel settore nord-orientale del santuario[141]. Tuttavia, per quanto coerente possa apparire questo complesso di caratteri, le tradizioni mitiche del luogo e la situazione storica contingente determinano l'identità del culto e sottopongono il modello greco ad una evidente operazione di filtraggio attraverso le maglie della cultura indigena. Ad esempio

[135] COLONNA 1996 a, pp. 21-26, fig. 13.
[136] ARDOVINO 1999, p. 179; DE MIRO 2008, pp. 49-50; ORLANDINI 2008, p. 173; SABBIONE-MILANESIO MACRÌ 2008, p. 207; SPATAFORA 2008, p. 283.
[137] HINZ 1998, pp. 51-53.
[138] DE MIRO 2008, p. 82; SPATAFORA 2008, p. 283.
[139] V. le osservazioni di BAGLIONE 2000, pp. 364-366 sull'incidenza della forma del piatto.
[140] Per gli animali sacrificati nel santuario di Pyrgi, SORRENTINO in questa sede.
[141] BAGLIONE 2008 a, p. 307.

Fig. 28. Gambe votive.

a Pyrgi, a parte il caso del deposito delle coppette[142], sono ignote sia l'iterazione nel dono di centinaia e centinaia di vasi reali o miniaturistici della stessa forma, sistemati in depositi compatti, che la massiccia presenza di figurine con il porcello allusive all'azione sacrificale del *megarízein*, qui sostituite da un unico *anathema* di grandi dimensioni; al contrario si registra una notevole percentuale di gioielli reali, legati agli aspetti nuziali del culto di *Cavatha/Kore*, altrove simbolicamente affidati alla trasposizione iconografica della "*déesse aux parures*", la dea in trono adorna di grandi collane di *bullae*, convenzionalmente definita Atena Lindia[143].

I magistrali studi di G. Colonna hanno portato in primo piano l'ampiezza del ruolo affidato a *Śuri*/Apollo, ben più rilevante di quello solitamente attribuito al paredro della dea titolare, mentre le raffinate analisi di M.P. Baglione hanno illuminato la funzione tutta speciale di Dioniso e di Eracle. Quest'ultimo, oggetto di una dedica[144] e più volte celebrato nelle immagini dei vasi che costituiscono i grandi depositi di fondazione, rappresenta probabilmente una di quelle operazioni di selezione di cui si diceva; l'incidenza del culto di *Hercle* a *Caere* e nel suo territorio è cosa ben nota[145], ed è probabile che sul tronco maestro di una tradizione già tanto radicata si sia bene ambientato il valore simbolico di Eracle quale "primo straniero" ammesso ai misteri eleusini[146], specie in una realtà come quella del santuario costiero di *Caere*, ove l'espresso riferimento alla tutela dell'ospitalità e all'integrazione temperava la temibile presenza dell'Apollo infero. Nella stessa prospettiva è possibile che abbia trovato facile accoglienza anche la trasposizione locale non priva, come s'è detto, di qualche riflesso polemico, del mito narrato da Diodoro (V, 2, 6; XIV, 72,1) e da Ovidio (*Met.*, V, 341-571), della fondazione, da parte di Eracle, del culto thesmophorico di Siracusa in occasione del passaggio dell'eroe nell'isola con i buoi di Gerione[147], impresa di cui anche il territorio di Cerveteri vantava le vestigia.

MARIA DONATELLA GENTILI

---

[142] V. in questa sede il saggio di L.M. Michetti.

[143] FORTUNELLI 2007, pp. 274-275; DE MIRO 2008, p. 76, fig. 32; ORLANDINI 2008, p. 174, fig. 60.

[144] COLONNA, in COLONNA, MARAS 2003, pp. 319-322, n. 29.

[145] Per Pyrgi v. COLONNA 2000, pp. 283-294; per Cerveteri v. CRISTOFANI 1996 a, 1996 b; MAGGIANI-RIZZO, in *Veio, Cerveteri, Vulci* 2001, pp. 143-145; NARDI, *Ibidem*, pp. 157-15.

[146] SFAMENI GASPARRO 2008, p. 30.

[147] DE MIRO 2008, pp. 67-82.

L'ULTIMA FREQUENTAZIONE DEL SANTUARIO MERIDIONALE: TESTIMONIANZE DAI CONTESTI*

Il nostro contributo si incentra sul periodo più recente di frequentazione dell'area sacra, quello tra la fine del IV e il III secolo, cruciale per l'intera fascia costiera che vede la rapida romanizzazione del territorio. L'esame privilegia le testimonianze del Santuario Meridionale (*Fig. 1*) ancora in larga parte inedite e in corso di studio, focalizzando l'attenzione su quelle che ci paiono azioni di carattere rituale ben individuabili e confrontabili con quanto già noto per il Santuario Monumentale.

È peraltro superfluo sottolineare come si tratti di un'analisi necessariamente parziale e non definitiva, anche se lo studio delle evidenze archeologiche dell'area, ormai in fase avanzata, ci induce a tentare una prima ricostruzione delle modalità degli interventi rituali e delle caratteristiche di utilizzo di determinati spazi significativi all'interno del santuario.

L'analisi prende le mosse dalla fascia occidentale dell'area (sacelli β e γ) e procede verso il settore orientale (altari ι e ζ, fossa ο, struttura π, muro τ), per concludere con l'area del piazzale nord e dell'adiacente sacello α. Tale "itinerario" è motivato dalla sequenza cronologica dei contesti presi in esame che, nonostante siano di entità differente, testimoniano un'intensa frequentazione dell'area anche in quest'ultima fase.

L. A., L.M. M.

1. LE AZIONI RITUALI RELATIVE AI SACELLI β E Γ E AGLI ALTARI DI PIETRE N, I E Z, CON LA CONNESSA FOSSA O

Uno dei contesti più rilevanti della fase in questione nel Santuario Meridionale è il c.d. deposito delle coppette, connesso allo smantellamento del sacello β[1] (*Fig. 1.1*). Questo ampio deposito, che viene a colmare una significativa depressione, è costituito da una forte concentrazione di cerami-

---

* Siamo felici di dedicare questo contributo al Prof. Colonna per tutto quello che ci ha insegnato, per gli stimoli e l'interesse che ha sempre mostrato nei confronti delle nostre attività, e per l'opportunità che ci ha offerto di partecipare fin dai primi anni universitari all'impresa di Pyrgi. Lo studio, frutto di collaborazione e scambi di pareri, è stato svolto singolarmente da L.M. Michetti per il paragrafo 1 e da L. Ambrosini per il paragrafo 2; il paragrafo 3, relativo alle conclusioni, è stato elaborato congiuntamente. L'inquadramento e lo studio dei reperti numismatici è stato svolto da L. Ambrosini. I disegni sono di B. Belelli Marchesini, M.R. Moscatelli, L. Ambrosini; le fotografie, ove non specificato, sono di L. Ambrosini.

[1] Sul deposito, v. COLONNA 2007a, pp. 122-123.

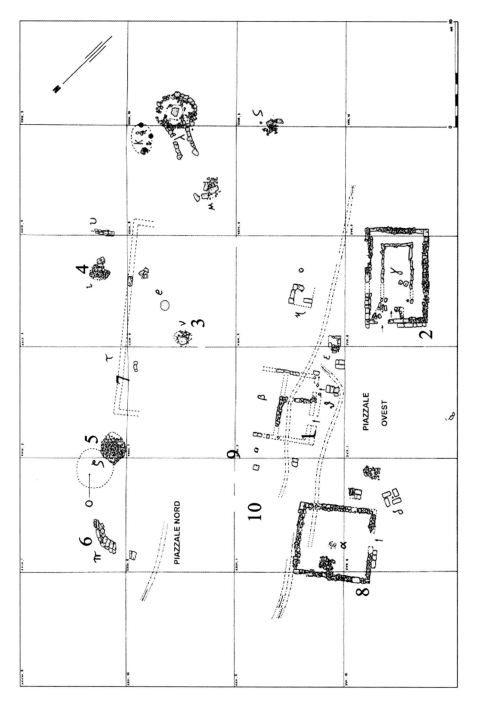

Fig. 1. Planimetria del Santuario Meridionale di Pyrgi.

che – più di un centinaio di esemplari – essenzialmente coppe a vernice nera e acrome, e da poche forme chiuse in ceramica depurata, oltre ad olle e coperchi d'impasto. Accanto a materiali frantumati in posto, è stata rinvenuta una serie di addensamenti di coppe e coppette anche integre, in parte impilate con l'imboccatura verso l'alto e deposte con cura, in parte capovolte, alcune delle quali in corrispondenza dell'angolo meridionale della cella dell'edificio, altre nel cavo di asportazione dei muri O e N, altre ancora a ridosso di essi.

Nell'ambito dei tre "livelli" individuati nel cavo di asportazione del muro, sembra potersi osservare, almeno parzialmente, una situazione di stratigrafia inversa.

Nel livello superiore, infatti, sono presenti i materiali più antichi del deposito, come alcune coppe acrome o a fasce, tra le quali si segnala un esemplare monoansato di sicura importazione dall'Italia meridionale[2] (*Fig. 2*), altre coppe etrusco-arcaiche a vernice nera, bruna e rossa dell'ultimo quarto del VI – primo quarto del V secolo[3] (*Fig. 3a*) e una coppetta a vasca profonda con orlo ingrossato di impasto rossobruno. Interessante un craterisco miniaturistico acromo (*Fig. 3b*) che trova un confronto immediato con un altro rinvenuto all'interno del *bothros* ε (cfr. *Fig. 1*, tra gli edifici β e γ) e datato nella prima metà del V secolo in base all'associazione con una piccola *oinochoe* attica a figure nere della classe Copenhagen 68[4]; un terzo esemplare dello stesso tipo proviene

Fig. 2. "Deposito delle coppette": coppa monoansata decorata a fasce.

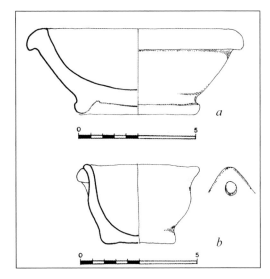

Fig. 3. "Deposito delle coppette": *a*) coppa a vernice nera etrusco-arcaica; *b*) craterisco miniaturistico in ceramica acroma.

---

[2] La forma, sia nella versione a fasce che in quella verniciata, è ampiamente diffusa in Italia meridionale con scarse varianti formali dall'età arcaica a quella ellenistica ed è presente in contesti sacri come forma finalizzata al consumo e all'offerta di liquidi: cfr. ad esempio QUERCIA 2008, p. 222, fig. 15, 1 (con bibl. a nota 51).

[3] Ascrivibili a tipi diversi, tutti già documentati nell'area del santuario monumentale, sia con vasca più o meno carenata ed orlo piatto (cfr. *Pyrgi* 1988-89, p. 239, n. 1, fig. 210; p. 301, n. 5, fig. 260; *Pyrgi* 1970, p. 239, n. 1, fig. 167), che con orlo distinto e esternamente ingrossato (cfr. *Pyrgi* 1959, p. 241, fig. 81, n. 10; *Pyrgi* 1970, p. 468, fig. 370).

[4] COLONNA 1991-92, p. 72, figg. 13-14; BAGLIONE 2000, p. 353, fig. 23; COLONNA 2006b, p. 138.

dall'altare ζ[5]. Il vasetto miniaturistico appartiene dunque ad un piccolo nucleo di esemplari analoghi rinvenuti in diverse zone del santuario che possiamo ritenere prodotti specificamente per le esigenze del culto[6]. Dal punto di vista morfologico questi craterischi rientrano in un tipo noto in Italia centrale – si vedano ad esempio le numerosissime attestazioni di Lavinium[7] – ma soprattutto in Italia meridionale, nelle stipi collegate al culto di Demetra e Kore, dove vengono talora utilizzati come contenitori per piccole porzioni di offerte consistenti nei principali prodotti del suolo[8]. D'altro canto, anche a proposito dei santuari di ambito coloniale è stato osservato come la presenza di ceramica miniaturistica, in alcuni casi in quantità impressionante, sia una delle caratteristiche tipiche dei depositi votivi fin dall'età arcaica[9].

Nei livelli inferiori del deposito numerose sono invece le forme aperte a vernice nera integre o ricomponibili (*Fig. 4a-b*), quali piatti e piattelli ad orlo pendente[10], ma soprattutto coppette, anche

---

[5] Colonna 1991-92, p. 75.

[6] Si aggiunga a quelli citati un altro esemplare di dimensioni e corpo ceramico analoghi, ma con anse a colonnette, dal piazzale Nord (quadrato XXIII, 6/6). Questi craterischi, ed altri a colonnette pure acromi di dimensioni maggiori rinvenuti sia nel piazzale nord sia nel deposito κ, sono stati collegati da G. Colonna a *Śur/ Śuri* nella sua accezione dionisiaca (cfr. l'iscrizione *mi fuflunusra* sul piede del cratere a colonnette a figure rosse con *Herakles* simposiasta dallo stesso deposito κ: Colonna 1997b, pp. 94-96; sull'argomento v. inoltre Baglione 1997a, p. 88).

[7] P. Sommella, in *Lavinium* II, pp. 30-31, 36, nn. 101-107, figg. 27-28: questi craterischi, in genere decorati a fasce e rinvenuti associati a coppe attiche a figure rosse, costituiscono a *Lavinium* il "fossile guida" dello strato C (*ibid.*, p. 9).

[8] Questi vasi miniaturistici sono largamente attestati nei santuari del mondo greco continentale ed insulare (Sparta, Perachora, Atene, Lindos) e in Sicilia e Magna Grecia (Selinunte, Agrigento, Locri, Crotone, Taranto, Heraclea, Satyrion, Timmari, Metaponto): cfr. in proposito Lo Porto 1981, figg. 23-24 (v. in particolare il craterisco a p. 314, n. 229, fig. 23, 9 di fine VI-inizi V sec. da Metaponto, contrada Crucinia, stipe votiva); Spadea 1997, p. 255. Nel santuario meridionale di Poseidonia, 18 vasetti miniaturistici molto simili ai nostri erano associati in una fossa circolare a coppe monoansate, *kylikes*, *skyphoi* e coppette prevalentemente a vernice nera, una *phiale mesomphalos* in bronzo, dei coltelli di ferro e uno spiedo, indizio evidente di libagioni e attività sacrificali svolte presso l'altare (Cipriani 1997, pp. 215-216, fig. 7). Che questi vasi miniaturistici fossero destinati a contenere piccole offerte alimentari è variamente documentato: nel santuario di Siris-Herakleia a Policoro, ad esempio, sono stati rinvenuti resti carbonizzati di natura organica, indizio dell'offerta in *krateriskoi* e *skyphoi* miniaturistici di prodotti cerealicoli nel IV e III sec. a.C. (Otto 2005, p. 14). Sul significato della presenza di questi vasetti miniaturistici di IV secolo nei santuari demetriaci, cfr. tra gli altri La Rocca 1996, p. 273, n. 4.51 (santuario di Apollo Aleo) e Bianco 1996, p. 272, n. 3.45.27 (area sacra di Chiaromonte-San Pasquale nella Basilicata meridionale). Per l'ambiente italico, v. tra le altre la stipe votiva di Vacri, contenente peraltro bovini e cinghiali fittili, nella quale sono attestati vari tipi di *krateriskoi* (P. Riccitelli, in *Luoghi degli dei* 1997, p. 129, nn. 11-13), tra i quali segnaliamo, per la somiglianza con gli esemplari di Pyrgi, quello a calice con bocca molto larga, piede ad anello e piccole prese oblique accostate al corpo e applicate a metà dell'altezza (*ibid.*, n. 11) e quello a campana con bocca larga, collo appena ristretto rispetto al corpo troncoconico, piede ad anello e anse oblique impostate a metà del corpo (*ibid.*, n. 12).

[9] Sull'argomento, v. tra gli altri La Rocca 1996, p. 273, n. 4.51 e Genovese 1999, p. 44, tav. XVI, fig. 2. Va osservato come in queste aree, tuttavia, nell'ambito della microceramica sia attestata soprattutto la versione con anse verticali accanto alla forma miniaturizzata dell'*hydria*.

[10] Specie Morel 1110 e serie 1312-1315: rispettivamente Morel 1981, pp. 80-82, tav. 1; pp. 103-105, tavv. 11-13.

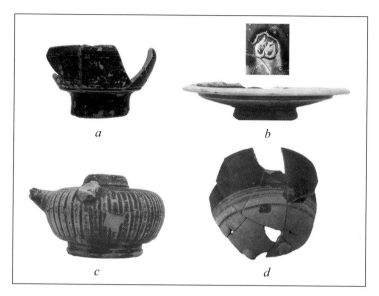

Fig. 4. "Deposito delle coppette": *a*) coppa a vernice nera; *b*) piatto a vernice nera con stampiglio a foglia d'edera; *c*) *guttus* a vernice nera; *d*) coppa a vernice nera sovradipinta con supporti a conchiglia.

miniaturistiche, impilate[11], ascrivibili tanto all'*atelier des petites estampilles*[12] quanto ad altre produzioni locali o, più genericamente, di ambiente etrusco-meridionale; rare sono le forme chiuse – fra le quali si segnalano un *guttus*[13] (*Fig. 4c*) ed alcuni *askoi* anulari e lenticolari[14] – per lo più databili tra la fine del IV e la prima metà del III secolo. Si aggiunge a questi una moneta di bronzo purtroppo del tutto illeggibile.

Di particolare rilievo, una coppa serie Morel 2132-2133 con supporti a conchiglia e rosetta sovradipinta sul fondo[15] (*Fig. 4d*), di un tipo ritenuto dallo stesso Morel prodotto a Cartagine o nei siti punici della Sicilia occidentale[16]: potremmo interpretare questo ritrovamento alla stregua delle offer-

---

[11] Si tratta in gran parte di "bols 96" serie Morel 2621 e di coppe con orlo rientrante serie Morel 2783-2784: rispettivamente MOREL 1981, pp. 193-194, tav. 60; pp. 223-224, tavv. 72-73.

[12] Per lo stampiglio a rosetta, cfr. ad esempio MOREL 1969, fig. 5, 2, e per quello a foglia d'edera *ibid.*, fig. 6, n. 28.

[13] Da avvicinare forse alla specie 2150 (MOREL 1981, pp. 141-142, tav. 32).

[14] L'*askos* anulare può essere accostato alla specie Morel 8310 (MOREL 1981, pp. 430-431, tav. 214), mentre quelli lenticolari rientrano nella serie 8421 (*ibid.*, p. 432, tav. 215).

[15] MOREL 1981, p. 139, tav. 31.

[16] Si tratta della la c.d. classe Byrsa 661, diffusa tanto in area iberica, quanto nella Sicilia occidentale (Palermo, Monte Iato, Solunto), in ambiente elimo (Entella), oltre che a Lipari, Siracusa e Cartagine: sull'argomento, cfr. MICHETTI 2007b, pp. 330-331, figg. 16-18. Analisi archeometriche eseguite da M. Picon su alcuni campioni attribuiscono alla classe un'origine calena, sebbene J.-P. Morel abbia sottolineato come determinate

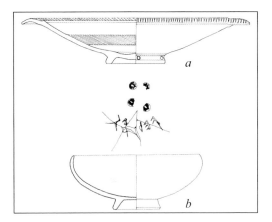

Fig. 5. "Deposito delle coppette": *a*) grande piatto a vernice nera con fori di sospensione; *b*) coppa dell'atelier des petites estampilles con iscrizione *vei*[-]*is*.

te di pregio dalla Sicilia o dalla Magna Grecia donate in età precedente proprio alle divinità del Santuario Meridionale[17]. Altra presenza significativa è quella di frammenti di grandi piatti cerimoniali a vernice nera (*Fig. 5a*) decorati con scanalature che definiscono partizioni interne, talvolta sovradipinti e provvisti di fori per la sospensione[18], il cui tipo, di probabile produzione ceretana, rivela contatti con il gruppo dei *pocola deorum*. Tale attestazione, come già evidenziato da M.P. Baglione, si inserisce nel solco di quella che pare essere una costante nella scelta di determinate forme vascolari evidentemente connesse con le modalità del culto e si ricollega alle più antiche attestazioni di piatti a figure nere di fine VI-inizi V secolo, di piatti a fondo bianco della prima metà del V secolo, di piatti da pesce di produzione campana dei decenni intorno alla metà del IV secolo, evidenziando una forte continuità nell'uso di tale forma[19]. Il repertorio delle ceramiche sovradipinte presenti nel deposito è inoltre arricchito da una coppa biansata vicina al tipo Morel 3751b[20] con tralcio d'olivo orizzontale, di produzione laziale.

Interessante è poi la deposizione di una coppia di spiedi in ferro, collocati paralleli al limite tra la concentrazione di materiali ceramici ed il battuto pavimentale, che richiama una coppia di strumenti analoghi deposta pure ritualmente nel piazzale ovest. Non sfugge la valenza simbolica di simili offerte ed il richiamo alla cottura rituale delle carni degli animali che venivano sacrificati nel santuario – come indiziato in modo esemplare dai crani di bovino allineati lungo il limite est dell'area (v. *infra*) oltre che da alcune *machairai* e coltelli in ferro di vario genere rinvenuti nell'area pure interpretabili alla stregua di strumenti da sacrificio[21] –, in analogia con quanto accade in contesti coevi[22].

Quanto alle caratteristiche di questa formazione, si tratta senza dubbio di un deposito di vasellame selezionato, all'interno del quale la forma predominante è la coppa, mentre sono del tutto assenti i votivi a stampo, attestati, sebbene sporadicamente, nel Santuario Meridionale in contesti coevi. D'altro

forme siano particolarmente attestate nel mondo punico e debbano essere ricondotte a produzione cartaginese: anche a detta dello studioso francese, sono necessarie analisi su un campione più esteso che comprenda anche gli esemplari sovradipinti (MOREL 1998b, p. 18).

[17] Cfr. ad esempio i busti-protome dal deposito κ: BAGLIONE 2000, p. 350, fig. 19.

[18] COLONNA 1991-92, p. 85, figg. 31-32; BAGLIONE 2004, p. 98.

[19] BAGLIONE 2000, pp. 369-370, fig. 44; EAD. 2004, p. 98, figg. 24-25 e carta di distribuzione a fig. 3.

[20] MOREL 1981, p. 285, tav. 114 (da Aléria, tomba 73, del 310-275 a.C.).

[21] BAGLIONE 1989-90, p. 664; EAD. 2000, p. 351; EAD. 2009, p. 220. Cfr. anche, *infra*, il coltellino rinvenuto nello scarico della fossa o.

[22] Si pensi al santuario di Narce Monte Li Santi-Le Rote, dove una coppia di alari è stata offerta in associazione con pinze da fuoco: DE LUCIA BROLLI 1990a, p. 68.

canto, la presenza di alcune ceramiche tardo-arcaiche nel livello superficiale suggerisce l'idea di un accumulo costituito in parte da materiali pertinenti originariamente ad un contesto più antico, forse utilizzati per azioni rituali o votati all'interno del sacello β, e quindi deposti a sigillare le pile di coppe più recenti al momento dello smantellamento dell'edificio. Alcune di esse sono provviste di iscrizioni[23]: si segnala in particolare un esemplare dell'*atelier des petites estampilles*[24] con, all'interno della vasca, l'iscrizione *vei*[-]*is* (*Fig. 5b*) interpretata da D.F. Maras come la resa etrusca del teonimo latino *Veiovis*[25]. Tale dato potrebbe confermare l'ipotesi fatta in precedenza da G. Colonna dell'esistenza di un rapporto tra la divinità latina e il dio *Śur/Śuri* del Santuario Meridionale[26], sulle cui valenze cultuali lo studioso si è soffermato anche di recente[27]. Lo stesso Colonna ha peraltro portato l'attenzione sul fatto che, non a caso, il deposito votivo è stato accumulato in corrispondenza di una grossa colatura di piombo che, rinvenuta assieme ad una coppetta acroma a fondo piano a diretto contatto con il battuto pavimentale, poteva avere precedentemente svolto la funzione di "segno" della consacrazione dell'edificio agli dei inferi[28] e sulla quale si è forse volutamente addensato, nella prima età ellenistica, il vasellame offerto a risarcimento della dismissione del più antico sacello.

In tal senso, parrebbe appropriato identificare un simile accumulo come un deposito "di obliterazione", adottando le categorie di M. Bonghi Jovino[29] che attribuisce a tale tipologia di depositi votivi una serie di valenze secondarie tra le quali proprio l'espiazione, ovvero, come nel nostro caso, la necessità di risarcire in qualche modo la divinità per lo smantellamento della struttura.

Per questa sua valenza, il "deposito delle coppette" del Santuario Meridionale di Pyrgi può trovare interessanti confronti in altri contesti cultuali coevi dove, nel corso di processi di ristrutturazione, si è provveduto a raggruppare tra i crolli dei vani o ad addossare ai muri perimetrali vasi integri probabilmente utilizzati in precedenza per una cerimonia, appunto, di chiusura o obliterazione. Esemplare può essere il caso del santuario settentrionale di Pontecagnano, scoperto nel corso dei lavori di ampliamento dell'autostrada A3, dove nella prima metà del III secolo si è proceduto alla "disaugurazione" sistematica dell'area sacra, che ha probabilmente implicato il totale o parziale

---

[23] Soprattutto lettere isolate e contrassegni: cfr. D.F. MARAS, in COLONNA, MARAS, MORANDI 1998, p. 407, n. 84 (Ps 73): segno a croce; p. 408, n. 87 (Ps 76): gamma semilunato; ID., in COLONNA, MARAS 2003, p. 332, n. 51 (Ps 118), tav. XXIX: lettera χ, forse numerale; ID., in questa sede.

[24] Coppa della serie Morel 2783 (MOREL 1981, pp. 223-224, tav. 72); stampiglie a foglia d'edera tipo MOREL 1969, p. 79, fig. 5, n. 38.

[25] D.F. MARAS, in COLONNA, MARAS, MORANDI 1998, pp. 395-396, n. 62 (Ps 51); G. COLONNA, *ibid.*, p. 420; v. anche ID. 1997a, pp. 179-180.

[26] COLONNA 1991-92, pp. 105-109; ID. 1996a, *passim* (in particolare pp. 363-374); COLONNA 2012b, pp. 205-206 e nota 11.

[27] COLONNA 1997a, pp. 176-181; ID. 2007a, p. 120; ID. c.s., con bibl. prec.; M. Torelli ha di recente richiamato, a proposito del tempio A di Ardea-Fosso dell'Incastro, la connessione tra *Veiovis* e *Sol*, quali divinità venerate in santuari affacciati sul mare: TORELLI 2012, pp. 485-488; cfr. anche, per il santuario di *Sol Indiges* a Lavinium, JAIA 2012, p. 608.

[28] COLONNA 2007a, p. 123, tav. XXVI *b*. Sulla coppia *Śur/Śuri-Cavatha* venerata nel sacello β, v. COLONNA 2012a, pp. 582-583 con bibl. La valenza simbolica del piombo nei confronti degli dei dell'Oltretomba è garantita, secondo G. Colonna, dall'essere questo l'unico metallo che gli antichi percepivano come nero, colore cui sembra rinviare lo stesso nome del dio *Śur/Śuri*: *ibid.*, pp. 111-118; ID. 2012a, pp. 585-587.

[29] BONGHI JOVINO 2005a, pp. 40-43; EAD. 2005b, p. 74.

a   *b*

Fig. 6. *a*) "Deposito delle coppette": quadrante della serie Bifronte/Mercurio (D/mano destra; R/due spighe di grano); *b*) Offerte nei pressi dell'altare di pietre v: oncia della serie Apollo/Apollo (D/R chicco d'orzo).

smantellamento degli edifici, evento traumatico forse compensato dal compimento di determinate azioni rituali e dalla deposizione intenzionale di vasellame con offerte[30]: tali azioni vengono effettuate collocando vasi integri su un tegolone posto alla base di uno degli scarichi e deponendo sia all'interno che all'esterno degli edifici gruppi di vasi capovolti[31]. Nel medesimo solco possiamo inserire altre testimonianze, quali quelle del santuario di Narce in località Monte Li Santi-Le Rote dove pure sono attestati casi di dismissione con riconsacrazione dell'area[32].

Un ulteriore motivo di interesse è la provenienza, sia dal "deposito delle coppette" che in generale dall'area dell'edificio β, di vasi con sigle probabilmente latine[33], indizio, seppure labile e sporadico, di una nuova frequentazione dell'area sacra, testimoniata forse anche dal rinvenimento nella zona di monete e di alcuni frammenti di votivi a stampo. Tra le monete, di particolare interesse un *aes grave* (*Fig. 6a*) quadrante della serie Bifronte/Mercurio[34], D/mano aperta R/ due spighe di grano, rinvenuto in connessione con un'olla d'impasto che forse lo conteneva, secondo una modalità di offerta attestata anche altrove nel Santuario Meridionale (v. *infra*). Quanto ai votivi a stampo rinvenuti nelle adiacenze dell'edificio β dell'Area Sud di Pyrgi, si segnalano alcuni frammenti di teste e una testina di statuetta femminile ascrivibile al filone delle "tanagrine", tipo presente in ambiente etrusco-italico – ad esempio nei depositi veienti di Campetti e Porta Caere, a Gravisca, Roma e *Lavinium* – dove ha una grande fortuna per tutto il corso del III secolo[35].

---

[30] Cfr. M. MANCUSI, in BAILO MODESTI ET AL. 2005a, pp. 587-588, che sottolinea come fenomeni analoghi siano riscontrabili in altri contesti sacri, quali Rivello, S. Maria di Anglona, Bitalemi, S. Nicola di Albanella (a proposito di quest'ultimo, v. anche CIPRIANI, ARDOVINO 1989-90, pp. 339-341).

[31] BAILO MODESTI ET AL. 2005b, pp. 200, 202.

[32] DE LUCIA BROLLI 1990a, p. 68; 1990b, pp. 189-190; 1992, p. 541. Sull'argomento, cfr. inoltre CAROSI 2002, pp. 365-366, a proposito di evidenze analoghe riscontrabili nel santuario di Campetti a Veio, dove sono state effettuate deposizioni intenzionali di vasi al di sotto di strutture murarie.

[33] D.F. MARAS, in COLONNA, MARAS, MORANDI 1998, pp. 412-413, n. 95 (Ps 84), tav. L; p. 413, n. 96 (Ps 85), tav. L; pp. 410-411, n. 92 (Ps 81); ID., in questo volume.

[34] Peso gr. 73,35 (Roma, 280 a.C.); *RRC* 14/4; HÄBERLIN 1910, tav. 40, 1; CATALLI 1995, n. 220; CATALLI 2001a, p. 51, 23.4, peso medio gr. 80,40; *HN³*, p. 46, n. 271.

[35] Sull'argomento, v. di recente BENEDETTINI 2007, pp. 442-445, nn. 504-505, con bibl.; per la diffusione in

Contemporaneamente allo smantellamento dell'edificio β, tra la fine del IV e la prima metà del III sec. a.C. il sacello γ (*Fig. 1.2*) sembra aver subito un intervento di restauro evidente lungo i lati Nord ed Est, in particolare in corrispondenza dei blocchi angolari (*Fig. 7a*). Lungo il lato Nord è stata infatti affiancata alla fondazione un'ulteriore fila di blocchi con la funzione di rinforzo. Tale azione sembra sia stata sancita dalla deposizione, al di sotto del blocco angolare, di un craterisco miniaturistico a vernice nera di produzione locale, avvicinabile a forme della prima metà del III sec. a.C.[36]. Il tipo del vasetto miniaturistico sembrerebbe legato alle caratteristiche del culto praticato nel sacello[37], visto che altri due esemplari di forma analoga provengono dai lati Nord ed Est dell'edificio e una *oinochoe* di forma VII sovradipinta, pure miniaturistica, era deposta in corrispondenza di uno dei blocchi del muro Ovest della cella. Probabilmente correlati a questa fase di frequentazione sono un cippetto conico rinvenuto all'interno dell'edificio e, all'esterno, un'olpetta miniaturistica acroma[38] (*Fig. 7b*) di fine IV sec. a.C. ed una moneta mal conservata, forse un'oncia sestantaria della serie della prora. La presenza del cippetto, assieme ad altri sporadici votivi anatomici rinvenuti nell'area, può far pensare che in questo momento finale di vita del santuario le pratiche devozionali vadano anche allineandosi con quanto accade nei contesti coevi di ambiente etrusco-italico[39], seppure in misura molto contenuta poiché il riferimento alla sfera della riproduzione e della *sanatio* rimane sempre del tutto marginale rispetto alla tipologia dei culti tradizionalmente praticati nell'area. In particolare, a proposito dei cippetti si è ipotizzato che essi costituissero un'offerta sostitutiva degli ex-voto riproducenti gli organi genitali maschili nelle aree santuariali in cui l'aspetto prevalente del culto non era tanto quello salutare, quanto quello legato alla fertilità femminile[40].

Anche l'altare ν (*Fig. 1.3*), a disco monolitico fungente, secondo la proposta di G. Colonna, da tavola per i sacrifici[41], è stato forse fatto oggetto di offerte in una fase recente di frequenta-

---

ambiente etrusco-laziale, cfr. in particolare p. 464, nt. 146. Interessante la riflessione (*ibid.*, pp. 450-451, nn. 513-514) relativa al frequente ritrovamento delle sole teste di queste statuette, giustificabile sulla base delle caratteristiche tecniche dei pezzi, che erano realizzati o tramite la sutura di due matrici delle quali quella anteriore comprendeva l'intero capo della figura, o con la testa modellata a parte e successivamente applicata al corpo, a volte tramite perni: per questa ragione il collo era spesso soggetto a frattura. Si può quindi pensare che una volta staccate dal collo, le teste venissero offerte come oggetti votivi isolati, o anche che venissero spezzate intenzionalmente per essere dedicate.

[36] Cfr. MOREL 1981, tipo 3644a1 (inizi III sec. a.C.) e 4461c1 (verso la metà del III sec. a.C.). Il tipo appare attestato, con caratteristiche morfologiche molto simili, anche in Italia meridionale, ad esempio in ambiente messapico: cfr. QUERCIA 2008, p. 226, fig. 15, 8.

[37] Secondo G. Colonna, nel sacello γ era venerata la coppia *Śur-Cavatha*, come indiziato dai due altarini a cuppella presenti all'interno della cella: COLONNA 1992, pp. 72-75; ID. 2006b, p. 140; ID. 2012a, p. 582.

[38] Simile a MOREL 1981, tipo 5222b1, datato alla fine del IV sec. a.C.

[39] Su questi cippetti conici, v. di recente FABBRI 2005, p. 310, con riferimento agli esemplari da Gravisca e Fontanile di Legnisina; sul tipo, cfr. inoltre COSTANTINI, ANGELETTI 1995, pp. 105-106, tav. 47 a, F I.

[40] Non univoco, tuttavia, deve essere stato il significato simbolico di questi oggetti. A.M. Comella, ad esempio, definisce "cuori" i cippetti di Tarquinia (COMELLA 1982, p. 150), caratterizzati da due piccole protuberanze più o meno marcate nella parte inferiore, mentre ipotizza un diverso significato per quelli di Veio-Campetti che, privi di protuberanze e impostati su una base distinta, ricordano i cippi a pigna chiusini e fiesolani. Sull'argomento, v. anche *infra*.

[41] G. COLONNA, in COLONNA, MARAS, MORANDI 1998, p. 419; ID. 2006b, pp. 133-135.

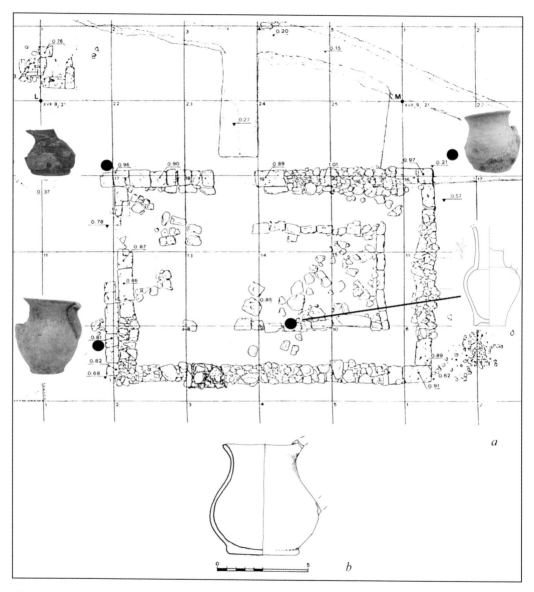

Fig. 7. Restauro del sacello γ: *a*) planimetria dell'edificio con localizzazione dei vasi deposti; *b*) olpetta miniaturistica in ceramica acroma.

zione come si desume dal rinvenimento, insieme a ceramica a vernice nera e tegole di II e III fase, di un'oncia della serie Apollo/Apollo con grano d'orzo (*Fig. 6b*), degli inizi del secondo quarto del III secolo, attribuita a zecca romana[42], attestata anche nel pozzo S del Santuario Monumentale[43].

Come già anticipato, due once di questo tipo sono state rinvenute nell'olla deposta nelle fondazioni della torre meridionale delle mura del Santuario di *Sol Indiges* a Torvaianica, associate con altro *aes grave*[44].

Analoghe azioni rituali si svolgono intorno ad un altro degli altari di pietre del santuario, l'altare ι (*Fig. 1.4*), e all'adiacente apprestamento interpretato da G. Colonna come un *bothros* terragno a condotto verticale – una sorta di *mundus*[45] – (*Fig. 8*, in alto a sinistra) simile a quello dell'Area C del Santuario Monumentale e predisposto per accogliere offerte liquide destinate a divinità ctonie, quali *Śuri* e *Cavatha*.

Alla fine del IV secolo, il complesso sembra aver ricevuto una risistemazione con l'aggiunta di numerose pietre di rincalzo, intervento che pare essere stato ritualizzato mediante la deposizione di due vasi (*Fig. 8*): una coppetta miniaturistica a vernice nera[46] sistemata a fianco del blocco di tufo, e una brocchetta d'impasto rossiccio a corpo globulare e fondo convesso collocata capovolta sul lato ovest, tra l'altare ed il basamento; due piccole pietre erano state poste al di sotto dell'ansa allo scopo di sorreggere il vaso in questa particolare posizione, mentre un'altra sosteneva il ventre all'altezza della massima espansione, sempre sul medesimo lato dell'oggetto. La particolare posizione della brocchetta, incastrata con la bocca verso il suolo, la caratterizza forse come *praefericulum* nel contesto di una libagione secondo un rituale che, tramite la dispersione al suolo di offerte liquide, doveva connotare in senso ctonio lo spazio di culto, come documentato in santuari a carattere demetriaco sia in Italia meridionale[47], che in ambiente etrusco, ad esempio a Volterra[48]. Relativamente agli aspetti cultuali non va trascurata l'iscrizione *cie* graffita sotto il piede della coppetta a vernice nera (*Fig. 8*), forse un epiteto maschile da accostare al dio venerato nell'area[49]. La cronologia dei vasi, che sembra circoscritta alla fine del IV secolo[50], confermerebbe la contemporaneità dell'azione rituale.

---

[42] Gr. 18,45; diam. 2,5. (Roma, 270 a.C.); *RRC* 18/6; Häberlin 1910, tav. 36, 18-21; Bergamini 1995, p. 59, n. 2 attribuita a zecca Roma; Catalli 2001a, p. 52, 24.6; *ERC*, pp. 62, 64, fig. 46; *HN³*, p. 47, n. 284; da ultima vedi Molinari 2010, pp. 26, tav. IX.45-47, 27, nn. 45-47, con datazione al 270 a.C.

[43] Baglione 1988-89, pp. 127, fig. 101.3, 129, n. 3, fig. 101.

[44] Jaia, Molinari 2011, tav. 9.9-10.

[45] G. Colonna, in Colonna, Maras, Morandi 1998, p. 422; Colonna 2004b, pp. 307-308, tav. XXXVIII; Id. 2006b, pp. 132-135, fig. VIII.4; Id. 2012a, pp. 589-590, fig. 30; Id. 2012b, p. 213, figg. 17-18; Id. c.s.; Michetti c.s.b.

[46] Inquadrabile nella serie Morel 2783, vicina al tipo 2783c, datato tra la fine del IV e i primi decenni del III sec. a.C. (Morel 1981, p. 223, tav. 72).

[47] Hinz 1998, pp. 53, 58, 219. Tra i contesti confrontabili, v. ad esempio il santuario meridionale di Pontecagnano, dove sono stati scavati pozzetti per le libagioni che, nella seconda metà del IV sec. a.C., venivano effettuate proprio utilizzando olpette acrome alla stregua di *praefericula* (Bailo Modesti et al. 2005b, pp. 210-211, fig. 22), o anche il santuario di S. Nicola di Albanella dove sono attestate deposizioni intenzionali, singole, di vasi capovolti (Cipriani, Ardovino 1989-90, pp. 339, 341), a Licata nel santuario di Mollarella-Poliscia (De Miro 2008, p. 59, figg. 40-41), fino ad arrivare a Bitalemi presso Gela, dove il fenomeno delle offerte vascolari sepolte nel terreno assume proporzioni eclatanti.

[48] Bonamici 2005, p. 5, tav. IV, 3.

[49] D.F. Maras, in Colonna, Maras, Morandi 1998, p. 321, n. 75 (Ps 127); Id., in questo volume.

[50] La brocchetta, per la quale non è agevole reperire confronti puntuali, ricorda forme della ceramica da fuoco dell'Italia meridionale: cfr. ad esempio Mastronuzzi 2008, p. 150, fig. 22 (*chytra*); Lo Porto 1981, p. 337,

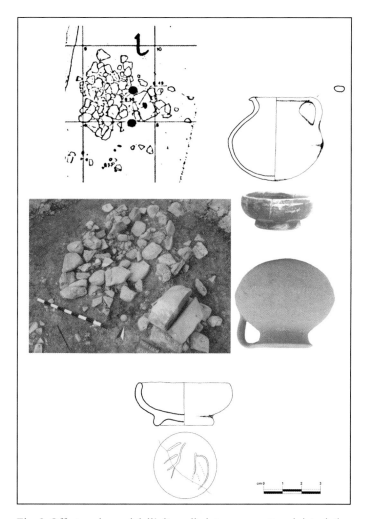

Fig. 8. Offerte nei pressi dell'altare di pietre ι: coppetta miniaturistica
a vernice nera con iscrizione *cie* e brocchetta d'impasto. Nella foto,
il condotto verticale si presenta, in corso di scavo, ancora coperto dal
lastrone; la brocchetta capovolta è indicata dalla freccia del Nord.

Come illustrato in questo stesso volume da B. Belelli Marchesini, a partire dalla seconda metà
del IV secolo la fascia più meridionale del santuario subisce un'intenzionale obliterazione, docu-

n. 2, fig. 46, 2, tomba 1 («pentolino globulare schiacciato a breve collo imbutiforme e ansa a nastro verticale»,
in argilla rossiccia e porosa, della fine del IV sec. a.C.); V. Angeletti, in *Archeologia di un sapere* 2005, p. 249,
n. II.92 (boccaletto acromo monoansato da Medma, tomba 46, ma con base d'appoggio piana).

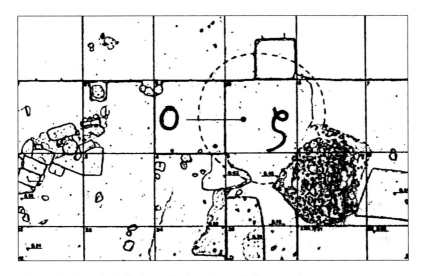

Fig. 9. Planimetria dell'altare di pietre ζ con l'adiacente fossa o.

mentata dal potente strato argilloso che interessa l'intero settore, dall'assenza di nuovi piani di frequentazione e dalla realizzazione, tramite un cordone di macerie, di una sorta di limite che esclude questa zona dall'area sacra.

Le tracce di frequentazione sembrano invece concentrarsi ora essenzialmente nella fascia orientale del santuario. Fulcro di questo settore è certamente l'altare ζ (*Fig. 1.5*), composto da un accumulo di pietre di fiume, ciottoli e ghiaia, intorno al quale le attività cultuali paiono essersi protratte, sia con la deposizione di offerte che con il seppellimento rituale di vittime sacrificali, almeno fino alla fine del III sec. a.C., come prova il rinvenimento di alcune monete della serie della prora (sulle quali v. *infra*), con sporadiche attestazioni nella prima metà del secolo successivo[51]. Traccia evidente dei sacrifici che avvenivano nell'area dell'altare è la notevole concentrazione di carboni e di ossa combuste frammisti alle pietre brute costituenti la struttura (*Fig. 9*). A conferma del carattere "sacro" di questo apprestamento è un craterisco acromo (*Fig. 10a*) rinvenuto nella tessitura del pietrame, analogo agli esemplari dal *bothros* ε e dal deposito delle coppette nell'area dell'edificio β di cui si è già detto. La marginalità dell'altare nell'ambito del Santuario Meridionale è stata giustificata da G. Colonna con la sua probabile contiguità all'accesso principale dell'area che doveva essere in relazione, come avviene nel Santuario Monumentale, con la via proveniente da *Caere*[52]. La prolungata utilizzazione dell'altare mostra come, anche in questa fase più recente di vita del santuario, questi altari di pietre hanno svolto un ruolo liminare nei confronti dell'area sacra.

---

[51] Sull'altare, COLONNA 1991-92, pp. 75, 78, figg. 18-19; ID. 1996a, p. 353; ID. 2006b, pp. 132-133, 135, fig. VIII.3; ID. 2012a, p. 588.

[52] COLONNA 1991-92, p. 78.

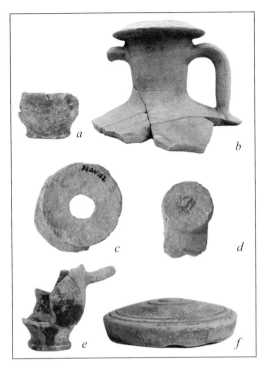

Fig. 10. *a*) Altare ζ: craterisco miniaturistico in ceramica acroma dalla tessitura del pietrame dell'altare; *b-f*) Fossa o: *b*) anfora greco-italica deposta a segnare uno dei limiti della cavità; *c*) fondo forato di vaso di forma chiusa in ceramica acroma; *d*) pomello di coperchio d'impasto con foro a sezione quadrangolare probabilmente praticato utilizzando un chiodo; *e*) *skyphos* miniaturistico in ceramica a vernice nera sovradipinta di imitazione dello stile di *Gnathia*; *f*) coperchio di pisside a vernice nera.

Ma ancora più evidenti sul piano del rituale sono i dati restituiti dalla fossa o tangente il lato nord dell'altare[53] (*Fig. 9*). La fossa, uno scarico di materiale votivo[54], presenta un'ampiezza di poco superiore ai 2 m², ed una profondità variabile tra i 25 e i 35 cm. Costituivano i limiti della cavità, a est un'anfora greco-italica deposta orizzontalmente e una coppa a vernice nera rinvenuta integra; a ovest una tegola di II fase conficcata di coltello a foderare la cavità che ospitava il deposito e forse un allineamento di scheggioni di tufo e grossi ciottoli. La fossa era riempita da argilla nerastra con pietre e ciottoli, frammenti di tegole di II e III fase, e molta ceramica a vernice nera, acroma e di impasto.

L'anfora greco-italica (*Fig. 10b*) appartiene al tipo V di Vandermersch[55] che sembra essersi affermato, in Magna Grecia e in Sicilia come nell'Italia centrale tirrenica, a partire dal 320 a.C. circa e continua ad essere prodotto fino al 270/260, epoca in cui è stata fissata la comparsa del nuovo tipo VI[56]. La particolare collocazione dell'anfora, deposta in orizzontale in corrispondenza del taglio della fossa e forse frantumata intenzionalmente *in loco*, potrebbe far pensare ad un suo specifico uso all'interno di un rituale che prevedeva lo spargimento di liquidi nel terreno.

Farebbe propendere per una simile ipotesi la presenza, nell'ambito del vasellame acromo contenuto nella fossa, di fondi di vasi di forma chiusa forati intenzionalmente (*Fig. 10c*), elemento che richiama la foratura del pomello di

[53] COLONNA 1991-92, p. 78; ID. 1996a, p. 353; ID. 2006b, pp. 132-133.

[54] Per la definizione di questo tipo di fosse e l'uso alternativo dei termini pozzo, *bothros*, *eschara* ecc., cfr. di recente FERRARA 2008, pp. 371-374.

[55] VANDERMERSCH 1994, p. 86, basato sulla tipologia di LYDING HILL 1982.

[56] In VANDERMERSCH 2001, il termine della produzione del tipo V (fissato in VANDERMERSCH 1994 al 280/270 a.C.), è stato abbassato al decennio successivo. Ancora aperti sono comunque i problemi relativi all'inquadramento delle anfore tipo V Vandermersch, tanto dal punto di vista tipologico quanto da quello dell'individuazione delle officine e della transizione dal tipo V a quello successivo: cfr. sull'argomento OLCESE 2004, *passim* (v. in particolare pp. 174, 182, 184; FERRANDES 2006, pp. 124-126; PANELLA 2010, pp. 16-18, con riferimenti precedenti, che ipotizza per Pyrgi una produzione locale, *ibid.*, p. 17, nota 1).

un coperchio d'impasto, praticata utilizzando uno stelo a sezione quadrangolare, probabilmente un chiodo (*Fig. 10d*). L'uso di perforare intenzionalmente il fondo dei vasi è pregnante dal punto di vista rituale e si ricollega alla loro funzione di imbuto per l'offerta di liquidi versati direttamente sul terreno nei culti a carattere catactonio, come accade ad esempio ad Orvieto nel santuario della necropoli di Cannicella, nell'ambito di un deposito caratterizzato da una composizione analoga a quella della fossa o[57], a *Caere*-Vigna Parrocchiale, o anche nel Santuario di Policoro[58]. Non va trascurato, del resto, che una simile pratica è già attestata nel Santuario Meridionale di Pyrgi in una fase più antica, come dimostra ad esempio la grande olla di impasto rosso-bruno dal deposito κ sul cui fondo era stato praticato un foro per far defluire del liquido sul terreno, foro successivamente richiuso con una piccola colatura di bronzo[59]. Possiamo dunque presupporre che anche sull'altare ζ o sul terreno ad esso adiacente si praticassero libagioni del genere.

I numerosi frammenti di coperchi contenuti nel riempimento della fossa o sono certamente riferibili ad olle che erano pure presenti in frammenti nella fossa, e possono essere ritenuti "coperchi da cottura", la cui presenza nello scarico votivo è giustificata proprio con il loro uso nel corso di specifici cerimoniali, come ben documentato ad esempio a Pontecagnano[60], o in ambiente messapico nei complessi cultuali di Oria-Monte Papalucio e Vaste dove olle globulari d'impasto con ingubbiatura interna sono state utilizzate per la preparazione di pietanze bollite o stufate destinate a pasti rituali[61]. In altri casi analoghi coperchi d'impasto sembrano aver avuto un loro utilizzo indipendentemente dalla presenza dell'olla d'impasto o forse in associazione con vasi acromi, come avviene nell'ambito dell'"accatastamento" di ceramiche nel vano A del santuario di Narce Monte Li Santi-Le Rote, all'interno del quale una delle associazioni tipiche è costituita dall'olletta acroma sormontata da coppette a vernice nera e da un coperchio d'impasto[62]. Questo tipo di coperchi, e le olle corrispondenti, derivano da forme di tradizione arcaica, dalle quali si distinguono per uno spessore inferiore delle pareti e per un impasto più depurato; essi trovano peraltro immediati confronti tipologici in ambiente etrusco-laziale-campano, in contesti di fine IV – primo trentennio III secolo[63].

Nel repertorio della ceramica verniciata presente nel riempimento della fossa o, spiccano alcuni vasi miniaturistici, tra i quali uno *skyphos* sovradipinto della serie Morel 4343[64] (*Fig. 10e*), di imi-

---

[57] STOPPONI 2008, p. 570.

[58] OTTO 2005, pp. 8-9. Tra le installazioni destinate a versare i liquidi nella terra (a proposito dei quali cfr. la casistica indicata in SABBIONE, MILANESIO MACRÌ 2008, p. 211, nt. 10), abbiamo già ricordato per il santuario meridionale di Pontecagnano i pozzetti di libagione con olpette acrome usate come *praefericula* nell'ambito di culti di tipo ctonio (BAILO MODESTI *ET AL.* 2005b, pp. 210-211, fig. 22).

[59] BAGLIONE 2004, p. 94, fig. 18; EAD. 2008a, p. 316, fig. 11; EAD. 2009, p. 219 e nota 27.

[60] Cfr. l'area sacra scavata in connessione ai lavori di ampliamento dell'autostrada A3 (BAILO MODESTI *ET AL.* 2005b, p. 212).

[61] MASTRONUZZI 2008, pp. 145, 148, fig. 22. Sui pasti rituali e su altre pratiche collettive, cfr. il quadro offerto in OSANNA, GIAMMATTEO 2001. Sull'uso rituale delle olle, cfr. BAGNASCO GIANNI 2005, pp. 96-97.

[62] DE LUCIA BROLLI 1990a, p. 68, fig. 10.

[63] Cfr. gli esemplari da Vulci-Fontanile di Legnisina (RICCIARDI 1988-89, p. 200, nn. 110-111, fig. 59), Lavinium-XIII Are, Sutri, Minturno (M. GUAITOLI, in *Lavinium* II, p. 433, li definisce "coperchi "recenti").

[64] MOREL 1981, p. 308, tav. 129. La miniaturizzazione degli *skyphoi* è ben documentata in ambito sacro: cfr. ad esempio il santuario di Narce in loc. Monte Li Santi-Le Rote (DE LUCIA BROLLI 1990b, p. 192, tav. VII *a*; MICHETTI c.s.a).

tazione dello stile di *Gnathia*, un'olpetta a vernice nera da accostare alla serie 5222[65] ed un *kyathos* pure a vernice nera serie Morel 5911[66], di un tipo attestato con altri due esemplari all'interno del sacello α e largamente diffuso in contesti sacri di ambiente etrusco-laziale, basti pensare agli esemplari da Vulci-Fontanile di Legnisina[67], Veio-Portonaccio, Roma-deposito votivo della Bufalotta[68], *Lavinium*-XIII Are[69], Minturno ecc.

Quanto al resto della ceramica a vernice nera, prevalgono nettamente le forme aperte, in particolare coppette stampigliate sia dell'*atelier des petites estampilles* che di produzione etrusco-laziale, il cui arco cronologico copre la fine del IV e il primo trentennio del secolo successivo. Un coperchio di pisside con decorazione a scanalature concentriche (*Fig. 10f*) trova confronti in ambito apulo, segnatamente canosino, con esemplari della locale ceramica policroma o anche dorata[70].

A differenza di quanto accade nel resto del Santuario Meridionale, la fossa o conteneva numerosi frammenti di votivi a stampo, solo parzialmente ricomponibili, segno di una loro giacitura quanto meno secondaria.

Si individuano almeno 5 teste (*Fig. 11a*) – alcune forse pertinenti a statue – di varia tipologia e dimensioni, una delle quali con orecchino a bottone con pendente piramidale (*Fig. 11b*) di un tipo attestato tra il III e il II sec. a.C. che riproduce, in una versione semplificata, modelli tarantini diffusi tra il V e il IV secolo[71]; sono inoltre documentati vari ex-voto anatomici, perlopiù arti inferiori. Questi elementi, come si è visto non frequenti nell'Area Sud, richiamano una serie di attestazioni dal Santuario Monumentale, dove sono stati rinvenuti non solo sepolti ritualmente nei due pozzi antistanti il tempio A, ma anche sparsi in ampie zone dell'area.

I bovini (*Fig. 11c*) – almeno tre – richiamano esemplari analoghi che, come si vedrà di seguito, sono stati dedicati all'interno del sacello α[72]. L'offerta dei bovini, collegata sia in ambiente etrusco-italico che magnogreco[73] ad aspetti agricolo-pastorali come richiesta di protezione divina sugli al-

---

[65] Morel 1981, p. 342, tav. 157.

[66] Morel 1981, pp. 390-391, tav. 193. La forma, palesemente derivata da esemplari in bucchero, sembra diffusa essenzialmente nella prima metà del III secolo.

[67] Ricciardi 1988-89, p. 200, n. 116, fig. 59.

[68] Quilici Gigli 1981, pp. 90-91, n. 34, figg. 12-13.

[69] Picarreta, in *Lavinium* II, p. 410, nn. 156-159, figg. 491-492.

[70] Cfr. ad esempio Michetti 2007a, p. 239, n. 176, tav. 39, con confronti.

[71] Cristofani, Martelli 1983, tav. XV; p. 314, n. 254.

[72] Colonna 1991-92, p. 84, fig. 23.

[73] Tra le numerosissime attestazioni di questo tipo di ex-voto, cfr. in particolare Benedettini, Carlucci, De Lucia Brolli 2005, p. 225 (da Narce, santuario di Monte Li Santi-Le Rote); Costantini, Angeletti 1995, pp. 66-68, D_2, tav. 27; Vagnetti 1971, p. 94, S III, tav. LII (Veio-Campetti). Per l'ambiente italico, cfr. ad esempio gli esemplari da *Alba Fucens* e Luco dei Marsi (Anxa-Angitia), in *Tesoro del Lago* 2001, pp. 200, nn. 39-43, 268, nn. 60-62, 275, n. 105 e quelli dal santuario di Casalvieri (Sora) in Catalli 2005, p. 147, tav. II, c. A *Lavinium*, nel Santuario delle Tredici Are, sono stati rinvenuti 18 bovini, tre uccelli, un cigno, cinque tra cinghiali e suini (Fenelli 1989-90, p. 500, nt. 32), tipologie documentate anche nel Santuario Meridionale di Pyrgi: cfr. Mazzolani 1975, pp. 308, 334-337, fig. 403. Per un inquadramento generale del tipo, v. Benedettini 2007, pp. 416, 454-455, n. 519 (esemplare della Collezione Gorga nel Museo delle Antichità Etrusche e Italiche della Sapienza): secondo la Benedettini, i bovini fittili di produzione etrusco-laziale si distinguono da quelli di area centro-meridionale per le dimensioni maggiori e per avere una base spesso chiusa da una lastra con fori di sfiato (*ibid.*, p. 466, nt. 235).

levamenti, poteva allo stesso tempo costituire l'equivalente di un sacrificio[74]. In questo senso si può citare l'ipotesi di G. Colonna che i bovini così come gli arieti – richiamati anche dagli acroteri di I fase a figura di avantreno di torelli o di arieti oltre che da quattro teste di ariete rinvenute in vari punti dell'area[75] – fossero destinati ad una divinità catactonia come *Dis Pater* o *Vediovis*[76], il cui nome abbiamo visto probabilmente attestato su una coppa del "deposito delle coppette" nella zona del sacello β.

Proprio lo stato di conservazione frammentario dei reperti ceramici e votivi, la presenza di numerosi attacchi fra i frammenti e la loro dispersione all'interno della fossa in assenza di evidenti discontinuità stratigrafiche rafforzano l'ipotesi che il suo riempimento sia da interpretare come uno scarico piuttosto che come un vero e proprio deposito[77], e che la fossa sia stata realizzata per il seppellimento di materiale votivo proveniente dall'adiacente altare ζ ma forse anche da altre zone del santuario[78].

Il panorama delle offerte rinvenute all'interno della fossa o è arricchito da una serie di oggetti metallici dalla valenza chiaramente simbolica, tra i quali due chiavi e una placca rettangolare di serratura in ferro. Le chiavi (*Fig. 11d*), del tipo con presa ad anello, cannello pieno ed ingegno ortogonale con barba a più denti, appartengono al tipo "laconico", che trova interessanti attestazioni a *Delos* e Micene con

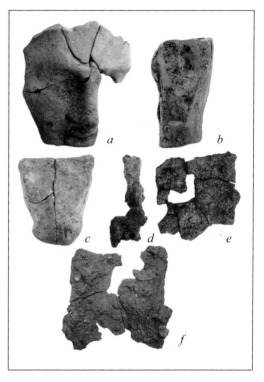

Fig. 11. *a-e*) Fossa o: *a*) frammento di testa votiva; *b*) frammento di testa votiva femminile con orecchino a bottone con pendente piramidale; *c*) bovino fittile; *d*) chiave di ferro; *e*) serratura di ferro; *f*) Piazzale Nord, accumulo rituale forse riferibile allo smantellamento del sacello α: serratura di ferro.

---

[74] A proposito di alcune iscrizioni votive greche M.L. Lazzarini (LAZZARINI 1989-90, p. 857) ha sottolineato come alle offerte propiziatorie per il raccolto si affiancano quelle per gli animali, dal momento che l'allevamento costituisce, come è naturale, un'altra delle principali risorse. È per questo che i bovini, indispensabile strumento per il lavoro dei campi e fonte diretta di sostentamento, vengono frequentemente sottoposti alla tutela divina: l'immagine figurata degli animali contribuirebbe a rendere più efficace la dedica.

[75] COLONNA 1991-92, rispettivamente p. 69, fig. 9 e p. 91, fig. 35.

[76] COLONNA 1991-92, p. 91; ID. 1997a, pp. 179-180.

[77] Ma sull'ambiguità di quelli che definiamo "scarichi" e sulla loro valenza sacra in quanto "depositi di rispetto", v. BONGHI JOVINO 2005b, p. 75.

[78] Per confronti, v. ad esempio formazioni coeve a Gravisca (FIORINI 2005, p. 246) e a Orvieto, nel santuario all'interno della necropoli di Cannicella (STOPPONI 2008, in particolare pp. 565-570).

esemplari databili a non prima dell'inizio del V sec. a.C.[79]. Questo tipo di chiave, piccola e maneggevole, ha una notevole fortuna e verrà largamente adottato nel mondo romano, come mostra la ricca documentazione reperibile tra il I sec. a.C. e il IV sec. d.C.[80]. Possibili confronti possono essere individuati, tra gli altri, con esemplari da santuari dell'agro falisco (Falerii-Vignale[81], Narce-loc. Le Rote)[82] del III-II secolo. Che il tipo possa essere considerato alla stregua di un ex-voto lo dimostra il fatto che, in ambito italico, esso è attestato nella versione bronzea anche con iscrizione di dedica alla divinità[83].

La serratura (*Fig. 11e*) – a scorrimento, con toppa a L rovesciata per l'inserimento della chiave di ferro del tipo a barba[84] – è pure largamente documentata proprio in connessione con questo tipo di chiave. Tale ritrovamento richiama la deposizione di un elemento analogo nel piazzale nord (*Fig. 11f*), all'interno di un accumulo rituale, riferibile forse allo smantellamento del sacello α, composto da ceramiche di vario genere anche miniaturistiche (come una *phiale* a vernice nera della serie Morel 2177 con iscrizione all'esterno[85]: *Fig. 12*), votivi ed elementi pertinenti alla struttura stessa, quali travi di legno carbonizzate e, appunto, la serratura che, qualora fosse pertinente all'edificio sacro, verrebbe ritenuta essa stessa un'offerta. Nel caso della fossa o, tuttavia, l'associazione di serratura e chiavi può suggerire l'accezione sacrale della porta come metafora del passaggio; non è da escludere poi che la presenza delle chiavi rivesta anche una valenza simbolica come avviene in santuari legati a divinità femminili dove questi oggetti, di diversi moduli, anche miniaturistici, costituiscono dei veri e propri ex-voto[86].

Non stupisce poi la presenza di una ghianda missile che nel Santuario Meridionale sembra costituire una sorta di fossile-guida della fase post-dionigiana tanto da poter essere considerata una delle

---

[79] Guaitoli, in *Oltre la porta* 1996, pp. 23-24, figg. 3-4.

[80] *Ibid.*, p. 26, fig. 6.

[81] Comella 1986 (Falerii, Vignale), p. 112, N 11 (tav. 56 h).

[82] Il tipo sembra perdurare anche in età romana, come dimostrano gli esemplari da Portorecanati, rinvenuti in contesti tombali o abitativi e databili tra il I sec. a.C. (Mercando 1974, p. 284, n. 6, figg. 182, 188 e) e i primi decenni del I sec. d.C. (Mercando 1979, p. 243, n. 6, fig. 154 e-f); in alcuni di questi contesti tombali del I sec. d.C. sono state peraltro rinvenute serrature simili alle nostre (Mercando 1974, p. 188, n. 6, figg. 55, 59, p).

[83] Riccitelli, in *Luoghi degli dei* 1997, p. 141, n. 21, tav. XIV: stipe votiva di Tufillo. Chiave di bronzo con dedica a Venere con impugnatura a occhiello, fusto a sezione quadrangolare, ingegno costituito da tre denti impostati perpendicolarmente, dei quali i due esterni a formare un quadrato.

[84] Per simili sistemi di chiusura, cfr. ad esempio Ciurletti, in *Oltre la porta* 1996, p. 71; Torri, in *Roma* 2006, pp. 337, 339. Sulle serrature a scorrimento, v. Ciurletti, in *Oltre la porta* 1996, p. 76, figg. 16, 18.

[85] Morel 1981, p. 145, tav. 34.

[86] Del resto, le c.d. "chiavi di tempio" dall'*Heraion* alla foce del Sele o dal santuario meridionale di Poseidonia sono state interpretate appunto come «ex-voto finalizzati, con richiamo alla loro funzione, a facilitare il parto» nell'ambito di culti improntati sulla fecondità: cfr. rispettivamente Greco 2003, p. 121 e Cipriani 1997, pp. 218-219. In questi contesti è possibile che *Hera*, cui spetta la tutela del matrimonio, sia individuata come "custode delle chiavi" (v. Aristoph., *Thesm.*, vv. 973-976) con una allusione all'assistenza nel momento del travaglio e del parto. Evidente la differenza tra le chiavi di Pyrgi e queste "chiavi di tempio" attestate in Italia meridionale anche in altri contesti tardo-arcaici: cfr. ad esempio quelle da Oppido Lucano (Lissi Caronna 1990-91, p. 273, n. 69, figg. 96-97) o da Rivello (Bottini 2005, p. 182).

offerte più ricorrenti, certamente collegata con determinati aspetti del culto[87].

LAURA M. MICHETTI

2. LE AZIONI RITUALI RELATIVE AL SETTORE ORIENTALE (FOSSA O, STRUTTURA Π, MURO T), AL SACELLO A E AL PIAZZALE NORD.

Particolarmente significativo è il rinvenimento nella fossa o di 23 reperti numismatici[88], tra i quali un frammento di *aes signatum* riferibile, con ogni probabilità, al tipo con àncora e tripode (*Fig. 13a*)[89], attestato nella stipe votiva di Vicarello, a Castelgandolfo, da una località tra Roma e Napoli[90], a La Bruna presso Spoleto[91], sulla Via Tiberina presso Roma ed a Mazin in Croazia. I quadrilateri interi finora rinvenuti, di

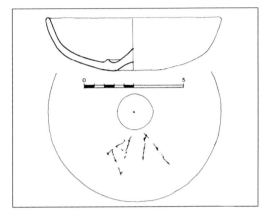

Fig. 12. Piazzale Nord, accumulo rituale forse riferibile allo smantellamento del sacello α: *phiale* miniaturistica a vernice nera con iscrizione all'esterno della vasca.

questo tipo, hanno un peso compreso tra gr. 1495 e 1830[92]; il nostro frammento pesa gr. 55,30, peso che potrebbe corrispondere a quello di un asse sestantario. Tra gli esemplari meglio conservati, si

---

[87] G. Colonna interpreta la presenza di oggetti di piombo come strettamente connessa con l'aspetto catactonio del culto di *Śuri* "il Nero": COLONNA 2007a, pp. 120-123; ID. 2012a, pp. 586-587; ID. c.s. Sull'offerta di ghiande missili, insieme ad armi reali o miniaturistiche, negli *Heraia*, dove questi elementi alludono alle connotazioni virili e militari della dea, v. invece CIPRIANI 1997, p. 218.

[88] Uno *screaning* preliminare limitato ad alcune monete rinvenute nell'Area Sud nel 1991 è stato compiuto da M.C. Molinari del Medagliere Capitolino, mentre B. Belelli Marchesini ha esaminato parte dei rinvenimenti numismatici degli anni 1991, 1992, 1993 e 1994. Ad entrambe, che mi hanno gentilmente fornito i dati e la documentazione fotografica di alcune monete ora non più leggibili a causa del cattivo stato di conservazione, esprimo i miei ringraziamenti. Al Prof. N. Parise che, con la consueta cortese disponibilità, incoraggia sempre e segue i miei studi numismatici, va un affettuoso ringraziamento per aver letto e discusso con me alcuni temi presenti nella parte dell'articolo da me redatta. Per un panorama sulla bibliografia recente relativa alla numismatica etrusca ed ai rinvenimenti monetari in territorio etrusco, aggiornato al 2007, si rinvia a VISMARA 2007. Il testo, in origine, avrebbe dovuto essere corredato da un'*Appendice* contenente il catalogo di tutte le monete che è stato realizzato per questo studio. Il dovere di non superare i limiti di spazio necessariamente imposti a questo volume conduce alla dolorosa rinuncia alla presentazione del catalogo delle monete che, tuttavia, apparirà nell'edizione scientifica integrale dei risultati dello scavo. In questa sede si fa riferimento alla cronologia di *RRC*, vol. II, pp. 820-858, sono pubblicate le concordanze.

[89] 255 a.C.? Zecca: Roma. *RRC* 10/1; HÄBERLIN 1910, p. 92, tav. 37.1-3; *ICC*, AS 22; *HN*[3], p. 46, n. 263.

[90] GORINI 2004, p. 162, con bibl. cit. L'esemplare pesa gr. 1645.

[91] MILANI 1891. Tre esemplari: Lung. 0,178; larg. 0,085. Peso gr. 1830,5; lung. 0,185; largh. 0,082. Peso gr. 1677,2; lung. 0,183; larg. 0,086. Peso gr. 1544,5.

[92] Si veda ad es. il bell'esemplare della Coll. Banque Nationale de Belgique (peso gr. 1310, 18 × 8,5 cm) in BAR 1993, pp. 279-280, figg. 1-1a.

segnalano quello di Berlino[93] da La Bruna (presso Spoleto) del peso di gr. 999,99 (cm 18,7 × 8,7) e di Londra[94] dai dintorni di Castelgandolfo del peso di gr. 1495,06 (cm 18,3 × 8,9)[95].

Il Nenci[96], sulla base di uno studio dell'Alföldi, ritiene che anche l'*aes signatum* con i tipi dell'àncora e tripode possa essere ricollegato a determinati eventi bellici che con tali simboli Roma intese commemorare. Nello specifico, il simbolo dell'àncora "riconduce ad un momento della progressiva affermazione di Roma sul mare", mentre il tripode andrebbe ricondotto alla simbologia monetale di una ben determinata città della Magna Grecia conquistata da Roma, Crotone (277 a.C.) o, secondo A.G. Fusi-Rossetti, Taranto (272 a.C.)[97]. Secondo il Crawford, questo tipo di *aes signatum* è stato prodotto durante la guerra contro Pirro[98] ed il ripostiglio de La Bruna, con la presenza di tre varietà di *aes signatum* (tra le quali, come abbiamo visto, anche la nostra), assume un simbolismo navale, difficile da immaginare prima che Roma fosse divenuta una potenza navale durante la Prima Guerra Punica[99]. Recentemente anche C. Steinby ha sostenuto che, pur non potendo mettere in connessione queste "bars" con alcun evento (bellico) certo, le raffigurazioni poste su di esse hanno un chiaro messaggio e fanno riferimento all'espansione romana e all'accresciuta importanza della flotta romana[100]. Il Milani aveva collegato il tripode al culto di Apollo Delfico[101] e l'àncora con una spedizione oltremarina; il quadrilatero pertanto doveva essere collegato con "qualcuna delle solenni circostanze in cui i Romani furono consigliati di rivolgersi a Delfi ed al culto di Apollo ἀλεξίκακος (*Medicus, Salutaris, Conservator*)[102]. L'offerta di un quadrilatero che reca su un lato la raffigurazione di un tripode delfico e sull'altro, com'è lecito supporre, un'àncora, in un santuario sul mare dove si venera Apollo/*Śuri*, nel porto principale della città di *Caere*, sembra, forse, non casuale.

Nella fossa o, si segnalano poi un triente della serie della ruota latina (D/ Cavallo in corsa a s.; sopra due globetti; sotto due globetti; R/ Ruota a sei raggi; quattro globetti)[103] (*Fig. 13b*) – cronolo-

---

[93] Esposto nel Münzkabinett, Staatliche Museen zu Berlin, Bode-Museum, Stanza 241, BM-007/10. Häberlin 1910, p. 92, n. 3, tav. 37.3; Herbig 1956, tav. 6.1.

[94] Esposto al British Museum. *RRC*, tav. B, 10/1; Garrucci 1885, tav. XV; Mommsen, Blacas 1865-75, IV, tav. I-II; Häberlin 1910, p. 92, n. 4, tav. 98.3; *ERC* I, pp. 57, fig. 32, 59, n. 7.

[95] Il Milani per l'esemplare del British Museum fornisce come provenienza Genzano ed il peso di gr. 1494,53.

[96] Nenci 1963.

[97] Fusi-Rossetti 1994-95, p. 21.

[98] Vedi Crawford 1998, p. 123, con bibl. cit.

[99] *RRC*, p. 41.

[100] Steinby 2005, p. 44.

[101] Milani 1891, p. 75.

[102] Milani 1891, p. 75.

[103] Peso gr. 94,01; diam. 4,3-4,5. Roma, 230 a.C. circa. *RRC*. Cfr. ad es., Häberlin 1910, p. 61, tav. 25, n. 11; *RRC* 24/5, 6a; Catalli 1987, tav. VIII.172, peso gr. 74,70 (quadrante), dalla Civita di Tarquinia; Catalli 1995, n. 235; *ICC* 33; Catalli 2001a, p. 54, n. 27.5; *ERC*, pp. 69, fig. 60, 75; *HN³*, p. 49, n. 328. Sulla connessione con la costruzione della via Appia: Milne 1946 e Catalli 2001a, pp. 105-106, con bibl. cit. Due esemplari sono stati pubblicati di recente: uno dalla stipe di Vetulonia (De Benetti, Catalli 2003-2006, p. 1068, n. 4) ed uno del Medagliere Capitolino dalla Molinari (Molinari 2010, pp. 27, n. 54, 28, tav. XI.54) (datato al 230 a.C.). Per la diffusione dell'*aes grave* che D. Williams considera successivo al 240 a.C. (*RRC* 24/4-7, 25/8, 27/5-10, 35/1-6) vedi Williams 2011, p. 1110, fig. 7.

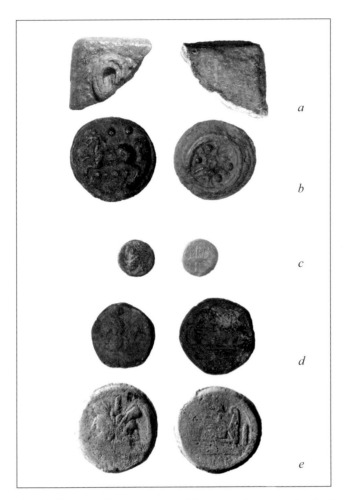

Fig. 13. Fossa o: *a*) *aes signatum* del tipo con àncora e tripode; *b*)
triente della serie della ruota latina (D/cavallo verso sin.; R/ruota a
cinque raggi); *c*) moneta siracusana di Ierone II (D/Poseidon verso
sin.; R/tridente con girali, ai lati delfini e legenda [I]EPΩNOΣ);
d) asse di Lucio Licinio Murena; *e*) asse con delfino sulla prora.

gicamente forse in connessione con la costruzione della via Appia nel 312 a.C., come proposto dal
Crawford[104], e una moneta siracusana[105] di Ierone II (D/ Testa di Poseidon a s., barbata, con tenia;

---

[104] CRAWFORD 1985, pp. 28-29. Vedi anche HUMM 2005, p. 174.
[105] Lo *iota* iniziale non si legge perché la raffigurazione è decentrata. Gr. 8,90; Zecca: Siracusa, Ierone II,
del 214-212 a.C.; CALCIATI 1986, p. 397, n. 197 RI 14; *SNG* ANS 987.

R/ Tridente ornato con girali, a d. e a s. un delfino; a sinistra del manico del tridente *(I)EP*, a destra Ω*NOS*)[106] (*Fig. 13c*). Si tratta di un'emilitra di peso pieno, appartenente ad una serie della quale sono stati rinvenuti migliaia di esemplari in Sicilia[107]; da ciò si è potuto arguire che per gli scambi commerciali fra il regno ieronico e il resto dell'isola si utilizzava quasi esclusivamente il numerario bronzeo. Questo spiega l'ingente numero di emilitre che fu emesso dalla zecca di Siracusa e giustifica l'utilizzazione di esse da parte dei Romani in sostituzione del loro numerario carente. La diffusione di queste monete è veramente molto ampia, se pensiamo che esemplari provengono, ad es. dal gruzzolo di Castelfranco Emilia[108], da Ficocle (Cervia) e Pisignano[109], da Corcira, dalla Croazia, dalla Bosnia, dall'Albania e perfino dall'Inghilterra[110]. La serie, riferibile al secondo periodo, si addensa intorno ad un peso di gr. 8,50 e presenta tipi allusivi alla "speranza siracusana" nella protezione dei traffici marittimi, ed insieme del territorio terrestre del regno, ad opera di *Poseidon*[111]. Essa potrebbe essere il risultato di una politica lungimirante del sovrano, perseguita con determinazione, dopo la stipulazione della pace con Roma nel 263/2 a.C.[112] (Polyb. I, 16,9-10; Diod. XXIII,4). La tendenza filoromana del sovrano siracusano Ierone, con il trattato con Roma ed il suo successivo rinnovo, arrivò quasi ad una forma di rinuncia ad una politica autonoma e a trasformarsi in un protettorato romano[113]. In realtà, tra l'area siracusana e le regioni dell'Italia centro-meridionale esisteva già da tempo un'intensa corrente di scambi commerciali, attestata dal ritrovamento di monete di Ierone in località della Magna Grecia. La datazione della serie, posta dal Manganaro[114] e dal Marchetti[115] negli anni tra il 217 ed il 214 a.C., in quanto equiparabile ad *unciae* romane di norma quadratale, è stata rialzata al 240 a.C. da M. Bell III[116] sulla base del noto rinvenimento di Morgantina. Allo stato attuale sembra che non ci siano sufficienti elementi per giustificare tale datazione[117], già formulata nel lontano 1923 dal Giesecke[118]. Il forte legame tra Ierone II e Roma, aveva fatto sì che il sovrano nell'autunno del 216 a.C., dopo il disastro di *Cannae*, diede ad T. Otacilio Crasso denaro e grano sufficiente per sei mesi[119].

Tornando ai rinvenimenti monetali della fossa o di Pyrgi, per quanto riguarda la serie della prora, a parte pochi esemplari semilibrali (due once), prevalgono quelli sestantari (sette assi e due sestanti),

---

[106] Gabrici 1927b, pp. 184-185; Calciati 1986, pp. 369-372; Calciati 1995, pp. 83-84, nn. 346-349, tav. XXV.346-349.

[107] De Sensi Sestito 1975-76, p. 236, 3a); per la diffusione in Sicilia vedi l'appendice *ibidem* alle pp. 244-249.

[108] Parente 2004a, p. 119, nn. 9-10.

[109] Parente 2004b, p. 127, nn. 4-5.

[110] De Sensi Sestito 1975-76, p. 241.

[111] Caccamo Caltabiano, Carroccio, Oteri 1995, pp. 214-215, grafico 5 a p. 267 e tav. I.11.

[112] De Sensi Sestito 1975-76, p. 187.

[113] Vedi De Sensi Sestito 1975-76, p. 193, con bibl. cit.

[114] Manganaro 1969, pp. 283-296.

[115] Marchetti 1971.

[116] Bell 1988; vedi inoltre Id. 1995.

[117] Caccamo Caltabiano, Carroccio, Oteri 1995, p. 225.

[118] Giesecke 1923, pp. 135-136.

[119] Su questi avvenimenti vedi Meadows 1998, p. 131.

tra i quali si segnala un asse di Lucio Licinio Murena[120] (*Fig. 13d*), magistrato monetario tra il 169 e il 158 a.C. Vi sono poi degli esemplari unciali (tre assi e due trienti), tra i quali si segnala un asse con delfino[121] (*Fig. 13e*) sulla prora datato 179-170 a.C. (*RRC*). Cinque monete, infine, risultano illeggibili a causa del pessimo stato di conservazione.

Tra gli elementi metallici si segnala infine un coltellino di ferro (*Fig. 14a*) di piccole dimensioni, forse uno strumento da pasto, in significativa connessione con l'ingente quantità di ossa combuste pertinenti a bovini (*Fig. 14b*), suini e ovini, in un'associazione che richiama i *suovetaurilia*. Occorre notare che spesso in ambito santuariale si rinvengono invariabilmente le tre specie domestiche (bovini, ovini e suini). Nel nostro caso, il rinvenimento nello stesso contesto, la presenza di ceramica con funzione cultuale, ex voto anatomici, e di un coltello, ci spingono ad interpretare i resti animali come resti di sacrifici[122]. Non è escluso quindi che la nostra fossa vada interpretata come una cavità che ha ricevuto gli scarichi, i resti del sacrificio, cioè una sorta di "butto" limitrofo agli spazi sacri[123].

Si aggiungono frammenti di testuggine e le ossa di un gallo[124], presenti anche nel pozzo dell'area C del Santuario Monumentale[125], allusivi all'ambito ctonio. La compresenza di tutte queste specie è stata messa in relazione con culti connessi alla sfera dionisiaco-demetriaca[126]. Il rinvenimento di coltelli ci consente di conoscere in modo più approfondito il rituale del sacrificio di animali. Nel rituale del sacrificio le grandi vittime erano generalmente uccise con colpi di ascia[127] o martello, mentre i maiali, i montoni e i volatili, venivano sgozzati. Il nostro coltellino, con lama rettangolare arcuata alla sommità, ad un taglio, manico di forma allungata ed appiattita a sezione rettangolare, non è certo un coltello "da cucina", del tipo utilizzato per la divisione della carne[128]. Il nostro esemplare, potrebbe essere interpretato più come un coltellino da pasto o per suddividere porzioni già tagliate con un coltello di formato maggiore. Si può citare per confronto il coltellino presente nella raffigurazione di "cucina" sulla ben nota cista prenestina di Bruxelles[129]: l'inserviente tiene nella destra il coltellino e nella sinistra un vassoio con polpettine, appena confezionate e pronte per la cottura. Esemplari reali analoghi, proven-

---

[120] Peso gr. 31,34. Zecca Roma. Cfr. *RRC* 186/1 datato 169-158 a.C. Un esemplare da Orvieto: BERGAMINI 1995, p. 87, n. 193 peso gr. 26,44. Per *Murena* MATTINGLY 1998, p. 159; CATALLI 2001a, p. 148. Secondo Catalli, il monetario potrebbe essere *L. Licinius Murena*, bisnonno di *Licinio Murena* console del 62 a.C.; CATALLI 2001b, p. 63, Collezione Torlonia (*Lucus Angitiae?*).

[121] Peso gr. 26,26. *RRC* 160/1 (179-170 a.C.); GORINI 1973, p. 23, fig. 59, asse peso gr. 34,66. Vedi RUSSO 1998, p. 146, nn. 78-79, datato 169-158 a.C. Un asse della serie della prora con delfino è stato rinvenuto nel santuario di Narce Monte Li Santi-Le Rote (CATALLI 1999, p. 84, n. 155; peso gr. 43,70, attribuito a zecca romana o siciliana e datato 209-208 a.C.).

[122] VAN ANDRINGA, LEPETZ 2003, p. 86.

[123] VAN ANDRINGA, LEPETZ 2003, p. 91.

[124] Sui resti di gallo in Etruria meridionale: DE GROSSI MAZZORIN 2006, p. 92.

[125] *Pyrgi* 1970, p. 622.

[126] GAMBACURTA 2005, p. 500 (*bothros* di Asolo, fase della romanizzazione).

[127] Nella celebre *hydria* ceretana di Copenaghen il bue condotto all'altare è affiancato da un personaggio che reca un'ascia e da un altro personaggio che reca un grande *skyphos* per raccogliere il sangue ed un coltello (DURAND 1979, pp. 26-27, fig. 8).

[128] REINACH 1887, p. 1586, figg. 2122-2123; un esemplare, di uso domestico, è raffigurato nella tomba dei Rilievi di Cerveteri (BLANCK, PROIETTI 1986, tav. XXb).

[129] Inv. A 1159. BORDENACHE BATTAGLIA, EMILIOZZI 1979, pp. 70-72, tavv. LXXX-LXXXII.

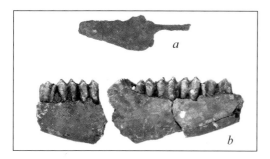

Fig. 14. Fossa o: *a*) coltellino di ferro; *b*) mascella di bovino.

gono non solo da santuari (come ad es. da Narce Monte Li Santi-Le Rote)[130], ma anche da contesti funerari[131]. È noto che gli antichi prendevano con le dita la carne tagliata, ma su vasi attici sono attestate anche raffigurazioni nelle quali i convitati sdraiati sulla *kline* presso la tavola dove è servito il pasto, si servono di un piccolo coltello per dividere la carne e per portarla alla bocca[132]. Non è escluso che recasse, all'estremità del codolo, un anello, evidentemente per la sospensione[133], utile per appendere l'utensile alla cintura del sacrificante o presso il luogo deputato al sacrificio.

Per la fossa o le ossa combuste e le ingenti tracce di bruciato confermano l'interpretazione del riempimento come lo scarico di sacrifici avvenuti sull'altare ζ[134]. In tal senso non ci sembra azzardato suggerire una definizione della fossa come *eschàra*, che in contesti coevi dell'Italia meridionale, ad esempio Policoro, si presenta come un focolare di forma e dimensioni analoghe alla nostra, delimitato all'esterno da pietre di piccola e media grandezza o da materiale edilizio di risulta (tegole, terrecotte architettoniche), e contraddistinto dalla stessa tipologia e modalità di deposizione dei materiali[135].

La presenza di monete insieme a votivi anatomici costituisce, come è noto, una delle associazioni tipiche dei depositi legati alla romanizzazione del territorio; a tale riguardo è utile un confronto

---

[130] Ossidato. Ferro. Lungh. max. 17 cm. Inv. provv. 30. Scavo 1988; US 42 (arature), in corso di studio da parte della sottoscritta.

[131] Cfr. ad esempio il coltello dalla tomba 6118 di Tarquinia dell'ultimo quarto del VII sec. a.C. (SPADEA NOVIERO 1986, pp. 290, fig. 299a, n. 748, 292, n. 748).

[132] REINACH 1887, p. 1586, fig. 2124.

[133] REINACH 1887, p. 1583.

[134] Sempre a Pontecagnano, nel settore di Via Verdi, l'area deputata alla raccolta delle offerte è obliterata da un imponente scarico di votivi, la cui presenza marca la sacralità del luogo anche nel momento del suo abbandono (BAILO MODESTI *ET AL.* 2005b, p. 212). Dopo l'abbandono del santuario, si registra una sporadica ripresa nella frequentazione dell'area sacra, segnalata da uno scarico databile tra fine III e II sec. a.C.: tra i rinvenimenti si segnalano un asse romano della serie della prora, di epoca annibalica, un fr. di patera a v.n. in Campana A, un fr. di tegame a vernice rossa-interna, unguentari fusiformi. A Graviscae, poco dopo la distruzione del santuario, venne scavata una grande fossa finalizzata al seppellimento di materiale votivo raccolto da qualche parte nel santuario e ivi rispettosamente sotterrato, probabilmente non prima di aver compiuto le rituali cerimonie espiatorie testimoniate da ossa combuste rinvenute all'interno della fossa (FIORINI 2005b, p. 246).

[135] PIANU 1991b, p. 202. Questi focolari presentano una notevole quantità di cenere, in genere dello spessore di 20-30 cm, sistemata in una piccola buca o avvallamento del terreno le cui pareti mostrano cospicue tracce di terreno bruciato. Oltre alla cenere ritroviamo anche notevoli concentrazioni di ossa animali e di materiale ceramico. Fra quest'ultimo, in particolare, risultano attestati "pentoline di impasto grezzo di piccole dimensioni, munite di piatto-coperchio" e vasi di ceramica fine (vernice nera, ceramica sovradipinta) di forme che sono tutte riconducibili ad una funzione potoria (in genere si tratta di *skyphoi* o coppette). Questo materiale, negli strati superiori del focolare, è in genere capovolto.

con la stipe votiva sul monte Titano[136] dove, insieme a votivi anatomici e bronzetti, sono stati rinvenute monete di *Neapolis* e *Massalia* oltre ad assi bronzei della serie della prora di peso ridotto.

Come si è accennato in precedenza, la zona orientale del santuario sembra aver accolto una serie di deposizioni rituali collegate a sacrifici animali (*Fig. 15a*). Le deposizioni, consistenti in crani di bovini, che interessano la fascia ad Est degli altari liminari ζ e ι[137], potrebbero avere anche qualche relazione con la fossa ο. I crani non giacciono tutti alla stessa quota: la deposizione più antica sembra essere quella del cranio meglio conservato[138] (*Fig. 15b*), il più settentrionale, databile tra la seconda metà del V e il IV sec. a.C. I crani rinvenuti a Nord della fossa ο sembrano contestuali alla struttura π e pertanto databili nel IV sec. a.C., mentre i più meridionali, ovvero i più superficiali, sembrano riferibili all'ultima frequentazione dell'area, contestuale alla fossa ο. Occorre inoltre notare da un lato il forte conservatorismo del rituale, con l'orientamento del capo dell'animale sempre con il muso verso Sud, dall'altro una rigida selezione delle parti che prevede la deposizione della sola testa. La scelta del seppellimento della singola testa dell'animale risponde probabilmente sia a criteri oggettivi (una delle porzioni del corpo più povere di carne, anche se è noto dalle fonti che, riempite di interiora, venivano riservate ai sacerdoti)[139] sia legati al rituale religioso, poiché la più rappresentativa dell'animale. Come è noto, in ambito greco, il bovino veniva ucciso con colpi alla nuca, di sorpresa, per evitare il più possibile di far trasparire la violenza fatta alla vittima[140].

Nel nostro caso risulta estremamente difficile individuare quali porzioni degli animali fossero effettivamente offerte alla divinità, quali consumate dai singoli offerenti e/o dagli addetti al culto. Va tuttavia rilevato che le ossa animali rinvenute nella fossa ο, tangente l'altare ζ e limitrofa alla deposizione dei crani, sono riferibili a bovini, ovini e suini e con esse è stato rinvenuto anche un coltellino di ferro. Com'è noto, le antiche leggi che comminavano pene fortissime quali l'esilio o addirittura la morte, erano ancora vigenti nel III sec. a.C. e proibivano l'uccisione a scopo alimentare di buoi e manzi[141]. I bovini, com'è noto, fornivano non solo forza trainante per il lavoro agricolo, ma anche carne, latte, cuoio, nonché letame, prodotto importantissimo che come concime dei campi rientrava nuovamente nel ciclo produttivo dell'agricoltura (Cato, *Agr.*, XLI)[142]. L'uccisione dei bovini si iscrive, pertanto, nell'ambito delle azioni rituali relative al culto svolto nell'area sacra. Un'imponente offerta di bovini (il 90% degli animali rinvenuti), di 12 anni circa, è stata riscontrata nell'*ekklesiasterion* di Posidonia[143]. A Gravisca è attestata la presenza di crani bovini all'interno del

---

[136] Giorgetti 2004, pp. 43-45.

[137] Sulla funzione liminare degli altari ζ e ι vedi già Colonna 1991-92, p. 78. Il prelievo di tutti e nove i crani è stato da me effettuato asportando il pane di argilla (arida, che tendeva a sgretolarsi), preventivamente "bloccato" grazie al poliuretano espanso. Ringrazio con affetto per la preziosa collaborazione la restauratrice G. D'Urso. Il cranio meglio conservato, deposto nello strato più profondo, è stato oggetto di pulitura e studio da parte della Dott.ssa E. Bittetto.

[138] Baglione 2008a, pp. 307-308, fig. 5 (con quattro crani).

[139] Leguilloux 1999, pp. 423-455; Baglione 2008a, p. 307, nota 13; per la suddivisione della testa di bovino si rinvia agli schemi di taglio pubblicati in Leguilloux 2006, p. 142.

[140] Detienne 1979, p. 13.

[141] Salza Prina Ricotti 1987, p. 91 con fonti antiche cit.

[142] De Grossi Mazzorin 1985, p. 134.

[143] Leguilloux 2000, pp. 341-351; Baglione 2008a.

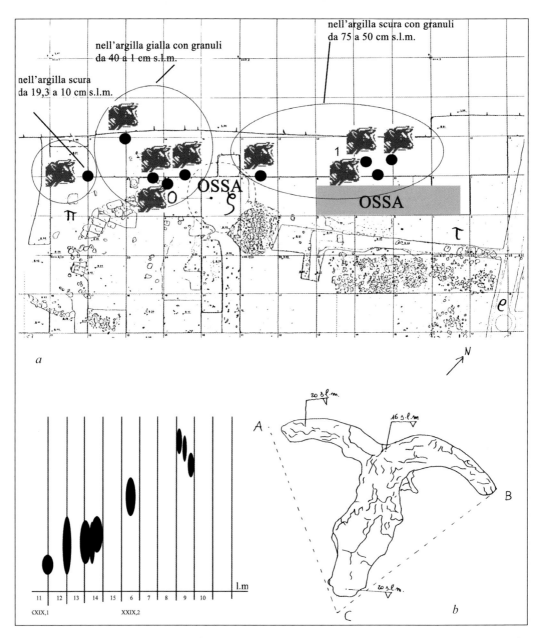

Fig. 15. Fascia orientale: *a*) planimetria e sezione delle deposizioni rituali di crani di bovini; *b*) il cranio più antico, rinvenuto presso la struttura pi.

vano ε, interpretata come struttura di servizio[144]. C. Sorrentino ha evidenziato come anche nel santuario di Gravisca si sia rinvenuto un consistente numero di crani più o meno interi, spesso ancora con le corna, in più ambienti, "sistemati ed usati quale specifica offerta votiva"[145].

I bovini, come hanno rivelato le analisi condotte da C. Sorrentino, erano tutti molto vecchi – tra gli 11 e i 12 anni – e ormai non più adatti al lavoro, e presentavano nella dentatura usure molto avanzate. Per questo tipo di deposizione si può pensare, come suggerito da M.P. Baglione, accanto all'aspetto espiatorio, ad una funzione di "delimitazione o ridefinizione di una porzione dello spazio sacro"[146]. Un interessante confronto a tale riguardo può essere istituito con alcuni crani di bue rinvenuti in strati databili tra la fine del IV e la prima metà del III sec. a.C. nel santuario messapico individuato nei pressi della grotta di Santa Maria di Agnano (Ostuni)[147]. Nel nostro caso è dunque evidente che degli animali sono state sfruttate tutte le potenzialità prima del loro sacrificio. Ulteriori indagini potranno forse stabilire le modalità della macellazione dei nostri bovini. Un esame comparativo potrebbe tuttavia essere effettuato con la distribuzione dei segni di macellazione rilevata, ad es., nel contesto ellenistico dell'acropoli di Populonia[148]. Non abbiamo elementi archeologici per stabilire se, visto l'esclusivo rinvenimento dei crani, porzioni di bovini sacrificate all'interno dell'area fossero consumate all'esterno, così come ipotizzato per il santuario di Este-Meggiaro[149]. Il rinvenimento di ossa animali nei santuari indica che la spartizione ed il consumo delle carni avveniva sul luogo[150].

Da mettere probabilmente in relazione con la nuova frequentazione della fascia orientale alla fine del III sec. a.C., contestualmente alla fossa o, sono i riempimenti del canale della struttura π e del cavo di asportazione del muro τ (*Fig. 1.6-7*), dai quali provengono rispettivamente un asse unciale della serie della prora e due monete di bronzo illeggibili, una delle quali della serie della prora (forse un sestante o un'oncia). Dalla stessa zona provengono inoltre un asse onciale della prora della zecca di Roma con monogramma *BA(L)*[151] per il quale è possibile uno scioglimento in *Balbus* (*Fig. 16a*),

---

[144] SORRENTINO 2004, pp. 176, 178, 184; BAGLIONE 2008a.

[145] SORRENTINO 2004, pp. 178, 190.

[146] BAGLIONE 2008a. Cerimonie dedicate alle definizioni confinarie sono ben note nel mondo romano arcaico. Le fonti ricordano specifici rituali rivolti ai "termini", cippi o pali che indicano il confine e lo tutelano. In queste occasioni cerimoniali vengono offerte a *Terminus* le primizie vegetali e animali del territorio in questione e gli viene destinata anche un'offerta in metallo, con significato apotropaico, affinché il confine non si lasci comperare o corrompere (GAMBACURTA 2005, p. 501). Nei livelli inferiori del riempimento dell'*Ekklesiasterion* di Poseidonia/*Paestum* sono stati rinvenuti i resti che provengono da una cinquantina di buoi, che sono stati interpretati come vestigia di un sacrificio espiatorio destinato a placare la divinità e ad espiare la profanazione dello spazio (LEGUILLOUX 2000, p. 345; VAN ANDRINGA, LEPETZ 2003, p. 95).

[147] DEWAILLY 2008, pp. 207-208, fig. 6.

[148] DE GROSSI MAZZORIN 1985, pp. 153-154, tabella 17.

[149] FACCIOLO, FIORE, TAGLIACOZZO 2006, p. 73.

[150] VAN ANDRINGA, LEPETZ 2003, p. 90.

[151] Peso gr. 22,66. Sul R/Prora di nave a d.; sopra *BA (L)*; sotto *ROMA*. Nel Giornale di Scavo, redatto da M. Morandi Tarabella, è registrato che la moneta presenta "sul D/ Giano e sul rovescio prua con legenda RA". Cfr. *RRC* 179/1, tav. XXIX.4 (169-158 a.C.); CATALLI 2001a, p. 147. Un triente della serie della prora con *BAL* è stato rinvenuto nel santuario di Narce Monte Li Santi-Le Rote (CATALLI 1999, p. 74). Un'oncia in RUSSO 1998, p. 16, n. 77, data 169-158 a.C.

Fig. 16. Fascia orientale: *a*) asse onciale di *Balbus*; *b*) semisse unciale con cane sul rovescio.

e un semisse unciale pure della prora con cane sul rovescio[152] (*Fig. 16b*).

Una frequentazione a scopo cultuale fra il secondo e l'ultimo quarto del III sec. a.C. è documentata inoltre per l'edificio α[153] (*Fig. 1.8*) da abbondante ceramica a vernice nera in gran parte dell'*atelier des petites estampilles* e da un buon numero di monete, rinvenute nella metà occidentale dell'edificio ed in particolare concentrazione ad ovest dell'altare di pietre addossato al muro Nord.

Da ricollegare ai culti che avvenivano nell'edificio sono due bovini (*Fig. 17a*) collocati su grossi ciottoli, in posizione eretta, nei pressi del muro Sud e un terzo, frammentario, dal riempimento di una delle canalette che hanno tagliato l'edificio. Dalle adiacenze dell'edificio α, nel piazzale Nord, proviene inoltre un altro frammento di bovino fittile. Come già evidenziato a proposito dei tre esemplari rinvenuti nel riempimento della fossa o (v. *supra*), possibile appare un legame tra l'offerta dei bovini fittili e quella degli animali reali, le cui teste, come abbiamo già detto, sono state deposte lungo la fascia orientale del santuario. Non accade spesso che statuette di animali e resti di sacrifici siano rinvenuti nello stesso deposito votivo e questo potrebbe indicare che i sacrifici reali e quelli "di sostituzione" non fossero combinati[154]. Secondo M. Söderlind la corrispondenza tra animali rappresentati nell'immaginario votivo e quelli che venivano effettivamente sacrificati non indica necessariamente un sacrificio sostitutivo. Nel caso dei bovini fittili si potrebbe pensare anche all'offerta di due statuette allo scopo di commemorare i sacrifici compiuti[155]. L'offerta dei bovini, collegata in ambiente etrusco-italico e magnogreco[156] ad aspetti agricolo-pastorali

---

[152] Peso gr. 16,45. Cfr. asse della prora con cane sul rovescio, *RRC* 122/3, tav. XXIII.122/3, 206-195 a.C. Per il cane cfr. inoltre gli assi conservati ad Orvieto: Bergamini 1995, p. 81, n. 165, peso gr. 36,07; n. 166, peso gr. 33,23, n. 167, peso gr. 24,18, datati 206-195 a.C. (*RRC*) ed il semisse n. 168, peso gr. 9,94, datato 206-195 a.C. (*RRC*).

[153] L'edificio è datato da G. Colonna alla metà del IV sec. a.C. (Colonna 2006b, pp. 148-149); il tetto sarebbe crollato intorno al 270 a.C. (Colonna 2006b, p. 135).

[154] Söderlind 2004, pp. 286-287.

[155] Söderlind 2004, p. 287.

[156] Cfr. ad es. l'esemplare della Collezione Gorga al Museo delle Antichità Etrusche e Italiche della Sapienza: Benedettini 2007, pp. 416, 454-455, n. 519. A *Lavinium*, nel Santuario delle Tredici Are, sono stati rinvenuti ben diciotto bovini (Mazzolani 1975, pp. 334-335, fig. 403 a p. 336; Fenelli 1989-90, p. 500, nota. 32); bovini sono presenti anche, ad es., a Veio-Campetti (Vagnetti 1971, p. 94, S III, tav. LII) ed in ambiente italico (cfr., ad es., gli esemplari da *Alba Fucens* e Luco dei Marsi/Anxa-Angitia, in *Tesoro del Lago* 2001, p. 200, nn. 39-43; p. 268, nn. 60-62; p. 275, n. 105). I bovini di area etrusco-laziale sarebbero di dimensioni maggiori e con la base spesso chiusa da una lastra con fori di sfiato (Benedettini 2007, p. 466, nota 235). I bovini, indispensabile strumento per il lavoro dei campi e fonte diretta di sostentamento, sono i più frequentemente sottoposti alla tutela divina. A rendere più efficace la dedica nell'intenzione del dedicante si accompagna talora alle parole l'immagine figurata degli stessi buoi (Lazzarini 1989-90, p. 857).

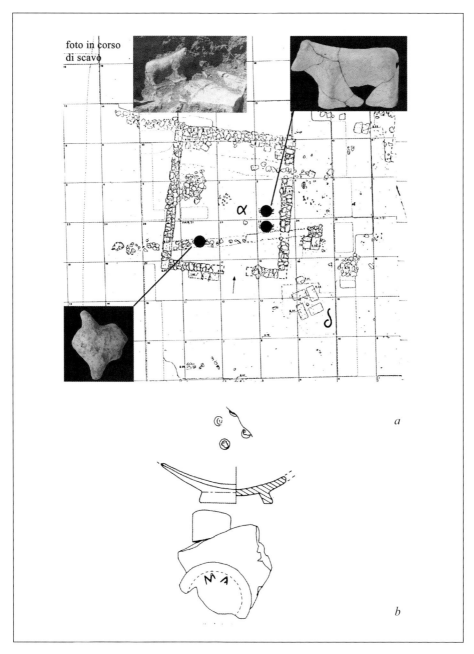

Fig. 17. Sacello alpha: *a*) planimetria dell'edificio con collocazione dei bovini deposti all'interno (foto in corso di scavo da COLONNA 1991-1992, fig. 23); *b*) coppa a vernice nera con iscrizione MA (da COLONNA, MARAS, MORANDI 1998, p. 409, Ps 80).

come richiesta di nuove generazioni, di protezione divina sugli allevamenti, poteva allo stesso tempo costituire l'equivalente di un sacrificio[157].

Dal punto di vista cultuale, suggestiva anche la presenza, su una coppa dell'*atelier des petites estampilles*, della sigla latina MA[158] (*Fig. 17b*), ricondotta al culto di Mania[159].

Le 23 monete rinvenute all'interno dell'edificio α appartengono perlopiù alla serie sestantaria della prora. Tra l'*aes grave* si segnala un sestante della Serie Bifronte/Mercurio (D/ Conchiglia; sotto due globetti; R/ Caduceo; ai lati due globetti)[160] (*Fig. 18a*), attribuibile a zecca romana ed identico ad uno offerto nel pozzo S del Santuario Monumentale[161]. Vi è poi una litra di zecca campana[162] (*Fig. 18b*), forse di *Neapolis*, databile intorno al 270 a.C.[163], che reca sul D/ Testa laureata di Apollo a s. e sul R/ Toro androposopo a d. incoronato da Nike in volo (lacunosa); sotto resti dell'esergo. Altri due esemplari di questo tipo provengono dall'altare ζ[164] e dal piazzale ovest, nei pressi del *bothros* ε[165] (*Fig. 18c*); quest'ultimo esemplare rinvenuto vicino ad un sestante della serie Apollo/Apollo (D/ Testa di Dioscuro a d., con pileo; dietro due globetti; R/ Testa di Dioscuro a s., con pileo; dietro due globetti)[166] (*Fig. 18d*) databile intorno al 270 a.C. Un ulteriore esemplare è stato rinvenuto nel 1979, nel Santuario Maggiore, davanti al tempio B, nello strato Aβ[167].

---

[157] Söderlind 2004, pp. 284-287.

[158] D.F. Maras, in Colonna, Maras, Morandi 1998, p. 409, Ps 80.

[159] Vedi ad es. l'olpetta acroma con iscrizione *Manias* da Laurentina-Acqua Acetosa (dal riempimento del pozzo 2): Bedini 1979, p. 26, fig. 3, con datazione non oltre l'inizio del V sec. a.C.; Colonna 1980, p. 65, n. 33; Cordano, de Simone 1981, pp. 139, 141-142; Coarelli 1983, p. 271, fig. 78; Bedini 1990, pp. 175-176, n. 22, fig. 8.1.22.

[160] Peso gr. 60. Zecca: Roma, 280 a.C. *RRC* 14/5; *HN³*, p. 46, n. 272. Cfr. Häberlin 1910, p. 98, tav. 40, 6-8 (286-268 a.C.); Catalli 1987, p. 31, nn. 87-88; Catalli 1989a, p. 25, n. 6 (ripostiglio di Pozzaglia); Catalli 1989b, p. 41, n. 12, tav. 10 a colori (dal ripostiglio di S. Marinella, peso gr. 55,59); Catalli 1989c, p. 68, n. 67 (dal ripostiglio di Ardea); Bergamini 1995, pp. 56-57, nn. 51-52, peso gr. 43,79 e 36,63, attribuiti a zecca romana; Catalli 1995, n. 221. Cr14/5; Catalli 2001a, p. 51, n. 23.5. Vedi quattro esemplari del Medagliere Capitolino in Molinari 2010, pp. 24, nn. 32-35, 25, tav. VII, datati 280 a.C.

[161] Baglione 1988-89, p. 127, fig. 101.2, 128, n. 2; Cfr. F. Catalli in *Tesoro del lago*, p. 61, fig. a p. 62 in basso, datazione 241-235 a.C.

[162] Peso gr. 2,95. Zecca: Campania, *Neapolis*? 270-250 a.C. La moneta, mal conservata, è stata interpretata nel corso dello scavo come moneta cartaginese e così registrata nel Giornale di Scavo. L'amica e collega Dott. L.I. Manfredi (ISCIMA-CNR), che ringrazio, esperta di monete cartaginesi, mi conferma che si tratta, come credo, di una litra campana di *Neapolis* e non di una moneta cartaginese.

[163] Il Crawford data l'emissione alla Prima Guerra Punica (254-241 a.C.): Crawford 1985, p. 34.

[164] Peso gr. 3,36. Zecca: Campania, *Neapolis*? 270-250 a.C. L'identificazione è stata fatta dalla Dott. M.C. Molinari anni fa, quando la moneta era meglio conservata. Secondo la Molinari si tratterebbe di una mezza litra campana (Taliercio 1987, p. 242).

[165] Peso gr. 3. Sul rovescio, in esergo IS. Zecca: Campania, *Neapolis*? 270-250 a.C.

[166] Peso gr. 3,5. Zecca: Roma, 270 a.C. circa; *RRC* 18/5; Häberlin 1910, p. 88, datato 286-268 a.C.; BM *CRR* 19, 55; *ICC* 12, 12a; Catalli 1989c, pp. 92-95, nn. 156-169 (ben 14 esemplari dal ripostiglio di Ardea); Catalli 2001a, p. 52, 24.5; *ERC* I, 64, fig. 45 a p. 62 seconda serie; *HN³*, p. 47, n. 283. Cfr. Bergamini 1995, p. 59, n. 61 sestante, peso gr. 50,15, ed inoltre ben sei esemplari nella Collezione Torlonia (Lucus Angitiae?) in Catalli 2001b, p. 61, fig. a p. 62, datazione 275-270 a.C.

[167] La moneta è stata da me individuata nel corso dello studio per la preparazione della pubblicazione degli scavi condotti nel santuario maggiore dal 1977 al 1985.

Fig. 18. *a-b*) Sacello α: *a*) sestante della serie Bifronte/Mercurio; D/
conchiglia; R/caduceo; *b*) litra di zecca campana (D/Apollo; R/toro
androprosopo incoronato da Nike volante); *c-d*) Piazzale ovest: *c*) litra di zecca campana (D/Apollo; R/toro androprosopo incoronato da
Nike volante); *d*) sestante della serie Apollo/Apollo (D/R/Dioscuro);
e) Sacello alpha: asse sestantario della prora con Vittoria con corona.

I tipi rappresentati su questo bronzo sono caratteristici di una certa produzione della zecca di
Neapolis, ma furono adottati anche da altre zecche campane (*Compulteria, Cales, Teanum, Suessa*,
ecc…) attive, per diretta influenza della stessa *Neapolis* tra il 270 a.C. e gli anni della prima guerra punica. La mancanza dell'etnico non permette una più certa attribuzione. Un buon numero di
monete di questo tipo è stato del resto rinvenuto in contesti votivi come il deposito di Porta Nord a

Vulci,[168] la stipe di Tessennano[169], il santuario di Gravisca[170], le stipi di Marsiliana e di Vicarello[171], il santuario di Celle a Falerii Veteres[172], il santuario di Narce Monte Li Santi-Le Rote[173], a *Lucus Feroniae*[174], in un deposito votivo di Fidenae[175] e nel territorio di Tarquinia[176]. Recentemente sono state pubblicate anche cinque litre dai lavori del Genio Militare 1888-1889 a Talamone (Colle del Talamonaccio)[177].

Studi recenti tendono a ribassare la cronologia di queste litre campane intorno al 250 a.C.[178]. In Etruria meridionale la notevole presenza di monete campane emesse tra fine IV e prima metà III secolo, si evidenzia più che per la quantità, per la notevole capillarità di diffusione in relazione, evidentemente, agli itinerari commerciali[179]. Infatti, monete greche di zecca campana risultano diffuse non solo nell'Etruria tirrenica, ma anche nelle aree interne, lungo le direttive di traffico commerciale[180].

Per quanto riguarda la serie della prora, nell'edificio α sono state rinvenute un'oncia semilibrale[181], tre assi, di cui uno con Vittoria con corona[182] (*Fig. 18e*), un quadrante[183] e due once sestantari[184], un

---

[168] CRAWFORD 1985, p. 35; PAUTASSO 1994, p. 91, L1, tav. 44a, *Neapolis* - zecca romano-campana, 250-200 a.C., peso gr. 4,9.

[169] COSTANTINI, ANGELETTI 1995, p. 129, O8, *Neapolis* (?), 270-250 a.C., peso gr. 5,2; cfr. SAMBON 1903, n. 666; TALIERCIO 1987, pp. 219-373.

[170] GORINI 2004, p. 165, nn. 4 (*Cales*) e 5 (zecca campana incerta).

[171] CATALLI 1982, p. 132, con bibl. cit.

[172] COMELLA 1986, p. 148, S 1.

[173] CATALLI 1999, pp. 57-58, nn. 2-9; p. 87, n. 163; p. 90, n. 172.

[174] CATALLI 1982, p. 132, con bibl. cit.

[175] Segnalata in DI GENNARO, CECCARELLI 2012, p. 77.

[176] *Neapolis*? Litra 270-250 a.C., molti esemplari al Museo Archeologico Nazionale di Tarquinia (uno, di identificazione certa, dalla Civita: ROMANELLI 1948, p. 269): CATALLI 1987, p. 26, nn. 44-57, peso grr. 6.71-3,50, due hanno in esergo *IS*.

[177] DE BENETTI 2010b, p. 22, 28, nn. 5-9, datate 275-225 a.C.

[178] BURNETT, CRAWFORD 1998, pp. 55-57; GORINI 2004, p. 161. Vedi da ultimo BURNETT 2006, p. 41.

[179] CATALLI 1996, pp. 307-308.

[180] CATALLI 1999, p. 51.

[181] Peso gr. 8,31. *RRC* 41/10 Zecca Roma 215-212 a.C. Anonimo (post-semilibrale) su asse di 83 gr.

[182] 1) Peso gr. 40,22. *RRC* 56/2 Anonimo, Zecca: Roma, *post* 211 a.C.; 2) Peso gr. 44,85. Zecca: Italia centrale. Si tratta della serie di bronzo con prora di nave con nominali dall'asse alla semoncia con peso standard dell'asse a gr. 54,00, quello medio a gr. 51,00, calcolato sul peso di 21 assi (*RRC*). In tutti i nominali è presente, sopra alla prora, il simbolo della Vittoria con corona, oltre ai segni di valore e *ROMA* (datata 211-208 a.C. *RRC*). Per la Vittoria cfr. *RRC* 61/2; *BMCRR* Italy 25; *RRC* Syd. 148; CATALLI 2001a, p. 64, n. 56 tav. XVII,7; BELLONI 1960, tav. 15.303 p. 30. Un asse del peso di gr. 49,10, con Vittoria con corona, è stato rinvenuto nel santuario di Narce Monte Li Santi-Le Rote: CATALLI 1999, p. 72, n. 90, attribuito a zecca romana o dell'Italia centrale e datato 211-208 a.C. 3) Peso gr. 31,52. *RRC* 56/2 Anonimo, Zecca: Roma, *post* 211 a.C.

[183] Peso gr. 8,21. *RRC* 56/5 Anonimo Zecca Roma *post* 211 a.C. Un quadrante semilibrale è stato rinvenuto recentemente negli scavi dell'ISCIMA-CNR a Cerveteri nel rimpimento del condotto principale di un canale di drenaggio ai bordi dell'edificio ellittico insieme a materiali "di età ellenistica", tra i quali un *askos* acromo con beccuccio-versatoio ed un fondo di *Heraklesschale* (BELLELLI 2008b, pp. 79-80, 82, figg. 29-30).

[184] 1) Peso gr. 4,34. *RRC* 56/7. Anonimo Zecca Roma *post* 211 a.C.; 2) Peso gr. 4,62. L'identificazione è stata possibile grazie alla dott. B. Belelli Marchesini, che aveva schedato la moneta anni fa, quando era ancora leggibile.

triente unciale (sul R/ Prora di nave a d.; sopra *ROMA* e *rostrum tridens*, poco visibile)[185] e un sestante semiunciale[186]. Vi sono inoltre dodici monete illeggibili. Le monete mostrano un addensamento nella zona ad ovest dell'altare[187] di pietre tangente il muro nord della struttura; l'offerta di monete nei pressi degli altari di pietre trova confronto, nello stesso santuario, anche con i contesti di rinvenimento delle monete presso l'altare ζ e presso l'altare ν. Com'è noto, la serie della prora è molto diffusa in tutti i territori posti sotto la diretta influenza romana ed in particolare in Etruria meridionale.

Una moneta illeggibile[188] è stata rinvenuta anche nel riempimento del canale antico che ha tagliato il sacello α, ed altre provengono dall'esterno dell'edificio: una moneta illeggibile davanti al muro convenzionalmente definito Sud, un quadrante sestantario della prora ed una moneta illeggibile davanti al muro Ovest[189], un sestante semiunciale ed una moneta illeggibile dalla trincea presso lo spigolo Ovest, un asse e un triente unciali dalla trincea presso il muro Nord[190] e una moneta illeggibile dalla cunetta post-antica all'esterno del muro Nord.

La grande area priva di edifici che si estende ad est del sacello α, il cosiddetto piazzale nord (*Fig. 1*), ha restituito, tra l'enorme congerie di materiali, anche alcuni votivi a stampo, evidentemente da riferire ad una frequentazione recente, tra i quali una statuetta di guerriero di cui resta lo scudo, ascrivibile ad un tipo documentato a Veio nel IV sec. a.C.[191] forse da collegare con un culto di *Menerva* già altrimenti attestato nel Santuario Meridionale. Altri votivi sono riferibili alla sfera della *sanatio* e della fertilità[192], come quelli rinvenuti sparsi in altre zone del Santuario Meridionale (*Figg. 19a-c*),

---

[185] Peso gr. 7,29. *RRC* 114/1 Zecca Roma 206-195 a.C.

[186] Peso gr. 1,86. *BMCRR* Rome 2214, tav. XXXV.15 (serie II, semiunciale, 88-86 a.C.).

[187] COLONNA 2006b, pp. 134-135.

[188] Peso gr. 6,90. Nel Giornale di Scavo non esiste documentazione relativa a questo rinvenimento.

[189] 1) Peso gr. 9,20. *RRC* 118/4 Zecca Roma 206-195 a.C. su asse di 36 gr. L'elmo visto anni fa dalla dott. M.C. Molinari, non è quasi più visibile. 2) Peso gr. 8. Dal Giornale di Scavo risulta che, al momento del rinvenimento, la moneta fosse "forse con testa umana a sin.".

[190] 1) Peso gr. 15,25. La dott. Molinari lo data al I sec. a.C.; 2) Peso gr. 7,32. L'identificazione è avvenuta in corso di scavo come si deduce dal Giornale di Scavo: "triente della serie della prora; d. 2,5; gr. 7,32".

[191] Cfr. VAGNETTI 1971, pp. 81-84, gruppo J, tavv. XLIII-XLV; COMELLA, STEFANI 1990, tav. 19.f E₄IVb1. Il tipo pare attestato anche in Magna Grecia: cfr. BUCCOLIERO 2005, p. 615, tav. III a (deposito di Via Duca degli Abruzzi a Taranto). Ad epoca classica si riferisce il soggetto del guerriero. Secondo Colonna (COLONNA 1995, p. 444; ID., in COLONNA, MARAS, MORANDI 1998, p. 421) sarebbe riferibile ad un culto di Menerva praticato nell'area altari ζ e ι.

[192] Sono presenti cippetti del tipo a cipolla, a pigna, falli, uteri. Sui cippetti: VAGNETTI 1971, p. 103, nn. 1-4, tav. LVIII; COMELLA, STEFANI 1990, tav. 34.e-g; FABBRI 2005, p. 310; BENEDETTINI 2007, pp. 457-458, nn. 422-424 (esemplare con protuberanze, del tipo attestato a Veio, Falerii, Gravisca, Tarquinia, Ghiaccio Forte, Orvieto, Vulci e nel Lazio). Secondo Fabbri, i cippetti conici testimoniano, come a Gravisca e Fontanile di Legnisina, la presenza di un culto accentrato sulla sfera della riproduzione; in particolare, i cippetti avrebbero costituito un'offerta sostitutiva degli ex-voto anatomici raffiguranti gli organi genitali maschili nei santuari dove l'aspetto prevalente del culto non è tanto quello salutare, ma quello legato alla fertilità femminile. Secondo la Comella (COMELLA 1982, p. 150), tali oggetti hanno un significato ancora poco chiaro e non è certo che abbiano tutti lo stesso valore simbolico. È possibile che i cippi del tipo a pigna non rappresentino i cuori. Quelli di Pyrgi sono simili a quelli di Veio-Campetti, avvicinati dalla Comella ai cippi funerari di Palestrina ed interpretati come immagine dell'offerente, così come i cippi funerari rappresentano l'immagine del defunto; rientrano in quella serie di cippetti a forma di cono o pigna che assomigliano in modo particolare ai cippi funerari chiusini

cui si aggiungono una statuetta femminile e frammenti di teste, di cui una derivata da modelli policletei[193] e un'altra con orecchino (*Fig. 19d*). Due orecchini votivi isolati, del tipo a grappolo[194], che richiamano quelli di statue dai santuari di Punta della Vipera e *Lavinium*, sono significativamente confrontabili con un esemplare d'oro dal piazzale nord offerto ad una divinità femminile e del quale gli esemplari fittili costituiscono evidentemente un surrogato. Pure riferibile ad una dea – *Turan* o piuttosto *Menerva* – è una piccola colomba (*Fig. 19e*), forse attributo della divinità oppure offerta, come accade ad esempio nel deposito ceretano della Vignaccia[195].

Contestuale alla frequentazione documentata nella fascia orientale del santuario è la deposizione, al centro del piazzale Nord (*Fig. 1.9*), di una mammella votiva e di un gran numero di ollette di impasto arancio a pareti piuttosto sottili, in frantumi[196] (*Fig. 20*), inquadrabili tra il II ed il I sec. a.C.[197]. Il rinvenimento, già di per sé importante poiché stabilisce una frequentazione piuttosto tarda del piazzale, assume un valore ancora più pregnante per l'associazione dei vasi con un gruppo di 10 monete della serie della prora, tra cui 5 assi unciali[198], un asse[199] e 4 quadranti[200] semiunciali di cui

---

e orvietani (COMELLA, STEFANI 1990, pp. 110-112, tav. 34 e-g). Per quanto riguarda gli uteri occorre sottolineare che si tratta di un'offerta sconosciuta in Grecia, ed una delle più frequenti alle divinità femminili nei santuari etrusco-italici di età ellenistica. Collegati alla sfera della *sanatio*, della fecondità ed agli aspetti curotrofici del culto, gli uteri vengono generalmente suddivisi in due categorie in base alla presenza/assenza di una piccola appendice piriforme applicata lateralmente o superiormente al collo dell'utero (quelli privi delle appendici laterali sarebbero da ascrivere all'ambito della fecondità, mentre quelli con le appendici sarebbero ascrivibili all'ambito della *sanatio*. Sugli uteri, in generale, FENELLI 1975, pp. 263-265, nn. D 73-89; FENELLI 1989-90, p. 499; COMELLA 2001, tav. XXXII.a-G$_{10}$I$_1$ p. 102, discussione a p. 83; BENEDETTINI 2007, pp. 456-457, n. 521. p. 456.

[193] Cfr. COMELLA 2001, pp. 25-26, tav. I.a-b A$_1$I$_1$ che discende da un modello creato intorno alla metà del IV sec. a.C. legato alla tradizione policletea, datato tra metà IV e inizi III sec. a.C.

[194] Per gli orecchini a grappolo interpretati come parti di statue: COMELLA 2001, tav. IX.c-d A$_{2fr}$3 e 14.

[195] Come osservato in QUILICI GIGLI 1981, p. 87, fig. 11 (in relazione al deposito votivo della Bufalotta), per la colomba non si può prescindere dal significato di dono, dal momento che questo uccello rappresenta in tante figurazioni l'offerta per eccellenza (forse animale sacro alla divinità cui era donato; a Lavinium è riferita, nel santuario orientale, al culto di Minerva: FENELLI 1989-90, p. 500, fig. 9). La sua presenza è abbastanza frequente nei depositi votivi dell'Italia centrale, ad es., a Satricum, Roma, Monteleone Sabino, Veio-Campetti (VAGNETTI 1971, p. 94, S I, tav. LII), Gravisca (FORTUNELLI 2001, p. 128) e in Italia meridionale, ad es., al santuario di Mefite nella valle d'Ansanto ed a Lucera.

[196] Orlo a sezione triangolare appiattito superiormente, labbro svasato con spigolo vivo, fondo piano (cm 5,3).

[197] Per la forma del corpo cfr., ad es., Tarquinia, Scataglini, tomba 57 (SERRA RIDGWAY 1996, pp. 70, n. 57-15, 261, tav. CXXXIV.15).

[198] 1) Peso gr. 20,80. Nella fotografia del R/ scattata anni addietro dalla dott. Belelli Marchesini si intravede qualcosa al di sopra della prora; 2) Peso gr. 15,69. sul R/ Prora di nave a d. (appena visibile); davanti I (?); 3) Peso gr. 32,75. Per la dott. Molinari è post 211 a.C.; 4) Peso gr. 27,75. Per la dott. Molinari è post 211 a.C.; 5) Peso gr. 20,20. Sul R/ Prora di nave a d.; sopra *TA* oppure *AT*; sotto *(R)OM(A)*. Cfr. *RRC* 192/1 Zecca Roma, 169-158 a.C. su asse di 27 gr. circa; *BMCRR* Rome 793, *Atilius* o *Tatius* 172-151 a.C. CATALLI 2001a, pp. 149-150, n. 248.

[199] Peso gr. 13,45. Per la dott. Molinari è del I sec. a.C.

[200] 1) Peso gr. 3,28. Cfr. *RRC* 339/4 variante (Anonymous Zecca Roma 91 a.C.); 2) Peso gr. 1,95. Per la Dott. Molinari è del 91 a.C. Cfr. *RRC* 339/4 variante (Anonymous Zecca Roma 91 a.C.); 3) Peso gr. 1,96. L'identificazione è stata fatta dalla dott. Belelli Marchesini anni fa, quando la moneta era meglio conservata; 4) Peso gr. 1,88. Sul R/ Prora di nave a d.; sopra *Q.MAX*; davanti tre globetti.

Fig. 19. Votivi anatomici: *a*) utero; *b*) mammella; *c*) cippetti; *d*) orecchino fittile del tipo a grappolo; *e*) colomba.

uno con legenda *Q. MAX* (*Fig. 21a*) riferibile forse a *Q. Fabius Maximus*, console del 116 a.C.[201]. Tra gli unciali, un asse reca la sigla *AT* o *TA* (*Fig. 21b*) riconducibile ad un *Atilius* o *Tatius*[202]. Si può dunque presupporre che le monete siano state offerte all'interno dei contenitori, come sembra avve-

---

[201] Cfr. *RRC* 265/3 *Q. MAX* Zecca Roma 127 a.C. Il monetiere è presumibilmente *Q. Fabius Maximus*, console del 116 a.C.; in *BMCRR*, I, p. 178, nota 1 si sottolinea che se queste monete vanno attribuite alla prima decade del I sec. a.C., questo monetiere non può essere identificato con *Q. Fabius Maximus Eburnu*s, pretore del 118 a.C. e console del 116 a.C. e neppure con *Q. Fabius Maximus* console del 45 a.C.; egli evidentemente appartiene ad una generazione intermedia.

[202] Cfr. *RRC* 192/1 Zecca Roma, 169-158 a.C. su asse di 27 gr. circa; *BMCRR* Rome 793, *Atilius* o *Tatius* 172-151 a.C.; CATALLI 2001a, pp. 149-150, n. 248.

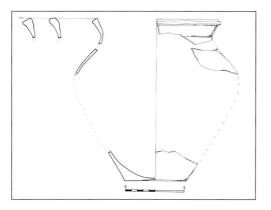

Fig. 20. Piazzale Nord: deposizione di ollette d'impasto con monete. Rilievo delle ollette.

Fig. 21. Piazzale Nord: *a*) quadrante semiunciale; sulla prora Q.MAX; *b*) asse onciale; sulla prora AT o TA.

nuto nell'area del sacello β. Vi erano inoltre 13 monete illeggibili. Il rinvenimento è stato effettuato in due anni di scavo diversi (1985 e 1991) in due quadratini contigui del piazzale nord (il XXIII,2/21 e il XXIII,7/1): difficile dire se le monete appartengano tutt꞉ allo stesso contesto di rinvenimento. Difficile inoltre stabilire se la deposizione delle monete sia avvenuta in due momenti, circoscrivibili cronologicamente in base alla cronologia delle monete (*post* riduzione unciale e *post* riduzione semiunciale), oppure se la deposizione delle monete sia avvenuta tutta in un momento *post* riduzione semiunciale, ma abbia compreso anche qualche moneta più antica.

Testimonianza di una frequentazione tarda del piazzale nord (*Fig. 1.10*), viene dall'interessante rinvenimento di una brocchetta di impasto arancio a pareti sottili, databile tra il I sec. a.C. ed il I sec. d.C.[203], che conteneva uno stelo di chiodo in bronzo defunzionalizzato tramite una piegatura ad anello dell'estremità[204] e una moneta (*Figg. 22a-b, 23*), un dupondio di Galba (D/ Testa laureata di Galba e *SER.GALBA.IMP.CAES.AVG.TR.P*; R/ *Pax* con ramoscello di olivo nella destra protesa e caduceo nella sinistra nel campo *SC* e *PAX AVGVST*, databile tra giugno ed agosto del 68 d.C.[205] (*Fig. 22b-c*). La terra contenuta nel vaso si è rivelata ricchissima di frammenti combusti di legno di olivo[206], la cui valenza sacrale trova conferma in una analoga presenza nei pozzi sud e ovest

---

[203] Può essere confrontato, ad es., col tipo Cosa 22 II 89, da contesto databile all'età di Caligola-inizio del regno di Claudio e Cosa PD46 da contesto databile tra il 110/100 a.C. ed il 40-30 a.C.: DYSON 1976, p. 128, fig. 49, Class 24; p. 94, fig. 32, Class 16.

[204] Tazza con orlo rientrante quasi ad echino, corpo globulare compresso, fondo piano, ansa a sezione rettangolare insellata impostata poco al di sotto dell'orlo. Un esemplare simile proviene da Cosa: DYSON 1976, p. 128, n. 89, fig. 49, 22II-89 (arg. arancio granulosa) dal deposito 6: tra fine età augustea e prima età imperiale (prima metà I d.C.).

[205] Peso gr. 10,38. *BMCRE*, I, p. 330, n. 127, tav. 57.5; *RIC*, p. 246, n. 284, tav. 27.284; COHEN 1859-68, I, 149.

[206] Analizzata dalla dott.ssa Alessandra Célant (Dip. Scienze Storiche Archeologiche e Antropologiche dell'Antichità, Sapienza Università di Roma) che ringraziamo.

del Santuario Monumentale[207]. La singolarità di tale attestazione scaturisce dal fatto che brocchette dello stesso tipo contenenti chiodo e moneta sono largamente documentate tra I e II sec. d.C. in contesti funerari[208]. Ad es., a Roma, ad Osteria del Curato, tale associazione compare in più sepolture[209]. Nelle tombe recentemente rinvenute a Fiano Romano, località Palombaro, in particolare nelle tombe 1 e 15 sono attestate brocche simili alla nostra. Nella tomba 15 la brocca[210] era stata deposta vicino alla spalla sinistra del defunto[211]. La tomba 1, databile alla fine del I d.C., è un *bustum* con deposizione alla cappuccina, con tegole recanti il bollo *CIL* XV, 118a-*LSO* 158 di età domizianea ed ha restituito oltre ad una brocca simile alla nostra, anche con dupondio di Galba del 68 d.C. ed un asse di Domiziano dell'82 d.C.[212]. Ad Ostia (necropoli dell'insediamento rustico di Fralana – Acilia), brocchette con dentro una moneta di bronzo ed un chiodo sono state restituite, ad es., dalla tomba XX datata fine II sec. d.C.[213] e dalla tomba XXII datata alla seconda metà del II sec. d.C.[214]. Anche ad Isernia, nella necropoli in località Quadrella, vasi di forma analoga sono stati rinvenuti in tombe alla cappuccina, che vanno dalla fine del I al secondo

Fig. 22. Piazzale Nord: *a*) brocchetta d'impasto contenente un chiodo e un dupondio di Galba; *b*) dupondio di Galba (D/Galba; R/Pax con ramoscello e caduceo); *c*) confronto (da *BMCRE*, I, tav. 57.5).

quarto del III sec. d.C., insieme ad una moneta e, talora, ad uno o più chiodi (vedi ad es. le tombe 40, 50, 67, 84, 110[215]).

---

[207] COCCOLINI, FOLLIERI 1980, p. 286.

[208] Nel caso della presenza di uno o due chiodi in ferro, anche non associati ad altro corredo, interi ma anche ritorti, sembra possibile scartare l'ipotesi di un loro uso funzionale e cercare altre interpretazioni. F. Catalli pensa ad un carattere simbolico o rituale: il chiodo preserva, protegge qualcuno o qualcosa (CATALLI 2003, p. 127, con bibl. cit.). Per l'uso dei chiodi nei rituali di protezione vedi BEVILACQUA 2001.

[209] Vedi la fotografia in EGIDI, CATALANO, SPADONI 2003, p. 27 e la tabella delle associazioni alle pp. 230-236.

[210] BIANCHI *ET AL.* 2004, pp. 252, n. 2, 255, fig. 63.2.

[211] BIANCHI *ET AL.* 2004, pp. 254-255, figg. 59-62.

[212] BIANCHI *ET AL.* 2004, pp. 243-245, n. 5, figg. 37.5 (brocca), 39 (dupondio di Galba).

[213] *Dalle necropoli di Ostia* 1998, pp. 35-36, fig. 15.

[214] *Dalle necropoli di Ostia* 1998, pp. 36-37, figg. 16-18.

[215] TERZANI, MATTEINI CHIARI 1997, pp. 111, 115-116, 132-133, 155, 193-194.

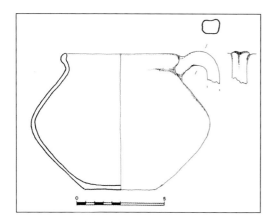

Fig. 23. Piazzale Nord: rilievo della brocchetta d'impasto.

La Facchinetti[216] che ha analizzato di recente l'offerta di monete nelle acque nella Penisola Italiana propende per l'attribuzione dell'introduzione del rito di offerta monetale alle acque al mondo etrusco, da cui sarebbe passato poi a Roma, analogamente ad altre manifestazioni religiose. Nonostante non si abbiano nell'Area Sud di Pyrgi dati relativi all'offerta di monete nelle acque giova evidenziare che vi sono delle analogie con rinvenimenti monetali di questo tipo[217]: frequenza di nominali di basso valore economico, persistenza dell'uso di offrire agli dei nominali enei, moneta come simbolo di un patto sancito tra uomo e divinità. La deposizione di monete nei santuari, efficacemente definita *"pecunia fanatica"*[218], è ampiamente testimoniata in Etruria meridionale (Santa Marinella, Tolfa, Tarquinia-Ara della Regina, Vulci ecc.). L'offerta di monete nei santuari ha, com'è noto, molteplici valenze, tra le quali sarebbe semplicistico evidenziarne una soltanto. Il rinvenimento insieme ad altre offerte (in particolare ex voto fittili e vasi in ceramica) nel santuario dell'Area Sud di Pyrgi, tuttavia, sembra chiaramente indirizzare verso l'offerta in qualità di ex voto; sia esso un'offerta pura e semplice alla divinità (per ringraziamento o per richiesta), o per il sostentamento degli addetti al culto e per la sopravvivenza stessa del santuario, in ogni caso, le monete, come è già stato messo in evidenza, sono offerte da pellegrini e da devoti provenienti forse dai dintorni e sono dunque una testimonianza del bacino d'utenza del santuario. Si potrebbero avanzare altre ipotesi sulla scorta di studi condotti in precedenza: ringraziamento o pagamento per gli oracoli ricevuti[219], pagamento per collegamento con il mondo infero[220].

Appare piuttosto improbabile che esse abbiano svolto la funzione di offerta singola, dal momento che le monete rinvenute nell'area, non sembrano "monadi" isolate e sparse, ma costituiscono gruzzoli piuttosto consistenti. Monete isolate possono, ovviamente, essere cadute accidentalmente, ma difficilmente lo saranno gruppi di monete[221]. In consonanza con i depositi votivi del centro Italia, al contrario, esse sembrano associate a votivi a stampo e a ceramica a vernice nera. La quantità di monete dello stesso taglio e peso rinvenute, fa pensare, mi sembra, più che ad offerte isolate, a gruppi raccolti, magari, entro contenitori in materiale deperibile (cuoio, legno ecc...)[222].

---

[216] FACCHINETTI 2003.

[217] FACCHINETTI 2003, p. 28.

[218] Si veda BODEI GIGLIONI 1978 e da ultimo GORINI 2004, p. 16, con bibl. cit.

[219] FACCHINETTI 2003, p. 37, con bibl. cit.

[220] FACCHINETTI 2003, pp. 36-37, con bibl. cit.

[221] CRAWFORD 2003, p. 72.

[222] CRAWFORD 2003, p. 73.

Nel territorio ceretano è attestata una presenza massiccia di moneta romana fin dalle sue prime emissioni, quelle fuse di peso librale e quelle coniate a leggenda *ROMANO* e *ROMA* (il c.d. gruppo delle romano-campane)[223]. Per quanto riguarda la circolazione monetaria occorre sottolineare che il territorio ceretano ha restituito vari ripostigli[224] di rilevante importanza. Tra essi si segnalano quelli che presentano le maggiori analogie con i rinvenimenti dal santuario di Pyrgi, cioè la presenza delle serie pesanti Bifronte/Mercurio ed Apollo/Apollo[225].

Il ripostiglio di Cerveteri, rinvenuto nel 1852, ha restituito 1734 bronzi, tra i quali 7 pezzi fusi della serie pesante Bifronte/Mercurio (280-276 a.C. Crawford), 15 pezzi della serie leggera Roma/ Roma senza simboli, 4 pezzi della serie della Ruota, 1705 pezzi della serie librale della prora e 3 assi semilibrali della prora[226]. Il ripostiglio di Santa Marinella[227] fu rinvenuto nel 1927 nell'area detta Boccella o Parazzata entro un vaso di rozza terracotta di produzione locale. Ha restituito 18 bronzi fusi tra cui un frammento di quadrilatero e 11 pezzi della serie pesante Bifronte/Mercurio e 4 pezzi della serie Apollo/Apollo e Dioscuri/Apollo (280-261 a.C. Crawford). Inoltre, ai rinvenimenti sporadici dal territorio ceretano, ricordati da M.P. Baglione[228], occorre aggiungere alcuni rinvenimenti da scavi recenti (vedi ad es. quelli dell'ISCIMA- CNR alla Vigna Parrocchiale)[229].

Vorrei sottolineare che il rinvenimento del quadrante della serie Bifronte/Mercurio, D/mano aperta R/ due spighe di grano, in connessione con un'olla d'impasto – che forse lo conteneva –, nell'area del sacello β può essere avvicinata a quella di un quadrante dello stesso tipo avvenuta di recente nel Santuario di *Sol Indiges* a Torvaianica. Il quadrante era associato ad un'oncia del tipo D/ astragalo R/ spiga di grano (*RRC* 14/6), un quadrante del tipo D/R cinghiale (*RRC* 18/4) e ad un'oncia D/R grano d'orzo (*RRC* 18/6), all'interno di un'olla (conservata nella metà inferiore) in *creamware* datata all'età medio repubblicana[230], deposta nelle fondazioni della torre sud delle mura che circondano il santuario. Un'ulteriore oncia del tipo *RRC* 18/6 è stata rinvenuta fuori dall'olla, mentre frammenti di una coppa a vernice nera dell'*atelier des petites estampilles* sono stati rinvenuti dentro e fuori l'olla. La coppa a vernice nera che reca uno stampiglio a palmetta, è probabile, a mio avviso, che avesse svolto la funzione di coperchio dell'olla dopo la deposizione rituale del vaso (eventualmente preceduta da una libagione effettuata con la coppa stessa?).

I dati desumibili dallo studio dei reperti numismatici dal santuario di Apollo nell'Area Sud di Pyrgi, ben 123 esemplari, si rivelano di particolare interesse al fine di ricostruire l'ultima fase di frequentazione del santuario. Tre sono i poli di addensamento dei rinvenimenti: l'edificio α, il piazzale nord e la fossa o con l'altare ζ. L'*aes* grave più antico, databile pochi anni prima della Prima Guerra

---

[223] CATALLI 1989b, p. 35.

[224] CATALLI 1982, p. 133, n. 1-2.

[225] Su tale caratteristica vedi già BAGLIONE 1988-89, p. 323.

[226] CRAWFORD 1969, p. 54, n. 53, con bibl. cit.; BAGLIONE 1988-89, p. 323, n. 3. Cerveteri ha restituito un altro ripostiglio, prima del 1885, contenente *aes rude*, quadrilateri e un fr. di quadrilatero con Elefante/Suino (CRAWFORD 1969, p. 44, n. 8; BAGLIONE 1988-89, p. 322, n. 1).

[227] CESANO 1928; *ERC* I, p. 109; CRAWFORD 1969, p. 47, n. 21; CATALLI 1980; BAGLIONE 1988-89, p. 322; CATALLI 1989b.

[228] BAGLIONE 1988-89, p. 323, nn. 1-5.

[229] BELLELLI 2008b, pp. 79-80, 82, figg. 29-30.

[230] JAIA, MOLINARI 2011, pp. 88-89, tav. 8.5.

Punica, appare equamente distribuito su tutta l'area: un esemplare dalla fossa o, uno dal sacello β, uno dal sacello α, uno presso il *bothros* ε ed uno dall'altare ν. Mentre l'asse semilibrale e le monete sestantarie della prora provengono per lo più dal sacello α e dalla fossa o, quelle della serie della prora unciali sembrano addensarsi maggiormente nella fossa o ed in una circoscritta zona del piazzale nord, presso il sacello β. Le attestazioni più recenti, della serie della prora semiunciale, provengono quasi esclusivamente da quest'ultima area.

Il nostro studio intende offrire una prima presentazione dei dati di rinvenimento delle monete, con la speranza che essi possano offrire un contributo, seppur modesto, ma pur sempre utile alla definizione dei problemi relativi all'introduzione delle riduzioni ponderali dell'asse romano repubblicano.

Le monete sestantarie della serie della prora (cronologia Crawford 211 a.C. circa) provengono per lo più dalla fossa o (il cui contesto, come abbiamo visto, non ha restituito materiali successivi alla fine del III sec. a.C.) e dal sacello α, che ha restituito materiale che, allo stato attuale delle ricerche, non sembra scendere nel II sec. a.C.[231]. Le modalità di deposizione del materiale all'interno della fossa o fanno pensare ad uno scarico votivo, in connessione con i sacrifici compiuti presso l'altare ζ. Le monete sembrerebbero gli oggetti più recenti restituiti dalla fossa; difficile però stabilire se l'offerta di monete abbia accompagnato tale azione rituale, relativa allo scarico di materiali più antichi. Le monete unciali (cronologia Crawford 141 a.C.), molte dalla fossa o, erano associate a ceramica a vernice nera della fine del IV-prima metà del III sec. a.C. e all'anfora greco-italica del tipo V di Vandermersch di fine IV - prima metà del III sec. a.C. Per i rinvenimenti semiunciali (cronologia Crawford 91 a.C.) il problema non si pone, poiché associati a vasellame inquadrabile tra il II ed il I sec. a.C.[232]. Allo stato attuale, i contesti sembrano fornire delle cronologie che concordano con le datazioni, tranne che per le monete unciali (cronologia Crawford 141 a.C.) in un contesto di fine IV-prima metà III sec. a.C. nel quale non sono al momento evidenti reperti archeologici databili nel II sec. a.C.

Giova sottolineare un dato: mentre dall'area del Santuario Maggiore provengono due monete puniche[233], l'Area Sud di Pyrgi non ha restituito, finora, alcun numerario punico. Com'è possibile evidenziare dal recente studio di Daniela Williams, il numerario punico, prevalentemente in bronzo e databile tra la metà del IV secolo a.C. e il 238 a.C., costituisce una realtà piuttosto attestata sulla costa tirrenica (Pyrgi, Santa Marinella-Punta della Vipera Castellina sul Marangone, Gravisca, Tarquinia, Saturnia, Cosa, Ghiaccio Forte, etc...). La distribuzione dei rinvenimenti monetali viene messa in connessione con la sconfitta di Vulci e *Volsinii* e soprattutto l'inizio della Prima Guerra Punica, quando sulla fascia costiera si deducono colonie e si dà il via alla costruzione della via Aurelia[234]. Ciò appare maggiormente anomalo in relazione alla distribuzione degli esemplari datati tra il 264 e il 238 a.C.[235], che appaiono distribuiti esclusivamente sulla fascia costiera, in un periodo

---

[231] Concorda la collega L.M. Michetti che ha visionato, come me, questi materiali nel corso dell'attività di studio.

[232] Per la forma del corpo cfr., ad es., Tarquinia, Scataglini, tomba 57 (Serra Ridgway 1996, p. 70, nn. 57-15, 261, tav. CXXXIV.15).

[233] G. Colonna, in *Pyrgi* 1970, p. 580, nn. 4-5, figg. 429.5-6, 430.5-6.

[234] Williams 2011, p. 1103.

[235] Williams 2011, p. 1106, fig. 3.

in cui il controllo della costa passa sotto il dominio romano. Nell'Area Sud di Pyrgi l'*aes grave* è attestato poco prima della Prima Guerra Punica – in probabile rapporto con una nuova frequentazione da parte dei coloni romani (la fondazione della colonia di Pyrgi viene datata intorno al 264 a.C.). La ricca documentazione archeologica della prima metà del secolo è stata correlata agli eventi degli anni intorno al 270, quando *Caere* è costretta a cedere a Roma metà del territorio[236]. Nell'Area Sud di Pyrgi, per quanto sia presente un elevato numero di monete illeggibili e non databili[237], sembra di poter notare per quanto riguarda gli esemplari della prora un progressivo incremento ed un successivo sensibile calo con la riduzione semiunciale (cronologia Crawford 91 a.C.)[238]. La presenza di monete databili nel secondo quarto e intorno alla metà del II sec. a.C., sembrerebbe indicare una frequentazione (forse sporadica?) dell'Area Sud. Non si può, tuttavia, non rilevare il contrasto cronologico finora emerso dai dati archeologici dei contesti di rinvenimento e queste monete.

Come ha osservato G. Colonna, dopo la metà del III secolo le testimonianze di una prosecuzione del culto sono scarsissime, e si osserva soltanto una sporadica frequentazione dell'area, normale in una zona suburbana e contigua ad un'importante arteria di comunicazione come la via Pyrgi-*Caere*. Secondo M. Crawford sarebbe preferibile credere che il santuario di Pyrgi sia stato distrutto durante la Seconda Guerra Punica e questo spiegherebbe la presenza di monete di una generazione (*or so earlier*) sepolte all'interno ed al di sotto degli strati Aβ ed Aβ2 che hanno sigillato il santuario distrutto[239]. Il calo delle testimonianze numismatiche in età sillana si giustifica con la riorganizzazione del territorio e l'avvenuto abbandono dei luoghi di culto costieri, probabilmente a favore dei santuari sparsi nell'entroterra ceretano all'indomani della creazione del municipio romano nel 90[240].

Del tutto sporadiche appaiono le altre due monete riferibili ad età imperiale, un dupondio o asse di Faustina Minore (D/ Faustina Minor a d. (quasi del tutto illeggibile) *FAVSTINA AVGVSTA* (illeggibile); R/ Diana stante di prospetto con torcia e legenda *DIANA LUCIF* (*ERA*) e nel campo SC)[241] (*Fig. 24a*), dalla fascia orientale che richiama quella dalla zona del tempio A, l'altra, un antoniniano di Probo (D/ Testa radiata di Probo con mantello e scettro con aquila e *IMP CPRO(BVS AVG)*; R/ Pax verso sin. con ramo di ulivo nella destra e scettro e legenda *PAX AV(GVSTI)* e nell'esergo T e (stella) e sotto VXX(I)[242] (*Fig. 24c*), dal piazzale nord nei pressi di un canale.

---

[236] COLONNA 2000, p. 325, nota 468 con bibl.

[237] Almeno 54 esemplari.

[238] *RRC*, p. 77-78: in collegamento con la *Lex Papiria*.

[239] CRAWFORD 1998, p. 123.

[240] CRISTOFANI 1988, pp. 30, 59; CRISTOFANI 1991, p. 21; CRISTOFANI 1999, p. 49; PAPI 2000, pp. 16-28. Per il litorale: ENEI 2001, pp. 62-76.

[241] Peso gr. 8,83. Databile tra 161 e 176 d.C. Parte delle legende, ora quasi del tutto scomparse, era stata registrata dalla sottoscritta nel Giornale di Scavo al momento del rinvenimento. *BMCRE*, IV, p. 539, n. 972, tav. 74.1 della zecca di Roma (Marco Aurelio); *RIC* 1620; COHEN 1859-68, III, 86.

[242] Peso gr. 0,50. Zecca *Ticinum*, II Serie Equiti, quinta officina (lettera T nel campo). 281 d.C. ROBERTSON 1978, p. 178, n. 166, tav. 43.166); CHIARAVALLE 1987, pp. 5, 27-28, tav. V.78. Un antoniniano di Probo del 278 d.C. è stato rinvenuto in località Monte Spaccato, nella zona di Torrimpietra, nei pressi di una cisterna (TARTARA 1999, pp. 238, b, 239, fig. 334). Tra i rinvenimenti monetali del 2009 effettuati nell'area templare dello Scoglietto, che coprono un arco cronologico che va dal II al IV sec. d.C. sono presenti anche due antoniniani di Probo della zecche di Roma e Siscia, D/busto radiato di Probo e R/Pax stante (DE BENETTI 2010a, p. 72, nn. 12-13, tav. VII.12-13).

Fig. 24. Monete di età imperiale: *a*) asse di Faustina Minore (D/Faustina; R/Diana stante con torcia); *b*) confronto da *BMCRE*, IV, tav. 74.1; *c*) antoniniano di Probo (D/Probo; R/Pax con ramo d'ulivo e scettro); *d*) esemplare conservato nella University of Glasgow, Hunter Coin Cabinet (da ROBERTSON 1978, tav. 43.166).

Queste testimonianze, unite ai frustuli di terra sigillata – questi ultimi provenienti esclusivamente dai canali di drenaggio – sono del tutto isolate e riferibili sia ad una trasformazione ad uso agricolo dell'area che, nel Santuario Monumentale, al saccheggio sistematico[243] dei materiali da costruzione[244]. È interessante notare che nel III sec. d.C. *Q. Petronius Melior*, console poco dopo il 240 d.C., dei Petronii di Fiesole, di origini etrusche, fu *curator* di Tarquinia, Gravisca, *Caere* e Pyrgi[245]. Un recente studio di Cuglia e Williams sulla circolazione monetaria in età imperiale romana di alcuni siti dell'Etruria meridionale, *Latium vetus* e Campania ha posto in evidenza come i siti costieri come Cosa, Roselle e Tarquinia si distinguono per una maggiore presenza monetale nei primi tre secoli dell'impero (soprattutto nel periodo 23 a.C. -41 d.C.). Questo dato, da verificare attraverso lo studio e il confronto con i rinvenimenti provenienti da aree limitrofe sembra confermare quanto noto circa la zona costiera e l'area interna, già stata evidenziata più volte sulla base delle fonti antiche e dei resti archeologici[246].

LAURA AMBROSINI

3. CONCLUSIONI

L'analisi delle evidenze archeologiche di età ellenistica fin qui condotto consente di affrontare, seppur in maniera ancora preliminare, il problema dell'apparente trasformazione della natura del culto rispetto alle fasi precedenti. Occorre subito sottolineare che a partire dall'età tardo-classica ed ellenistica, non sono così percepibili dal punto di vista archeologico quelli che possono essere definiti gli aspetti "demetriaci" del culto, particolarmente evidenti nel caso di alcuni dei depositi di età tardo-arcaica rinvenuti nel Santuario Meridionale. Un

[243] G. COLONNA, in *Pyrgi* 1988-89, p. 325.

[244] *Pyrgi* 1959, p. 253. Tale attività sarebbe in tal caso da porsi in età antoniniana, tra il 140 e il 180 d.C.

[245] RAMELLI 2003, pp. 198-199, con bibl. cit.

[246] CUGLIA-WILLIAMS 2007, pp. 167-168.

simile fenomeno di contrazione di queste evidenze appare ancor più evidente nei santuari di Sicilia e Magna Grecia dove i culti demetriaci sono documentati sin dalla seconda metà del VII sec. a.C. e con testimonianze particolarmente rilevanti. Si è ipotizzato che la causa di tale tendenza possa essere collegata al fenomeno panellenico del ritirarsi del culto nella sfera privata[247].

Nel nostro caso, l'affievolirsi di determinate forme del culto può essere almeno in parte imputabile al graduale contatto con la cultura romana, anche se la sopravvivenza di riferimenti alla devozione nei confronti di divinità femminili, forse poco specifici e pertanto difficili da identificare esclusivamente in base ai reperti archeologici, potrebbe essere indiziata, tra l'altro, dalla frequente offerta di ollette in varie zone del Santuario Meridionale. Va rilevato che l'olla, vaso tipicamente femminile[248] per la cottura o la conservazione degli alimenti ma anche contenitore per l'offerta alla divinità delle viscere dell'animale sacrificato, sembra spesso avere una diretta connessione con la presenza di un culto femminile nell'area di rinvenimento. Alle olle grezze nei luoghi di culto competevano funzioni non votive, ma di servizio per l'alimentazione e i sacrifici[249]. Vale la pena di ricordare l'importante olletta in ceramica comune da Volterra con iscrizione *atia[l]* incisa prima della cottura da interpretarsi come iscrizione di possesso da parte di una divinità qualificata come "madre" e giustamente collegata al culto di *Vei*-Demetra[250].

D'altra parte, l'entità di alcuni dei depositi o scarichi di materiali votivi che abbiamo appena presentato, unitamente ad interventi più limitati, sembrano dimostrare l'importanza attribuita, in una fase di generale ristrutturazione dell'area, alle azioni cerimoniali finalizzate allo smantellamento o al restauro di determinati edifici, alla cessazione o continuità d'uso di altari e altre strutture; tali azioni sembrano attuarsi tramite una sorta di risarcimento rituale ottenuto con la deposizione, più o meno selezionata, di vasi ed elementi metallici di varia natura e con l'offerta di vittime animali. Numerosi, come si è visto, sono i confronti per questo tipo di testimonianze, che spaziano dall'Italia centrale tirrenica alla Magna Grecia e alla Sicilia.

Doveroso a questo punto è il confronto con quanto avviene nelle stesse fasi cronologiche nel Santuario Monumentale.

In quest'ultimo, per i votivi a stampo si registra una maggiore presenza di materiali legati alla *sanatio* e alla fertilità, testimonianza di un culto a cielo aperto sulla terrazza situata tra la fronte del tempio A e il mare[251]; di tale culto costituiscono la testimonianza più evidente, come si è visto, i materiali dal riempimento dei due pozzi antistanti il tempio. Del tutto marginale appare al contrario nel Santuario Monumentale la connotazione salutare del culto, mentre emerge con maggior chiarezza il ruolo di una o più divinità femminili cui rinviano le statuette femminili, la colomba e gli orecchini fittili surrogato di esemplari in oro offerti nell'Area Sud anche in contesti più antichi.

---

[247] Per tale fenomeno in Sicilia e Magna Grecia vedi HINZ 1998, pp. 242-243.

[248] Si veda ad esempio, MARTELLI 1984, pp. 51, 54, nota 26; S. FALZONE, in PENSABENE ET AL. 2000, p. 194; *Caere* 4, pp. 174, 215, nota 11 con bibl. cit.; ACCONCIA 2000, p. 157; TORELLI 1998, pp. 126-127; BAGNASCO GIANNI 2005, pp. 95, 97 con bibl. cit.

[249] Ad esempio l'iscrizione *HERA* sulle olle da *Caere* (si veda GENTILI 2004, p. 311, figg. 12-13) significa l'appartenenza alla divinità del santuario in cui sono state rinvenute: COLONNA 2004a, p. 78.

[250] Da ultima BONAMICI 2005, p. 3, con bibl. cit.

[251] *Pyrgi* 1959, pp. 224-225 e altri materiali votivi riutilizzati nella colmatura del muro perimetrale ovest e dei muri interni del tempio, oltre che nelle zone adiacenti i muri nord e sud: *Pyrgi* 1970, p. 552.

Ad ogni modo, comune alle due aree è la quantità estremamente modesta dei votivi a stampo, in contrasto con le centinaia di esemplari consacrati nei depositi coevi del territorio ceretano, come quelli di Vignaccia e Manganello[252]. Questa scarsa evidenza pare, fin dall'età tardo-arcaica, una costante nel regime delle offerte a Pyrgi, soprattutto nel Santuario Monumentale, dove, anche nella fase più recente, il dono prescelto per le divinità è rappresentato certamente dalle ceramiche.

LAURA AMBROSINI, LAURA M. MICHETTI

---

[252] CRISTOFANI 2000, p. 424.

LE OFFERTE IN METALLO: RIFLESSIONI PRELIMINARI SUGLI ASPETTI FORMALI, PONDERALI ED ECONOMICI

Gli scavi del Santuario Meridionale di *Pyrgi* hanno restituito una notevole quantità di reperti metallici, per lo più offerte di fondazione, di consacrazione e votive[1] ed in minor parte utensili funzionali allo svolgimento del culto – ad esempio coltelli in ferro[2] e recipienti in bronzo – oppure ai lavori di carpenteria per realizzare alzati, coperture e apparati decorativi degli edifici e delle altre strutture sacre, come chiodi in ferro e bronzo o colature in piombo.

Tra le offerte metalliche è già da tempo nota la presenza di un cospicuo complesso di oltre 300 frammenti di armi per lo più in ferro, prevalentemente rinvenuti nella massicciata di riempimento del grande Piazzale Nord insieme ad abbondante ceramica attica e ad altri manufatti metallici e ceramici in gran parte databili tra il V e il IV secolo, con un certo numero di attestazioni più recenti, e in buona percentuale anche nel Piazzale Ovest. Per la maggior parte si tratta di armi offensive, da lancio, almeno 200 rinvenute insieme ad astragali e ad *aes rude* nel Piazzale Nord[3]. Si hanno soprattutto punte di freccia e giavellotto in ferro di forma triangolare, romboidale o lanceolata, lunghe in media 6-7 cm.; solo un piccolo gruppo presenta una lunghezza inferiore, di circa 4-5 cm. È presente anche qualche piccola punta di lancia o giavellotto la cui lunghezza si aggira intorno ai 10 cm. Eccezionali sono le punte di freccia di piccole dimensioni in ferro oppure in bronzo, queste ultime attestate finora da un unico esemplare in lamina.

Di tali armi, la cui interpretazione – in parte legata all'affinità anche per la consistenza numerica con analoghi rinvenimenti in contesti santuariali in Grecia, più che in Etruria o in altre aree della penisola italiana – è resa problematica dalle condizioni di giacitura[4], è stata già ipotizzata come è

---

[1] Per alcune delle offerte metalliche più significative in relazione ai culti documentati in questa parte del santuario che non sono prese in considerazione in queste pagine – ad esempio le chiavi e la serratura in ferro e le "foglie" in ferro e in bronzo – si rimanda alle osservazioni contenute nei contributi presentati in questo volume da Maria Paola Baglione, Barbara Belelli Marchesini, Claudia Carlucci e Lorella Maneschi, Maria Donatella Gentili, Laura Maria Michetti e Laura Ambrosini e a BAGLIONE c.s. a; BAGLIONE *ET AL.* c.s.; BELELLI MARCHESINI *ET AL.* 2012.

[2] Sulle *machairai* e i coltelli in ferro rinvenuti in diversi punti del Santuario Meridionale di Pyrgi vedi BAGLIONE 1989-90, p. 664; BAGLIONE 2000, p. 351. Per gli alari dall'altare λ e per altri esempi di strumenti rituali e sacrificali in ferro relativi alle fasi recenti di vita dell'area, come gli spiedi presenti nel cd. "deposito delle coppette" dell'edificio β e il coltellino rinvenuto nello scarico della fossa ο, vedi rispettivamente i contributi di C. Carlucci e L. Maneschi e quello L.M. Michetti e L. Ambrosini in questa sede.

[3] BAGLIONE 1989-90, pp. 659-664, fig. 5.

[4] BAGLIONE 1989-90, pp. 662-664. Per i poco numerosi esemplari di armi votive in bronzo e in ferro di

noto la relazione con il culto di *Śuri*[5], il dio nero, epiteto di una terribile divinità infera, innominabile, identificabile con Ade e assimilata dai Greci ad un particolare aspetto di Apollo[6], pur restando da verificare la possibilità di un'attribuzione in parte anche ad altre divinità armate[7].

Oltre alle armi in ferro tra le offerte in metallo si distinguono due categorie principali, la prima in piombo e la seconda in bronzo, che sembrano entrambe contraddistinte da una duplice valenza sacrale ed economica[8].

Tra gli oggetti in piombo di interpretazione non univoca possono essere annoverate le numerose "ghiande missili" per le quali, oltre alla più ovvia funzione di proiettili[9], potrebbe essere ammessa anche una valenza economica legata ad un preciso valore ponderale – tra l'altro in considerazione della relativa uniformità delle dimensioni e dei pesi attestati, constatabile anche a Pyrgi[10] – valore che nei contesti santuariali è associato parallelamente e non secondariamente ad una valenza di offerta votiva in relazione al carattere del culto[11].

---

ridotte dimensioni da Gravisca, in particolare dal deposito votivo del santuario settentrionale, cfr. COLIVICCHI 2004, p. 59; FORTUNELLI 2007, pp. 290-294, 296-300, con riferimenti e confronti, non includenti gli esemplari pyrgensi, nei santuari di Campetti a Veio, Celle a Falerii, S. Cecilia ad Anagni.

[5] COLONNA 1984-85, pp. 74 sgg.; COLONNA 1991-92, pp. 101-102, figg. 42-44; cfr. COLONNA 2007a, pp. 118-119, nota 141, p. 123, per le punte in ferro di freccia e giavellotto allusive ai fulmini del dio, votate come simboli "*della temuta capacità fulgoratoria del dio*", p. 119, nota 142, fig. 2; per il *sauroter* bronzeo con asta di ferro dal deposito κ, deposto sotto un bacile (a mio avviso uno scudo: vedi *infra*, nota 7) come *pars pro toto* della lancia alludente "*al dio in quanto sovrano dell'Ade*". Sulle divinità del santuario vedi ora anche COLONNA 2012 a, b. Per esempi di contesti sacri caratterizzati da offerte di armi in Magna Grecia cfr. i recenti contributi di CARDOSA 2000; PARRA 2006; PARRA 2010; LA TORRE 2011.

[6] COLONNA 2007a, in particolare pp. 123-126.

[7] Ad esempio *Menerva*, il cui culto è attestato epigraficamente sia nell'area del Piazzale Nord che nel settore orientale del santuario (cfr. il contributo di D.F. Maras in questo volume, a cui si rimanda per la relativa bibliografia). Alla dea potrebbe forse riferirsi lo scudo indiziato da una maniglia in ferro e piombo rivestita di bronzo rinvenuta nel piazzale Nord (SAVIANO *ET AL.* 2002; CAVALLINI *ET AL.* 2003; SAVIANO, FELLI, DRAGO 2006, pp. 84-85, fig. 9) e, in via ipotetica, lo scudo (secondo l'interpretazione della scrivente: DRAGO TROCCOLI c.s.c) di dimensioni contenute (diam. ricostruibile tra cm. 60 e 70), rinvenuto nel deposito κ e già interpretato come bacile capovolto (COLONNA 1995, p. 442; BAGLIONE 2004, p. 93; BAGLIONE 2008a, p. 311. Cfr. M.D. Gentili in questo volume).

[8] Vedi *infra*.

[9] In generale vedi ad esempio CERCHIAI 1982-83 e da ultimo, con l'ampia bibliografia precedente, BENEDETTI 2012. A Pyrgi, oltre ai rinvenimenti nel santuario, sono da menzionare le ghiande missili in piombo recuperate sui fondali del porto antico (ENEI 2004, p. 70, fig. 103: dal sito 11 presso il porto canale si segnalano nove ghiande missili recuperate negli anni '80 ed una rinvenuta isolata sul fondale roccioso).

[10] A Pyrgi la maggior parte delle ghiande missili presenta pesi variabili tra gr. 24,37 e gr. 47,35 e misure per lo più comprese tra cm. 2 × 1,5; 2,8 × 1,5; 3 × 1,5; 3,3 × 1,9. Si notano in particolare oscillazioni di peso intorno ai seguenti valori: tra gr. 24,37 e 24,85; tra gr. 26,37 e 26,96; tra gr. 28,13 e 28,55; tra gr. 29,02 e 29,99; tra gr. 30,16 e 30,94; tra gr. 31,61 e 31,71; tra gr. 32,08 e 32,78; tra gr. 40,40 e 40,68; tra gr. 44,19 e 44,71. Un recente tentativo di attribuire precisi valori ponderali in rapporto a sottomultipli dell'asse tra la fine del IV e il I sec. a.C. ad un gruppo di ghiande missili dal territorio di Cencelle (SERI 2010), comprendente anche i rinvenimenti dall'abitato della Castellina del Marangone, entro e fuori le mura, in parte ipoteticamente messe in relazione all'attacco di Dionigi di Siracusa del 384 a.C. (MAFFEI - NASTASI 2010), potrebbe essere inficiato dall'impossibilità di riferire i rinvenimenti a contesti definiti e di cronologia certa.

[11] Ad esempio basti ricordare che ghiande missili sono documentate nei santuari dedicati ad Hera come

A *Pyrgi* le modalità di rinvenimento di gran parte delle ghiande missili, rinvenute nello strato argilloso[12] che sigilla nella seconda metà del IV secolo l'area degli altari e dei depositi maggiormente sconvolta nella prima metà del secolo, ne hanno fatto ipotizzare una relazione in prevalenza con episodi bellici, a partire dal sacco siracusano[13], piuttosto che con il culto, consigliando cautela nel prenderle in considerazione ai fini dell'individuazione del sistema ponderale di riferimento, in assenza finora di evidenze certe in strati e contesti più antichi che potrebbero lasciare aperta la possibilità di una diversa interpretazione[14].

Particolare interesse tra le offerte in piombo rivestono un gruppo di undici oggetti già ritenuti "lingotti"[15] o "cippi"[16], per i quali è stata avanzata di recente anche una possibile interpretazione come riproduzioni eccezionalmente plumbee di ceppi d'àncora[17] litici nell'ambito della più ampia categoria dei *tetragonoi lithoi* utilizzati negli antichissimi culti aniconici ricordati da Pausania, e ritenute, anche sulla base della distribuzione delle iscrizioni relative al dio[18], offerte peculiari del culto di Śuri/Ade/Apollo[19], e una serie di "colature" di dimensioni e peso variabili.

La valenza sacrale ed economica dei cippi a forma di ceppo d'àncora e delle "colature" appare chiaramente in rapporto da un lato al valore intrinseco del metallo, dall'altra alla specifica funzione di offerta assunta da ciascun oggetto in diretta relazione sia alla natura del metallo (nel caso del piombo nei contesti esaminati sicuramente in rapporto a divinità infere[20]) che al suo peso o, nel

---

offerte, in associazione con armi di dimensioni reali o in miniatura, da riferire all'aspetto militare e virile della divinità (cfr. CIPRIANI 1997, p. 218).

[12] Secondo la ricostruzione della stratigrafia del santuario meridionale proposta da B. Belelli Marchesini in questo volume le ghiande missili sarebbero state intenzionalmente inserite nello strato in qualità di offerte votive.

[13] COLONNA 1995, p. 443 (in riferimento all'attacco siracusano del 384 a.C.).

[14] Per i dati stratigrafici relativi ai rinvenimenti di ghiande missili si vedano in generale in questo volume le osservazioni di Barbara Belelli Marchesini. Per quanto riguarda i contesti riferibili alla prima metà del V secolo si può ricordare ad esempio che una ghianda missile è stata rinvenuta in corrispondenza del deposito κ, ma la relazione stratigrafica con lo strato argilloso che obliterava tutta l'area, piuttosto che con il settore del deposito in cui sono stati rinvenuti un probabile scudo (vedi *supra*: DRAGO TROCCOLI c.s.c) e il sauroter già menzionato alla nota 5, rinvenuto sotto lo scudo o bacile (COLONNA 2007a, p. 119, nota 142, fig. 2), non permettono di accertarne una valenza votiva, in relazione al culto di una divinità armata. Vedi inoltre in questa sede il contributo di Laura Maria Michetti per la presenza di una ghianda missile plumbea nella fossa o, che potrebbe essere menzionata come esempio di attestazione in qualità di offerta votiva nelle fasi più recenti di vita del santuario. Anche questa ghianda missile potrebbe però essere stata compresa tra i materiali provenienti dagli strati riferibili al IV secolo, poi confluiti nell'accumulo di oggetti costituenti il riempimento della fossa o, databili per lo più tra l'avanzato IV e il III-II sec. a.C.

[15] Ad esempio COLONNA 1995; COLONNA 1998a, pp. 131-132.

[16] La funzione di "cippi" e di simulacri aniconici di Śuri è ipotizzata in COLONNA 2007a, pp. 119-120.

[17] Un riferimento alle àncore è presente anche nel deposito κ, se coglie nel segno l'interpretazione dell'anello poggiato sull'oggetto rettangolare in lamina di bronzo deposto a contatto del filare settentrionale di pietre del deposito come elemento della catena di un'àncora (cfr. in questa sede C. Carlucci e L. Maneschi).

[18] Vedi D.F. Maras in questo volume.

[19] DRAGO TROCCOLI 2012; DRAGO TROCCOLI c.s.c.

[20] Il piombo, utilizzato in ambito greco tanto per iscrizioni di carattere sacro che pubblico, è significativamente utilizzato con sistematicità soprattutto in ambito etrusco per realizzare i supporti, spesso semplici lamine,

caso di un insieme di oggetti, analogamente alle offerte in *aes rude* – spesso associate a categorie ben definite di oggetti metallici finiti per lo più frammentati – sia al peso dei singoli elementi che soprattutto al loro totale.

Il valore specifico dei diversi oggetti in metallo è chiaramente espresso anche dal loro preciso posizionamento secondo azioni svolte in successione tra loro, rispondenti ad un ben codificato e rigido rituale, tra la fine del VI e la prima metà del V secolo chiaramente testimoniate soprattutto nell'area del Piazzale Ovest e dell'edificio β, nell'area dell'altare λ e dell'attiguo deposito κ, dell'edificio γ e dell'altare e dell'annesso *bothros* ε.

Le undici riproduzioni di ceppi d'àncora in piombo, i cui pesi vanno da circa 1 Kg. fino a oltre 38 Kg., sono stati rinvenuti due nel piazzale Nord, presso l'edificio α, sette all'interno dell'altare λ, uno presso l'edificio γ e uno presso l'altare e il *bothros* ε, ovvero per lo più in relazione ad alcune delle principali strutture realizzate nell'area sacra tra i primi decenni e la metà del V secolo (*Fig. 1*).

L'interpretazione non come veri e propri ceppi d'àncora, eventualmente riutilizzati come offerte votive di singoli devoti[21], ma come riproduzioni simboliche – appositamente prodotte in piombo in relazione al culto – dei due tipi di ceppi d'àncora allora in uso, realizzato ancora in pietra[22], in dimensioni gradualmente crescenti in base alle esigenze e all'importanza delle offerte ufficialmente deposte dai sacerdoti all'atto della fondazione e consacrazione dei diversi edifici e altari a *Śuri*/Ade/Apollo[23], è

---

di iscrizioni a carattere magico e sacrale e più in generale nei casi in cui si richiede l'intervento di una divinità infera, come si può verificare, per citare gli esempi più noti, per i piombi di Magliano e di Santa Marinella (per il mondo etrusco-italico cfr. Colonna 2007a, pp. 120, 122, con altre esemplificazioni e riferimenti bibliografici; per il mondo greco-romano, con particolare riguardo alla nutrita serie delle *defixiones*, cfr. Lazzarini 2004, p. 594; Bevilacqua 2010, pp. 32-36).

[21] Come proposto a partire da Gianfrotta 1975; Torelli 1977. Cfr. da ultima Parra 2010, p. 49.

[22] Pur restando ancora da approfondire la questione relativa alla comparsa dei primi ceppi d'àncora in piombo accanto ai più antichi esemplari in pietra, si può notare come la maggior parte degli studiosi si siano mostrati pressoché concordi nel ritenere che nella prima metà del V secolo i ceppi d'àncora fossero ancora realizzati prevalentemente in pietra e nel riconoscere una diffusione di quelli in piombo soprattutto a partire dal IV secolo, a lungo accanto ad esemplari lapidei (Gianfrotta 1975; Gianfrotta 1977; Gianfrotta 1982; Gianfrotta 1983; Gianfrotta, Pomey 1981, pp. 297-309; Kapitän 1984; Colivicchi 2004, p. 141; Berti 2009). Nell'avanzato V secolo è attestato l'uso di àncore in legno con barre di appesantimento in piombo: tra le più antiche testimonianze note di quest'ultimo tipo cfr. gli esemplari dal relitto della nave fenicia di Ma'agan Mikhael, rinvenuto lungo la costa israeliana 30 km a sud di Haifa (Linder, Kahanov 2003-2004, I, p. 143, fig. 4). Tra i più antichi ceppi d'àncora mobili in piombo potrebbero essere menzionati i mezzi ceppi delle grandi àncore dal relitto di Porticello, datato dagli editori tra il 415 e il 385 a.C. (Eiseman, Ridgway 1987, pp. 17-23, figg. 2, 12-15); sebbene si possa ipotizzare qualche attestazione più antica (escludendo però il discusso esemplare di Cap d'Antibes, già attribuito ad età arcaica ma non riferibile con certezza al relitto della prima metà del VI sec. a.C. e pertinente ad un tipo d'àncora interamente in piombo con incasso quadrangolare, comune a partire dal III sec. a.C. anche se nella meno rara variante con perno di fissaggio), non è possibile al momento fare ulteriori precisazioni data la nota difficoltà di classificazione ed inquadramento cronologico dei diversi esemplari, per lo più decontestualizzati e musealizzati senza dati di provenienza, frutto di rinvenimenti fortuiti sui litorali o in occasione di ricerche subacquee non sempre sistematiche (vedi in generale Avilia 2007).

[23] Drago Troccoli 2012; Drago Troccoli c.s.c. Antonetti *et al.* c.s., contributi a cui si rimanda per il rapporto con la categoria dei *tetragonoi* e degli *argoi lithoi* e gli antichi culti aniconici menzionati in Pausania e la connessione, sia pure non esclusiva, delle offerte di ceppi d'àncora con un aspetto del culto apollineo, supportata

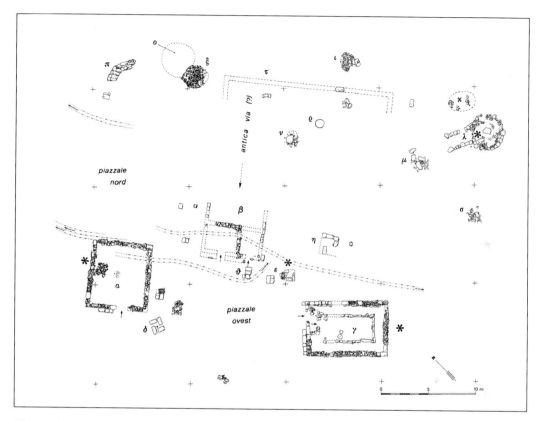

Fig. 1. Pianta del Santuario Meridionale di Pyrgi. Gli asterischi indicano il luogo di rinvenimento di dieci dei cd. "lingotti" in piombo.

confortata dalle caratteristiche morfologiche e dal tipo di lavorazione dei piombi che ne esclude un uso reale, soprattutto nel caso degli esemplari di dimensioni minori.

L'esemplare più piccolo e lacunoso ad entrambe le estremità (*Fig. 2*), rinvenuto nel piazzale Nord non lontano dall'angolo est dell'edificio α[24], è caratterizzato dalla presenza di grossi inclusi ferrosi inglobati all'interno della massa plumbea e da una patina di alterazione superficiale di colore rossastro, forse legata all'ossidazione dei suddetti inclusi.

---

dalle evidenze di Gravisca, dove sia il cd. cippo di Sostrato che alcuni dei numerosi ceppi anepigrafi messi in luce nel santuario si concentrano nell'area del cortile A dell'edificio α consacrato ad Apollo (FIORINI 2005a, pp. 120-121, 137, 190), e dalle numerose attestazioni concentrate presso l'altare del tempio arcaico B di Metaponto sacro ad Apollo *Lykeios* (MERTENS 2006, pp. 153-155, figg. 266, 269). Per un ulteriore possibile collegamento con la sfera dionisiaca, in relazione al viaggio nel mondo ultraterreno e per il suo compimento via mare vedi *infra*.

[24] Inv. 85.20 b4. Misure del frammento conservato cm. 12 × 7 × 1.

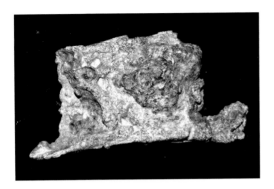

Fig. 2. "Lingotto" in piombo dal piazzale Nord.

Il peso conservato di gr. 596,37 in rapporto alle dimensioni potrebbe far ipotizzare un peso originario forse vicino o di poco superiore a Kg. 1[25].

Un altro, forse in origine non molto più grande ma di maggiore spessore, anch'esso lacunoso ad entrambe le estremità[26], è stato rinvenuto presso il muro nord dell'edificio α (*Fig. 3*)[27]. Il peso conservato di Kg. 1,154 in rapporto alle dimensioni potrebbe far ipotizzare un peso originario forse inferiore a Kg. 1,5.

Anche questo esemplare presenta la medesima vistosa caratteristica del precedente e di quelli di dimensioni maggiori, ovvero l'inserimento molto probabilmente volontario all'interno della massa plumbea di grossi inclusi, ben visibili in superficie[28], consistenti in materiale di scarto, prevalentemente scorie siderurgiche – forse di lavorazione se non di raffinazione del blumo o di riduzione del minerale – e frammenti di minerale ferroso (in diversi casi blocchetti di ematite[29]), uniti a frammenti litici. Tali presenze potrebbero costituire un indizio a favore dell'ipotesi che la fusione di questi piombi[30] sia stata realizzata in un

---

[25] Non è stato ancora possibile effettuare una stima precisa del peso totale originario di questo esemplare come dell'altro rinvenuto presso l'edificio α. Per la prassi generalmente in uso per tale calcolo su manufatti lacunosi non metallici (che prevedono la ricostruzione delle parti mancanti, solitamente con una resina sintetica, la determinazione del peso specifico del manufatto e del volume delle parti mancanti, per immersione) cfr. ad esempio CARDARELLI, PACCIARELLI, PALLANTE 2001, pp. 37, 58, nota 28.

[26] Inv. 86.109. Misure del frammento conservato cm. 13,7 × 6 × 3,2.

[27] In possibile allineamento con un angolo della struttura π, in corrispondenza di una base in cui poteva essere collocato un cippo perduto, come ipotizzato da Barbara Belelli, che ritiene che pure questo settore sia interessato dalle rigide modalità di definizione dello spazio sacro anche mediante l'utilizzo nelle operazioni di traguardo di segnacoli dalla forte valenza ctonia o catactonia, poi ritualmente interrati, come appare evidente soprattutto nelle modalità di deposizione dell'esemplare in piombo presso l'edificio γ.

[28] Apprezzabili chiaramente nelle foto e nei rilievi relativi a questo esemplare e ai quattro di dimensioni minori dell'altare λ, realizzati con la consueta perizia da Sergio Barberini del Dipartimento di Scienze dell'Antichità della Sapienza Università di Roma (figg. 5-8). Per un'analisi preliminare, effettuata su un gruppo ristretto di campioni prelevati da alcuni dei ceppi, degli "inclusi litoidi", dei "minerali ossidati" e delle tracce di "terreno pozzolanico" evidenti sulla loro superficie, cfr. SAVIANO, FELLI, DRAGO 2006, pp. 77-80, con bibliografia precedente.

[29] Non solo nel cippo n. inv. 97 EF presso l'edificio γ, come già notato da Claudio Giardino, ma anche nella maggior parte degli altri ceppi, da cui sono stati da tempo prelevati campioni dei diversi inclusi, attualmente in corso di studio da parte di Marco Benvenuti.

[30] Sono tuttora in corso ricerche per verificare le possibili modalità di fusione dei diversi esemplari. Per un'ipotesi preliminare, per ora non dimostrabile, sulla probabile fusione degli esemplari di dimensioni maggiori, in quanto caratterizzati da forma e superfici irregolari, manifattura più grossolana, superficie frastagliata e meno regolare e presenza di inclusi di maggiori dimensioni e in maggior numero, ricchi tra l'altro di pozzolana, in "*cavità ricavate in terra su di uno strato di terreno pozzolanico*" e la possibilità che tali inclusi siano stati

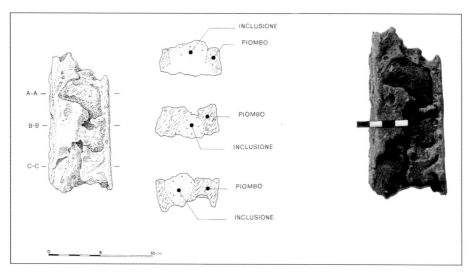

Fig. 3. "Lingotto" in piombo presso l'edificio α.

settore destinato alla lavorazione dei metalli localizzabile nei pressi dell'area sacra non ancora individuato nel corso degli scavi finora effettuati[31].

"*inglobati superficialmente ... all'atto della colata e ... rimasti aderenti dopo la rimozione del lingotto dalla forma*", insieme all'ipotesi che gli esemplari di dimensioni minori, con meno inclusi e superfici più regolari e omogenee, siano stati "*realizzati rifondendo lingotti più grossolani (di prima fusione) e colati in stampi di terracotta*", cfr. SAVIANO, FELLI, DRAGO 2006, pp. 78-79.

[31] L'ipotesi che anche a Pyrgi un'area di lavorazione dei metalli – sia rame e relative leghe che piombo e ferro – fosse presente in un settore non distante da quello esplorato del santuario, come in Etruria ad esempio a Cerveteri, in località Vigna Parrocchiale (CRISTOFANI 1986; BELLELLI 2001; BELLELLI, GUIDI, TROJSI 2001; BELLELLI 2003; GUIDI, TROJSI 2003; BELLELLI 2005; BELLELLI 2008a; BELLELLI 2008b) e a Gravisca (FIORINI 2001, con bibliografia di riferimento sulle officine metallurgiche in contesti santuariali; FIORINI 2005a, pp. 183-185; FRANCESCHI, LUCIANO 2005; FORTUNELLI 2007, pp. 295-296) e nei santuari greci e della Magna Grecia (cfr. ad esempio, con ulteriore bibliografia, PARRA 2010, p. 53), può essere supportata da diversi indizi, in particolare il rinvenimento in diversi punti dello scavo, a partire dal Piazzale Nord, di gocce, grumi, residui e scorie di fusione di rame, in parte informi e di aspetto spugnoso, del peso di pochi grammi, e di numerose colature plumbee forse in parte riferibili ad offerte di consacrazione e in parte a lavori edilizi, nonché le caratteristiche dei singolari inclusi ferrosi e litoidi delle riproduzioni di ceppi d'àncora in piombo su illustrate. Tali indizi, già evidenti sulla sola base dell'analisi autoptica dei reperti, appaiono confermati dalle osservazioni preliminarmente effettuate da Claudio Giardino sui soli ceppi in piombo e dalle analisi archeometriche tuttora in corso su un consistente gruppo di materiali in piombo, leghe di rame e ferro a cura di Giovanna Saviano del Dipartimento di Ingegneria Chimica Materiali Ambiente della Sapienza Università di Roma (cfr. una sintesi preliminare in SAVIANO, FELLI, DRAGO 2006, con bibliografia precedente) ed ora anche, su campioni dei diversi inclusi ferrosi dei ceppi d'àncora, da parte di Marco Benvenuti del Dipartimento di Scienze della Terra dell'Università degli Studi di Firenze, ai quali sono grata per la generosa disponibilità e il prezioso sostegno alla ricerca.

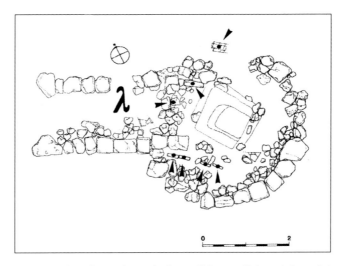

Fig. 4. L'altare λ. Le frecce indicano il luogo di deposizione dei sette "lingotti" in piombo.

Per quanto riguarda l'altare λ interessato dalla deposizione di ben 7 esemplari[32] (*Fig. 4*), si deve notare la concentrazione all'interno del tamburo di un gruppo di 4 ceppi di dimensioni e peso minori, allineati orizzontalmente su un lato a coppie[33], di cui tre di peso analogo, rispettivamente Kg. 5,300[34]; 5,400[35]; 5,500[36], e uno poco più grande, di Kg. 6,400[37], per un totale di Kg. 22,600 (*Figg. 5-8*). La presenza in questi quattro ceppi più piccoli di simili codoli cilindrici[38], in due esemplari apparentemente presenti su un solo lato (*Fig. 9*), e la loro relativa omogeneità per forma e dimensione, unitamente a quanto osservato a proposito della presenza verosimilmente intenzionale al loro interno di grossi inclusi di scorie e minerali ferrosi insieme a frammenti litoidi, ha fatto prendere in considerazione l'ipotesi che essi siano stati realizzati in prossimità dell'area sacra con un'unica colata di piombo in casseforme forse di argilla refrattaria (piuttosto che in cavità ricavate nel terreno, data la relativa regolarità delle superfici già messa in evidenza) comunicanti in sequenza, ma tale ipotesi non sembra al momento suffragata dai dati ricavabili dallo studio archeometallurgico e archeometrico. Va in particolar modo osservato come la forma cilindrica dei codoli presupponga l'utilizzo di uno stampo di colata chiuso.

---

[32] Sull'altare λ e i 7 ceppi di piombo cfr. Colonna 1995, pp. 441-442, tavv. LIII a, LIV a, c; Colonna 2006b, pp. 137-138; Colonna 2007a, p. 120, tavv. XXIV e, XXVI a.

[33] Cfr. in questo volume il contributo di B. Belelli Marchesini, fig. 11.

[34] Inv. n. 94 DN 4. Cm. 23,8 × 6,8 × 3,2 - 4.

[35] Inv. n. 94 DN 1. Cm. 23,5 × 7 × 2,5 - 4,6.

[36] Inv. n. 94 DN 3. Cm. 21,6 × 7 × 3 - 4,6.

[37] Inv. n. 94 DN 2. Cm. 24,4 × 7,5 × 2,9 - 4,8.

[38] Secondo Claudio Giardino "canaletti fusori di collegamento".

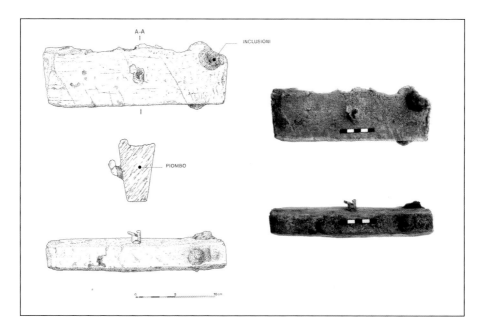

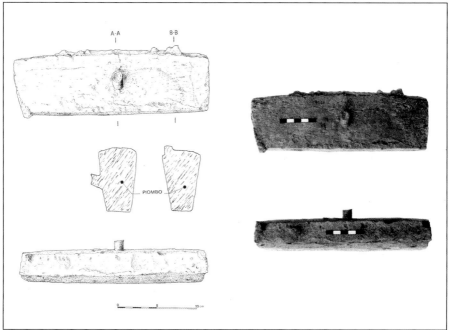

Figg. 5-6. I quattro "lingotti" minori dall'altare λ.

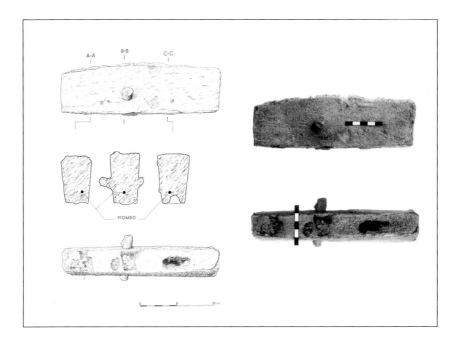

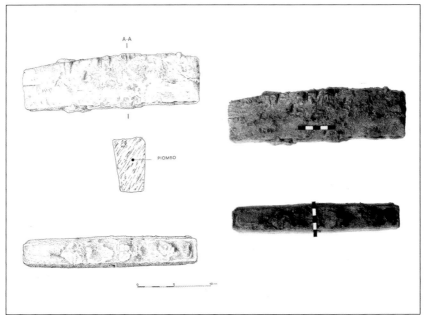

Figg. 7-8. I quattro "lingotti" minori dall'altare λ.

Alcune striature presenti sulla superficie, ben visibili soprattutto alle basi di questi esemplari e in alcuni di quelli di dimensioni maggiori, potrebbero interpretarsi come impronte delle pareti forse rivestite in legno della cavità o della forma in cui è avvenuta la fusione, ovvero come tracce degli interventi successivi al raffreddamento del piombo con attrezzi funzionali a ritocchi per la regolarizzazione e rifinitura delle superfici dopo l'estrazione del prodotto finito dalla cavità o dalla cassaforma.

Gli altri tre ceppi di grandissime dimensioni sono stati invece rinvenuti sempre in posizione orizzontale, in un caso dubitativamente, in corrispondenza della fine della rampa d'accesso all'altare, a marcare il limite tra questa e il tamburo (*Fig. 4*).

Il ceppo che costituiva l'offerta di maggiore impegno, ben Kg. 38,500[39] (*Fig. 10*), era stato deposto forse per primo a maggiore profondità nel settore centrale tra la rampa e il tamburo. Tale

Fig. 9. I quattro "lingotti" minori dall'altare λ.

circostanza e l'orientamento NE-SO, pressoché conforme a quello della fronte dell'altare quadrangolare all'interno del tamburo, forse significativamente opposto a quello degli altri sei ceppi, tutti deposti in senso NO-SE, appare un indizio a favore dell'ipotesi che la sua deposizione abbia rappresentato uno dei momenti più salienti dell'intero rituale di fondazione di λ, altare che con i suoi sette ceppi doveva costituire il fulcro dell'area riservata ai riti svolti in onore del temibile dio infero *Śuri*/Ade/Apollo[40].

Inoltre, sempre a supporto di tale ipotesi, è da notare come la superficie di questo ceppo, oltre all'inserimento dei grandi inclusi, per lo più costituiti da blocchetti di ematite e scorie ferrose misti a scarsi frammenti litoidi (che hanno provocato in più punti, in particolare alle due estremità, vistose fratture sia in senso longitudinale che trasversale[41]), presenta in corrispondenza di una delle facce numerosi tagli apparentemente causati da ripetuti colpi d'accetta – meno vistosamente apprezzabili sul grande ceppo presso il *bothros* ε e ancor meno su uno dei ceppi minori dello stesso altare λ – ipoteticamente riferibili a pratiche cultuali da ritenere genericamente affini alle pratiche di defunzionalizzazione e piegatura o frattura rituale ben note in ambito protostorico, praticate per lo più, in un numero relativamente ristretto di casi, in relazione alla deposizione di armi reali nei corredi funerari.

Di grande interesse è inoltre la presenza unicamente su questo ceppo di una accentuata costolatura

---

[39] Inv. n. 97 AQ 154. Cm. 48 × 15,5 × 11.

[40] DRAGO TROCCOLI 2012.

[41] Come le profonde fessurazioni disposte a croce in corrispondenza dell'estremità maggiore, assolutamente non interpretabili, nonostante l'apparenza, come intagli praticati intenzionalmente per alludere al punto d'inserimento del ceppo nella marra, come mi conferma l'amico Marco Benvenuti, che ringrazio per la preziosa consulenza.

Figg. 10-12. I tre "lingotti" maggiori dall'altare λ.

a sezione rettangolare, su cui è stata poi praticata una incisione longitudinale, in corrispondenza della stessa estremità (*Fig. 10*). Tale particolare è senza dubbio da riferire alla forma dello stampo realizzato per la colata ma al momento non sembra essere giustificata da motivi tecnici o funzionali, reali o simbolici, in via d'ipotesi in rapporto alle caratteristiche dei ceppi d'àncora reali. Appare suggestivo l'accostamento con le costolature e solcature che caratterizzano le estremità di alcuni dei ciottoli in basalto nero e in serpentino rinvenuti in diverse aree sacre dell'Italia centrale, in particolare nell'area di Orvieto, più di recente anche nel santuario di Campo della Fiera, connotate da peculiari rappresentazioni di "fulmini" rivolti verso il basso già riferiti al culto di *Tinia*, secondo l'interpretazione di Giovanni Colonna riferibili invece al culto di *Śuri*[42].

Il ceppo di Kg. 28,300[43] (*Fig. 11*), la cui deposizione era particolarmente accurata, definita alla base e lateralmente dalle pietre del filare interno del tamburo, era collocato a breve distanza dal precedente ma al limite est della rampa, tra questa e il tamburo, mentre quello, lacunoso ad un'estremità, dal peso conservato di Kg. 21,750,[44] (*Fig. 12*), era deposto presso il limite esterno del lato est del tamburo, coperto da un coppo e contenuto tra due pietre addossate ai lati brevi.

Il totale dei pesi conservati dei tre ceppi maggiori arriva a Kg. 88,550, quello complessivo dei sette ceppi a Kg. 111,150.

Relativamente omogenei per forma e caratteristiche tecniche rispetto ai tre ceppi maggiori dell'altare λ sono sostanzialmente anche gli altri due grandi ceppi di notevoli dimensioni, entrambi lacunosi: quello presso il lato NE del *bothros* ε[45] (*Figg. 13-14*), del peso conservato di Kg. 27,750, e quello rinvenuto in corrispondenza dell'asse dell'edificio γ presso il lato corto SE (*Figg. 15-16*), l'unico con certezza profondamente infisso nel terreno in posizione verticale a sottolinearne la valenza pregnante di offerta di natura catactonia, del peso conservato di Kg. 30,600[46].

---

[42] Cfr., con la bibliografia relativa, Colonna 2007a, pp. 117-118, tavv. XXIII-XXIV.

[43] Inv. n. 94 DO 1. Cm. 47 × 12 × 5 - 8,3.

[44] Inv. n. 96 BN. Cm. 36 × 11 - 16,3 × 7,9.

[45] Inv. n. 95 ET 1. Cm. 37,5 × 15 × 7 - 8. Sull'altare e il *bothros* ε e il ceppo di piombo cfr. Colonna 1991-92, pp. 72-73, figg. 13-14; Baglione 2000, p. 353, fig. 23; Colonna 2006b, p. 138.

[46] Inv. n. 97 EF. Cm. 38 × 17 × 6-8,5. Sull'edificio γ e il ceppo di piombo cfr. Colonna 1991-92, p. 73, nota 19, p. 76, fig. 15 A; Colonna 2006b, p. 150; Colonna 2007a, p. 120. Cfr. il contributo di Barbara Belelli Marchesini in questa sede.

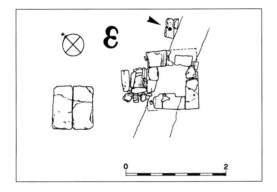

Fig. 13. L'altare e il *bothros* ε. La freccia indica il luogo di rinvenimento del grande "lingotto" in piombo.

Fig. 14. "Lingotto" in piombo dal *bothros* ε.

Tuttavia la peculiarità di entrambi consiste nella sicuramente non casuale corrispondenza con un ceppo d'àncora litica inserito all'interno delle murature[47], di colore chiaro in netto e forse significativo contrasto cromatico oltre che materico con quello scuro del ceppo plumbeo, contrasto documentato anche in altri contesti santuariali dell'Italia centrale ma di cui nello specifico caso dei due contesti pyrgensi vanno approfondite le motivazioni, anche in considerazione di un'ulteriore contrapposizione per il diverso orientamento[48].

La forma troncopiramidale a sezione trapezoidale, unitamente al profilo rastremato e alla curvatura di uno dei lati presente nella maggior parte degli esemplari[49], caratteristica la prima di entrambi i tipi di ceppi d'àncora utilizzati all'epoca, la seconda specifica del tipo forse più comune[50], conferma per tutti la mancanza di rapporti formali non solo con i più antichi lingotti in piombo riconducibili genericamente alla categoria dei pani a sezione piano-convessa documentati senza soluzione di

---

[47] Nel *bothros* ε, messo in relazione nel contributo di M.D. Gentili in questo volume con la sfera dionisiaca sulla base della deposizione dell'*oinochoe* e del cratere miniaturistici (forse in rapporto all'assimilazione del dio ad Ade), il ceppo d'àncora in pietra era posizionato orizzontalmente su un lato della struttura, nell'edificio γ era inserito sempre orizzontalmente nel muro della cella interna (vedi nota precedente). Non può sfuggire l'analogia con la posizione del ceppo d'àncora che definiva su un lato il cumulo di ciottoli dell'altare in pietre brute eretto nel cortile A dell'edificio α di Gravisca (FIORINI 2005a, pp. 121-122, fig. 145).

[48] DRAGO TROCCOLI 2012, con bibliografia relativa. Al ceppo d'àncora in piombo presso il lato NE del *bothros* ε sembra contrapporsi il ceppo d'àncora litico presso il lato NO, a quello in piombo presso il lato corto SE dell'edificio γ quello litico inglobato nel muro SO della cella interna.

[49] Meno evidente sui due esemplari di dimensioni ridotte dal piazzale Nord e dai pressi dell'edificio α, in uno degli esemplari minori (inv. n. 94 DN 1) e soprattutto in uno di quelli maggiori (n. inv. 94 DO 1) dall'altare λ, ugualmente rastremato ma dai lati pressoché rettilinei.

[50] La compresenza soprattutto tra le offerte di fondazione dell'altare λ dei due tipi di ceppi d'àncora già noti, quello con lati curvilinei e quello con lati rettilinei, potrebbe confermarne la contemporaneità nella prima metà del V secolo (cfr. GIANFROTTA 1977; BERTI 2009). Entrambi i tipi sono presenti anche nel già menzionato relitto di Porticello, la cui datazione alla fine del V – inizio del IV secolo non è unanimemente accolta (vedi nota 22).

180

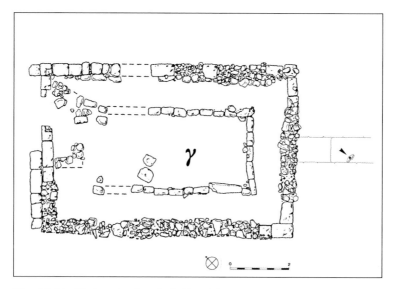

Fig. 15. L'edificio γ. La freccia indica il luogo di rinvenimento del grande "lingotto" in piombo.

Fig. 16. "Lingotto" in piombo presso l'edificio γ.

continuità dall'avanzata età del Bronzo all'età arcaica e oltre (sebbene la funzione in contesti votivi di offerta di metallo agli dei di maggiore o minor prestigio in rapporto alle dimensioni e al peso debba essere ritenuta analoga), ma anche con i più recenti lingotti in piombo di età tardorepubblicana e imperiale.

Per i lingotti più antichi, a titolo esemplificativo degli esemplari databili a partire dalla I età del Ferro, basti menzionare, limitatatamente alla forma (già largamente attestata anche nella precedente età del Bronzo[51]), i lingotti in rame sardi piano-convessi "a panella" o "a frittata" della I età del Ferro dall'algherese[52], in parte contemporanei ai più recenti lingotti a pelle di bue[53] e, per forma e materiale, sempre in Sardegna, alcuni lingotti in piombo dell'orientalizzante antico da Sardara, Sant'Anastasia, rinvenuti nel ripostiglio

---

[51] Tra gli altri cfr., a puro titolo esemplificativo, i pani in rame o in lega di rame e stagno dal ripostiglio di Madriolo, comprendenti panelle subcircolari, di tipo piano-convesso e a "focaccia" conica o troncoconica, accanto ai cosiddetti "pani a piccone" e a meno numerosi esempi di lingotti ottenuti da fusione a matrice conformati a barra e a piastra oltre che in forma di attrezzi da percussione funzionali ai lavori di estrazione e lavorazione primaria dei metalli (doppie asce, picconi, martelli ecc...): BORGNA 1992; BORGNA 2001, fig. 27.

[52] Cfr. ad esempio LO SCHIAVO, GIARDINO 2007, tavv. II, fig. 2, III, fig. 4; DE PALMAS c.s. (per i ripostigli di Sant'Imbenia, con particolare riguardo ai rinvenimenti dei più recenti scavi diretti da Marco Rendeli).

[53] Su cui vedi da ultimi LO SCHIAVO ET AL. 2009.

della Sala del Consiglio, e da Monastir, Monte Olladiri[54]. Per l'età arcaica basti per tutti la documentazione offerta dai lingotti in piombo oblunghi e quasi piatti del relitto dell'Isola del Giglio, associati a panelle circolari piano-convesse in rame[55], forma quest'ultima riconducibile come si è visto a tipi già documentati in età protostorica, attestata anche in piombo – tra l'altro nello stesso Santuario Meridionale di Pyrgi da un esemplare databile entro la fine del IV secolo rinvenuto nell'area tra il deposito ρ e l'altare λ[56] – e presente anche in età romana con una certa continuità, in diverse varianti caratterizzate dalla forma circolare ma con sezioni differenziate rispetto ai modelli più antichi, come mostrano ad esempio i rinvenimenti di relitti come quello di Terrasini in Sicilia del I secolo.

Interessante come attestazione di un momento di transizione e contemporaneità di diversi tipi è la documentazione del relitto di Porticello, generalmente datato tra la fine del V e l'inizio del IV secolo. Della dozzina circa di lingotti in piombo del carico se ne sono conservati due lacunosi, di forma oblunga con base piana ancora legata tipologicamente alle forme irregolari più antiche, e uno integro del peso di Kg. 27,500, vicino a un talento attico, di forma ellittica allungata a sezione piano-convessa[57] che sembra anticipare il tipo dei lingotti romani con analoga sezione ma con i lati corti rettilinei, comune in età tardo repubblicana insieme a quelli tronco piramidali a sezione trapezoidale[58], mentre attestati almeno a partire dal IV-III secolo sono i peculiari lingotti in piombo a forma di *pinna nobilis*, il mollusco gigante da cui si ricava il bisso[59].

Piccoli lingotti in piombo a barra a sezione rettangolare sono documentati invece in ambito fenicio-punico come offerte cultuali ad esempio a Mozia, in particolare nell'area del tempio del *kothon* tra V e IV secolo[60]. La forma parallelepipeda si è nel frattempo affermata nel bronzo nel VI e soprattutto nel V secolo come è noto in Etruria, sia in quella propria che in area padana, anche con i cd. lingotti del ramo secco, in contesti per lo più votivi e spesso in associazione con *aes rude*, con attestazioni che arrivano a comprendere la Sicilia, come documentano le offerte nel santuario demetriaco di Bitalemi a Gela[61], per arrivare successivamente alla testimonianza fornita dai cd. quadrilateri[62].

Non è quindi istituibile nessun rapporto, eccettuata la sezione trapezoidale, con i ben più tardi lingotti troncopiramidali romani, più comuni soprattutto in età tardorepubblicana e ancor più in età imperiale[63], la cui forma, ancor oggi documentata, fu probabilmente adottata perché funzionale ad

---

[54] Cfr. UGAS 1985, pp. 42-43, tav. VIII, 1-4.

[55] BOUND 1991a, pp. 190-192, figg. 14-16, p. 196; BOUND 1991b, pp. 226-227, fig. 64; BOUND 1991c, p. 26; CRADDOCK 1993; CRISTOFANI 1992-93, pp. 216-217, con confronto per la forma dei lingotti oblunghi in piombo con quella del lingotto recuperato nel relitto di Bon Porté.

[56] Kg. 1,124; diam. cm. 9-10. Il rinvenimento è avvenuto nella medesima area in cui è stato messo in luce il gruppo di pani di bronzo menzionati *infra*.

[57] EISEMAN-RIDGWAY 1987, pp. 53-60, figg. 4 -17, 18 e 19, 20.

[58] Cfr. DOMERGUE 1990, tav. XXX, nn. 8-9; MORIZIO 2001 (in cui è edito il lingotto da Pyrgi con bollo del proprietario o appaltatore della miniera *Q. Vireius*, datato tra la fine del II e la prima metà del I sec. a.C.).

[59] Cfr. DOMERGUE 1990, tav. XXX, n. 7 (dal relitto Cabrera 2, Maiorca, IV-III sec. a.C.).

[60] Inediti (notizia del rinvenimento nel sito web dedicato agli scavi di Mozia).

[61] PELLEGRINI, MACELLARI 2002; NERI 2001; SOLE c.s.a, b.

[62] HÄBERLIN 1910, tavv. 23 sgg.

[63] Le attestazioni della forma in età imperiale, connotate dalla presenza di iscrizioni ben evidenziate e spesso di dimensioni notevoli su uno dei lati, riferite a seconda dei casi a funzionari, comandanti di legioni o direttamente all'imperatore, mostrano una ormai ben definita regolarità.

un più razionale sfruttamento dello spazio, soprattutto per lo stoccaggio nelle stive delle navi dell'epoca. Un esempio delle modalità di immagazzinamento di tale tipo di lingotti può essere fornito tra gli altri dal più tardo relitto di Comacchio, della fine del I secolo a.C., che recava un carico di ben 102 lingotti di piombo di provenienza spagnola del peso di 35 Kg., contrassegnati da bolli diversi, molti dei quali con il nome di Marco Vipsanio Agrippa[64].

Anche per il piombo dei manufatti di Pyrgi della prima metà del V sec. a.C. la provenienza spagnola, largamente attestata soprattutto per i lingotti romani dei tipi più comuni a partire almeno dal II sec. a.C.[65], sembra possibile in alternativa ad una provenienza dai distretti minerari della Toscana meridionale se non dalle miniere dei Monti della Tolfa, non ancora adeguatamente caratterizzate[66], come sembrerebbero indicare i risultati in corso di stampa delle analisi isotopiche e degli elementi in traccia sui campioni prelevati da ceppi d'àncora, colature e ghiande missili realizzate a cura di Giovanna Saviano del Dipartimento di Ingegneria Chimica Materiali Ambiente della Sapienza Università di Roma[67], che presto saranno integrate da altre analisi isotopiche sui campioni dei ceppi d'àncora grazie alla collaborazione di recente avviata con Marco Benvenuti del Dipartimento di Scienze della Terra dell'Università degli Studi di Firenze.

Non si può ad ogni modo escludere a priori, per motivi storici, che nell'età a cui si riferiscono gli esemplari pyrgensi l'approvvigionamento di materie prime, dato l'ampio uso di piombo per innumerevoli esigenze diverse, avvenisse da parte della metropoli ceretana su più fronti, sia nelle miniere dell'Etruria che in quelle spagnole, con l'eventuale mediazione nel secondo caso di *partners* stranieri.

Si resta comunque in attesa dell'approfondimento dell'esame archeometrico con la realizzazione di ulteriori analisi mirate, anche al fine di verificare per tutti i ceppi un eventuale utilizzo di piombi di provenienza diversa e la possibilità che si tratti di materiale rifuso, come già prospettato con particolare riguardo ai lingotti di dimensioni minori dell'altare λ[68].

La ricerca si svolge parallelamente a quelle finalizzate all'individuazione delle fonti di approvvigionamento del rame, attraverso l'esame di campioni prelevati da frammenti di *aes rude*, lingotti e pani in bronzo[69], e del ferro, già avviate su campioni prelevati da punte di freccia e giavellotto dal Piazzale Nord[70] e ora su frammenti di ematite e scorie presenti nei grandi inclusi delle riproduzioni di ceppi d'àncora in piombo[71].

---

[64] BERTI 1990.

[65] Cfr. in generale DOMERGUE 1990.

[66] Per un recente bilancio, sulle risorse minerarie di quest'area cfr. GIARDINO 2011, con bibliografia precedente, a cui adde ZIFFERERO 1990; 1991; 1995a,b; 1996a,b,c; 1999; 2002. Più in generale per le risorse minerarie dell'Etruria meridionale e il loro sfruttamento in età pre-protostorica e sul progetto di ricerca di recente avviato dal DAI sulle miniere dei Monti della Tolfa, con particolare riguardo alle miniere di Poggio Malinverno (Allumiere), cfr. GIARDINO, STEINIGER 2011; MAAS, STEINIGER *c.s.;* GIARDINO *ET AL.* c.s. Ulteriori riflessioni in DRAGO TROCCOLI c.s.d.

[67] Vedi SAVIANO, FELLI, DRAGO 2006, pp. 77-80, con bibliografia relativa.

[68] SAVIANO, FELLI, DRAGO 2006, p. 79.

[69] Cenni preliminari in SAVIANO, FELLI, DRAGO 2006, pp. 80-82. È in corso un approfondimento della questione attraverso nuove analisi realizzate a cura di Marco Benvenuti (vedi *infra*).

[70] SAVIANO, FELLI, DRAGO 2006, pp. 82-85.

[71] Analisi in corso da parte di Marco Benvenuti.

Di grande utilità potranno essere in proposito gli studi in corso sui materiali metallici e le scorie dagli scavi dell'area di Vigna Parrocchiale a Cerveteri[72] e quelli in programma sulle scorie metalliche, soprattutto ferrose, dagli scavi dell'Università di Tübingen alla Castellina del Marangone[73] che, integrando i dati sui manufatti e le scorie rinvenute negli scavi franco-spagnoli del medesimo sito e in quelli precedenti di O. Toti[74], potrebbero forse fornire informazioni sullo sfruttamento dei giacimenti dei Monti della Tolfa da confrontare proficuamente tra l'altro con i dati ora disponibili sulla caratterizzazione delle miniere di ferro dell'isola d'Elba[75].

Oltre alle riproduzioni di ceppi d'àncora altre significative offerte in piombo di analoga valenza culturale in rapporto alle divinità infere venerate nel Santuario Meridionale di Pyrgi sono rappresentate da un gruppo molto numeroso di oggetti riconducibili genericamente alla categoria delle cosiddette "colature" di piombo.

Va come premessa precisato che naturalmente solo per alcune le modalità di deposizione consentono di stabilirne con sicurezza il valore rituale, mentre per altre, soprattutto per quelle rinvenute in gran numero nel piazzale Nord, nella sostanza morfologicamente non differenziate e con caratteristiche generali simili, può essere ammesso, ma non sempre provato, anche un possibile rapporto con i lavori di carpenteria, con la realizzazione, l'assemblaggio o la sistemazione su supporti di altri manufatti, votivi e non, oppure una possibile interpretazione come residui di fusione[76]. Inoltre l'analisi sia culturale che ponderale che si intende affrontare per tali "colature", di dimensioni e peso variabili dai pochi grammi fino a oltre 500 grammi, con attestazioni eccezionali che arrivano a superare i 900 grammi, è necessariamente limitata alle presenze in contesti di cui sia sicura la cronologia e la relazione con atti rituali.

Particolarmente significativa in tal senso è la documentazione relativa all'area del Piazzale Ovest e dell'edificio β. Qui si verificano tra la fine del VI e l'inizio del V secolo due importanti atti rituali – in apparenza non contestuali ma che potrebbero essersi succeduti a non grande distanza temporale – in cui l'uso del piombo appare pregnante e rispondente a precise prescrizioni ben codificate.

In primo luogo si ha la consacrazione del limite nord-ovest del pavimento arcaico in tufo del Piazzale Ovest antistante l'edificio β, all'incirca in corrispondenza di un ideale prolungamento del suo lato settentrionale, mediante l'offerta di più o meno modeste quantità di piombo versate diretta-

---

[72] CRISTOFANI 1986; BELLELLI 2001; BELLELLI, GUIDI, TROJSI 2001; BELLELLI 2003; GUIDI, TROJSI 2003; BELLELLI 2005; BELLELLI 2008a; BELLELLI 2008b.

[73] Cfr. PRAYON c.s., con bibliografia precedente. Un doveroso ringraziamento va al Prof. F. Prayon, Direttore degli scavi, al dott. O. Toti, alla Dott. A. Russo Tagliente, Soprintendente ai Beni archeologici per l'Etruria meridionale, e alla Dott. I. Caruso, Direttore del Museo Archeologico di Civitavecchia, per la generosa disponibilità e la liberalità nell'autorizzare e agevolare lo studio dei reperti.

[74] ADAM ET AL. 2011; TOTI 1967.

[75] BENVENUTI ET AL. 2012.

[76] Cfr. l'ipotesi su formulata a proposito della presenza di officine metallurgiche presso il santuario. A titolo esemplificativo delle colature delle più diverse forme e dimensioni che possono essere prodotte nella realizzazione di oggetti in piombo si può richiamare sempre a Gravisca il "grappolo" di ghiande missili edito in COLIVICCHI 2004, p. 65, fig. 204. Tanto le colature quanto le ghiande missili – la cui interpretazione si presenta problematica (vedi *supra*) – sono numericamente molto ben rappresentate nel santuario di *Pyrgi*.

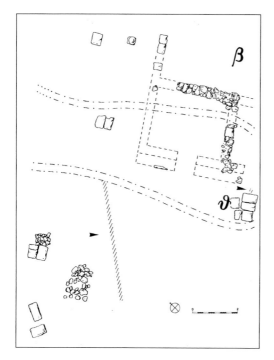

Fig. 17. Pianta parziale dell'edificio β e dell'area a SO della cella Nord. La fascia tratteggiata e le frecce indicano l'allineamento delle colature in piombo al limite del piazzale Ovest (di cui nella foto è visibile un particolare) e la colatura isolata presso l'altare θ (elaborazione di B. Belelli Marchesini).

mente sul piano pavimentale in modo da costituire un allineamento relativamente regolare – in tutto 42 "colature"[77] di diverse dimensioni e pesi, da un minimo di 0,8 gr. a un massimo di 519 (Tabelle 1-2) – al fine di segnare ritualmente il limite del piazzale al momento della sua prima sistemazione, riferita all'ultimo quarto del VI secolo[78] (*Fig. 17*).

Il rinvenimento di queste 42 "colature" plumbee appare concentrato lungo il limite del settore del piazzale antistante la cella maggiore settentrionale di β in relazione all'esigenza di delimitare ulteriormente – secondo un rituale e l'uso di offerte e sostanze confacenti alle divinità infere interessate – lo spazio ad esse riservato nell'area meridionale del santuario nei confronti di quella settentrionale sacra ad Uni, in prossimità del confine naturale costituito dal corso d'acqua che divideva i due settori[79].

---

[77] Trentotto delle quali già menzionate in Colonna 2007a, p. 122.

[78] Per la datazione di questa prima pavimentazione si veda, con la bibliografia precedente, il contributo di B. Belelli Marchesini in questa sede. Per gli aspetti rituali cfr. anche il contributo di C. Carlucci e L. Maneschi.

[79] Colonna 2007a, p. 122.

TABELLA 1

COLATURE DI PIOMBO DAL PIAZZALE OVEST (XVII,7/16-21 e XXIII,2/1, US 141, 3-7 settembre 2007)
ELENCATE IN ORDINE DI NUMERO DI INVENTARIO

	PESI IN GRAMMI	MISURE IN CM.	N. INV.
1	385	13 × 7,8	07B 150
2	123	7,3 × 4,7	07B 151
3	37	5,7 × 2,5	07B 152
4	7,3	9,4 × 3,2	07B 153
5	48	5 × 2,5	07B 154
6	6,1	7 × 4,5	07B 155
7	11	1,9 × 1,5	07B 156
8	110	8,5 × 5	07B 157
9	7	2,3 × 1,7	07B 158
10	156	7,8 × 7,2	07B 159
11	9	2 × 1,4	07B 160
12	97	6,4 × 5,3	07B 161
13	5	1,7 × 0,6	07B 162
14	41	6,1 × 2	07B 163
15	31	3,8 × 3,5	07B 164
16	3,1	4 × 2,8	07B 165
17	35	3,8 × 2,1	07B 166
18	2,1	3,1 × 1,5	07B 167
19	24	3,2 × 2,2	07B 168
20	1,2	2,7 × 1,2	07B 169
21	23	3,6 × 2,8	07B 170
22	1,4	2,8 × 1,9	07B 171
23	11	4 × 1,5	07B 172
24	0,8	1,6 × 1	07B 173
25	8	4,2 × 1,8	07B 174
26	102	7,5 × 4,8	07B 175
27	54	5,2 × 3,3	07B 176
28	126	7,6 × 4,6	07B 177
29	16	2,9 × 1,1	07B 178
30	21	3 × 1,8	07B 179
31	17	3,1 × 1,8	07B 180
32	9	3,2 × 1,7	07B 181
33	1	1,5 × 0,7	07B 182
34	27	4,1 × 1,8	07B 183

35	**3,8**	5,6 × 1,6	07B 184
36	**118,52**	7,2 × 3,9	07E 39
37	**11,7**	3,7 × 2,2	07E 40
38	**82**	7,3 × 5,6	07E 41
39	**53**	7 × 3,7	07E 42
40	**110**	8,4 × 4,2	07E 43
41	**519**	12,2 × 9,5	07E 44
42	**8**	3,3 × 1,2	07E 45

TABELLA 2

COLATURE DI PIOMBO DAL PIAZZALE OVEST (XVII,7/16, 21 e XXIII,2/1, US 141, 3-7 settembre 2007) ELENCATE IN ORDINE CRESCENTE DI PESO

	PESI IN GRAMMI	**MISURE IN CM.**	**N. INV.**
1	**0,8**	1,6 × 1	07B 173
2	**1**	1,5 × 0,7	07B 182
3	**1,2**	2,7 × 1,2	07B 169
4	**1,4**	2,8 × 1,9	07B 171
5	**2,1**	3,1 × 1,5	07B 167
6	**3,1**	4 × 2,8	07B 165
7	**3,8**	5,6 × 1,6	07B 184
8	**5**	1,7 × 0,6	07B 162
9	**6,1**	7 × 4,5	07B 155
10	**7**	2,3 × 1,7	07B 158
11	**7,3**	9,4 × 3,2	07B 153
12	**8**	4,2 × 1,8	07B 174
13	**8**	3,3 × 1,2	07E 45
14	**9**	2 × 1,4	07B 160
15	**9**	3,2 × 1,7	07B 181
16	**11**	1,9 × 1,5	07B 156
17	**11**	4 × 1,5	07B 172
18	**11,7**	3,7 × 2,2	07E 40
19	**16**	2,9 × 1,1	07B 178
20	**17**	3,1 × 1,8	07B 180
21	**21**	3 × 1,8	07B 179
22	**23**	3,6 × 2,8	07B 170
23	**24**	3,2 × 2,2	07B 168
24	**27**	4,1 × 1,8	07B 183
25	**31**	3,8 × 3,5	07B 164

26	35	3,8 × 2,1	07B 166
27	37	5,7 × 2,5	07B 152
28	41	6,1 × 2	07B 163
29	48	5 × 2,5	07B 154
30	53	7 × 3,7	07E 42
31	54	5,2 × 3,3	07B 176
32	82	7,3 × 5,6	07E 41
33	97	6,4 × 5,3	07B 161
34	102	7,5 × 4,8	07B 175
35	110	8,5 × 5	07B 157
36	110	8,4 × 4,2	07E 43
37	118,52	7,2 × 3,9	07E 39
38	123	7,3 × 4,7	07B 151
39	126	7,6 × 4,6	07B 177
40	156	7,8 × 7,2	07B 159
41	385	13 × 7,8	07B 150
42	519	12,2 × 9,5	07E 44

A questo nutrito gruppo va aggiunta l'unica "colatura" di gr. 71 rinvenuta isolatamente[80] presso il lato est dell'altare ϑ[81] (*Fig. 17*), quindi immediatamente di fronte alla cella minore dell'edificio β. Trattandosi di un rinvenimento isolato non appare possibile fare ipotesi sulla funzione di questa colatura in relazione all'eventuale delimitazione di spazi o limiti consacrati anche in corrispondenza del settore meridionale del sacello, al cui interno a ridosso del muro ovest presso l'ingresso della cella minore va ricordata la deposizione in posizione orizzontale dell'olpetta di tipo ionico con collo verniciato, ritenuta un "*tipico vaso per libazioni di vino*"[82], qui collocata in qualità di ulteriore offerta di fondazione, data la collocazione stratigrafica analoga a quella degli orecchini d'oro della cella maggiore a nord dell'edificio[83] (*Fig. 18*).

Non è possibile infatti sulla base dei dati attualmente in nostro possesso propendere per l'ipotesi che la "colatura" tra l'edificio β e l'altare ϑ rappresenti un eventuale residuo di resti della delimitazione – mediante un secondo allineamento di "colature" di piombo non recuperate nello scavo, parallelo a quello sul lato opposto del piazzale – del pavimento arcaico del piazzale davanti all'edifi-

---

[80] COLONNA 2007a, p. 122, nota 157. La colatura (Inv. n. 07F 116. Cm. 5,1 × 4,3 × 1) è stata rinvenuta in data 10 settembre 2007.

[81] COLONNA 2000, p. 267, in cui si ipotizza che sull'altare ϑ, forse di poco anteriore rispetto all'edificio β data la distanza ravvicinata rispetto alla cella minore della struttura, si venerassero insieme le due divinità infere *Śuri* e *Cavatha*.

[82] COLONNA 2000, p. 267. Sull'olpetta cfr. BAGLIONE 2004, p. 87, nota 2, con ampi confronti e osservazioni.

[83] COLONNA 2000, p. 267; COLONNA 2007a, p. 122. Cfr. in questa sede sia per l'olpetta che per gli orecchini i contributi di Claudia Carlucci e Lorella Maneschi e quello di Maria Donatella Gentili.

cio, piuttosto che un altro indizio di un diverso ma complementare e affine rituale in corrispondenza della cella minore di β o dell'altare ϑ.

A questo proposito appare di grande importanza interrogarsi in merito al confronto tra i tipi di offerte di fondazione e consacrazione attestate nella cella maggiore nella porzione settentrionale dell'edificio e quelle nella cella minore a sud, per tentare di ipotizzare un possibile rapporto gerarchico tra le due divinità a cui è stato riferito il culto praticato nell'edificio, secondo Colonna da riferire alla coppia di dei inferi *Śuri/Ades* e *Cavatha/Kore* anche sulla base delle numerose iscrizioni rinvenute nell'area[84]. Se la cella maggiore settentrionale va necessariamente collegata al culto di *Cavatha/Kore* per la presenza tra le offerte di fondazione degli orecchini a grappolo in oro agganciati tra loro più volte menzionati[85], quella minore potrebbe invece essere riferita piuttosto che al compagno della dea *Śuri* (a cui dovevano invece confarsi offerte in piombo ben più significative e cospicue rispetto all'olpetta fittile, come le riproduzioni di ceppi d'àncora dell'altare λ, del *bothros* ε e dell'edificio γ) ad un'altra divinità, forse la madre Demetra[86]. La preminenza di *Cavatha/Kore* è sottolineata tra l'altro dagli indizi già ripetutamente valorizzati sulla presenza delle Ninfe[87], forse associate al culto di Persefone in qualità di figlie di Oceano e Teti e soprattutto compagne di primo piano del suo corteggio, dalle specifiche caratteristiche e dai nomi pregnanti, direttamente legati all'acqua, protagoniste non secondarie delle vicende del suo rapimento e degli eventi ad esso successivi[88].

A precisare la natura infera del culto della divinità femminile nella cella maggiore un importante indizio può essere fornito dalla altamente simbolica azione rituale – ugualmente affidata all'uso del piombo colato e misurato – a cui si assiste successivamente alla delimitazione dello spazio sacro del piazzale all'esterno dell'edificio β. La consacrazione dello spazio interno della cella Nord dell'edificio nei pressi dell'ingresso – quindi in corrispondenza dello stesso settore settentrionale dell'area interessata dalla definizione di spazi e limiti tramite offerte in piombo misurato e colato sul posto, come nel caso del pavimento del piazzale – è effettuata infatti mediante il solenne versamento rituale sul piano pavimentale di una grande colatura di piombo di dimensioni eccezionali, del peso di più di mezzo chilo[89], in posizione significativamente simmetricamente opposta, rispetto ai due lati dell'in-

---

[84] COLONNA 2000, p. 267. Cfr. Claudia Carlucci e Lorella Maneschi in questo volume. Per la distribuzione delle iscrizioni di dedica rivolte separatamente a *Cavatha, Kore, Seχ* e *Śuri* e congiuntamente alla coppia divina vedi in questa sede il contributo di Daniele Federico Maras, con la relativa bibliografia precedente.

[85] COLONNA 1995, p. 445, n. 6, tav. 52, d-f; COLONNA 2000, p. 267, in cui gli orecchini sono considerati un'offerta di fondazione riconducibile per i peculiari caratteri tipologici ad un precedente arcaico degli orecchini a grappolo del IV sec. a.C. Per il tipo cfr. ora anche le osservazioni di M.D. Gentili in questo volume; per la posizione stratigrafica e le modalità dell'offerta si rimanda inoltre rispettivamente ai contributi di B. Belelli Marchesini e di Claudia Carlucci e Lorella Maneschi in questa stessa sede.

[86] Cfr. DRAGO TROCCOLI 2012. Un'analoga proposta, con diverse e indipendenti motivazioni, è avanzata da M.D. Gentili in questo volume.

[87] COLONNA 2000, p. 272.

[88] Cfr. il contributo tuttora valido e di grande interesse di PICCALUGA 1974 sul corteggio di Persefone, le ninfe e lo stretto e costante rapporto con l'acqua presente nel mito, coinvolgente tutti i suoi protagonisti, Ade compreso.

[89] Inv. 92BC1. Gr. 523,31; misure massime cm. 9,4 × 16,4. Rinvenuta in corrispondenza dei quadratini XXIII, 2/7-8: COLONNA 2007a, pp. 122-123, nota 162. Cfr. i contributi di Barbara Belelli Marchesini e di Claudia Carlucci e Lorella Maneschi in questo volume.

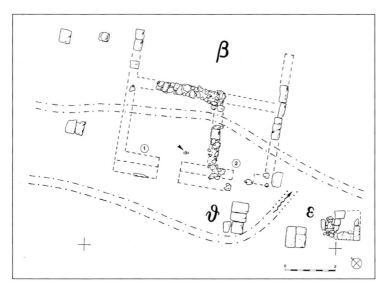

Fig. 18. L'edificio β. La freccia indica il luogo di rinvenimento della grande "colatura" in piombo all'interno della cella Nord, i nn. 1 e 2 quelli degli orecchini d'oro e dell'olpetta.

gresso della cella, rispetto alla più prestigiosa ma meno simbolicamente significativa offerta della più volte ricordata coppia di orecchini d'oro (*Figg. 18-19*) che ugualmente ben si addice alla divinità femminile associata al dio *Śuri* variamente appellata *Cavatha*, ovvero *Seχ* o *Kore*, ossia la figlia.

Sulla base della contrapposizione evidente nella forma, nell'ambito delle offerte in piombo di maggior peso e pregnanza, tra la colata apparentemente informe ma tendenzialmente plurilobata[90] della cella maggiore dell'edificio β e la peculiare forma a ceppo d'àncora delle offerte di fondazione dell'altare λ, dell'altare e del *bothros* ε e degli edifici α e γ, si potrebbe proporre il diretto riferimento dell'offerta della cella Nord dell'edificio β al culto della dea

Fig. 19. La grande "colatura" in piombo rinvenuta all'interno della cella Nord dell'edificio β.

___

[90] Suggestivo appare il possibile richiamo ai pani a forma di genitali femminili, offerte tipiche del rituale demetriaco in Sicilia (cfr. DE MIRO 2008, p. 67, con riferimenti).

infera figlia di Demetra, quella dei ceppi d'àncora degli altri altari ed edifici con il culto alla divinità maschile ad essa associata, ovvero Ade, anch'esso legato all'acqua come suggeriscono alcuni dettagli del relativo mito[91]. Tale collegamento potrebbe giustificare almeno a Pyrgi la scelta come offerta ufficiale di fondazione e consacrazione per le suddette strutture di riproduzioni simboliche di ceppi d'àncora, tipo d'offerta di norma interpretato in altri contesti santuariali, soprattutto in Grecia e Magna Grecia, come offerte votive di ceppi di àncore litiche realmente utilizzate, o comunque non appositamente realizzate come ex voto, da parte di singoli individui, soprattutto marinai o imprenditori o mercanti, in relazione a scampati pericoli o al fine di ottenere una speciale protezione in vista di avventurosi viaggi trasmarini[92]. Un riferimento al viaggio in mare come allusione agli aspetti escatologici del culto infero di *Śuri*/Ade, forse in relazione ai legami con la sfera dionisiaca[93], può comunque essere preso in considerazione anche per le riproduzioni plumbee pyrgensi di ceppi d'àncora, come ulteriore elemento utile alla decodificazione e interpretazione del loro significato simbolico e rituale, tutto ancora da approfondire.

Degna di grande interesse è la constatazione che le offerte in piombo, sia nel caso dei cd. "lingotti" che in quello delle "colature", siano ora tutte in relazione certa ed esclusiva con rituali di fondazione e consacrazione di edifici e strutture sacre, offerte ufficiali e non di singoli offerenti che ben si accordano con il carattere dei culti inferi di *Śuri* e *Cavatha* sia per il valore intrinseco del metallo[94] che per la relazione specifica con l'altare λ, l'edificio γ e l'altare e il *bothros* ε nonché per la complessità delle modalità di deposizione, a partire dalla collocazione verticale nel terreno a grande profondità di almeno uno dei ceppi maggiori, accertato senza dubbio nel caso di quello interrato presso l'edificio γ. Viene di conseguenza inevitabile postulare per le offerte alle divinità infere in piombo, di cui sarebbe interessante cogliere la relazione gerarchica con le strutture sacre ed i culti in esse praticati in rapporto alla scala dei diversi valori ponderali documentati, una diretta gestione e controllo da parte della classe sacerdotale.

Sia nel caso della grande colatura offerta a *Cavatha*/*Seχ*/*Kore*, ovvero Persefone, che in quello dei ceppi d'àncora offerti a *Śuri*/Ade/Apollo si tratta con ogni evidenza di culti di natura infera in cui il comune utilizzo del piombo, e non del bronzo o dell'argento preferibilmente riservato a Demetra, la madre, sottolinea e conferma l'associazione delle due divinità nella coppia infera menzionata tra l'altro nell'iscrizione sulla coppa attica rinvenuta in frammenti dispersi tra il piazzale Nord e il deposito κ[95], in cui la coppia affianca la dea madre destinataria di una significativa offerta di *aes rude* e pani in rame grezzo e bronzo all'interno di una grande olla d'impasto[96].

La superficie superiore liscia e quella inferiore ruvida della colatura della cella Nord dell'edificio β (*Fig. 19*), al pari di quella delle colature lungo il battuto pavimentale ai limiti del piazzale Ovest e

[91] Cfr. Piccaluga 1974, pp. 48-51.

[92] Vedi *supra*, nota 21.

[93] Vedi *supra*, nota 23.

[94] Un confronto significativo è tra gli altri offerto dalle evidenze note nei santuari tesmoforici, in particolare in Sicilia e in Calabria (in particolare a Locri in contrada Parapezza: Sabbione, Milanesio Macrì 2008). Particolarmente interessante è la documentazione delle offerte in piombo avvolte entro lamine bronzee accuratamente accartocciate dal santuario di Bitalemi a Gela, su cui vedi ora Sole c.s. a; Sole c.s. b.

[95] Cfr. in questo volume D.F. Maras, con la bibliografia precedente.

[96] Cfr. *infra* e in particolare Baglione *c.s.* a per ulteriori dettagli sugli aspetti demetriaci del rituale nel Santuario Meridionale di Pyrgi. Sui metalli e i culti di Demetra e Afrodite, Fiorini 2005a, pp. 183-185.

presso l'altare ϑ (*Fig. 17*), indica che il piombo è stato colato sul posto seguendo un ben codificato rituale di consacrazione in cui doveva essere essenziale la misurazione del metallo, con particolare riguardo alla quantità complessiva dell'offerta ma senza sottovalutare l'evidente intento, nel caso della cerimonia di consacrazione del limite del piazzale, di differenziare il versamento di singole gocce – chiaramente indicato dalla presenza di colature di piccolissime dimensioni (una addirittura del peso di gr. 0,8) per la cui misurazione bisognerebbe inevitabilmente presupporre il ricorso a sistemi del tutto empirici – dal versamento di quantità più significative.

Se un criterio di misurazione di cui forse va tenuto conto poteva essere, nel caso del metallo fuso già raffreddato, come è stato ipotizzato per l'*aes rude*, anche quello dimensionale, in questo caso bisogna pensare, trattandosi di sostanza liquida o fluida, all'uso di recipienti di cui era nota convenzionalmente la misura della capacità in rapporto alle esigenze del culto, come il recipiente iscritto rinvenuto a Gravisca con l'iscrizione indicante "la giusta misura", in quel caso per l'acqua[97].

Fermo restando che il dato più significativo per il gruppo delle 42 colature è costituito dal peso complessivo del piombo offerto – in tutto circa Kg. 2,5 – più che da quello delle singole gocce o colate più consistenti, va notato che in corrispondenza di determinati punti dell'allineamento, forse in coincidenza con l'espletamento di determinate azioni o della recitazione di formule rituali particolarmente pregnanti o significative, si registra la presenza di colature più consistenti sia per peso che per dimensioni, come quelle del peso di gr. 519 (assai vicino a quello della colatura della cella nord dell'edificio β) e gr. 385, registrate all'inizio e alla fine della sequenza (tabella 1, nn. 1 e 41; tabella 2, nn. 41-42), oppure quelle, in tutto 7 (di gr. 102; 110; 118,52; 123; 126; 156), che raggiungono o superano i 100 gr. Tra le altre vanno distinte quelle al di sotto dei 10 gr., in tutto una quindicina di peso compreso tra meno di 1 e 9 gr. (gr. 0,8; 1; 1,2; 1,4; 2,1; 3,1; 3,8; 5; 6,1; 7; 7,3; 8; 9), un'altra quindicina tra gli 11 e i 54 gr. (gr. 11; 11,70; 16; 17; 21; 23; 24; 27; 31; 35; 37; 41; 48; 53; 54) e infine due tra gli 80 e i 100 gr. (gr. 82 e 97). Solo in quattro casi abbiamo pesi reiterati a coppie (8, 9, 11 e 110 gr.) a fronte di una serie nutrita di pesi ripetuti singolarmente, in una sequenza di cui ci sfugge il senso, ma in cui forse con l'applicazione degli idonei calcoli matematico-statistici si potrebbe verificare l'eventuale presenza di intenzionali concentrazioni in base all'addensamento dei valori ponderali.

Tali pesi – ovvero, come sopra ipotizzato, il loro insieme oppure ipotetici sottoinsiemi difficili da individuare – potrebbero suggerire, a supporto delle più chiare evidenze delle riproduzioni di ceppi d'àncora e soprattutto delle offerte in rame e bronzo (*aes rude* e porzioni di pani), una rispondenza ad una scala di valori, con multipli e sottomultipli. Dell'individuazione di tali corrispondenze sarebbe superfluo sottolineare l'importanza per la conoscenza della storia economica e di conseguenza delle relazioni commerciali, politiche, culturali e religiose della metropoli ceretana, dato il livello cronologico delle attestazioni, tutte come più volte sottolineato concentrate tra la fine del VI e la prima metà del V secolo. Appare ad ogni modo innegabile la valenza economica dell'intero complesso delle offerte in metallo alle diverse divinità, testimoniata dalla varietà dei valori ponderali rappresentati nell'ambito della notevole quantità di reperti rinvenuti, soprattutto per quanto riguarda le offerte in rame e bronzo, ipoteticamente riconducibili ad uno o più sistemi con i relativi multipli

---

[97] FIORINI 2005a, p. 181, fig. 254a, con bibliografia relativa.

e sottomultipli, la cui apparente coerenza interna è in corso di verifica con il prezioso supporto di Nicola Parise[98], anche in rapporto alla recente proposta di A. Maggiani[99].

La particolarmente abbondante documentazione fornita dalle offerte in rame e sue leghe è costituita da ben oltre un centinaio di esemplari comprendenti sia il cosiddetto *aes rude*, realizzato in rame grezzo[100], che frammenti di panelle, verghe e lingotti, rinvenuti pressoché in tutta l'area del Santuario Meridionale e databili soprattutto tra V e IV secolo, con pesi variabili tra gr. 1,27 e più di Kg. 2,5[101].

Per la prima metà del V secolo un contesto di grande importanza, anche per la contemporaneità con le offerte dei lingotti/ceppi d'àncora e di una parte delle colature in piombo e l'analoga relazione con i culti di *Śuri* e *Cavatha*, qui associati in primo luogo a Demetra, è quello del deposito κ, connesso all'attiguo altare λ, in cui sono stati rinvenuti due gruppi di offerte, per un totale di circa Kg. 3: cinque grossi frammenti, eccezionalmente e significativamente fusi tra loro, del peso di gr. 152,61; 222,91; 335,32; 574; 760,20 – per un totale di circa 2 kg – erano deposti all'interno di un'olla (*Fig. 20*), in analogia con la documentazione di offerte in metallo, *aes rude* e oggetti finiti in santuari tesmoforici di Sicilia e Magna Grecia[102]; altri due frammenti di panelle del peso di gr. 385,51 e 585,30, insieme a un frammento di gr. 1,60, in totale circa 1 kg, erano invece collocate sul terreno nel settore delimitato dal filare di pietre settentrionale.

L'analisi dei numerosi rinvenimenti del Piazzale Nord, per lo più databili tra V e IV sec. a.C., come quelli dai più recenti scavi del Piazzale Ovest[103], si presenta purtroppo più complessa in quanto

---

[98] Drago Troccoli c.s.a, b. Per l'individuazione del possibile riferimento a sistemi ponderali noti si intende avvalersi, grazie all'interessamento di Gianluca Melandri a cui va un particolare ringraziamento, della preziosa consulenza di Sergio Bittanti, docente del Dipartimento di Elettronica e Informazione del Politecnico di Milano.

[99] Partendo dallo studio preliminare affrontato in Maggiani 2001b, in Maggiani 2002, successivamente integrato da Maggiani 2007, lo studioso riconosce, sulla base dell'esame dei pesi rinvenuti in Etruria tra il VII e il III sec. a.C., una libbra etrusca autonoma, ovvero una *libbra pesante* di gr. 358,125, una *libbra leggera* di gr. 286,5 e uno *statere* del peso di gr. 11,46 corrispondente ad 1/25 di *libbra leggera*. Con una diversa prospettiva sui rapporti tra sistemi ponderali fra Oriente e Occidente si veda Parise 2006. Per le fasi protostoriche e un ulteriore esempio di metodologie nell'affrontare gli studi ponderali cfr. Peroni 2001; Cardarelli, Pacciarelli, Pallante 2001, con riferimenti alla tradizione di studi protostorici in questo campo.

[100] Saviano, Felli, Drago 2006, pp. 80-81; Benvenuti et. Al. 2007. Sull'*aes rude* in generale, con particolare riferimento al Santuario Meridionale di Pyrgi, per cui si veda Baglione 1988-89, p. 662; Baglione 2000, p. 352; Baglione 2009, pp. 220, 226, fig. 7, cfr. Drago Troccoli c.s.a, c.s.b, c.s.c.; Belelli Marchesini c.s.b. Sulla produzione di *aes rude* in Etruria tra il Bronzo Finale e l'età arcaica e alla Castellina del Marangone nel VII sec. a.C. cfr. Domínguez-Arranz 2011; Domínguez-Arranz, Gran-Aymerich c.s.; sui rinvenimenti sporadici di pani ed *aes rude* dalla Castellina Nastasi, Maffei 2011; Allegrezza 2011. Sull'*aes rude* a Gravisca Gorini 2004, pp. 160-161, con elenco di attestazioni in Etruria e nel Lazio; Fortunelli 2007, pp. 295, 298 (21 esemplari, riconosciuti come frammenti di lingotti e di verghe di bronzo, di peso compreso tra gr. 10 e 62, più una decina di frammenti non chiaramente distinguibili da scorie o scarti di lavorazione del bronzo, tra gr. 8 e 32); al *Fanum Voltumnae*, Stopponi 2012. A Roma tra gli altri rinvenimenti va messo in evidenza quello di ben 168 frammenti di *aes rude* negli scavi dell'*Aedes Vestae* al Foro Romano di Giacomo Boni (Cella 2012, p. 819, in cui si segnala anche il rinvenimento di scorie di lavorazione in piombo).

[101] Cfr. Drago Troccoli c.s.a, b; Belelli Marchesini c.s.b.

[102] Cfr. in particolare l'offerta, che assomma come nel caso dell'olla del deposito κ a circa Kg. 2, di *aes rude* e altri oggetti frammentari in bronzo deposti all'interno di un grande contenitore fittile nel santuario di Bitalemi a Gela (Sole c.s. a, b).

[103] Baglione 1989-1990; Baglione 2009.

i materiali inclusi nella massicciata del piazzale sono pertinenti ad una serie di diverse azioni rituali successive al sacco dionigiano, in cui non è agevole distinguere le associazioni originarie in rapporto ai diversi contesti votivi dell'area sacra né definirne quindi una cronologia puntuale.

Per la fine del IV secolo, quando sarebbe lecito, dati i rapporti romano-ceriti, postulare un rapporto con la libbra romana, una testimonianza potrebbe essere fornita dai rinvenimenti nell'area tra il deposito ρ e l'altare λ, presso l'angolo est del recinto τ, non lontano dal luogo di rinvenimento del già menzionato lingotto di piombo circolare piano-convesso del peso di Kg. 1,124. Si tratta di un gruppo di tre porzioni di pani del peso di ben 2546,20; 1868,40; 551,07 gr., il terzo dei quali rinvenuto al di sotto del secondo, a contatto con un frammento di lama di coltello in ferro, reca sulla faccia piana il segno V ad aste leggermente asimmetriche, probabilmente un contrassegno se non un se-

Fig. 20. L'olla dal deposito κ e il suo contenuto. In primo piano i cinque frammenti di *aes rude* e pani in bronzo. (foto).

gno di valore[104], e due gruppi di due e cinque frammenti di *aes rude* e porzioni di pani, i cui pesi sono compresi tra gr. 33,68 e 465,68 (precisamente gr. 33,68; 42,67; 114,61; 115,29; 120,57; 136; 465,68), per un totale di circa 1 kg.

Tra le attestazioni forse più recenti vanno infine annoverati i due frammenti dalla fossa o del peso di gr. 15,64 e 30,72, databili in base alle associazioni con *aes signatum* ed un gruppo di monete tra fine IV-inizio III e II secolo[105].

La possibilità di ricostruire un quadro coerente di riferimento dal punto di vista ponderale ed economico sembra al momento essere fornita con più chiara evidenza soprattutto dalle attestazioni a tutt'oggi note sia per le offerte in piombo che in rame e bronzo databili tra la fine del VI secolo e la prima metà del V. Una delle ipotesi che potrebbe essere presa in considerazione sulla base dello studio preliminare in corso da parte di Nicola Parise porterebbe a postulare che in questo orizzonte

---

[104] Il peso di questa porzione di lingotto, che considerando il segno inciso un segno di valore corrisponderebbe con buona approssimazione ad un multiplo del peso attestato per la litra siciliana (gr. 109), potrebbe indiziare la presenza di un ulteriore e probabilmente non esclusivo rapporto, in corso di verifica, con i valori ipotizzabili per le analoghe offerte di metallo nei luoghi di culto siciliani di tipo demetriaco (cfr. DRAGO TROCCOLI c.s.c, con riferimenti). Tale ipotesi si affianca a quella relativa alla possibile attestazione di un sistema misto etrusco-fenicio, cui si fa cenno di seguito a proposito delle attestazioni databili entro la metà del V secolo, tenendo presente che il contesto, databile per motivi stratigrafici entro la fine del IV secolo, potrebbe contenere offerte di porzioni di lingotti e pani realizzate anteriormente a tale orizzonte cronologico.

[105] Cfr. il contributo di L.M. Michetti e L. Ambrosini in questo volume. Anche questo contesto, tenendo conto delle modalità della sua formazione, potrebbe contenere materiali più antichi.

cronologico siano testimoniate due distinte serie di valori, tagliati in base alle unità di gr. 7,7 e di gr. 5,8, correntemente indicate come fenicia ed etrusca, in rapporto fra loro di 3:4. Potrebbe trattarsi quindi di un altro esempio di sistema "misto" come quello attestato dai dischi d'argento di Posidonia allo scorcio del VI secolo e dalla più antica monetazione di Marsiglia a partire dal 525[106].

Se tale ipotesi fosse comprovata dalle analisi quantiche in programma a cura di Gianluca Melandri con il supporto di Sergio Bittanti, applicando un procedimento basato su un approccio matematico-statistico ormai consolidato nel campo delle ricerche sui sistemi ponderali nell'antichità[107], il panorama delineato dalle testimonianze pyrgensi circa i sistemi ponderali in uso nel territorio di *Caere* tra la fine del VI e la metà del V secolo getterebbe un'ulteriore luce sulla complessità delle implicazioni dei rapporti etrusco-cartaginesi per la storia delle relazioni politiche e commerciali in questa età, nel più ampio quadro degli scontri, delle alleanze e degli equilibri tra le diverse forze in gioco nel Mediterraneo occidentale, all'indomani della dedica bilingue di *Thefarie Velianas* e del trattato romano-cartaginese, oltre che sul ruolo del santuario nella gestione delle relazioni e degli scambi internazionali e sulla funzione che si deve ipotizzare per i sacerdoti di depositari e garanti del valore ponderale ed economico delle riserve metalliche della comunità.

Luciana Drago Troccoli

.

---

[106] Cfr. Parise 2006. La ricerca avviata da Nicola Parise non sembra per ora far intravvedere ancora altri rapporti come quelli che è pure lecito attendersi con l'unità euboica di gr. 8,7: gr. 5,8 × 3 = gr. 8,7 × 2 e ancora gr. 7,7 × 9 = gr. 8,7 × 8.

[107] Cfr., con la bibliografia relativa, Melandri 2011 e Parise, Melandri c.s.

AREA SUD: RICERCHE IN CORSO SULLA DOCUMENTAZIONE EPIGRAFICA
(CONTESTI, SUPPORTI, FORMULARI, TEONIMI)

A circa trent'anni di distanza dall'inizio degli scavi nell'area Sud (che furono avviati nel 1984, in seguito ad alcuni sondaggi già del 1983), la rassegna delle acquisizioni relative alla documentazione epigrafica ha ormai raggiunto proporzioni piuttosto ampie; in questa sede, pertanto, sembra appropriato tirare le fila generali del discorso, per puntare soprattutto l'attenzione su alcune interessanti novità degli ultimi anni[1].

Prendiamo le mosse dalla considerazione della quantità di iscrizioni rinvenute e della loro distribuzione topografica e cronologica.

La ricchezza epigrafica del santuario dell'area Sud è infatti notevole e destinata ad accrescersi con il proseguire degli scavi e dello studio dei materiali; contando l'intero novero di iscrizioni, lettere isolate, graffiti e contrassegni, infatti, si arriva per ora ad un numero di 130 attestazioni[2]. Ma anche se ci si limita alle sole iscrizioni di almeno due lettere, si raggiunge la cifra considerevole di 93 attestazioni (comprendendo anche frustuli, che in futuro potrebbero essere integrati da nuovi frammenti)[3]. È chiaro che tale abbondanza di materiale consente di per sé di effettuare alcune osservazioni statistiche significative e riscontrare l'evoluzione delle pratiche scrittorie del santuario nel corso del tempo.

Le carte di distribuzione qui presentate (*Figg. 1-3*), aggiornate agli ultimi rinvenimenti, sono semplici indicazioni topografiche, che non tengono conto della stratigrafia e in quanto tali sono da considerare quali semplici indicatori di quantità e di rinvenimento.

Uno dei dati negativi – ma significativi – del materiale epigrafico pyrgense è infatti la provenienza di gran parte dei rinvenimenti da giaciture secondarie, che quindi non rendono un'immediata comprensione del rapporto tra oggetto iscritto e contesto. I frammenti sono stati spesso ritrovati all'interno di strati di riporto o di preparazione dei piani pavimentali, in special modo in relazione con il piazzale Nord ed in seconda battuta con il piazzale Ovest. E il ritrovamento di frammenti dello stesso vaso – si tratta

---

[1] Le osservazioni che qui si riferiscono – come del resto l'intera attività di ricerca nello scavo-scuola di Pyrgi – derivano da un lavoro di squadra svolto nel corso di vari anni e, in realtà, molte delle cose che si diranno sono state già presentate in sedi opportune da Giovanni Colonna, da Maria Paola Baglione e dagli altri membri dello staff di Pyrgi, del quale anche chi scrive ha l'onore di fare parte sin dal 1992.

[2] Mettendo insieme il materiale raccolto in COLONNA 1989-90b, COLONNA, MARAS, MORANDI 1998, COLONNA, MARAS 2003 e MARAS 2008. Si tenga conto che negli ultimi anni, gli interventi di scavo nell'area Sud sono stati molto limitati, mentre l'attenzione si è spostata su altri settori; di conseguenza dal punto di vista epigrafico non si segnalano rilevanti novità.

[3] Il calcolo è differente da quello presentato da G. COLONNA, in COLONNA, MARAS 2003, p. 307, dove la distinzione era operata tra iscrizioni (o frustuli di iscrizioni) e sigle, numerali e contrassegni; l'aggiornamento di tale stima vede arrivare a 87 le attestazioni della prima categoria e a 43 quelle della seconda.

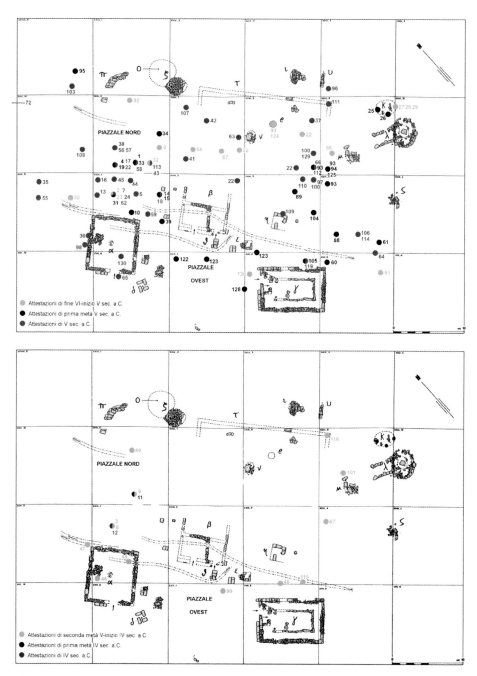

Figg. 1-2. Carta di distribuzione dei rinvenimenti epigrafici nell'Area Sud (fine VI - IV sec. a.C.).

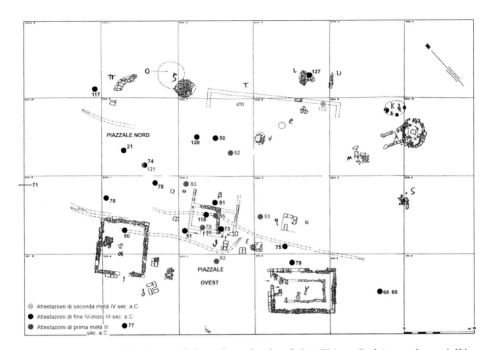

Fig. 3. Carta di distribuzione dei rinvenimenti epigrafici nell'Area Sud (seconda metà IV - prima metà III sec. a.C.).

quasi esclusivamente di iscrizioni vascolari –, spesso combacianti, anche a grande distanza indica la dispersione subita in antico dal materiale, portato spesso lontano dal proprio luogo di giacitura primaria[4].

È però possibile isolare alcuni casi fortunati in cui il materiale epigrafico è rimasto in associazione con il proprio contesto di deposizione originario; tra i casi più significativi si ricordano:
● per l'epoca tardo-arcaica:
  – il deposito ρ, con l'iscrizione miniaturistica – purtroppo poco leggibile (Ps 90) – del pendaglio d'ambra inserito con altri pendenti nell'anfora centrale e sigillato nel contesto di un'offerta di fondazione databile attorno alla fine del VI sec. a.C.[5];
  – il deposito κ, con tre gruppi di offerte, associati ad alcune iscrizioni (Ps 1+25, 26-29), da collocare tra la fine del VI e i primi decenni del V sec. a.C.[6];

---

[4] Si considerino i dati di rinvenimento dei frammenti che ricompongono Ps 1+25 (XXIII,6/3; XXIII,9/24, deposito κ), Ps 15+89 (XXIII,1/20; XXIII,3/19-24), Ps 22 (XXIII, 6/2; XXIII,2/25; XXIII,7/10; XXIII,8/4; XXIII,8/14-15), e, al di là del materiale epigrafico, si veda quanto osservato sulla dispersione del materiale da BAGLIONE 2000, p. 351 ss., e EAD. 2004, p. 87.

[5] Cfr. BAGLIONE 2004, p. 87 ss. (per il deposito nel suo insieme), e p. 101, nota 10, D.F. MARAS, in COLONNA, MARAS 2003, n. 23, MARAS 2009a, p. 366 s., Py in.1.

[6] Cfr. COLONNA 1995, p. 442 s., COLONNA 1997b, BAGLIONE 1997a, D.F. MARAS, in COLONNA, MARAS, MORANDI 1998, nn. 36-40, BAGLIONE 2000, p. 339 ss., EAD. 2004, p. 93 ss., e MARAS 2009a, p. 334 s., Py co.4, e p. 340, Py co.17.

– alcune offerte deposte sul terreno in determinate posizioni e non disturbate da interventi successivi, come ad esempio la dedica greca a *Demeter* (Ps 122: prima metà del V sec. a.C.)[7] e quella etrusca a *Cavaθa Seχ* (Ps 93: prima metà del V sec. a.C.)[8], nonché probabilmente quella a *Hercle* (Ps 96: metà del V sec. a.C.)[9];

● per la fase recente:
– una coppetta a vernice nera databile tra la fine del IV e l'inizio del III sec. a.C. (Ps 127), deposta con l'imboccatura in alto a fianco del blocco tufaceo forato dell'altare ι[10].

In tali occorrenze, la provenienza da strati sigillati e non disturbati, la relazione con determinati piani di frequentazione, ovvero la ricostruibilità completa o parziale dei vasi sono garanzia di una giacitura primaria.

Si è accennato ad una divisione in fasi: in effetti il materiale epigrafico di Pyrgi concorre assieme ad altri dati documentari ad individuare due grandi fasi di vita del santuario, inframmezzate da un lungo periodo di diminuzione dell'attività cultuale o perlomeno di relativa involuzione rispetto all'epoca tardo-arcaica.

Per quanto riguarda la documentazione epigrafica i dati statistici si dispongono in due lotti ben definiti, separati da un lungo periodo in cui la documentazione è virtualmente assente (*Figg. 2 e 4*).

La fase di maggiore frequenza delle attestazioni si colloca tra la fine del VI e tutto il V secolo, con una flessione che inizia ad intravedersi nel corso della seconda metà del secolo; il passaggio al IV secolo segna una battuta d'arresto nella documentazione epigrafica, che continua a registrare il culto solo in casi sporadici[11]. Una ripresa si ha invece a partire dalla fine del IV secolo e nella prima metà del III, ma con una significativa incidenza di contrassegni, numerali e lettere isolate – prima praticamente assenti – e con la presenza di iscrizioni latine, evidentemente da attribuire ai primi coloni romani o ai loro predecessori[12].

Come si è detto, il vero *floruit* del santuario dell'area Sud, conseguente alla sua installazione nella seconda metà del VI secolo a.C., dura almeno fino a tutto il V secolo (*Fig. 1*). In questa fase le attestazioni epigrafiche sono numerosissime e differenziate e contano la presenza di un piccolo ma solido nucleo di iscrizioni (Ps 15+89, 22, 86-88, 122-123) e sigle greche (Ps 23-24, 124-125), attestanti la presenza di frequentatori greci almeno fino alla prima metà del V secolo.

Per i depositi in giacitura primaria si contano il deposito ρ, la cui sola iscrizione sul pendente d'ambra (Ps 90) sembra contenere un'indicazione onomastica, e il deposito κ, in grado di illustrare meglio l'identità delle divinità venerate.

Sulle divinità ritorneremo in seguito, per ora basterà rilevare come le poche attestazioni onomastiche conservate dell'area Sud siano tutte ascrivibili alla fase tardo-arcaica.

---

[7] COLONNA 2004a, p. 72.

[8] D.F. MARAS, in COLONNA, MARAS 2003, n. 26, MARAS 2009a, p. 337 s., Py co.11.

[9] G. COLONNA, in COLONNA, MARAS 2003, n. 29, COLONNA 2004a, p. 73 s., e MARAS 2009a, p. 358, Py do.6.

[10] MARAS 2008, p. 321.

[11] Per ragioni di chiarezza grafica – non volendo affollare troppo la cartina a fig. 1 – si sono incluse nella fig. 2 anche le attestazioni di seconda metà V-inizio IV sec. a.C., pertinenti ancora alla prima fase, mentre Ps 102, ancora della seconda metà del IV sec. a.C., trova posto nella fig. 3.

[12] Cfr. D.F. MARAS, in COLONNA, MARAS, MORANDI 1998, pp. 396 e 410.

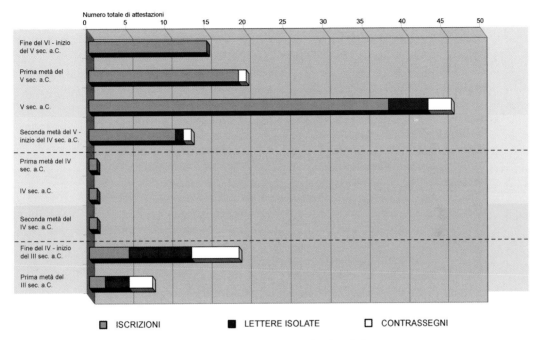

Fig. 4. Diagramma dell'incidenza cronologica dei documenti epigrafici.

Una particolare attenzione meritano le forme onomastiche conservate dalle quattro epigrafi greche di lunghezza maggiore: Ps 15+89, [---]δαμα[ς]; Ps 22: [---]στρατος; Ps 122, ευμαχος; Ps 123, δημο×[---]. La varietà delle frequentazioni greche nel santuario dell'area Sud è dimostrata dalla provenienza da ambiente dorico della prima e da ambiente ionico delle ultime due, oltre alla probabilità di un'attribuzione egineta per la seconda[13]. Inoltre, va rilevata l'assenza di indicazioni patronimiche o etniche, sicura in due casi e probabile negli altri due.

Per quanto riguarda le attestazioni etrusche, un posto particolare nel corpus epigrafico pyrgense spetta alle tre iscrizioni dal gruppo di offerte meridionale del deposito κ: Ps 27, *lu{v}cies*; Ps 29 *auseḷie*; Ps 28, *larz asmạias*[14]. Si tratta infatti di un gruppo anomalo rispetto al panorama generale, in cui sono registrati i nomi dei dedicanti senza riferimento esplicito a quelli delle divinità venerate; a tale dato si aggiunge inoltre la constatazione che Ps 28 registra l'unico caso di gentilizio accertato (*asmạias* – ovvero *mạias* – al genitivo), cui si affianca forse l'*auseḷie* di Ps 29. Si direbbe quindi che il ricorso ad un formulario più tradizionale, che pone in evidenza il nome del dedicante[15], corrispon-

---

[13] Che chiamerebbe in causa suggestivamente *Sostratos*, già noto in Etruria per il famoso ceppo d'ancora di Gravisca (PANDOLFINI, JOHNSTON 2000, p. 15 s., n. 1); cfr. G. COLONNA, in COLONNA, MARAS, MORANDI 1998, p. 417, e COLONNA 2004a, p. 71.

[14] Cfr. COLONNA 1995, p. 442 s.

[15] Rispetto a quello tipico dei santuari emporici che privilegia il nome della divinità; cfr. MARAS 2009a, p. 33 ss., § 1.3.2.1, e p. 50 ss., § 2.1.2.

da ad un atto rituale di carattere gentilizio ovvero connotato di una maggiore ufficialità rispetto ad altre attestazioni epigrafiche.

Una conferma parziale può venire dalla già ricordata coppa Spurinas del deposito κ (Ps 27)[16], che è contrassegnata con un *praenomen*, come in altri casi appartenenti alla classe, ma va verosimilmente attribuita ad un'offerta «di rango», che si pone sulla scia dell'antica tradizione del dono gentilizio[17].

La restante documentazione onomastica dell'area Sud è composta esclusivamente da nomi individuali, quali sono il grecanico *carucra* (Ps 96)[18], una probabile *v*[*in*]*uma* (Ps 6+30) di sesso femminile, un *θane* (Ps 46) di estrazione servile[19], ed infine un *cne*[*i*]*ve* (Ps 4+39); a questi si aggiungono le sigle onomastiche *ra*( )[20] e *la*( )[21]. In tali casi va considerato estremamente probabile il ceto non elevato dei dedicanti, confermato a volte dall'origine staniera o da una qualifica servile; tale dato fornisce un apporto decisamente importante sulla fisionomia dei frequentatori e dei culti tributati a *Hercle* (Ps 96) e a *Cavaθa* (cui vanno riferite le altre attestazioni[22]).

La maggiore quantità di materiale disponibile per la fase tardo-arcaica, assieme alla possibilità di riconoscere i nomi delle divinità venerate, consente di effettuare qualche osservazione sui supporti delle iscrizioni.

Innanzitutto si rileva la prevalenza assoluta della ceramica attica (*Fig. 5*), che spicca ancora di più se si considerano le sole iscrizioni espungendo lettere isolate e contrassegni (*Fig. 6*); a questa si sostituisce in parte nella fase recenziore la ceramica locale a vernice nera.

Le forme prescelte sono in generale tutte quelle aperte funzionali per bere, con una generale predilezione per lo *skyphos* e per la *kylix*[23], ma con alcune scelte preferenziali per la divinità femminile e per il suo paredro.

A *Cavaθa* ad esempio sembrano essere riservate le *mastoid cups*, presenti con vari esemplari nell'area Sud[24], tre dei quali corredati di una consacrazione teonimica (Ps 5, 42 e forse 41). Il suo

---

[16] Alla quale si accosta un altro esemplare dal piazzale Ovest, forse marcato con lo stesso nome (Ps 126: [*luv?*]*cieṣ*).

[17] Cfr. Maras 2000, p. 135 ss., e Bernardini 2001, p. 107 ss.

[18] Cfr. G. Colonna, in Colonna, Maras 2003, n. 29, e Colonna 2004a, p. 73 s.

[19] Forse servo o sacerdote "pubblico", a meno che non si voglia dare alla voce *tuvθi* un valore onomastico; cfr. D.F. Maras, in Colonna, Maras, Morandi 1998, n. 57, e G. Colonna, *ibid.*, p. 416.

[20] Da sciogliere *ra*(*mθa*) o meno probabilmente *ra*(*vnθu*).

[21] Aggiunta in un secondo tempo ad una pre-consacrazione abbreviata – *cau*(*θas*) –, la sigla presenta *ductus* destrorso ed *alpha* con traversa disarticolata discendente, tratti che sembrano rimandare alla scrittura latina arcaica (Maras 2009b), lasciando aperta la possibilità che si tratti di un ulteriore caso di frequentazione straniera del santuario; cfr. Maras 2009a, p. 342 s., Py co.23. *Contra*, v. G. Colonna, in Colonna, Maras, Morandi 1998, p. 417, che propone uno scioglimento "*La*(*rθ* o, meno probabilmente -*ris* o -*rce*)", nell'ottica di un'attestazione etrusca.

[22] Ivi compresa con ogni probabilità la *glaux* Ps 46, tenendo conto della consacrazione alla stessa divinità dell'unica altra *glaux* iscritta nota: «StEtr», XLIII, 1975 (*REE*), pp. 213-215, n. 17 (= «StEtr», LXIII, 1997 [*REE*], pp. 413-414, n. 38) da Populonia.

[23] Sulla distribuzione delle forme ceramiche nel materiale rinvenuto nell'area Sud, si veda Baglione 2000, p. 337 ss., in riferimento soprattutto alla ceramica attica, ma con attenzione anche al panorama delle restanti produzioni documentate nell'area sacra.

[24] Cfr. Baglione 1989-90, p. 664.

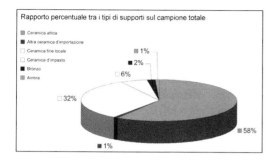

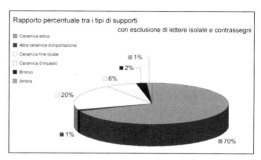

Fig. 5. Diagramma del rapporto percentuale tra i tipi di supporti sul campione totale.

Fig. 6. Diagramma del rapporto percentuale tra i tipi di supporti delle iscrizioni (con esclusione di lettere isolate e contrassegni).

paredro, invece, con il nome di *Śuri* riceve in offerta tra l'altro un'anfora da trasporto d'importazione (Ps 91), mentre con gli epiteti *Xave* e *Fuflunusra* è destinatario di crateri (Ps 26 e 94) e in quanto *Pa(pa)*, «nonno», ha in dono un'olla d'impasto (Ps 49): si configura quindi una preferenza per i vasi contenitori da vino, che spicca tanto più dal momento che gli unici altri vasi di forma chiusa iscritti in epoca tardo-arcaica, offerti a *Cavaθa* e a Κόρη, sono *lekythoi* (Ps 32 e 86).

La fase mediana individuabile in base alla documentazione occupa quindi il corso del IV secolo, con l'eccezione degli ultimi anni, in cui si nota una ripresa (*Fig. 4*).

A quest'epoca si possono attribuire tre sole iscrizioni (v. cartine a *Figg. 2-3*):

– una dedica apposta in verticale sopra un vasetto di forma chiusa con fascia sovradipinta, databile alla prima metà del secolo (Ps 11), in cui si è pensato in passato di riconoscere il nome di Astarte[25], ma che va più probabilmente considerata una normale iscrizione votiva di età recente con il verbo *turce* e l'indice di consacrazione *cver* (*Fig. 7*, a-b)[26]: [1][---]*us . turce / × *[2][---] *cve[r].

– un fondo di coppetta a vernice nera databile nel corso del secolo, con iscrizione dipinta *ecile* (Ps 12), in cui si è riconosciuto un epiteto divino verosimilmente maschile[27].

– un frammento del labbro di un grande piatto a vernice nera sovradipinto, databile nella seconda metà del secolo, con le due lettere]*i c*[ben distanziate, che presumibilmente facevano parte di una consacrazione alla dea titolare del santuario: [*m*]*i c*[*avθas*][28].

Come si vede, nonostante l'esiguo numero, le attestazioni epigrafiche documentano continuità di culto per la dea e per il suo paredro, anche se dimostrano indirettamente una diminuzione della frequentazione, accompagnata dalla cessazione delle presenze greche (naturale per l'epoca). Al di là della generale diminuzione delle attestazioni epigrafiche santuariali nel IV secolo, che trova riscontro anche a Gravisca – sebbene in misura minore –, può essere forse suggestivo mettere in relazione un tale crollo di

---

[25] Cfr. COLONNA 1989-90a, n. 31, e COLONNA 1991-92, p. 92, n. 13.

[26] Cfr. MARAS 2009a, p. 359 s., Py do.8.

[27] Cfr. G. COLONNA, in COLONNA, MARAS 2003, p. 420 s.

[28] O forse meglio, vista la cronologia recente, *c*[*aθas*]: per la probabile identità onomastica tra l'arcaica *Cav(a)θa* e la recente *Caθa*, si veda MARAS 2007, pp. 102-110, con bibliografia precedente.

Fig. 7, a-b. Iscrizione graffita sulla parete di un vaso di forma chiusa di produzione locale (rinv. 1984: xxiii,6/3): ¹[---]×s : t×rçe ²{×} ³[---] cve[r] (fotografia ed apografo dell'a.).

quantità e qualità nella frequentazione dell'area Sud con il sacco di Dionisio il Vecchio del 384 a.C.[29], e con la crisi economica conseguente che colpì la città di Caere.

Il cambiamento non segna però un abbandono, sia pure temporaneo, dal momento che il IV secolo è per l'area Sud un'epoca di grandi ristrutturazioni, con la chiusura dell'altare λ e la costruzione del piazzale Nord: il vuoto epigrafico è quindi documento di un cambiamento del rituale e della frequentazione in un periodo di passaggio.

Tra la fine del IV e la prima metà del III secolo a.C., si assiste ad una ripresa delle attestazioni epigrafiche (v. *Fig. 4*), che interessa significativamente soprattutto il settore centrale dell'area Sud (*Fig. 3*), comprendendo documenti appartenenti al cosiddetto "deposito coppette" nella zona dell'edificio β e più ad Est, nonché il piazzale Nord: possibile indizio di una riduzione dell'area di culto frequentata.

L'incidenza di lettere isolate e contrassegni (ivi comprese le semplici croci) per questo periodo è senz'altro maggiore e documenta un cambiamento nella tradizione scrittoria, che va messo in relazione con il contemporaneo affacciarsi di frequentatori latini nel santuario (Ps 80-85) e con la latinizzazione dei culti che traspare dai teonimi utilizzati: in latino *Ma(nia)* (Ps 80) e in etrusco *Veivis* (Ps 51)[30].

Veniamo infine alle attestazioni dei nomi divini e degli epiteti ad essi correlati.

Il riordino e lo studio sistematico della grande messe epigrafica di Pyrgi ha consentito di ricostruire – almeno in parte – lo sviluppo storico dei culti dell'area Sud sulla base delle attestazioni epigrafiche delle divinità venerate. Anche in questo caso non si può prescindere dalla distribuzione del materiale epigrafico nelle due grandi fasi cronologiche separate dall'intervallo 'critico' del IV secolo a.C.

Nell'epoca tardo-arcaica di massimo sviluppo e di massima frequentazione dei culti del santuario, si ha anche il maggior numero di attestazioni dei nomi divini. Di fatto, sin dall'inizio della documentazione, l'incidenza delle consacrazioni teonimiche (perlopiù accompagnate dal pronome *mi*) è sovrabbondante nell'area Sud, a fronte delle poche iscrizioni onomastiche e di altro genere.

La divinità maggiormente presente nelle iscrizioni della prima fase è senza dubbio *Cavaθa*, che conta 13 attestazioni (più altre 3 meno sicure)[31], cui si aggiungono altre 4 attestazioni databili alla seconda metà del V secolo[32]; dal punto di vista dell'epigrafia votiva, pertanto, la dea si configura come la titolare primaria del luogo sacro, in quanto meglio visibile, venerata perlopiù con il suo nome, ma alla quale si possono riferire gli epiteti *seχ*, «la figlia» (Ps 93), che sottolinea l'assimila-

---

[29] V. anche COLONNA 1995, p. 443.

[30] Vedi oltre.

[31] Si tratta di Ps 1+25, 4+39, 5, 6+30, 7, 19+33, 41, 42, 44, 45, 93, 95, 98; meno certe sono invece le frammentarie Ps 18, 32 e 108.

[32] Ps 8, 47, 48, 101.

zione con Κόρη, e *anχ*, probabilmente abbreviato (Ps 65), che sembra chiamare in causa la latina *Angerona* o le italiche *Angitia, Ancharia* e *Anaçeta*[33]. La dea è oggetto di venerazione anche da parte dei frequentatori greci che la accostano in un caso a *Demeter* (Ps 122) ed in un altro a *Kore* (Ps 86), presumibilmente in conseguenza di attribuzioni cultuali demetriache della divinità etrusca[34].

Alla dea si associa un paredro maschile, che in diversi casi – 3 per l'epoca arcaica[35] (più 2 incerti[36]) ed uno nel tardo v secolo[37] –, assume il nome di *Śuri*[38], segnatamente almeno una volta in coppia con la stessa *Cavaθa*[39]. A questa scarsità di attestazioni dirette fa riscontro un buon numero di epiteti maschili riferibili al dio-paredro, alcuni dal significato trasparente, come *Apa*[40], *Pa(pa)*[41], «padre/nonno», o *Fuflunusra*, «Dionisio», o ancora *Xave*, probabile maschile di *Cavaθa*[42].

Tale varietà potrebbe alludere ad una assimilazione con l'Apollo etrusco *Śuri* preferenziale ma non univoca del dio-paredro di *Cavaθa*, fortemente legato al sito ed alla funzione di *pater gentis* nella "metropoli" degli Etruschi.

In effetti, nella prima metà del v secolo, l'accoglienza prestata a Pyrgi[43] e a *Caere* (tempio di S. Antonio)[44] al culto di *Herakles* – che vi viene introdotto con il proprio nome greco etruschizzato *Hercle* – ha delle ripercussioni anche nel santuario dell'area Sud: sembrano infatti alludere ad un tentativo di assimilazione con il nuovo arrivato del paredro di *Cavaθa* sia il cratere del Pittore di Tyszkiewicz del deposito κ, con Eracle bevitore servito da un sileno e consacrazione al *Fuflunusra* (Ps 26)[45], sia la dedica a *Hercle* stesso deposta poco lontano da un frequentatore di origine greca (Ps 96: *carucra* < κάρυκα).

Potrebbe trattarsi quindi di due diversi tentativi di dare un nome al dio «padre» (*apa*), del luogo sacro, che sarà continuato in età recente da *Veivis* (Ps 51), nonché forse dal *farθan* dell'area monumentale[46] e poi dal *Pater Pyrgensis* della colonia[47].

Per il dio-paredro non sono note attestazioni di venerazione in greco, ma alla coppia nel suo insieme allude forse l'invocazione δυο . ε[ι] su una *kylix* a figure rosse (Ps 88), apposta da un frequentatore straniero attento, che sembra non volersi sbilanciare in rischiose identificazioni onomastiche precise[48].

---

[33] Cfr. G. COLONNA, in COLONNA, MARAS 2003, p. 419.

[34] Cfr. BAGLIONE 2000, p. 350 s., e COLONNA 2004a, p. 70 ss.

[35] Ps 1+25, 2, 91.

[36] Ps 7, 56.

[37] Ps 3.

[38] Nonostante quanto sostenuto da D. STEINBAUER, in BENTZ, STEINBAUER 2001, p. 75, e altrove, che nega l'esistenza del nome divino *Śuri*; si veda ora COLONNA 2007a, p. 101 ss.

[39] Ps 1+25 e forse anche Ps 7. Il nome *Raθ* appare invece solo una volta in un'iscrizione mutila (Ps 9).

[40] Ps 10 e 38 (?).

[41] Ps 13 e 49 (?)

[42] Gli ultimi due rispettivamente Ps 26 e 94.

[43] Cfr. COLONNA 2000, p. 283 ss.

[44] Cfr. ora BELLELLI 2006, p. 202 ss.

[45] Cfr. M.P. BAGLIONE, in COLONNA, BAGLIONE 1997a, p. 87 ss.

[46] G. COLONNA, in *Santuari d'Etruria* 1985, p. 32, n. 1.12, e ora MARAS 2009a, p. 348 s., Py co.36, con bibl.

[47] Cfr. COLONNA 1991-92, p. 114 s.

[48] Cfr. COLONNA 2004a, p. 71 s. Poco probabile sembra l'ipotesi di lettura a rovescio αλοε, da interpretare come epiteto di Demeter, proposta da MORANDI 2009, p. 455, che non tiene conto della forma abnorme che avrebbe il supposto *alpha*, né del segno di interpunzione ben marcato presente tra *omicron* ed *epsilon*.

Al di fuori della coppia titolare si pongono invece le attestazioni epigrafiche del culto di *Menerva*, accertato in un caso (Ps 31) e probabile in altri tre (Ps 14, 36 e 37), che teoricamente potrebbe essere giunto nell'area Sud a seguito di quello di *Hercle* – a somiglianza di quanto si è ipotizzato per il tempio in loc. S. Antonio a Caere[49] –, ma che può trovare una giustificazione anche in considerazione della connotazione oracolare che spesso il culto della dea assume in Etruria[50].

Al di là della 'crisi' del IV secolo, in cui si intravede la continuazione del culto per la dea titolare e per il suo paredro[51], la ripresa delle attestazioni allo scorcio del secolo e fino all'abbandono definitivo degli usi epigrafici dopo la metà del III secolo è segnata da un generale cambiamento del tipo di iscrizioni e dei nomi divini. Se infatti in quest'epoca i frequentatori preferiscono ricorrere ad abbreviazioni estreme (spesso di una sola lettera) per indicare la consacrazione, segnatamente in corrispondenza con l'accesso ai culti di individui parlanti latino, il teonimo maggiormente ricorrente è quello abbreviato una volta in latino *MA*( ) e più spesso con il solo *my* etrusco (2 xx) o con la *M* latina (3 xx), nel quale si è proposto di riconoscere *Mania*, l'arcaica *mater Larum* venerata a Roma, probabile *interpretatio* latina della dea titolare[52].

Per la fase finale del culto, del nome di *Cavθa* (che a quest'epoca potrebbe essersi evoluto in *Caθa*[53]) non resta che un frustulo in cui dubitativamente si può riconoscere la sequenza [---]*ni mi c*[---] (Ps 50), nonché un *gamma* isolato inciso prima della cottura sotto una coppetta a vernice nera al cui interno è stata disegnata una falce di luna approfittando dell'insolita marcatura delle linee di tornitura (Ps 76; v. *Fig. 8, a-b*). Per quest'ultima, nonostante l'evidente incertezza dell'attestazione, vanno rilevate le connotazioni astrali che la dea etrusca in altre sedi sembra assumere in età recente – segnatamente in senso solare, ma con alcune possibili attribuzioni lunari[54].

Alcune novità riguardano invece il dio-paredro, del quale è stato possibile recentemente riconoscere l'assimilazione con il latino *Veiovis*, sancita a Pyrgi dalla consacrazione in lingua etrusca a *Vei*[*v*]*is* di una coppa dell'*Atelier des Petites Estampilles* (Ps 51)[55]: anche in questo caso l'*interpretatio* latina è ormai compiuta sullo scorcio del IV secolo[56]. Al dio può essere attribuito anche l'epiteto *lapse*, elegantemente inciso su due targhette bronzee identiche databili nella prima metà del III secolo (Ps 52-53)[57].

---

[49] Cfr. CRISTOFANI 2000, p. 404, A. MAGGIANI, M.A. RIZZO, in *Veio, Cerveteri, Vulci* 2001, p. 144; ma v. ora MAGGIANI 2011, p. 143.

[50] Cfr. COLONNA 1987, p. 423 s., e MARAS 2009a, p. 107.

[51] V. *supra*.

[52] Cfr. G. COLONNA, in COLONNA, MARAS, MORANDI 1998, p. 419.

[53] V. *supra*, nota 28.

[54] Cfr. MARAS 2007, p. 101 ss., e p. 111, nota 65, relativamente all'epiteto di *Tiiur* *Kaθuniiaś a Chianciano (*ET* Cl 4.1); e v. ora DE GRUMMOND 2008.

[55] Cfr. D.F. MARAS, in COLONNA, MARAS, MORANDI 1998, n. 62, e G. COLONNA, *ibid.*, p. 420.

[56] Sulla corrispondenza delle figure divine, cfr. COLONNA 1991-92, p. 105 s., ID. 1994, p. 363 ss., ID. 1997a, p. 179 s., e ora anche SANNIBALE 2007, p. 139. Per le forme latine da cui derivano i diversi prestiti in etrusco, cfr. RIX 1998, p. 216 ss.

[57] Cfr. G. COLONNA, in COLONNA, MARAS, MORANDI 1998, p. 420, che propone il riferimento alla base fitonomastica del termine botanico latino *lappa*. A tale proposito, cogliendo la medesima suggestione, si potrebbe ipotizzare una relazione con un'altra forma onomastica del regno vegetale: il greco λαμψάνη – anche noto nella variante λαμψάνη (DIOSC., II, 116) – e alla base del nome latino *lapsana/-um* –, che indica il ravanello (v. ANDRÉ 1985, p. 138 s., s.v. *lapsana*).

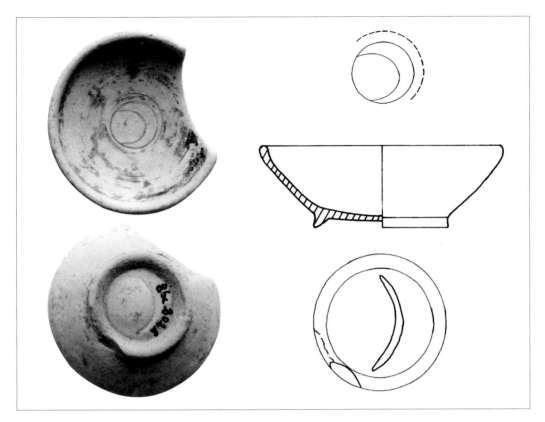

Fig. 8, a-b. Lettera incisa prima della cottura sotto il fondo e contrassegno a forma di mezzaluna all'interno della vasca di una coppetta miniaturistica a vernice nera (rinv. 1986: XXIII,2/7): *c* (fotografie ed apografo dell'a.).

Un'importante scoperta, avvenuta di recente (2007), è il riconoscimento di una breve iscrizione sotto il piede di una coppetta a vernice nera ritrovata *in situ* con l'imboccatura in alto accanto al blocco forato dell'altare ι e verosimilmente pertinente all'ultima fase d'uso del manufatto (Ps 127; *Fig. 9, a-b*). Con qualche difficoltà, dovuta alla presenza di un pronunciato 'umbone' sul fondo esterno della coppetta che ha ostacolato il graffito, si individua la sequenza *ciͅe*, in cui sembra possibile riconoscere un epiteto maschile corrispondente a quello della *Uni Xia* venerata nell'area C del

---

Se si trattasse di un prestito, quindi, occorrerebbe individuarne la direzione: nella fattispecie si consideri che in realtà, a parte la facile paretimologia da λάμπω – peraltro non del tutto chiara (*ibid.*, p. 138) –, il nome rimane in greco privo di etimologia. Sul versante etrusco, invece, più di recente, lo stesso G. COLONNA, in CO-LONNA, MARAS 2003, p. 237, è tornato sull'epiteto, proponendone un accostamento con quello latino di *Iupiter Laberius*, a partire da una forma arcaica **labesios*, che in etrusco avrebbe dato in sequenza: **lapesie* > **lapsie* > *lapse*.

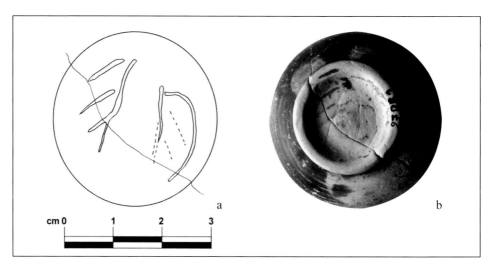

Fig. 9, a-b. Iscrizione graffita dopo la cottura sotto il piede di una coppetta miniaturistica a vernice nera (rinv. 1997: xxix,3/9): *cįe* (fotografia ed apografo dell'a. L'apografo è in scala doppia rispetto all'originale).

Santuario Monumentale e nel santuario di Vigna Parrocchiale a *Caere*[58]. L'alternanza di *gamma* e *chi*, oltre ad essere già nota a Pyrgi nel nome *Xave* rispetto a *Cavaθa*[59] e financo nel nome stesso di Caere (*caisra/χaire/χeri-*)[60], ricorre anche per la voce di significato oscuro da cui l'epiteto deriva: *χi*, graffito isolatamente in questa forma nell'area monumentale[61] e su una *glaux* dall'area Sud (Ps 46)[62], oltre che al sacello del ponte di S. Giovenale (in territorio cerite)[63], e nella forma deaspirata *ci* in un graffito dal piazzale Nord (Ps 43)[64].

Con ogni probabilità, l'epiteto intende qualificare il dio venerato in senso locale, con una sfumatura di stretta appartenenza alla tradizione religiosa di *Caere*[65] ed è quindi quanto mai appropriato per la figura dell'arcaico *Śuri Apa*, futuro *Pater Pyrgensis*, occasionalmente identificato con *Hercle* in funzione di dio "fondatore"[66].

DANIELE F. MARAS

[58] Cfr. COLONNA 2000, p. 300.

[59] In Ps 94; cfr. G. COLONNA, in COLONNA, MARAS 2003, p. 336.

[60] Cfr. COLONNA 2004a, pp. 84-87, spec. p. 86, con bibl.

[61] G. COLONNA, in *Pyrgi* 1970, I Suppl., p. 731, n. 11; v. anche COLONNA 2000, p. 300 e nota 194, e ID. 2001, p. 161, nota 31.

[62] L'ipotesi mi sembra più probabile rispetto a quella di un'indicazione numerale in cifre, 'LI', da me avanzata in COLONNA, MARAS, MORANDI 1998, n. 57, che non trova riscontro altrove.

[63] COLONNA, BACKE FORSBERG 1999, p. 76, n. 35.

[64] Anche in questo caso, pertanto, tenderei ad abbandonare l'ipotesi non priva di difficoltà di riconoscervi un numerale (vedi COLONNA, MARAS, MORANDI 1998, n. 54); meno probabile mi sembra anche l'interpretazione come teonimo – forse *ci(lens)* (?) – proposta da G. COLONNA, *ibid.*, p. 421.

[65] Si veda quanto osservato da COLONNA 2000, p. 300 ss., e ID. 2004a, p. 78 s., a proposito della *Uni Xia* dell'area C e della Vigna Parrocchiale.

[66] Cfr. COLONNA 1991-92, p. 114 s., e ID. 2001, p. 160 e nota 25.

PYRGI, RICERCHE DI ARCHEOZOOLOOGIA: DATI PRELIMINARI

Il materiale osteologico animale, proveniente dagli scavi nelle aree dei santuari, comprende spesso un numero molto elevato di reperti di animali diversi, la stragrande maggioranza costituita da animali domestici: l'archeozoologia permette di ricostruire le pratiche religiose, i sacrifici rituali e di definire meglio le usanze e i riti legati alla società e alle genti che hanno operato nel santuario stesso.

Nella lunga vita di un santuario, nel corso dell'anno, le pratiche religiose, le funzioni, i pellegrinaggi e l'arrivo di postulanti comportano una notevole diversificazione nelle richieste e nelle pratiche sacrali e nei riti: la vita quotidiana e l'attività stessa del santuario implicano la presenza costante di animali, usati sia nelle pratiche giornaliere sia nei numerosissimi riti e sacrifici. È opportuno sottolineare, sulla base di vari studi, che i depositi votivi si presentano spesso in una molteplicità di funzioni: infatti all'interno dell'area sacra o del recinto del santuario si possono trovare diversi tipi di depositi con resti animali: si riscontra la presenza di grandi fosse piene di cenere di ossa spesso anche con accumulo di piccolissimi frammenti (ossa, denti e corna) spezzettati, estremamente combusti a tal punto da essere irriconoscibili, calcinati o esposti a una fonte di calore molto alta, a volte anche mischiati a reperti più o meno integri, fosse di scarico (immondezzai), fosse votive sigillate contenenti uno o più reperti accuratamente scelti e infine anche piccole favisse con doni votivi di varia natura (ceramica, oggetti metallici, piccole sculture in argilla e a volte qualche reperto osseo). L'accumulo di questi reperti nello stesso luogo non indica necessariamente che le pratiche religiose siano avvenute in contemporanea o che abbiano avuto le stesse finalità e mette bene in luce la varietà delle pratiche che si sviluppano all'interno del santuario: sacrifici con il consumo totale della bestia offerta, riti con finalità alimentari che comprendono sia il banchetto sacro sia il consumo diretto da parte dei partecipanti. L'insieme delle specie chiarisce anche il carattere del culto della divinità o delle divinità a cui è dedicato il santuario[1] e illustra spesso anche la variazione nelle percentuali di uso delle più importanti specie animali domestiche; i riti e le offerte nei santuari erano interessati in modo prevalente alla terna degli animali dei *Suovetaurilia* (Bovini, Ovicaprini e Suini). L'interpretazione dell'uso dei reperti animali è legata a alcuni fattori particolari, particolarmente preziosi per meglio definire lo scopo finale degli animali presenti, separando dove possibile quelli utilizzati nelle pratiche di vita quotidiana da quelli sacrificati interamente o parzialmente.

L'esame e lo studio dei reperti ossei permettono quindi di determinare la presenza di due categorie opposte di animali utilizzate nelle pratiche relative alla vita e alla funzionalità del santuario a seconda di come questi animali siano stati utilizzati, sacrificati, usati come offerta sacra (mangiati o no): spesso si trovano testimonianze che ci permettono di conoscere da una parte la sorte riservata agli animali con-

---

[1] Ioppolo 1972.

siderati "non commestibili", quali bovini e cavalli adulti, che non sono stati mai consumati, dall'altra parte quella di "consumo alimentare", che riguarda soprattutto gli ovicaprini, i suini e le giovenche, presenti spesso con esemplari molto giovani. A questo proposito Plinio annota che "*il maialino è puro per il sacrificio al quinto giorno, la pecora al terzo e il bue al trentesimo*". (PLIN., *Nat. Hist.*, VII, 206-207). La maggior parte degli animali sacrificati viene consumata sia come offerta diretta dell'animale alle divinità con la completa incinerazione o la combustione dell'animale intero o delle sue parti scelte, sia con una spartizione dei suoi resti ai celebranti o ai devoti che partecipano alle cerimonie. L'animale viene smembrato, le sue parti migliori offerte alle divinità e il resto usato per cibare i devoti presenti. I due aspetti non sono antagonisti o in alternanza: il valore del sacrificio è riposto essenzialmente sul valore sociale dell'animale offerto e non sul suo peso alimentare.

Il ritrovamento dei reperti ossei acquista inoltre un particolare interesse non solo per la storia dei culti religiosi locali ma anche come documentazione della fauna domestica presente in zona e quella selvatica caratteristica dell'*habitat* naturale della zona.

IL SANTUARIO MERIDIONALE

È all'interno del grande riporto tardo-arcaico dell'Area Sud del santuario di Pyrgi che sono state messe in luce e evidenziate testimonianze sacrali con valenze diverse, di celebrazione/propiziazione, celebrazione/fondazione, evidenziate dai materiali presentati nel corso delle relazioni precedenti.

Il materiale osteologico animale, recuperato nelle numerose campagne di scavo, è costituito da un complesso di 13066 reperti dei quali 10939 (ben l'84%) sono schegge e frammenti non determinabili: fra questi 3021 sono quelli calcinati, combusti o con tracce di fuoco; la sua determinazione e lo studio dei dati sono tuttora in corso. Per le analisi e la classificazione dei reperti, ci si è serviti dei seguenti studi di riferimento: BARONE 1980 per le ossa e i denti, DUCOS 1968, SILVER 1971 e WILSON 1982 per determinare l'età di morte.

La ricerca si è concentrata, per ora, su due aree ben definite che hanno fornito dati molto eclatanti: la prima è il "Piazzale Nord", la grande area aperta sviluppatasi probabilmente in seguito al sacco dionigiano e delimitata, grosso modo, fra i resti del sacello α ad ovest e l'area occupata dal sacello β nel comparto meridionale (quadrati XXII/5, XXII/10, XXIII/1, XXIII/2, XXIII/6, XXIII/7); la seconda area, definita convenzionalmente "l'Allineamento", è situata a Nord-Est, al margine orientale dell'area sacra, in prossimità dell'edicola π, lungo il limite interno dell'area scavata (quadrato XXIX/1, quadratini 4-5-8-9-10-11-12-13-14; quadrato XXIX-2, quadratini 6-11).

A)- IL PIAZZALE NORD

Il materiale osteologico è costituito da un complesso di 5485 reperti (ossa, denti e corna): la maggior parte di essi (ben 4383, 86,1%) è rappresentata da una miriade di schegge ossee e da frammenti talmente piccoli e mal ridotti da rendere praticamente impossibile una loro attribuzione non solo alla parte corrispettiva dello scheletro ma persino alla specie animale. La tabella I illustra la distribuzione del materiale osteologico e la tabella II riporta la ripartizione delle specie animali con loro quantificazione numerica, confrontate con quello pertinente a tutta l'Area Sud.

TABELLA I

Il materiale osteologico	Piazzale N		Area Sud	
	n.r.	%	n.r.	%
Framm. non determ.	4383	86,1	10939	79,9
Rep.determ.	1102	13,9	3021	20,1
Totale	5485		13066	

TABELLA II

Le specie animali	Piazzale N		Area Sud	
	n.r.	%	n.r.	%
F.D.	909	82,5	1894	89,0
Bovini	66	6,0	296	13,9
Ovicaprini	499	45,3	829	391
Suini	314	28,5	545	256
Cavallo	17	1,5	173	81
Asino	-	-	22	10
Cane	8	0,7	13	06
Gallo	5	0,4	16	08
F.S.	193	17,5	233	11,0
Cervo	-	-	3	01
Capriolo	-	-	2	01
Volpe	1	0,1	2	01
Tasso	1	0,1	1	01
Lepre	4	0,4	9	04
Castoro	-	-	1	01
Uccelli	8	0,7	7	03
Tartaruga	161	24,6	186	87
Pesce	18	14	22	10
Totale	1102		2127	

È da mettere in particolare rilievo che questa area si presenta leggermente ondulata con una leggera concavità accentuata nella parte inferiore occidentale: in questo particolare settore (quadrato XXIII/1, quadratini 16-17-19-21-22-23-24) è stata registrata una particolare concentrazione di reperti, con una forte presenza di quelli che presentano sia tracce di azione del fuoco sia di esposizione a un calore molto intenso.

La tabella III illustra la distribuzione nel "Piazzale Nord", mettendo in evidenza il settore circoscritto nel quale si è registrata tale concentrazione.

TABELLA III

Il materiale osteologico	Totale		Piazzale N		Concentrazione	
	n.r.	%	n.r.	%	n.r.	%
Framm. non determ.	**4383**	79,9	2466	*86,1*	1917	*73,2*
Reperti determ.	**1100**	20,1	399	*13,9*	701	*26,8*
Totale	**5483**		**2865**		**2618**	

La tabella IV illustra la ripartizione quantitativa dei reperti non determinabili.

TABELLA IV

Reperti non determinabili	Totale		Piazzale N		Concentrazione	
	n.r.	%	n.r.	%	n.r.	%
F.n.d.	**2775**	*56,3*	1348	*56,7*	1427	*74,4*
F.n.d. combusti	**1608**	*43,3*	1118	*45,3*	490	*25,6*
Totale	**4383**		**2466**		**1917**	

La tabella V riporta la loro distribuzione.

TABELLA V

La distribuzione nel Piazzale N (in corsivo quelli combusti)							
XXII-10	**XXIII-6**						**XXIII-7**
	16) 7 *1*	17) 6 *7*					
15) 1 *17*	11) - *-*	12) 4 *-*	13) 13 *13*	14) 18 *28*	15) 9 *35*		
10) 35 *15*	6) 210 *390*	7) - *-*	8) 8 *-*	9) 37 *70*	10) 23 *30*	6) 42 *58*	
5) 140 *70*	1) 175 *45*	2) 172 *141*	3) 59 *15*	4) 5 *15*	5) 35 *6*	1) 32 *14*	
25) 2 *-*	*21)* *2* *-*	*22)* *98* *39*	*23)* *5* *-*	*24)* *13* *9*	25) 8 *1*		

20) 66 58	*16)* *548* *151*	*17)* *360* *151*	*18)* *240* *117*	*19)* *152* *56*	20) 54 *21*	16) 22 *6*
	11) 27 *6*	12) 91 *58*	13) 46 *6*	14) 5 *4*	15) 6 *1*	
XXII-5	**XXIII-1**					**XXIII-2**
N.B.)- la "Concentrazione": quadrato XXIII/1 = quadratini 16-17-18-19-21-22-23-24)						

La tabella VI riporta le specie animali e la loro quantificazione numerica:

TABELLA VI

Le specie animali	Piazzale N		Concentrazione		Totale Piazzale N	
	n.r.	%	n.r.	%	n.r.	%
F.D.	**368**	*92,0*	**541**	*77,1*	**909**	*82,4*
Bovini	**38**	*9,5*	**28**	*4,0*	**66**	*6,0*
Ovicaprini	**186**	*46,5*	**313**	*44,6*	**499**	*45,3*
Suini	**124**	*31,0*	**190**	*27,1*	**314**	*28,5*
Cavallo	**13**	*3,2*	**4**	*0,6*	**17**	*1,5*
Cane	**3**	*0,8*	**5**	*0,7*	**8**	*0,7*
Gallo	**4**	*1,0*	**1**	*0,1*	**5**	*0,4*
F.S.	**32**	*8,0*	**161**	*22,9*	**193**	*17,6*
Volpe	-	-	**1**	*0,1*	**1**	*0,1*
Tasso	**1**	*0,3*	-	-	**1**	*0,1*
Lepre	**1**	*0,3*	**3**	*0,4*	**4**	*0,4*
Uccelli	-	-	**8**	*1,1*	**8**	*0,7*
Tartaruga	**25**	*6,2*	**136**	*19,4*	**161**	*15,0*
Pesce	**5**	*1,2*	**13**	*1,9*	**18**	*1,6*
Totale	**400**		**702**		**1102**	

Si evince immediatamente che la quasi totalità della fauna è costituita dagli animali domestici (82,4%) rispetto a quelli selvatici (17,6%).

LA FAUNA DOMESTICA

Il materiale osteologico è costituito da 909 reperti: la tabella VII riporta le specie domestiche e la loro quantificazione numerica.

TABELLA VII

Le specie animali	Totale Piazzale N		Piazzale		Concentrazione	
	n.r	%	n.r.	%	n.r.	%
Bovini	66	*7,3*	38	*10,3*	28	*5,2*
Ovicaprini	499	*54,9*	186	*50,5*	313	*57,9*
Suini	314	*34,5*	124	*33,7*	190	*35,1*
Cavallo	17	*1,9*	13	*3,5*	4	*0,7*
Cane	8	*0,9*	3	*0,9*	5	*0,9*
Gallo	5	*0,5*	4	*1,1*	1	*0,2*
Totale	909		368		541	

La tabella VIII mostra la distribuzione; le sigle indicano le specie animali: B = bovini, O/C = ovica-prini, S = suini, Cn = cane, Cv = cavallo, Gl = pollame.

TABELLA VIII

La distribuzione nel Piazzale Nord						
XXII-10	**XXIII-6**					**XXIII-7**
	16) B-1 Cv-2	17) O/C-1 S-1 Cv-2				
15)	11)	12)	13) B-2	14) B-1	15) O/C-1 S-2	
10) O/C-5 S-3	6) B-7 O/C-38 S-29 Cv-1 Gl-3	7)	8) B-1 S-1 Cv-1	9) O/C-2 S-3	10) S-2	6) B-1 O/C-6 S-2
5) O/C-9 S-3	1) B-4 O/C-33 S-17 Cv-3	2) B-3 O/C-31 S-26 Cn-1 Gl-1	3) O/C-10 S-11 Cn-1	4) S-2	5) B-1 O/C-1	1) B-1 O/C-1 Cv-2
25)-	**21)** **O/C-1** -	**22)** **B-2** **O/C-38** **S-19** **Cn-1**	**23)** **S-1** **Cv-2**	**24)** **B-1** -	25)	

La tabella X illustra la loro distribuzione; le sigle indicano le specie animali: V = volpe, Lp = lepre,
Ts = tasso, Ucc = uccelli; Ps = pesci, Tg = tartaruga .

Tabella X)- La distribuzione nel Piazzale N							
XXII-10	**XXIII-6**						**XXIII-7**
10)	6) Ps-2 Tg-9	7)	8)	9) Tg-1	10)		6)
5)	1) Ps-1 Tg-3	2) P-2 T-1	3) T-3	4) Tg-2	5)		1)
25)	<u>21)</u> -	<u>22)</u> <u>Lp-1</u> <u>Tg-5</u>	<u>23)</u> -	<u>24)</u> <u>Tg-1</u>	25)		
20)	<u>16)</u> <u>Lp-1</u> <u>Ps-7</u> <u>Ucc-5</u> <u>Tg-64</u>	<u>17)-</u> <u>Ps-2</u> <u>Ucc-1</u> <u>Tg-59</u>	<u>18)-</u> <u>Lp-1</u> <u>Ps-3</u> <u>Ucc-2</u> <u>Tg-4</u>	<u>19)-</u> <u>Ps-1</u>	20)		16)
	11)	12) Tg-4	13)	14)	15)		
XXII-5	**XXIII-1**						**XXIII-2**
N.B.)- <u>Concentrazione = quadrato XXIII/1: quadratini 16-17-18-19-21-22-23-24.</u>							

La presenza di queste specie selvatiche è molto limitata, attestata dal ritrovamento di un numero
molto piccolo di reperti, a volte spesso addirittura confermata da uno unico reperto. Si tratta di animali che hanno avuto, da una parte un ruolo anche importante nei riti e nelle funzioni del santuario e
dall'altra comunque sono testimoni con la loro presenza della esistenza e di una persistenza di un *habitat* naturale nelle aree contigue al Santuario. La volpe e il tasso sono tuttavia animali di passaggio
occasionale; più articolato si presenta il discorso sulla lepre, perché è accertato da una grande mole
di documentazione archeologica che essa ha una valenza sacrale sia per Afrodite sia che è anche cara
ad Artemide. Diversa è la situazione della tartaruga presente con un buon numero di reperti e anche
di alcuni esemplari quasi integri: essa frequenta e si trova spesso in aree antropizzate dove viene
considerata un animale di buon auspicio, tanto che è attestata la sua funzione simbolica e votiva in
quanto sono state trovate alcune statuette di argilla in funzione di offerte propiziatorie.

Il quadro d'insieme e l'utilizzo della fauna selvatica nel santuario di Pyrgi trovano la loro corrispondenza nei santuari precedentemente citati.

Maria Bonghi Jovino, illustrando la presenza delle specie selvatiche a Tarquinia, mette in rilievo
nel tracciato cronologico che la tartaruga acquista un particolare significato perché la colloca, in
rapporto alla divinità, con "*l'Afrodite Ourania fenicia equiparata a Ishtar*"[12].

---

[12] BONGHI IOVINO 2005.

Marisa Bonamici dichiara che nel santuario di Volterra "*Analogamente è da rilevare la presenza di altre specie dalle valenze particolari, ctonie o infere, quali il cane ......e allo stesso modo la testuggine.....*"[13].

Stefano Bruni riferisce che assai significativa è la presenza di una alta percentuale delle specie selvatiche nel santuario di Ortaglia: il cinghiale è l'animale più comune e più usato, seguito dal cervo e sono attestati anche altri animali selvatici, tra cui la lepre e la tartaruga.

Per quanto concerne la lepre: "*a una divinità femminile della sfera Turan-Uni possono rimandare i resti di leproidi e certamente quelli di tartaruga.*" "*Per quanto attiene ai leproidi, nel modo greco se per un verso sono sacri ad Aphrodite in quanto animali di straordinaria prolificità e sovente dono nei rapporti erotici, non andrà dimenticato come, per altro aspetto, questo tipo di bestie, in quanto tipico animale cacciato, sia sacro anche ad Artemis ......*". Nei confronti della tartaruga: "*essa è strettamente connessa nel mondo ellenico con divinità femminili quali Hera, Aphrodite, Artemis e Athena, ma anche maschili come, in Arcadia, Pan ed Hermes e attestata in contesti dell'area medio-tirrenica dal carattere verosimilmente sacro fin dalla tarda età del bronzo. Resti di tartarughe terrestri sono note sulla Civita di Tarquinia e tra i materiali del riempimento del pozzo Ovest del tempio A di Pyrgi figurano ossa di esemplari palustri, mentre dall'area del tempio B proviene un ex-voto fittile a forma di tartaruga, come pure nel santuario di Portonaccio a Veio. Tuttavia all'animale non sembra estranea in ambito etrusco una valenza ctonia, come parrebbero confermare alcuni rinvenimenti in contesti funerari.*"[14].

Per quanto riguarda la fauna selvatica proveniente dal santuario di Gravisca, le specie selvatiche sono poche e hanno restituito un numero molto piccolo di resti. L'orso bruno e la martora presenti con un unico reperto attestano la persistenza di un *habitat* naturale nell'ambiente geografico che circondava il santuario. Il cervo e la lepre hanno un numero più consistente di reperti; la lepre è associata come "animale cacciato" al culto di Artemide e si può considerare come un'offerta di minor conto rispetto alle altre. È attestata anche la tartaruga: se da una parte si può considerare come un animale comunemente presente nell'ambiente naturale, dall'altra parte ha spesso una funzione sacrale legata ad Artemide[15].

Per quanto riguarda la fauna selvatica trovata nel santuario di Pontecagnano, Marcella Mancusi e Anna Maria Frezza riportano la sola presenza di pochissimi reperti di cervo e di capriolo[16].

B)- L'ALLINEAMENTO

La definizione di allineamento è dovuta al fatto che sono state trovate allineate e ben distanziate 18 teste di Bovino (Bos taurus L.) formate, per lo più, dall'insieme in connessione anatomica del cranio e delle mandibole più o meno integre e complete di denti, ognuna depositata entro una fossetta scavata apposta. La stessa situazione di deposizioni votive si riscontra nel santuario di Gravisca[17].

---

[13] BONAMICI 2005.
[14] BRUNI 2005.
[15] SORRENTINO 2004.
[16] MANCUSI 2005, FREZZA 2005.
[17] SORRENTINO 2004.

La tabella XI riporta la distribuzione e le caratteristiche di questi reperti molto particolari.

Tabella XI)- L'allineamento.		
XXIX-1/4	1 testa	Oltre 12 anni
XXIX/1/5	1 mascellare+mandibola (dx-sx)	Circa 11 anni
XXIX-1/8	1 mandibola (dx-sx)	Oltre 12 anni *
XXIX-1/9	1 testa con corna	Circa 12 anni
XXIX-1/10	2 teste	Sugli 11 anni
	1 mascellare+mandibola (dx-sx)	Sui 12 anni
XXIX-1/11-12	1 testa con corna	Oltre 7 anni
XXIX-1/12	1 testa	Oltre 12 anni *
	1 testa	Sui 7/8 anni
XXIX/1/13	1 testa	Oltre 12 anni *
XXIX-1/14	1 testa (salvi denti super./infer)	Oltre 11 anni *
XXIX-2/6	2 teste	Oltre 12 anni *
	3 mascellari+mandibole (dx-sx)	2 sugli 11 anni 1 oltre 12 anni
XXIX-2/11	1 mascellare+mandibola (dx-sx)	Sugli 11 anni

Lo studio del materiale è tuttora in corso, condizionato fortemente dal pessimo stato di conservazione dovuto alle condizioni di deposito e al tipo di sedimento argilloso duro e compatto caratteristico dell'area di Pyrgi. La maggior parte di queste teste è stata recuperata ancora avvolta nella zolla di terreno argilloso duro che ha sì compattato il tutto ma lo ha anche schiacciato a tal punto che, dopo la fase di pulizia, alla fine ci si è trovati con da una parte i denti inferiori e superiori (*) e dall'altra un insieme sbriciolato formato da una miriade di piccolissimi frammenti ossei del cranio e delle mandibole. Altre teste sono state individuate perché si sono recuperati solo i denti; comunque anche essi, pur essendo per natura più duri e robusti, hanno risentito delle condizioni di giacitura tanto che infatti alcuni di essi sono fratturati o spezzati in più parti.

Date le pessime condizioni generali di conservazione, non è stato possibile osservare o trovare tracce di tagli della decollazione o segni di scarnificazione o di spellamento.

Il dato scientifico zoologico, che ha un grande effetto di ricaduta archeologica, è legato alla constatazione che questi reperti appartengono tutti ad esemplari molto vecchi, con età variabile tra gli 11 e i 12 anni e che la maggior parte di essi presenta delle gravi deformazioni nella dentatura. Il risultato dello studio sia delle dentature che dei singoli denti ha permesso infatti non solo di definire bene l'età di morte, ma ha anche messo bene in evidenza particolari interessanti sulla vita e lo stato generale di questi animali[18]. La maggior parte delle dentature esaminate presenta delle usure molto avanzate con spesso anche gravi deformazioni patologiche: in alcuni casi, l'usura e il consumo della superficie masticatoria, dovuta al tipo di alimentazione, è stata talmente forte che essa si è quasi

---

[18] Testi usati per la determinazione delle dentature e per la valutazione dell'età di morte: BARONE 1980, DUCOS 1968, SILVER 1971, WILSON ET AL. 1982.

totalmente consumata in maniera tanto abnorme da resistere solo con un sottilissimo spessore sopra le radici dei denti e a volte addirittura sono rimaste solo queste isolate. In altri esemplari questa superficie ha subito dei forti traumi nel corso degli anni, dovuti forse a colpi ricevuti e presenta delle usure abnormi con innaturali e anomali piani inclinati. Questi animali che si ritrovano come offerte votive sono presenti solo con esemplari adulti e/o molto vecchi; si distinguono nettamente dagli altri animali domestici consumati durante i "banchetti sacri" non per nulla i reperti osteologici di questi animali sono spesso rappresentati solo da crani o teste complete (cranio+mandibola). Il valore e il senso religioso del bucranio è ormai un dato di fatto archeologicamente accertato.

Il valore archeozoologico molto importante e rilevante è legato alla constatazione dell'aspetto intenzionale di queste deposizioni, attestato sia dalla totale mancanza di tutto il resto dello scheletro (quindi una ben precisa e voluta scelta di questa parte dello scheletro) sia dal fatto che ognuna di queste teste è stata depositata in una fossa scavata volutamente o in una cavità adattata, riempita di terra, e sigillata accuratamente, in qualche caso con una deposizione esterna in superficie di un frammento di ceramica[19].

CLAUDIO SORRENTINO

---

[19] SORRENTINO 2005.

PARTE II

Il Santuario Monumentale e l'abitato
Approfondimenti e Prospettive

L'EDIFICIO DELLE VENTI CELLE:
NOVITÀ SULLA STORIA EDILIZIA DEL MONUMENTO

Argomento di questa breve nota è il risultato di un saggio di scavo eseguito durante la campagna del 2004 nel vano V dell'Edificio delle Venti Celle, la grande struttura che, appoggiata al muro di *temenos*, costeggia il Tempio B in tutta la sua lunghezza ed occupa per intero il lato meridionale dell'area sacra, introducendo una soluzione nella continuità visiva verso l'Area Sud.

L'edificio fu posto in luce fra il 1982 e l'84 e a tutti è ben nota la convincente ipotesi di Giovanni Colonna[1] che vede nel monumento la sede delle ierodule preposte al culto della dea istituito, secondo l'interpretazione del testo delle lamine d'oro[2], da *Thefarie Velianas*, quel "re su *Caere*" la cui fisionomia storica ha di recente acquisito tratti più marcati[3]. L'evidenza archeologica e il testo epigrafico delle lamine, in cui si fa allusione al tempio e al santuario, inducono ad immaginare un unico progetto di monumentalizzazione dell'antico luogo di culto costiero comprendente il muro di *temenos* con il solenne ingresso a quattro fornici[4], il Tempio B con la contigua Area C[5] e la retrostante cisterna, un grande altare prospiciente il mare[6] e l'Edificio delle Venti Celle[7] (*Fig. 1*). Quanto a quest'ultimo, l'immagine riemersa dallo scavo è quella di una costruzione composta da una fila di celle affiancate, definite da muri addossati a pettine alla struttura del *temenos,* e presumibilmente coperte da un tetto ad unica falda, spiovente verso l'interno del santuario, sorretto da travi appoggiate ai muri divisorii (*Fig. 2*).

Tuttavia, già in occasione dello scavo si erano evidenziati alcuni particolari strutturali che, pur non mettendo in dubbio la proposta ricostruttiva, hanno consigliato, a distanza di anni, un supple-

---

Offro queste pagine alla memoria di Francesca Melis che nell'impresa di Pyrgi ha profuso le sue grandi doti intellettuali e umane. Lo scavo e lo studio dei materiali è stato per Lei un rilevante impegno scientifico e un'occasione didattica per formare nei giovani, con l'esempio molto più che con le parole, l'autentico atteggiamento dello studioso fatto di cura, di attenzione, di senso critico, di assoluta dedizione alla ricerca, di mente libera e di umiltà. Porterò sempre con me una profonda gratitudine per il suo insegnamento e il ricordo incancellabile di una personalità non comune.

[1] Colonna 1984-85, pp. 59-68.

[2] Colonna 1989-90b, pp. 212-215.

[3] Colonna 2007b; per la Tomba delle Iscrizioni graffite v. Colonna 2005a, pp. 168-188, nn. 26-37; Colonna 2006a; Colonna 2010a.

[4] Colonna 2007b, pp. 9-11, fig. 2.

[5] Colonna 1965b; Colonna 1966; Colonna 2000, pp. 275-279, 294-303; Colonna 2007 b, pp. 9-11, fig. 2.

[6] Colonna 2000, p. 276, nota 91.

[7] Colonna 1989-90b, p. 215; Colonna 2000, pp. 275-279.

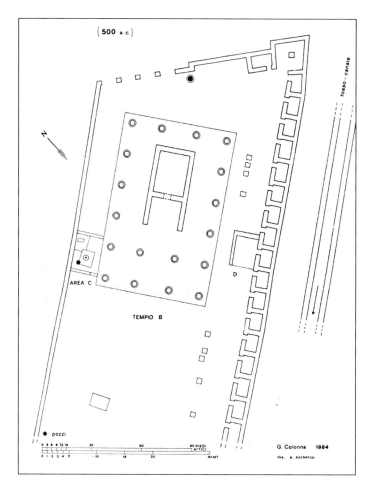

Fig. 1. Planimetria del santuario nella fase arcaica.

mento di indagine. Il primo di questi particolari è costituito dalla realizzazione della fondazione del muro di facciata dell'edificio non secondo un allineamento continuo e regolare, ma mettendo in opera, fra i muri laterali delle celle, una sequenza di raccordi non perfettamente allineati e slegati fra di loro. A questo si aggiunge l'osservazione che le assise del muro di *temenos*, costituenti la fondazione del lato posteriore della struttura, presentano una certa pendenza verso Sud ove il terreno si immagina in declivio verso l'alveo del corso d'acqua che separava il Santuario Monumentale dall'Area Sud, a suo tempo evidenziato dalle prospezioni elettromagnetiche e successivamente confermato dallo scavo[8] (*Fig. 3*). Ultimo particolare meritevole di attenzione è la circostanza che i muri di spina

---

[8] Linington 1970, pp. 744-755, in particolare p. 753, nn. 9-10, fig. 567; Colonna 1984-85, pp. 68-69.

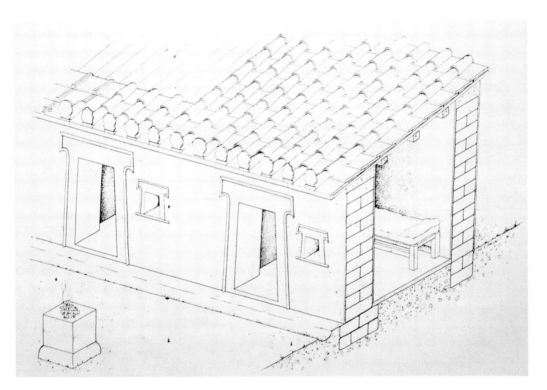

Fig. 2. Ipotesi ricostruttiva dell'Edificio delle Venti Celle.

dell'edificio non sono legati alla struttura del muro di *temenos* ma semplicemente accostati ad essa e impostati ad una quota più alta.

La somma di questi dati sembra conciliarsi male con la realtà di un edificio progettato fin dall'inizio per sopportare una copertura, ma soprattutto porta in primo piano un contrasto inspiegabile nel *modus operandi* dei costruttori fra la cura particolare profusa nella tessitura delle assise di fondazione del Tempio B, dell'Area C e del muro di peribolo e la tecnica ben più corsiva impiegata nell'Edificio delle Venti Celle, struttura tutt'altro che secondaria cui era riservato il ruolo di facciata monumentale dell'area verso Sud. E la rilevanza dell'edificio nella realtà del luogo di culto non consiste solo nella funzione di quinta prospettica, ma la sua veste sacrale, quale sede di sacrifici e di pasti rituali, suggerita dalla grande incidenza nell'area di ossa frantumate e combuste[9], è certificata dalla fila di piccoli altari che si snoda dinnanzi alla facciata, e soprattutto dallo speciale apparato decorativo del tetto con antefisse a figura intera di pregnante significato religioso, create appositamente per esso[10].

---

[9] COLONNA 1984-85, p. 61.
[10] COLONNA 1984-85, pp. 62-64, fig. 4; COLONNA in *Santuari d'Etruria* 1985, p. 133, D; COLONNA 2000, pp. 279-283, fig. 20; COLONNA 2012a; CARLUCCI in questa sede.

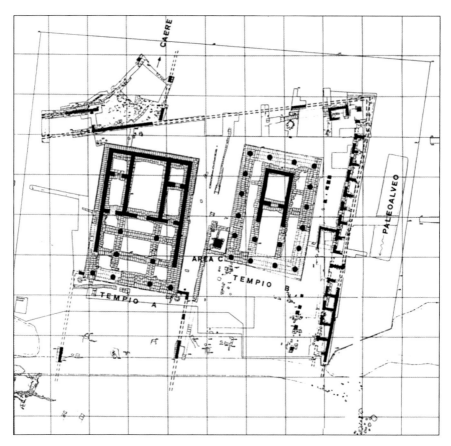

Fig. 3. Planimetria generale del santuario.

Un'ultima osservazione riguarda la distribuzione dello spazio all'interno del muro di *temenos*, ove il Tempio B e l'Edificio delle Venti Celle, con l'antistante fila di altari, appaiono eccessivamente ravvicinati.

La ripresa dello scavo per il chiarimento di questi problemi si è concentrata nel vano V per il buono stato di conservazione dei muri laterali e di quello anteriore (*Fig. 4*). Un primo risultato del sondaggio riguarda il muro di *temenos*, lungo il cui filare superiore si è posta in evidenza una marcata risega di fondazione (*Fig. 5*) che attribuisce ad esso la funzione di base per lo spiccato del muro, ma soprattutto si è raggiunto il cavo per la posa in opera praticato nel banco artificiale di argilla gialla, ben costipato con schegge di tufo dopo il posizionamento dei blocchi e originariamente tagliato con un orientamento verso il Sud più marcato di quello poi effettivamente seguito dal muro che, parallelamente al Tempio B, mostra una declinazione verso il Sud – Ovest (*Fig. 5*). A ben vedere un segno di tale correzione si coglie anche in superficie nella diversa angolazione, rispetto a tutto il

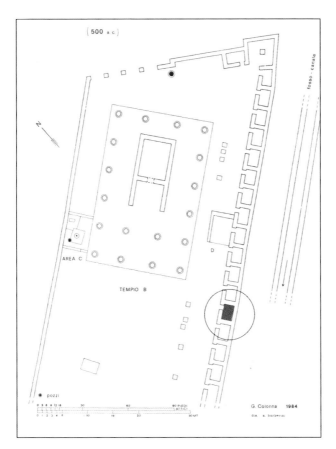

Fig. 4. Sviluppo planimetrico dell'Edificio delle Venti Celle:
in evidenza la cella in cui si è eseguito il saggio.

resto della struttura, dell'estremità dell'edificio verso l'entroterra, composta dall'ultima cella della serie e dal grande vano angolare con pilastro centrale; sia il rilievo che la foto aerea[11] documentano come, all'altezza della penultima cella, l'edificio descrive un piccolo gomito variando leggermente il proprio orientamento, nel probabile intento di arretrare rispetto alla sponda del fosso che corre poco più a Sud. La sezione eseguita all'interno del vano V ha messo in evidenza come i blocchi dei muri laterali taglino lo strato di argilla gialla e tufi in cui è fondato il muro di *temenos*, mentre i filari della facciata si impostano su un compatto strato di argilla bruna molto plastica che si estende per un certo tratto anche nell'area antistante la facciata dell'edificio, verso i terrapieni della piazza. Benché il ciglio interno del muro di facciata si mostri molto irregolare, con frequenti casi di lacune

---

[11] COLONNA 1984-85, Tavv. I, II; COLONNA 2000, p. 261, fig. 6.

Fig. 5. Saggio nel vano V dell'Edificio delle Venti Celle: blocchi del muro di *temenos* con risega di fondazione e taglio del cavo per la posa in opera.

risarcite con zeppe di tufo e argilla, è ben visibile il collegamento fra questo e i muri laterali, mentre si conferma che le testate interne di questi ultimi sono semplicemente accostate al filo del muro di *temenos*, attribuendo alla facciata dell'edificio e alle traverse laterali il carattere di unità strutturale autonoma rispetto al muro di fondo, probabilmente realizzata in un momento successivo.

L'insieme di queste osservazioni sembra condurre alla conclusione che l'Edificio delle Venti Celle, così come appare, non doveva far parte del progetto originario di monumentalizzazione dell'area sacra, ma molto probabilmente costituisce il frutto di una variazione effettuata in corso d'opera, a cantiere ancora aperto, con la quale i costruttori hanno creato un nuovo edificio, utilizzando il muro di *temenos* come lato di fondo. Nell'economia di una grande impresa come quella che dette vita alla fase monumentale del santuario di Pyrgi, l'inserimento quasi a forza di un nuovo edificio, costruito a livello di fondazione con una tecnica assai diversa da quella utilizzata per il Tempio B, dovette essere giustificato da una forte esigenza di cui, in via del tutto ipotetica, si potrebbe individuare un ulteriore segno proprio nella fondazione del tempio (*Fig. 6*).

L'evidenza dello scavo esemplarmente analizzata da Giovanni Colonna[12], ha rivelato che lo stereobate dell'edificio è composto da un grande rettangolo entro cui si iscrive una serie di muri i quali tuttavia, nella sequenza delle assise, denunciano alcune variazioni meritevoli di riflessione. Come è noto, la griglia di fondazione del tempio prevede, all'interno del poderoso muro perimetrale spesso quasi tre metri, due muri longitudinali paralleli che suddividono lo spazio in tre settori, il centrale di larghezza doppia rispetto ai laterali, e un robusto muro trasversale mediano che suddivide lo spazio

---

[12] COLONNA 1970, pp. 275-289; COLONNA 1988-89, pp. 171-183.

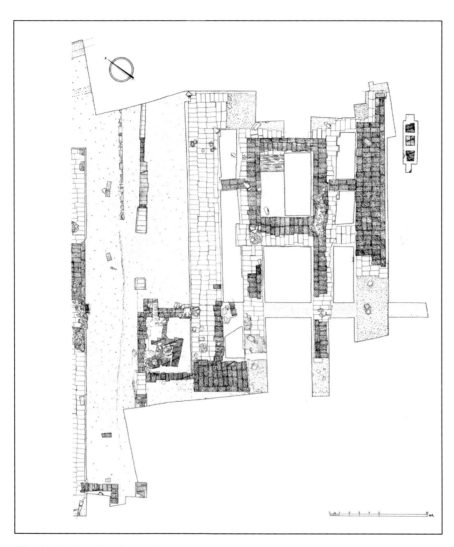

Fig. 6. Planimetria del Tempio B.

in due metà disuguali[13]. I muri longitudinali sono raccordati al perimetro esterno da quattro traverse di cui però si osserva una singolare eliminazione progressiva. Se infatti al livello della quarta assisa, la più profonda della fondazione, la traversa anteriore sinistra è accennata ma non realizzata, nel filare superiore (terza assisa) la traversa anteriore destra scompare e, al livello della seconda assisa,

---

[13] COLONNA 1970, pp. 275-289, fig. 192.

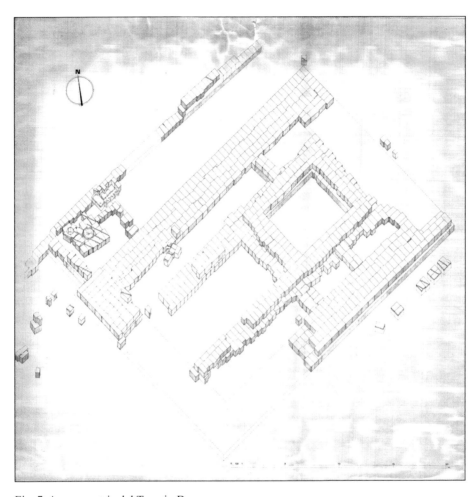

Fig. 7. Assonometria del Tempio B.

entrambe le traverse posteriori non sono più edificate, circostanza che, escludendo per esse qualsiasi ruolo portante, rende piuttosto improbabile anche l'ipotizzata funzione statica mirante a contrastare le spinte laterali dei muri a cui sono agganciate[14]. Né la scomparsa delle traverse rappresenta l'unico intervento di rimodellamento dell'edificio, poiché la terza assisa registra sia una forte contrazione in larghezza di tutto lo stereobate, che un assottigliamento del muro perimetrale posteriore, in seguito al quale tra questo e il muro di fondo della cella, unificati al livello dell'assisa precedente, si forma

---

[14] Colonna 1970, pp. 276-278.

una intercapedine larga m. 1,50[15]. Analogo assottigliamento si osserva nel muro trasversale mediano[16]. In effetti queste operazioni appaiono decisive per selezionare in fondazione le strutture portanti e conferire all'edificio la planimetria di tempio periptero con unica cella *in antis* arretrata verso il fondo[17] benché la griglia dello stereobate, fino alla terza assisa, non sembri in contrasto con la pianta di un tempio a tre celle, in favore della quale milita anche l'originario spessore (tre blocchi accostati di testa) del muro trasversale mediano, del tutto simile ad un analogo dispositivo che nel Tempio A svolge funzione portante nei confronti delle travature longitudinali del tetto[18]. E la suggestione trova un valido conforto negli approfonditi studi di Francesca Melis[19] che hanno evidenziato la fedeltà del progettista alle *tuscanicae dispositiones*, cioè al sistema di proporzioni fra le parti tramandato da Vitruvio per il tempio tuscanico (*De Arch.*, IV, 7, 1-5). Un ulteriore appoggio si potrebbe individuare nelle tracce archeologiche di successivi rimaneggiamenti, intervenuti probabilmente durante il IV secolo a.C., quando nella metà anteriore dell'edificio furono rimossi i blocchi di traverse superficiali, non più profonde della seconda assisa[20], forse edificate con la funzione di "contrasti" fra i muri longitudinali interni e i lati lunghi del tempio. Proprio la superficialità delle traverse anteriori rispetto a quelle collocate nella *pars postica* del tempio potrebbe costituire un indizio aggiuntivo dell'intervento strutturale con cui si intese rimodellare l'edificio in senso ellenizzante, cancellando ogni riferimento alla tradizione architettonica locale e adottando il dispositivo statico dei muri a contrasto di cui il quasi contemporaneo *Heraion* alla foce del Sele[21] offre un esempio eloquente.

Se le particolarità della struttura fondante del Tempio B e la tecnica altrettanto singolare con cui è stato realizzato l'Edificio delle Venti Celle si potessero immaginare in relazione reciproca, esse costituirebbero il segno di un intervento di enorme portata nella storia edilizia del santuario, di certo realizzato sotto la spinta di un evento di assoluta rilevanza storica e ipotizzabile solo con il consenso dell'autorità politica che aveva dato inizio all'impresa. La cronologia, saldamente ancorata ai reperti di scavo e al dato epigrafico delle lamine[22], colloca il cantiere di Pyrgi nell'ultimo decennio del VI secolo a.C. facendo di esso, con ogni evidenza, la prima grande manifestazione pubblica del potere assunto a Cerveteri da *Thefarie Velianas*, presumibilmente nel decennio 520-510 a.C.[23], e posto sotto la tutela di *Uni*, la dea venerata nel centro cittadino[24] e concordemente evocata a Pyrgi dal ricco e solenne apparato epigrafico[25]. Come è noto, da tempo gli studiosi hanno proiettato l'edificazione del santuario costiero e l'istituzione in esso del culto di Astarte nella temperie storica che vide maturare

[15] COLONNA 1970, pp. 276, 278, fig. 195.

[16] COLONNA 1970, p. 278.

[17] COLONNA 1970, pp. 278, fig. 195; 286-289.

[18] PALLOTTINO, COLONNA, VLAD BORRELLI, GARBINI 1964, p. 52 (Colonna).

[19] MELIS 1985, p. 130, B.

[20] COLONNA 1988-89, p. 176.

[21] KRAUSS 1951, pp. 83-100, in particolare pp. 87-88, Tavv. I, X.

[22] COLONNA 1989-90b, pp. 209-210, nota 47.

[23] COLONNA 2010a, in particolare pp. 284-286.

[24] COLONNA 2000, p. 300.

[25] Per le lamine d'oro: COLONNA 2000, pp. 294-298; per la lamina bronzea: COLONNA 2000, pp. 298-303; per le ciotole iscritte: COLONNA in *Santuari d'Etruria* 1985, p. 134 F.

il primo trattato fra Roma e Cartagine (POLIBIO, III, 22-23)[26], ipotizzando un "nesso indiretto ma sostanziale"[27] tra i due fatti alla luce del ruolo di primo piano svolto da *Caere* sia nei confronti di Cartagine, fin dagli anni della battaglia di Alalia (HEROD., I, 167), sia nei confronti di Roma, quale tradizionale e amichevole referente, specie in materia di imprese marinare[28]. L'introduzione a Pyrgi di un culto straniero, accompagnato da sacerdoti della madrepatria, è stata in genere interpretata nella prospettiva dei rapporti internazionali di *Caere*, addirittura come segno di un possibile protettorato esercitato da Cartagine sulla metropoli etrusca[29] o, più cautamente, come conseguenza di un qualche appoggio offerto dall'alleato punico a *Thefarie Velianas* per l'ascesa al potere[30]. Ma forse quel "nesso sostanziale" potrebbe apparire meno "indiretto" valutando anche la prospettiva interna alla Penisola ove si articola la trama delle relazioni romano-ceriti, assai solide almeno fino alla metà del IV sec a.C.[31].

Ammesso che le osservazioni sull'anomala vicenda edilizia del Tempio B e dell'Edificio delle Venti Celle colgano correttamente la traccia di una ristrutturazione in corso d'opera del primo progetto, si potrebbe supporre che l'originaria iniziativa di *Thefarie* in onore della dea *Uni*, rientrante nei gesti di munificenza e di ostentazione della *pietas* religiosa tipici delle figure tiranniche, abbia poi subito una vistosa correzione in senso orientaleggiante proprio in concomitanza con il trattato fra Roma e Cartagine, probabile esempio di quei *symbola* fra la città punica e non meglio identificate città etrusche ricordati da Aristotele (*Pol.*, III, 9, 1280)[32]. L'indiscussa rilevanza internazionale di *Caere*, la relazione già sperimentata con la controparte punica e il ruolo attivo nei confronti dell'Urbe fanno della città etrusca un'autentica deuteragonista al fianco di Roma sulla scena politica in cui prese forma il primo trattato. In particolare si potrebbe ipotizzare che *Caere*, con evidente interesse di *Thefarie*, abbia affiancato Roma, assai prudente nell'introduzione di culti stranieri in tempo di pace[33], nell'immancabile opera di sanzione religiosa del grande atto diplomatico, ospitando la dea fenicia nell'ampio spazio dell'erigendo santuario costiero, ove l'eccezionale visibilità e il fasto architettonico compensavano largamente la collocazione eccentrica rispetto alla città latina che, almeno le fonti successive, presentano come unica firmataria del trattato al cospetto di Cartagine.

MARIA DONATELLA GENTILI

---

[26] PALLOTTINO 1965; COLONNA 2010a.

[27] COLONNA 2010a, p. 278.

[28] COLONNA 1981b; TORELLI 1981.

[29] PALLOTTINO 1965, p. 9.

[30] COLONNA 2010a, pp. 278-280.

[31] GENTILI 2004.

[32] PALLOTTINO, COLONNA, VLAD BORRELLI, GARBINI 1964, pp. 114-115 (Pallottino).

[33] Il primo culto straniero accolto in tempo di pace è quello di Cerere, Libero e Libera (493 a.C.); seguono Esculapio (293 a.C.), Venere Ericina (215 a.C.), *Magna Mater* (204 a.C.). Sulla questione dei culti stranieri v. COLONNA 2010a, pp. 281-282.

I SISTEMI DECORATIVI TARDO-ARCAICI DEL SANTUARIO MONUMENTALE DI PYRGI. ALCUNE NOVITÀ E PUNTUALIZZAZIONI

In occasione della ripresa dello studio sistematico delle terrecotte architettoniche provenienti dalle campagne di scavo 1977-1985, finalizzata alla pubblicazione del quarto volume monografico sul santuario di Pyrgi, sono emersi elementi nuovi che hanno contribuito a precisare alcuni momenti della storia decorativa degli edifici monumentali, lasciati in parte in sospeso nelle precedenti edizioni[1].

Un primo risultato riguarda, tra le antefisse a figura intera che decoravano l'Edificio delle Venti Celle nella fase originale[2], il tipo identificato al momento della prima pubblicazione con la *Potnia theròn*, della quale, in occasione di questo studio, è stato finalmente realizzato il rilievo completo sulla base di frammenti inediti che ricostruiscono la parte centrale del corpo[3], non ancora documentata graficamente (*Fig. 1*).

La dea, in anni recenti identificata da G. Colonna come *Uni*[4], è raffigurata con il busto di prospetto e le gambe di profilo verso destra mentre stringe a sé la coppia di cavalli alati con le zampe sollevate in posizione araldica (*Fig. 2*). Da ricordare il gesto particolarissimo compiuto dalla dea che infila le prime tre dita delle mani nelle bocche dei cavalli domati, come testimonia la presenza dei finimenti dipinti in rosso. Altri attributi della divinità sono i gioielli: i grandi orecchini a disco, la collana a bulle ed i bracciali tubolari[5]. Essa indossa un lungo chitone raccolto in grandi pieghe centrali che lascia scoperti solo i piedi calzati con *calcei repandi*, già noti, ed uno stretto mantello passato sulla spalla sinistra, ricadente lungo il fianco destro con la nappina sulla punta; la testa è

---

[1] L'edizione del prossimo volume è stata affidata alla cura di M.D. Gentili, e per ciascuna competenza a G. Colonna, M.P. Baglione, M.D. Gentili, L. Drago, L.M. Michetti, C. Carlucci, L. Maneschi.

[2] Sull'intero ciclo delle antefisse figurate, già oggetto di un recente riesame, COLONNA 2000, pp. 379-282; l'autore è tornato per una nuova analisi sia iconografica che iconologica in COLONNA 2012a, riproponendo la nuova ricostruzione della *Potnia*, ora identificata definitivamente con *Uni*, presentata per la prima volta dalla scrivente in occasione del Convegno del cinquantenario dello scavo di Pyrgi.

[3] Il frammento maggiore e più completo ai fini della ricostruzione è il n. inv. 78.926, alt. cm 19, larg. max cm 13,5; il disegno ricostruttivo è stato realizzato da S. Barberini, Sapienza Università di Roma, con la guida della scrivente.

[4] COLONNA 2000, pp. 280-282.

[5] La dea è adorna di una sontuosa *parure* di gioielli come anche la figura femminile delle antefisse nimbate destinate alla decorazione originale del tempio B, riconosciuta anch'essa come la sua rappresentazione, COLONNA 2000, p. 283.

Fig. 1. Frammento della parte centrale di antefissa a figura intera con *Uni*.

Fig. 2. Disegno ricostruttivo dell'antefissa a figura intera con *Uni* e la coppia di cavalli alati. Rilievo S. Barberini, Sapienza Università di Roma.

coperta dalla cuffia con fronte rigonfia ed orlo ingrossato. La figura appare stante, benché il piede sinistro risulti leggermente sollevato. In basso è stato possibile ricostruire il corretto andamento delle parti traforate, ottenute con l'asportazione completa del fondo della lastra compreso tra le zampe dei cavalli e le gambe della dea ed anche nel breve spazio tra i suoi piedi. Queste sfinestrature, unite alla coppia di piccole aperture bilobate in corrispondenza delle code dei cavalli dovevano contribuire a creare, una volta in opera sull'edificio, dei suggestivi e iterati giochi di luce.

Due altri frammenti inediti della base con policromia meglio conservata[6] hanno consentito di attribuire il motivo del meandro bianco tra scacchi rossi e neri alla fascia inferiore di questo tipo ad altare modanato, analogamente alle altre a zoccolo semplice già documentate, confermando anche nei decori, che si tratta di una serie omogenea di antefisse.

Altre novità acquisite sono relative alla decorazione del tempio B, o meglio, al primo parziale restauro eseguito dopo l'impianto originale di fine VI secolo a.C., e testimoniato da una serie di elementi la cui associazione contribuisce a definire con maggiore precisione questo intervento, da considerare come un'operazione di consapevole rinnovamento successiva alla stagione tirannica,

---

[6] Si tratta di almeno due frammenti, il più grande dei quali (inv. 80.826) conserva l'altezza completa della base con parte dei piedi della dea, alt. 9, largh. 5,5.

coincidente a Pyrgi con la fondazione del grande Santuario Monumentale[7]. Appartengono a
questo momento quattro tipi di antefisse e due
tipi di lastre, mentre non è documentato un nuovo modello di sima facendo presupporre che
le sime originali non fossero state sostituite.
Tre dei tipi di antefisse, noti ed editi da tempo, sono rispettivamente: a testa femminile, a
testa di etiope ed a testa di sileno[8] (*Figg. 3-4,
6*). Quest'ultimo appartenente al noto tipo di
invenzione romana, originario del sistema decorativo del tempio dei Castori, a Pyrgi è impiegato nella varietà dimensionale minore, che
sembra esclusiva dell'area di Cerveteri[9], e contribuisce, insieme ai tipi di totale invenzione
ceretana, a collocare bene attorno al 480 a.C. il
restauro operato sul tempio B.

I due tipi a testa femminile e di etiope (*Figg.
3-4*) che utilizzano due modelli iconografici di-
scendenti da prototipi utilizzati per realizzare le
matrici per i vasi configurati a doppia protome
bifronte[10], rappresentano la versione più recente e semplificata della serie più antica creata in

Fig. 3. Antefissa a testa femminile tipo B:II, frammento.

origine per decorare il primo tetto del tempio B[11]. La nuova coppia gode di ampia fortuna vista la sua
diffusione sia in ambito urbano che extraurbano dell'area ceretana. La loro datazione è ancorata a buo-

---

[7] Da ultimo COLONNA 2010, pp. 277-284.

[8] MELIS 1970b, pp. 338-346, tipi B:II e B:IV. G. Colonna propone di interpretare come un satiro etiope il
tipo B:II che si affiancherebbe al satiro normale nella medesima funzione di accolito della dea *Uni*, COLONNA
2000, p. 283.

[9] CARLUCCI 2006, p. 8, CARLUCCI c.s.b, tipo DVIIIb; il modello base romano ha un'altezza di almeno cm 34
ed una larghezza ricostruita, ma attendibile di cm 34, con altezza della protome pari a cm 21,7, mentre la varietà
pyrgense, priva di base e nimbo, ha la protome alta cm 16,8. Il tipo è presente a Cerveteri con un esemplare
dall'area centrale della città, MORETTI 1975, p. 78, completo di base e nimbo, ma realizzato nello stesso modulo
dimensionale dell'esemplare pyrgense. L'ipotesi che la varietà dimensionale minore di questo tipo sia esclusiva
dell'area ceretana ed, al momento, assente negli altri siti che ne condividono la distribuzione, è naturalmente
basata sullo stato attuale delle conoscenze, suscettibile di continue e possibili modifiche. D'altra parte non si
può escludere che il tipo sia nato proprio a Roma già predisposto in origine di diversi moduli dimensionali,
come sembra ormai provato per la coppia di antefisse veienti a testa di menade e sileno, tipi B XIII e D XIII, dal
Santuario del Portonaccio, prodotte in tre dimensioni, CARLUCCI 2005, pp. 38-39, tav. XV, *a-f*.

[10] BEAZLEY 1963, pp. 1529, sgg., COLONNA 1970, p. 405. Il ritrovamento nel Santuario Meridionale di Pyrgi
di un'*oinochoe* configurata a testa di negro (*Fig. 5*), benché di piccole dimensioni, ripropone l'interesse per
questo particolare soggetto iconografico, realizzato secondo i medesimi tratti, BAGLIONE 2004, p. 96, fig. 19.

[11] MELIS 1970b, pp. 332-338, tipo B:I.

Fig. 4. Antefissa a testa di negro tipo B:II, frammento.

Fig. 4a. Antefissa a testa di negro, esemplare intero dall'area urbana di Caere. Parigi, Museo del Louvre. Inv. CP 4797.

ni elementi ricavabili dal confronto con gli esemplari dell'area urbana e della Vigna Parrocchiale, dove l'antefissa è presente anche nel complesso decorativo attribuito al tempio di pianta tuscanica edificato dopo la distruzione del preesistente quartiere arcaico, i cui livelli stratigrafici orientano per una datazione tra il 490-480 a.C.[12]. A questo si aggiunge anche il riscontro stratigrafico della presenza di frammenti delle antefisse di questo tipo in strati della piazza del santuario contestuale alla costruzione del tempio A, ben datati al 460 a.C.[13]. L'insistenza con il poco consueto soggetto dell'etiope[14] conferma la necessaria attinenza di questo con il tema del programma figurativo anche nella fase di rinnovamento seguita al nuovo corso politico post-tirannico e consente di interpretare anche la nuova figura femminile come una dea piuttosto che una menade, una dea dall'aspetto giovanile in rapporto alla severità espressa dal tipo della prima serie, identificata con la titolare del tempio Uni-Astarte.

Il tipo del sileno (*Fig. 6*)[15], privo della base distinta e del nimbo, ha una destinazione privilegiata al tettuccio frontonale, per la quale evidentemente si è preferito sfruttare al massimo la visibilità dell'antefissa puntando solo sul viso, ed eliminando i complementi accessori, che ne avrebbero accresciuto le dimensioni. A questo tipo è ora possibile associare come paredra una graziosa antefissa femminile

---

[12] CRISTOFANI 2000, p. 404, MAGGIANI 2001a, pp. 121-122; GUARINO 2010.

[13] COLONNA 1970, p. 405.

[14] Lo stesso soggetto è presente in un frammento di altorilievo che conserva una testa di negro con elmo, proveniente genericamente dall'area urbana di *Caere* conservato nel museo del Louvre, MOLLARD-BESQUES 1963, pp. 141, s., con foto; BRIGUET 1976-77, p. 22, n. 37, foto a p. 21; CRISTOFANI 1987a, p. 109. Per la diffusione di questo soggetto si vedano MELIS 1970b, COLONNA 1970, p. 405, BACCI 2000, p. 51.

[15] MELIS 1970b, p. 345 s., fig. 278; *Pyrgi* 1988-89, p. 202, fig. 167, 10, tipo Pyrgi B:IV.

Fig. 5. *Oinochoe* attica configurata a testa di negro dal Santuario Meridionale di Pyrgi.

Fig. 6. Antefissa a testa di satiro tipo B:IV, frammento.

(*Fig. 7*), di fatto ancora inedita a Pyrgi[16], caratterizzata da un piccolo volto ovale, incorniciato da capelli scriminati e smerlati sulla fronte, rilievo poco accentuato. La testa è coperta da una cuffia o alto diadema con fronte rigida da cui pendono due nastri terminanti a voluta con bottone centrale.

Stringenti affinità morfologiche, quali la mancanza del nimbo e della base, e tecniche, come il medesimo corpo ceramico ed il trattamento della superficie, colori identici, tipo di realizzazione del coppo e la peculiare fascia decorativa rossa sul dorso subito dopo l'attacco al retro della protome, consentono senza dubbio l'accostamento al tipo maschile a testa di sileno e la destinazione della coppia al tettuccio della fronte dell'edificio.

A sostegno di questa ipotesi concorre il dato distributivo dei frammenti riconducibili al tipo, in gran parte provenienti dallo strato "Aβ", di distruzione, della piazza antistante il tempio B[17].

Anche in questo caso si tratta di una variante di un tipo già noto a *Caere*, con provenienza generica dall'area della città, che nella versione originale, (*Fig. 7a*), era completo di nimbo a conchiglia e base distinta[18]. Il rilievo poco accentuato e quasi stanco di entrambi, originale e variante, doveva essere certamente compensato dall'accuratissima rifinitura affidata al colore, come dimostra l'ottima policromia dell'esemplare completo dall'area urbana cerite.

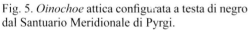

[16] Un esemplare intero, inv. n. 77.1180, è esposto nell'Antiquarium di Pyrgi; alt. completa 21,5; largh. 20,5; profondità 19,5. Alcuni frammenti appartenenti ad esemplari di questo tipo erano già stati pubblicati in precedenza, ma non riconosciuti, *Pyrgi* 1970, p. 676, n. 3, *Pyrgi* 1988-89, p. 313, n. 3, fig. 268, 4-5.

[17] Questo dato, già emerso in MELIS 1970b, p. 346 e *Pyrgi* 1988-89, p. 202, ora è ulteriormente provato dallo studio dei nuovi frammenti.

[18] MORETTI 1975, p. 78.

Fig. 7. Antefissa a testa di menade tipo B:IV, frammento.

Fig. 7a. Antefissa a testa di menade, esemplare
intero dall'area urbana di *Caere*. Soprintendenza
per i Beni Archeologici dell'Etruria Meridionale,
Museo di Villa Giulia, deposito, Roma.

L'associazione tra i due tipi della coppia pyrgense costituisce una novità per il tipo maschile, il
quale solitamente si trova accostato alle antefisse con *Iuno Sospita*, ancora d'invenzione romana,
come ad esempio nel paradigmatico sistema del tempio dei Castori di Roma[19]. Anche le linee di
diffusione del sileno, fuori Roma, coincidono nella quasi totalità dei casi con quelle della *Iuno*, permettendo di ipotizzare una trasmissione congiunta della consueta coppia. È da rilevare, inoltre, che
solo a Pyrgi, è sicuramente provata la presenza di una paredra diversa.

Questo dato consente di avanzare un'interessante ipotesi riguardo la probabile e consapevole opzione per un tipo di antefissa femminile alternativa al tipo della *Iuno Sospita*, che sarebbe risultata del
tutto incompatibile con il programma figurativo del tempio B, incentrato sin dall'inizio sulla figura
di Eracle, come ha dimostrato anche recentemente G. Colonna, e dove la divinità venerata, *Uni*, non
aveva le caratteristiche ostili della *Iuno Sospita* nei confronti dell'eroe, anzi assumeva il carattere della
Era a lui solidale[20].

Alla serie, finalmente completa delle nuove antefisse, è stato possibile associare anche due tipi
di lastre di rivestimento che contribuiscono a dare maggiore consistenza all'intervento di restauro
non limitato alla mera sostituzione di alcuni elementi danneggiati, in piena linea con quanto si viene
delineando per l'assetto urbano della metropoli nel primo ventennio del V secolo a.C.[21].

---

[19] CARLUCCI 2006, p. 8, Fig. 1.4 con la distribuzione della coppia, sileno (tipo D VIII) - *Iuno* (tipo G VIII).
[20] COLONNA 2000, pp. 291-292, nota 157.
[21] CRISTOFANI 2000, pp. 404-409, MAGGIANI 2001a, pp. 121-122.

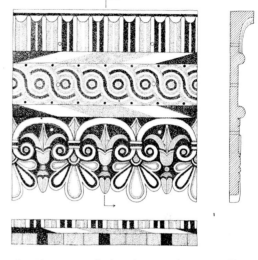

Fig. 8a. Lastra di rivestimento tipo A:14 (da MELIS 1970a, p. 78, fig. 17).

Fig. 8b. Lastra di rivestimento tipo B:1, rilievo grafico (da MELIS 1970b, p. 347, fig. 279,1).

Per il primo tipo di lastra *(Fig. 8a)*, tripartita con cornice di baccelli concavi poco aggettanti all'estremità superiore, *anthemion* a registro semplice di palmette a petali palmati nascenti da nastri ad arco pendente terminanti in volute alternate a fiori di loto aperti e dritti, è stata proposta al momento della pubblicazione l'attribuzione dubitativa al sistema del tempio A[22].

Si tratta di un tipo rappresentato da un numero molto elevato di esemplari destinati alla copertura degli architravi, in assenza, finora confermata, di tagli obliqui sui frammenti conservati.

Nell'analisi generale riguardo la lastra, F. Melis segnalava la presenza di due gruppi di esemplari derivati dalla medesima matrice, ma diversi per qualità del rilievo e per corpo ceramico e distinti, inoltre, per la differente distribuzione nell'area del santuario. Il gruppo con migliori qualità tecniche aveva una maggiore concentrazione intorno al tempio B, mentre le lastre di minore qualità sembravano concentrarsi intorno al tempio A. Queste osservazioni hanno contribuito a creare dubbi sulla sicura attribuzione al tempio A di tutti gli esemplari conservati, così come sulla contemporaneità della loro produzione[23]. Inoltre, sono state notate affinità tecniche tra il gruppo di migliore qualità e le lastre del tempio B, in particolare il tipo B:1 *(Fig. 8b)*, alle quali si avvicina anche lo schema dell'*anthemion* a registro unico, seppure nel nostro tipo sia evidente un'evoluzione stilistica dovuta alla sua recenziorità. Resta il problema della possibile appartenenza al tempio A, sulla base delle evi-

---

[22] MELIS 1970a, pp. 177-183, tipo A:14.

[23] MELIS 1970a, pp. 187-188, con carta di distribuzione del tipo a fig. 119, posizione ribadita in *Pyrgi* 1988-89, p. 154, dove anzi sembra dimostrata la provenienza della serie di qualità migliore, definita "originaria", dalla zona del tempio B. Tale dato costituisce una prova a favore dell'ipotesi, qui avanzata, che la serie sia da considerare come prima fornitura per il restauro del tempio stesso.

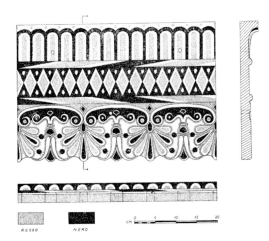

Figg. 9-9a. Lastra di rivestimento tipo B:9, foto e rilievo grafico (da Melis 1970b, p. 395, fig. 311).

denti carte di distribuzione dei frammenti. La soluzione proposta potrebbe essere quella di ipotizzare la creazione e l'utilizzo di questo tipo in occasione del primo restauro del tempio B insieme alle due coppie di antefisse[24], mentre ad un successivo reimpiego della matrice per il complesso del tempio A si potrebbero attribuire le lastre della serie più usurata. Questa ipotesi è ulteriormente confermata dalla stratigrafia dei terrapieni di fondazione della piazza all'esterno del tempio A, che hanno restituito frammenti di lastre di questo tipo della serie "originaria" a matrice fresca[25].

Il contesto pyrgense risulta, così, di notevole interesse per una più corretta definizione cronologica di questo tipo di lastra che impiega un elemento generalmente ritenuto recenziore come la palmetta a ventaglio con petali palmati, piuttosto diffuso in ambito laziale.

Anche il secondo tipo di lastra *(Figg. 9-9a)*, già attribuito al complesso del tempio B di Pyrgi[26], inizialmente ha creato dubbi per la sua problematica collocazione rispetto al resto degli *antepagmenta*. Per stringenti motivi stratigrafici e di distribuzione dei frammenti rinvenuti, questa lastra di piccole dimensioni è stata in via ipotetica attribuita alla decorazione di uno degli spioventi del tempio in abbinamento alle lastre degli spioventi, tipo Pyrgi B:1, proponendone una disposizione in doppio ordine[27].

Nonostante la suggestiva ipotesi di G. Colonna, questo tipo continua a suscitare perplessità, anche sotto il profilo stilistico, riguardo alla sua possibile associazione con il sistema originale del tempio B. Il tipo di *anthemion* presenta, infatti, una leggerezza diversa rispetto alla corposità delle lastre B:1 e B:2[28], giustificabile con la sua creazione in un momento successivo a quello della fase

[24] E non una possibile fornitura risalente alla prima decorazione del tempio B, secondo la proposta avanzata inizialmente da F. Melis per la serie di qualità migliore, Melis 1970a, p. 188.

[25] Melis 1970a, p. 188, nt. 1.

[26] Melis 1970a, pp. 395-402, tipo B:9, *Pyrgi* 1988-89, pp. 206-208.

[27] Ipotesi proposta da G. Colonna in *Pyrgi* 1988-89, p. 208.

[28] Melis 1970a, rispettivamente pp. 346-356 e pp. 356-362.

originaria del tempio B. In via di ipotesi si potrebbe pensare ad un inserimento della lastra nella posizione proposta, in concomitanza con la parziale ristrutturazione del tempio B, anche in forza della sua significativa associazione con le antefisse femminili B:II, riscontrata nell'intervento di ridecorazione del santuario di Montetosto[29].

Inoltre, l'elemento ornamentale con voluta ad S e palmetta acroteriale, caratteristico delle lastre poste all'estremità degli spioventi a copertura dell'angolo del tempio (*Fig. 10*), mostra di confrontarsi bene con le analoghe soluzioni decorative di alcuni tipi di lastre dall'area etrusca e laziale, databili a partire dal 480 a.C. L'impiego di una lastra speciale con funzione acroteriale, dopo la prima prova sperimentale nel sistema dei grandi acroteri del tempio dell'Apollo a Veio Portonaccio[30], sembra godere di una certa fortuna in un momento successivo, quando appare riproposta, quasi contemporaneamente, nell'intervento di restauro del tempio B, nel sistema del tempio dei Castori a Roma, in quello di Segni[31] ed anche nei complessi leggermente più recenti di Veio Portonaccio e dei Sassi Caduti a Falerii[32]. Non è da scartare l'ipotesi che si tratti di un nuovo tipo di soluzione angolare che, oltre ad interessare le lastre terminali degli spioventi, potrebbe anche coinvolgere le sime, creando una nuova concezione decorativa finalizzata ormai solo a creare un effetto grafico ed escludendo le figure acroteriali a tuttotondo impiegate nei sistemi della generazione precedente[33]; il medesimo tipo di soluzione angolare è certamente ancora in uso, senza ulteriori modifiche, nel complesso dello Scasato I a Civita Castellana[34].

Secondo quanto già anticipato, è forse possibile leggere in questo dato archeologico dell'intervento di restauro, una scelta consapevole operata dai responsabili del governo del santuario di Pyrgi, che implica l'abbandono del modello decorativo del sistema originario del tempio B, con il suo portato ideologico legato alla figura del fondatore, il tiranno *Thefarie*, non più accettabile successivamente alla sua caduta[35].

La ripresa delle ricerche nell'area del santuario maggiore, nel corso degli anni 2000, ha permesso di acquisire elementi nuovi anche per il sistema del tempio A. Sono infatti stati recuperati altri frammenti, alcuni notevoli, di antefisse a testa di sileno tipo A.I (*Fig. 11*), un grande fram-

---

[29] COLONNA 1985b, p. 194.

[30] CARLUCCI 2011, pp. 118-120.

[31] Se è corretta, come sembra, l'interpretazione del frammento con voluta a rilievo su una lastra di tipo non identificabile dal tempio di Giunone Moneta a Segni, CIFARELLI 2003, p. 142, II.15, fig. 135. Da quanto si può ricavare dalla frammentaria documentazione del tempio dei Castori a Roma, anche questo complesso era dotato di lastre speciali dei *cantherî*, il cui lato esterno era rifinito con una grande voluta in parte sporgente e con la superficie posteriore dipinta, GRØNNE 1992, pp. 160-161, Group 1, fig. 125, tavv. 37 e I,1.

[32] Rispettivamente: CARLUCCI 2011, pp. 118-121, COZZA 1975-76. La voluta ad S trova confronti nelle lastre delle porte dei templi di Portonaccio a Veio, databili al 475-470 a.C., CARLUCCI 2005, p. 40, tav. XVII,b, o dei Sassi Caduti a Falerii, leggermente più recente, CARLUCCI c.s.a, fig. 36.

[33] Comuni, infatti, sia ai complessi originali del tempio B di Pyrgi, che di Portonaccio a Veio, rispettivamente COLONNA 2000, pp. 284-286, CARLUCCI 2011, pp. 33-36. Gli "acroteri di sima", come vengono indicate le piccole figure applicate sulla cresta delle sime, avevano il loro maggiore sviluppo in corrispondenza degli angoli frontonali.

[34] COMELLA 1993, p. 75, CARLUCCI 2011, pp. 120-121.

[35] Sulla stagione di *Thefarie* si veda ora COLONNA 2010a, pp. 277-286, in particolare alle pp. 285-286 per la cronologia della fine del suo regno e COLONNA 2012a, p. 590.

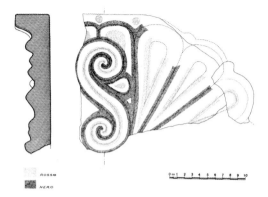

Fig. 10. Lastra di rivestimento tipo B:9, rilievo grafico dell'elemento acroteriale (cfr. *Pyrgi* 1989-90, p. 208, fig. 174).

Fig. 11. Antefissa a testa di sileno tipo A:I, frammento.

mento di lastra degli spioventi tipo A:1, con ritagli funzionali alle sculture emergenti delle lastre di altorilievo frontonale ed infine l'atteso ritrovamento dell'antefissa a testa femminile (*Fig. 12*) da accostare al sileno tipo A:II, finora rimasto isolato, che ricompone la coppia destinata alla decorazione del lato nord del tempio A. Come il paredro maschile anche il nuovo tipo femminile appartiene alla serie veiente ideata e per la prima volta impiegata per il tempio dell'Apollo a Veio Portonaccio[36] *(Fig. 12a)*. Si ripropone dunque, anche in questo caso, come per la meglio nota coppia di menade e sileno con nimbo decorato ad *anthemion* tipo A:I[37], l'uso di tipi decorativi preesistenti al tempio A e con un corso di vita già notevole, che ne ha determinato la fortunata continuità di vita ancora nel nuovo monumento. Il fatto è tanto più significativo in quanto la scelta delle due coppie di antefisse sembra presupporre un voluto richiamo ad importanti monumenti templari evidentemente ritenuti simbolici, quali il tempio del Portonaccio ed almeno uno dei templi dell'area urbana centrale della città di *Caere*[38]. Ma mentre per la coppia importata si sceglie di impiegare il tipo originale senza operare modifiche, nel caso della coppia di antefisse "locali" si

[36] Il tipo è rappresentato al momento da due esemplari frammentati, rinvenuti nel corso della campagna di scavo del 1981, il maggiore dei quali ha inv. 81.1278 e dimensioni: alt. max 10,2; largh. max alla base completa 19; base: alt. 4,1, ed un terzo proveniente dalle campagne recenti. Le dimensioni dei frammenti consentono di inserire gli esemplari pyrgensi della serie femminile tra quelli di modulo maggiore come gli omologhi originari da Veio, CARLUCCI 2005, p. 39, n. 40, mentre per il tipo maschile, A:II, sono noti almeno due moduli dimensionali diversi, il maggiore ed il minore, *Pyrgi* 1988-89, pp. 142-144, corrispondenti alle medesime dimensioni degli originali veienti, CARLUCCI 2005, p. 39, n. 40, figg. XV,*e-f* e *d*. La presenza di due differenti moduli per questo tipo fa pensare alla possibilità che il minore fosse destinato al tettuccio della fronte del tempio, MELIS 1970a, p. 144.

[37] MELIS 1970a, pp. 86-93.

[38] Dal centro cerite sono noti rispettivamente una coppia di questo tipo, *Welt Etrusker* 1988, p. 177, B 6.1.30, ed un esemplare isolato a testa di sileno, WINTER 2010, p. 100, n. 45, che per l'eccezionale qualità artistica e le proporzioni imponenti dovevano essere destinati ad altrettanti templi di tipo monumentale.

Fig. 12. Antefissa a testa di menade tipo A:II, frammento.

Fig. 12a. Antefissa a testa di menade dal Santuario in località Veio Portonaccio. Roma, Museo Nazionale Etrusco di Villa Giulia, depositi.

interviene chiudendo i trafori nei nimbi, e con minimi ritocchi nel caso del sileno, nella posizione delle orecchie[39], o apportando modifiche più significative nel volto della menade per rimodernarne lo stile[40]. L'impiego delle due coppie di antefisse si accompagna con parti del sistema decorativo importato, come il caso della lastra tipo A:2 appartenente al complesso veiente del Portonaccio[41], o parti di un sistema originario locale con confronti nel santuario dei Sassi Caduti a Falerii[42].

L'apparato decorativo del tempio A può essere, dunque, a ragione definito "composito" per il fatto di impiegare almeno due sistemi decorativi, o parti di essi, non originali e già messi in opera, come già detto. Ciò che, però, rende eccezionale questo monumento, oltre ai motivi di ordine prettamente storico e storico-artistico, compiutamente messi in evidenza da

Fig. 13. Antefissa a testa di satiro tipo A:I, esemplare completo del nimbo. Roma, Museo Nazionale Etrusco di Villa Giulia.

---

[39] Curioso il caso di questo tipo di antefissa silenica della quale sono note tre varianti distinte per la diversa posizione delle orecchie, come dimostrano gli esemplari alla nota precedente e quelli di Pyrgi.

[40] MELIS 1970a, pp. 91-92, COLONNA 2000, p. 313.

[41] CARLUCCI 2005, pp. 39-40, tav. XVI,a; la lastra appartiene al cosiddetto sistema I, MELIS 1970a, pp. 183-184, al quale si possono ora ascrivere anche le antefisse di origine veiente.

[42] Questi elementi sono stati attribuiti al "sistema 2", Melis 1970a, pp. 185-186.

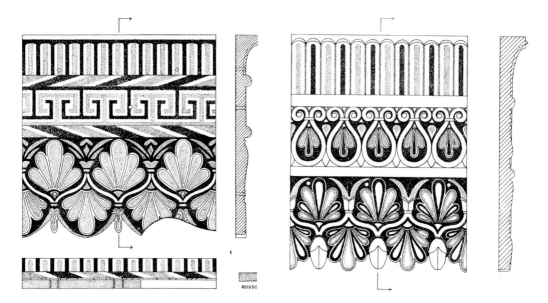

Figg. 14-14a. Lastre di rivestimento tipi A:1 e A:2, rilievo grafico (da MELIS 1970a, rispettivamente p. 101, fig. 69 e p. 111, fig. 74).

G. Colonna[43], sono le interessanti novità introdotte, a nostra conoscenza per la prima volta, con alcuni tipi di rivestimenti che avranno il più ampio seguito nella produzione della coroplastica archi-tettonica delle generazioni successive. Infatti la coppia di antefisse tipi A:I *(Fig. 13)*, impiegando il nimbo a conchiglia decorato con il motivo ad *anthemion*, di invenzione certamente ceretana[44], anti-cipa un tipo che avrà un più ampio sviluppo successivamente a partire dalla fine del V secolo a.C., e lo stesso può essere detto anche per tre tipi di lastre[45] che in modo diverso costituiscono interessanti precedenti tipologici dei sistemi decorativi più recenti.

La prima coppia di lastre di rivestimento degli spioventi e degli architravi *(Figg. 14-14a)*, infatti, impiega due tipi di *anthemia* a doppio registro molto simili, nel cui schema decorativo è evidente il richiamo agli elementi a nastro continuo, convenzionalmente detto "a otto", racchiu-denti palmette dritte e pendule delle lastre più recenti di almeno un cinquantennio, come, per rimanere nell'ambito pyrgense, i tipi A:15 ed A:16[46]. Estremamente interessante è notare come questa "conquista" accomuni le due grandi scuole di coroplastica di *Caere* e Veio, senza che si possa al momento individuare a quale delle due spetti il primato dell'idea. La terza lastra, infi-

---

[43] COLONNA 2000, pp. 312-317. ID. 2010b.

[44] CARLUCCI 2006, p. 11.

[45] MELIS 1970a, pp. 100-116, rispettivamente i tipi A:1-2 e pp. 138-144, tipo A:6, CARLUCCI c.s.b, tipi LT.C XI, LT.D XI ed LT.B VI

[46] Per i quali RALLO 1970, pp. 204-213; si tratta dei tipi genericamente inquadrati in STRAZZULLA 1987, pp. 155-164, tabella VII.

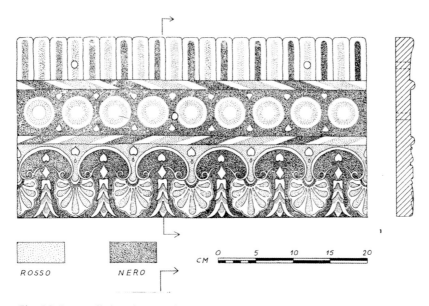

ROSSO   NERO

Fig. 15. Lastra di rivestimento tipo A:6, rilievo grafico (da MELIS 1970a, p. 139, fig. 92,1).

ne (*Fig. 15*), rappresenta il primo tipo in assoluto di rivestimento di porta a schema tripartito, rispetto alle precedenti lastre a registro unico, impiegando con largo anticipo una tipologia che sarà comune non prima dell'inizio del IV secolo a.C.[47]. Queste osservazioni, contribuiscono a rafforzare l'inquadramento cronologico dell'intero complesso decorativo, riproposto da G. Colonna nell'avanzata prima metà del V secolo, ma anche a rendere conto della vitalità di *Caere* in questo periodo, nonostante, la sconfitta nell'impresa navale contro Cuma[48].

CLAUDIA CARLUCCI

---

[47] Come dimostra il tipo dal santuario falisco dello Scasato II, databile al 380 a.C. circa, CARLUCCI 2004, pp. 43-44, che non sembra avere al momento altri precedenti, probabilmente neanche nelle fasi più recenti dei rivestimenti del tempio A.

[48] COLONNA 2000, p. 317, con riferimenti bibliografici.

CONSIDERAZIONI SULL'ABITATO ETRUSCO DI PYRGI[*]

L'abitato costiero di Pyrgi, vero e proprio avamposto di *Caere* sul mare, si estendeva sulla fascia litoranea per almeno dieci ettari, impiantandosi sul promontorio roccioso successivamente occupato dal *castrum* romano e dal Castello medievale, e sviluppandosi verso sud fino all'area interessata dal comprensorio santuariale e dai suoi annessi; era collegata alla metropoli da una larga strada monumentale che ricalcava un antico percorso extraurbano, e che raggiungeva la fascia costiera descrivendo nel suo tratto terminale una ampia curva a gomito, per poi proseguire parallela alla costa[1] (*Fig. 1*).

Progressivamente smantellato dall'erosione marina fin dall'antichità, l'abitato etrusco costituisce un bacino archeologico finora sostanzialmente inesplorato, anche se è stato costantemente tenuto sotto osservazione da parte dell'Università La Sapienza di Roma a partire dall'avvio della stagione di scavi e ricerche sul sito[2], da sempre condotti in regime di proficua collaborazione con la Soprintendenza Archeologica per l'Etruria Meridionale.

La ricerca sul campo, indirizzata in maniera prioritaria ad esaurire l'esplorazione del duplice complesso santuariale, ha assunto negli ultimi anni un nuovo orientamento, mirato ad una lettura globale del comprensorio archeologico[3]. Tale lettura implica non soltanto l'analisi del rapporto e del raccordo topografico tra il distretto sacro e l'insediamento portuale e l'analisi del riassetto territoriale operato nel momento dell'impianto del *castrum*, ma anche l'inserimento delle strutture archeologiche nella loro originaria cornice ambientale, avvalendosi di un approccio di tipo interdisciplinare e della collaborazione di specialisti del medesimo Ateneo.

Per quanto riguarda le fasi più recenti dell'occupazione etrusca, una ulteriore opportunità di indagine è stata offerta dall'inserimento di Pyrgi tra i siti indagati nell'ambito del progetto PRIN 2008

---

[*] Con profondo affetto, dedico questa mia breve nota a Francesca Melis, che in occasione della discussione della mia Tesi di Laurea sull'abitato etrusco (BELELLI MARCHESINI 1988-1989) si è congratulata con me per aver saputo "cavare il sangue dalle pietre" (delle case pyrgensi!).

[1] Sul tracciato complessivo della strada che costituisce per l'insediamento di Pyrgi un vero e proprio cordone ombelicale, cfr. GIULIANI, QUILICI 1964. Sulle dimensioni e sul percorso della strada nell'immediato entroterra di Pyrgi, si rimanda a COLONNA 1968.

[2] Esito di questo immediato interesse è la documentazione e la ricca serie di osservazioni offerte in COLONNA 1959.

[3] Sulle linee di ricerca intraprese a partire dal 2009 sul solco di filoni di indagine già tracciati dal prof. Giovanni Colonna nel corso della sua lunga direzione scientifica, e sui primi risultati nella lettura del territorio, cfr. BAGLIONE ET AL. 2010; BAGLIONE c.s.b. Nell'ambito delle attività di ricerca dedicate all'inquadramento territoriale del sito, si inserisce la prossima pubblicazione dello scavo nel santuario di Montetosto, condotto negli anni Sessanta da Francesca Melis sotto la direzione di Giovanni Colonna: AA.Vv. c.s.

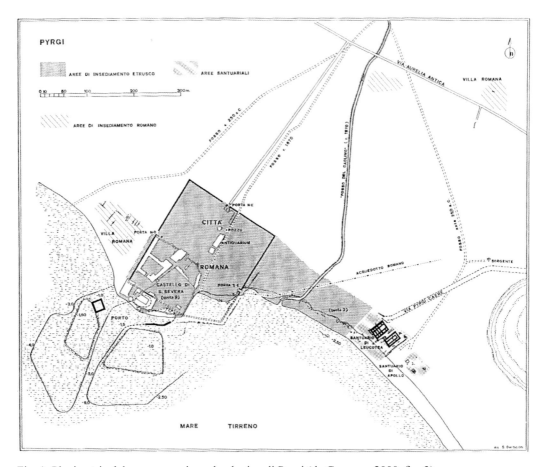

Fig. 1. Planimetria del comprensorio archeologico di Pyrgi (da COLONNA 2000, fig. 3).

Muri di legno, muri di terra, muri di pietra: le fortificazioni in Etruria, in collaborazione con l'unità di ricerca CNR operante a *Caere*[4].

Alle iniziative promosse sulla terraferma dalla Sapienza si affianca l'attività promossa nell'ultimo decennio dal Museo del Mare di Santa Severa, che ha ripreso l'esplorazione subacquea dei fondali antistanti il Castello medioevale e il complesso santuariale, arrecando molteplici elementi di novità utili alla ricostruzione ed evoluzione dell'antica linea di riva[5]. Ulteriori tasselli dell'insediamento preromano sono inoltre emersi nel corso degli scavi di recupero condotti all'interno del Castello che hanno consentito di cogliere il rapporto stratigrafico di continuità/discontinuità

---

[4] Sui risultati delle indagini, cfr. BELELLI MARCHESINI c.s.a; c.s.c.
[5] ENEI 2008; ENEI 2012.

delle case etrusche più recenti con il tessuto insediativo successivo, aprendo ulteriori prospettive di ricerca[6].

Questa mia breve nota intende dunque fare il punto sull'attuale stato delle conoscenze e sulle prospettive aperte dalla nuova stagione di ricerche, in rapporto alle strategie di occupazione del territorio in epoca preromana.

LA STORIA DEGLI STUDI E DELLE RICERCHE[7]

L'ubicazione di Pyrgi in corrispondenza del Castello di Santa Severa non è stata immediatamente chiara agli studiosi di antichità. Secondo gli studiosi rinascimentali il popolo dei Pyrgensi, provenienti dall'Arcadia, occupavano il tratto litoraneo compreso tra il fosso Vaccina e il fiume Mignone, confinando a nord con i Gravisci e a sud con gli Agillei di origine lidia[8]. Il territorio da loro occupato era denominato "purgano"[9] e la posizione del centro antico veniva ricercata nel sito di Santa Marinella[10], per la presenza di una chiesa intitolata a Santa Maria in Purgano[11] ancora esistente, seppure sotto forma di rovine, all'inizio del sec. XVIII.[12]

La corretta identificazione di Pyrgi con Santa Severa si deve al Cluverius, attirato dagli avanzi di mura ciclopiche pertinenti al *castrum* romano inglobati nel perimetro del castello medioevale. Nel corso dell'Ottocento, la tendenza ad assegnare a popolazioni mitiche la tecnica poligonale nell'ambito del vivace dibattito scientifico sull'argomento, ed inoltre la notizia straboniana (STRABO, 5.2.8) circa la fondazione del santuario pyrgense di *Leucothea* ad opera dei Pelasgi, hanno indotto il Canina per primo a proporre una ricostruzione dell'insediamento preromano all'interno del recinto poligonale, ubicando il santuario in corrispondenza del suo centro geometrico[13] (*Fig. 2*). Nonostante la possibilità di osservare una fitta sequenza di strutture anteriori e posteriori alle mura poligonali lungo la scarpata marina[14], causa l'incidenza dell'azione erosiva del mare più volte segnalata nel corso dell'Ottocento[15], la corretta lettura diacronica del comparto archeologico costiero è per la

---

[6] ENEI 2008, pp. 37-42; ENEI 2013, pp. 323-325.

[7] Per una più ampia disamina, cfr. BELELLI MARCHESINI 2001, pp. 395-396.

[8] ANNOVAZZI 1853, pp. 1-24.

[9] Secondo la dizione che LEANDRO ALBERTI (1550, p. 35) attribuisce ad Annio da Viterbo.

[10] Come si evince dalle descrizioni dei luoghi offerte da Flavio Biondo (1474, p. 54).

[11] Leandro Alberti (cit.) specifica che la localizzazione di Pyrgi a Santa Marinella può sostenersi in base alle distanze tra i diversi centri offerte dagli autori antichi ma soprattutto alla chiara derivazione toponomastica del titolo della chiesa.

[12] Come segnalato nel corposo manoscritto dell'arciprete Francesco Tofani (*A.S.R., S. Spirito*. Busta 1072, fascicolo 512. Anno 1794, pp. 44-46).

[13] Per la storia degli studi sulla cerchia in opera poligonale, si rimanda a BELELLI MARCHESINI 2012.

[14] Descritte ad esempio dal MICALI (1844, pp. 372-375), uno degli studiosi maggiormente scettici a proposito della datazione dell'opera poligonale in generale, il cui impiego viene ricondotto alla disponibilità e al tipo di spaccatura naturale della pietra calcarea.

[15] Puntuale a questo proposito è la relazione del Fonteanive relativa al degrado della cinta poligonale (ACS, Ministero della Pubblica Istruzione-Direzione generale AA.BB.AA., Antichità e scavi 1860-1890, busta 443, fascicolo 4873. Civitavecchia - Antico porto di Pyrgi in S. Severa). Altrettanto significativo è lo schizzo del

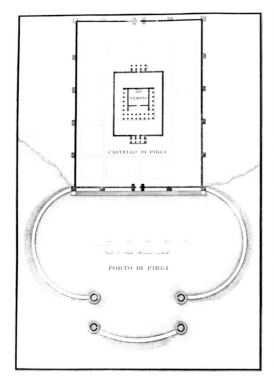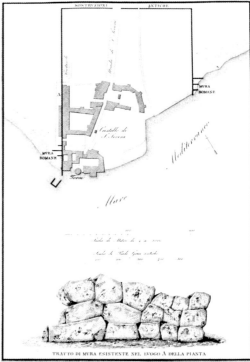

Fig. 2. Ipotesi ricostruttiva dell'insediamento e del santuario di Pyrgi (da CANINA 1840, tavv. E-F).

prima volta proposta nel 1957 dal Castagnoli e dal Cozza[16] con l'ausilio della lettura aerofotogram-
metrica, in concomitanza con la scoperta sul terreno dell'esatta ubicazione del santuario etrusco.

Spia eloquente dell'estensione dell'abitato appariva la magnifica sezione occasionale intagliata
dall'erosione marina, apprezzabile dalla zona del santuario fino alla cinta più esterna del Castello di
Santa Severa[17]. Con l'avvio dell'esplorazione del sito da parte de La Sapienza, questo tipo di evidenza
archeologica ha ricevuto immediata attenzione con la pubblicazione di una serie di puntuali osservazioni[18], la realizzazione di una serie di battute fotografiche[19] e, a partire dagli anni Sessanta, anche di
documentazione grafica di dettaglio[20]. Soggetta a progressivo mutamento, tale sezione ha costituito

---

Lanciani datato 30 aprile 1891 (BVA, Cod.Vat.Lat 13045, foglio 339/r.) che rappresenta la porta sud parzialmente smantellata dai marosi.
   [16] CASTAGNOLI, COZZA 1957.
   [17] PALLOTTINO 1957, p. 207.
   [18] COLONNA 1959.
   [19] A partire dall'ottima battuta fotografica eseguita dal prof. Giovanni Colonna nel 1958.
   [20] A partire dalla sezione (scala 1:20) del tratto di scarpata compresa tra Castello e Mura Poligonali (studio
Di Grazia), riprodotta in COLONNA 1981a, tav. VIa ed esposta nel locale Antiquarium degli scavi insieme ad una

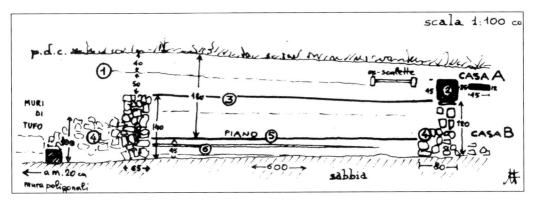

Fig. 3. Casa delle Anfore: sezione stratigrafica (schizzo di Francesca Melis: da COLONNA 1985a, fig. 3).

negli anni la principale fonte di informazione per lo studio diacronico dell'insediamento, permettendo di documentare l'evoluzione delle tecniche edilizie e le fasi degli isolati. Occasionalmente, a seguito di violente mareggiate, sono affiorate sul piano di battigia strutture murarie apprezzabili nel loro sviluppo planimetrico[21], utili a valutare l'articolazione e l'orientamento degli isolati.

È utile segnalare che nel 1996 il mare ha evidenziato un muro in blocchi di tufo ad una distanza di circa 100 metri, in direzione sud, dal Santuario Meridionale[22], cioè oltre il limite finora attribuito al comprensorio archeologico pyrgense; si tratta di una struttura isolata ma estremamente significativa, che probabilmente indizia la presenza di infrastrutture di epoca etrusca lungo la fascia costiera, in probabile collegamento con un percorso litoraneo[23].

La sezione stratigrafica occasionale è stata più volte oggetto di limitati interventi di recupero, finalizzati a conservare dati altrimenti compromessi dall'azione del mare. Di particolare interesse è lo scavo del letto di reperti anforici accumulato sul piano pavimentale di un vano della cosidetta "Casa delle Anfore", evidenziato nel 1982 da una violenta mareggiata alla distanza di 20 metri dal circuito del *castrum*[24] (*Figg. 3, 5*). Il letto di anfore, prevalentemente di importazione, permette di datare al secondo quarto del V sec. a.C. la fase di frequentazione della struttura, che si compone di almeno due vani affiancati e rivestiva probabilmente una duplice funzione commerciale ed abitativa, secondo il

---

serie di immagini fotografiche. In BELELLI MARCHESINI 2001, fig. 8, tale sezione viene messa a confronto con la sezione del medesimo tratto di scarpata, elaborata da chi scrive alla fine degli anni Novanta.

[21] In particolare, la serie di strutture emerse nel tratto di spiaggia immediatamente a nord-ovest ed antistante l'area del Santuario, riportate nella carta archeologica.

[22] Purtroppo la struttura, segnalataci dall'assistente SSBAEM Aldo Fantozzi, è rimasta visibile per breve tempo e non è stata rilevata con precisione. Il posizionamento è stato possibile grazie alla presenza, a breve distanza da un nido di mitragliatrici della Seconda Guerra Mondiale.

[23] Significative a questo proposito sono le consistenti tracce di occupazione di VII-VI secolo, associate all'evidenza di strutture in blocchi di tufo e di tetti di I fase, in corrispondenza della Riserva Naturale di Macchiatonda, a circa km 1 di distanza dal sito di Pyrgi: MANTERO, BELELLI 1991.

[24] COLONNA 1985a, p. 6, figg. 3-5; a figura 3, lo schizzo redatto da Francesca Melis in occasione dell'intervento di recupero, trasposto a china.

confronto con la *Punic Amphora Building* di Corinto[25], in stretto collegamento funzionale con l'area portuale.

Nel medesimo tratto di costa, nel 1968, ad una distanza di 41 metri dal muro di cemento che protegge la porta *Caere*, è stata recuperata una stele iscritta in calcare travertinoso che era stata frammentata e parzialmente riutilizzata, capovolta, in un lastricato pavimentale riferibile al più recente livello di case. L'iscrizione *(m)arces (m)arχaska*, che corre su due registri con andamento sinistrorso lungo il margine sinistro della stele, databile al terzo/quarto 25ennio del VI sec. su base paleografica, è stata interpretata come cippo di confine di un fondaco posseduto a Pyrgi da uno straniero, un Marcus latino[26]. Tale stele concorre a sottolineare la presenza di una lottizzazione del suolo pubblico, come esito dell'intervento di tipo urbanistico attuato dalla città madre per strutturare il suo principale scalo portuale.

Per quanto riguarda il settore dell'abitato inglobato all'interno del *castrum*, è da ricordare anzitutto la scoperta accidentale di un pozzo etrusco foderato in pietrame alle spalle dell'Antiquarium pyrgense, avvenuta nel 1961 alla profondità di circa cm 290 dal piano di campagna (alla quota di circa 1,80 mslm), durante lo scavo di un pozzo moderno (*Fig. 4*). Il pozzo, svuotato fino ad una profondità di cm 250 senza raggiungerne il fondo, associato ad un piano di calpestio sigillato con uno strato di buccheri, ha restituito materiali databili entro la metà del VI sec.[27], tra cui figurano anche frammenti di anfore di importazione. Sigillato da un livello di argilla apparentemente sterile che affiora al di sotto di uno spesso banco di humus, il pozzo probabilmente segnala la presenza di quartieri abitativi periferici non sottoposti a successiva riedificazione, a seguito di un qualche intervento distruttivo[28]. Di enorme interesse appare la presenza di frammenti di terrecotte architettoniche (tegole di gronda ed antefisse nimbate) dal riempimento del pozzo, che suggeriscono l'esistenza di edifici templari (e di un'area a carattere monumentale) nel settore dell'abitato etrusco inglobato all'interno della colonia.

Frammenti di terrecotte architettoniche sono stati raccolti anche nell'ambito degli scavi di recupero condotti a partire dal 2003 all'interno del Castello, durante i quali sono stati intercettate numerose strutture di età imperiale orientate a NW-SE[29], direttamente sovrapposte alle creste murarie delle case tardo-etrusche, suggerendo la mancata attuazione di un piano urbanistico coerente con il

---

[25] WILLIAMS 1979; WILLIAMS 1980.

[26] COLONNA 1981a, pp. 17-18, fig. 3.

[27] COLONNA 1981a, p. 17; COLONNA 1985a, p. 6. Il pozzo etrusco è stato intercettato ed in parte intaccato dai custodi dell'Antiquarium, e successivamente è stato oggetto di scavo sistematico, interessandone il riempimento e documentando l'intera sequenza stratigrafica: una accurata relazione di Giovanni Colonna è riportata nel Giornale di Scavo del 1961.

[28] L'evento distruttivo appare indicato da uno strato nerastro bruciato con frammenti di bucchero sovrapposto ai livelli di frequentazione del pozzo. Quanto alla possibilità di un abbandono precoce dell'isolato, si tratta di una mia ipotesi che tiene conto della quota di frequentazione del pozzo e dell'analisi dell'abbondante materiale raccolto in occasione dello scavo. Dallo strato che copre il pozzo provengono frammenti di ceramica a vernice nera campana e di ceramica sovradipinta, utili a segnalare che l'area è stata investita da un intervento di livellamento in concomitanza con l'impianto del *castrum*.

[29] Per un bilancio sulle scoperte si rimanda ad ENEI 2012, in particolare fig. 5. I nuovi rinvenimenti trovano un perfetto aggancio con i resti della domus intercettata negli anni Sessanta nell'Orto del Prete (BRUNETTI NARDI 1972, p. 72). Si veda ora ENEI 2013, pp. 129-153.

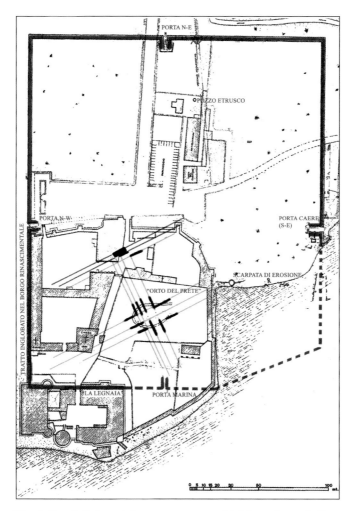

Fig. 4. Pyrgi. Settore del *castrum* romano (rielaborazione, da ENEI 2008, fig. 59).

circuito murario in opera poligonale. Strutture murarie riferibili all'abitato etrusco sono emerse in particolare nel Grande Giardino[30], nella Piazza della Torretta[31] e lungo il viale del Castello all'altezza

---

[30] Almeno quattro ambienti definiti da zoccolo in pietrame, conservato per una altezza massima di cm 70, ed alzati in materiale deperibile; opere di canalizzazione in blocchi di tufo e tegole, al di sotto dei piani pavimentali: ENEI 2012, p. 315, fig. 4.

[31] Vasca pavimentata e delimitata con blocchi di tufo, rifeita dagli scavatori a complesso monumentale, distrutta a seguito di incendio tra la fine del IV-inizio III sec.: ENEI 2012, p. 314, fig. 2.

Fig. 5. La scarpata di erosione, tra il circuito della colonia romana ed il fosso del Caolino (settembre 2008); in evidenza, il muro di fondo del vano "commerciale" della Casa delle Anfore.

della Chiesa Parrocchiale[32] documentando la conservazione del tessuto insediativo preromano ed il probabile reimpiego delle case nel settore dell'abitato che direttamente gravita sul promontorio. Diversamente, la sezione occasionale offerta dalla scarpata di erosione marina mostra la presenza di un omogeneo strato di abbandono/distruzione degli isolati, per lo più costituito da frammenti di tegolame di copertura, a ridosso del circuito in opera poligonale.

Per indagare le modalità di impianto del circuito poligonale sui resti dell'abitato etrusco e chiarire il *modus operandi* dei coloni romani nei confronti delle scelte urbanistiche attuate dagli *incolae* etruschi, nel 2011 è stato aperto un apposito saggio lungo il lato meridionale del circuito, nell'ambito delle attività del Progetto PRIN[33]. Tale saggio ha permesso di confermare che il circuito corre parallelo ad un importante asse stradale etrusco ricalcando l'andamento di una precedente struttura muraria con fondazione in opera quadrata, sottolineando che l'area di eccezionale dimensioni racchiusa dal suo perimetro coincide con un settore specifico dell'abitato preromano, per la quale è forse proponibile la definizione "cittadella" e confermando inoltre la presenza di un assetto di tipo urbanistico che non prevede il rispetto di un piano regolatore ortogonale ma si adatta alla conformazione originaria della costa, aprendosi a ventaglio (v. *infra*).

Diversa è l'impostazione del cantiere aperto a partire dal 2009 nella fascia interposta tra il Santuario Monumentale e gli isolati attribuibili all'abitato, a nord del Tempio A, con l'obiettivo di indagare non soltanto l'articolazione e la destinazione funzionale di tale area di cerniera ma anche l'innesto ed il rapporto tra la viabilità extraurbana della *Caere*-Pyrgi e la maglia di strade

---

[32] "Breve tratto di struttura tardo-etrusca" associata a strato di abbandono con materiali di III-II sec.a.C.; ENEI 2012, p. 315, fig. 3.

[33] BELELLI MARCHESINI c.s.a; BELELLI MARCHESINI c.s.c.

che caratterizza l'impianto urbanistico dell'insediamento. Tale scavo, avviato sulle base delle risultanze della prospezione geofisica eseguita dalla fondazione Lerici[34], sta rivelando la presenza di edifici a carattere monumentale lungo un importante asse stradale glareato che si diparte dalla *Caere*-Pyrgi e prosegue in direzione del mare, databili nell'ultimo quarto del VI secolo e in parte soggetti a ristrutturazione in seguito al profondo riassetto determinato dal cantiere del Tempio A[35].

Parallelamente all'indagine di scavo è stata promossa una nuova serie di prospezioni geofisiche, mirate in una fase preliminare ad evidenziare strutture sepolte riferibili all'articolazione del Santuario Monumentale[36], al momento attuale indirizzate invece a coprire l'intera fascia costiera, tanto all'esterno quanto all'interno del *castrum* romano, per ottenere precise indicazioni sull'estensione e sugli orientamenti degli isolati, oltre che a raccogliere informazioni sul limite dell'abitato preromano in direzione dell'entroterra[37].

LA CORNICE AMBIENTALE

La scelta operata da *Caere* nella ubicazione del suo principale scalo portuale, a dispetto della distanza non trascurabile, è anzitutto motivata dalla presenza di una sorgente[38] che sgorga tuttora abbondante nell'immediato entroterra; a tale sorgente si devono le numerose tracce di frequentazione del litorale a partire dal Neolitico medio[39], con un "apparente" vuoto di documentazione per la Prima Età del Ferro[40]. Le consistenti modificazioni occorse al paesaggio costiero, collegate al fenomeno dell'ingressione marina, all'oscillazione del livello del mare ed infine al progressivo accumulo di sedimenti alluvionali nell'immediato entroterra, costituiscono tuttavia un forte ostacolo alla percezione dell'insediamento pyrgense nel suo contesto ambientale originario.

---

[34] LININGTON 1969, 1970.

[35] Sui risultati preliminari dello scavo, si rimanda a BAGLIONE *ET AL.* 2010, con riferimenti.

[36] Le prospezioni sono state avviate nel 2010, a partire dalla fascia immediatamente contigua del Tempio A, con l'intento non soltanto di intercettare strutture a carattere monumentale ma anche possibili contesti stratigrafici significativi, ed in particolare i depositi votivi che ancora mancano all'appello. Il lavoro è stato svolto, con l'impiego di diversi tipi di strumentazione, dal Dipartimento di Ingegneria Civile e Ambientale della Sapienza (prof.ssa L.Orlando), cui si è affiancato dal 2011 il Dipartimento di Scienze della Terra (prof. M. di Filippo, dott. M. di Nezza).

[37] Questa fase delle prospezioni è in pieno svolgimento, a cura dell'équipe del Dipartimento di Scienze della Terra della Sapienza.

[38] La sorgente è localizzata presso il recinto seicentesco della Vigna Murata: COLONNA 2000, p. 260, nota 27; VENTRIGLIA 1988, p. 312.

[39] Sulla nascita dell'approdo, si rimanda alla sintesi di ENEI 2008, pp. 19- 27, con riferimenti e segnalazione di nuovi punti di raccolta di materiale fittile; ENEI 2011.

[40] Pyrgi sembra interrompere la fitta sequenza di siti costieri della Prima Età del Ferro che contraddistingue in particolare il litorale tarquiniese fino al litorale di Santa Marinella; l'ultimo sito, in località Grottini, dista circa 1 km da Pyrgi (BELELLI MARCHESINI 2001, p. 399, nota 28). Significativo tuttavia è il recente rinvenimento di frammenti ceramici databili tra l'Età del Bronzo Finale ed il Primo Ferro in prossimità della sorgente: ENEI 2011, pp. 21-26, fig. 5.

Per quanto riguarda il problema dell'oscillazione del livello marino e/o della fluttuazione della linea di costa, ai calcoli ricavati dalla misurazione del livello relativo di antiche strutture litoranee [41] e dalla esplorazione dei locali fondali[42], si è aggiunta per il tratto di costa pyrgense una recente ricerca basata sullo studio delle curve batimetriche, che ha permesso di proporre uno schema evolutivo del litorale a partire dall'epoca Quaternaria[43]. In base a tale ricerca, il livello marino dell'epoca romana è a -0,57 metri rispetto al livello attuale. Tale ricerca, condotta in parallelo all'attività di ricognizione subacquea promosso dal Museo del Mare, ha contribuito a formulare una ipotesi ricostruttiva circa l'articolazione della fascia litoranea di Pyrgi, a partire dal periodo preistorico[44]. Per quanto riguarda in particolare il periodo etrusco, è stata proposta la presenza di due distinti bacini portuali reciprocamente collegati, rispettivamente antistante il Castello medioevale, e la fascia dell'abitato non compresa all'interno del *castrum* romano; indicativa dell'originaria estensione dell'abitato è la distribuzione di pozzi e frammenti architettonici (tra i quali una colonna in tufo) sul fondale, che permette di valutare in circa 75 metri la fascia di terraferma inghiottita dal mare[45] (*Fig. 6*).

A proposito della conformazione della linea di costa, è opportuno osservare che a partire da Santa Severa in direzione nord il litorale tende ad articolarsi in ampie insenature caratterizzate da vasti arenili e che, per i naviganti risalenti il Tirreno, Pyrgi rappresentava il primo sito, dopo Anzio, ad offrire buone opportunità di approdo[46].

Per quanto riguarda il problema del sostanziale livellamento occorso alla fascia costiera in seguito a progressivi episodi di accumulo alluvionale, ma anche di intenzionali e consistenti interventi di bonifica operati dall'uomo a partire dall'epoca etrusca (vedi *infra*), il primo dato da tenere presente è l'affioramento piuttosto limitato di formazioni *flyschoidi* di epoca quaternaria ((Formazione della *Pietra Forte* e delle *Argille nere manganesifere*), localizzati prevalentemente in corrispondenza del promontorio roccioso con il suo immediato entroterra e l'altura di quota 21 in località la Torretta[47], a fronte di ampie aree di terreni alluvionali. La presenza di un paesaggio caratterizzato da alture alternate a valli o bassure incise da corsi d'acqua, con presenza di aree depresse e tendenti all'impaludamento, trova riscontro fino ad epoca moderna nei documenti cartografici,

---

[41] Secondo SCHMIEDT (1972, pp. 260-269) l'innalzamento medio del mare nel periodo intercorrente tra 600 e 100 a.C. è valutabile in 1,7 mm all'anno. Nel caso di Pyrgi e sulla base dei calcoli effettuati sulla peschiera che ricade sul molo settentrionale del porto canale, il mare sarebbe penetrato di almeno 70 metri.

[42] Nella relazione finale relativa alla campagna effettuata dall'Istituto di Studi Liguri nei fondali di Pyrgi, inviata alla Soprintendenza (Archivio SAEM, 5104/4) il Lamboglia conclude che il livello marino si è innalzato di 50/70 cm rispetto all'antichità. Per il fenomeno di ingressione marina a Pyrgi, cfr anche PONGRATZ 1972, pp. 22-28, pl. 5-8.

[43] ROVERE *ET AL.* 2011. Sull'evoluzione della costa attraverso fenomeni di ingressione marina e sulla formazione di cordoni dunali, si rimanda anche alla trattazione schematica in AA.VV. 1986.

[44] Per il periodo preistorico: ENEI 2008, pp. 21-23, figg. 24-27; ENEI 2011.

[45] ENEI 2008, p. 63, fig. 87; fig. 238. Un calcolo simile è stato proposto dallo Schmiedt (vedi riferimento a nota 42).

[46] Per una ricca serie di considerazioni sulle caratteristiche del litorale, anche in rapporto alla direzione delle correnti marine, cfr COLONNA 2000, pp. 257-260.

[47] BERTINI *ET AL.* 1971; carta pedologica elaborata da L. Marimpieri nel 1959, riprodotta in FRUTAZ 1972, tav. 452; ROVERE *ET AL.* 2011, fig. 1b.

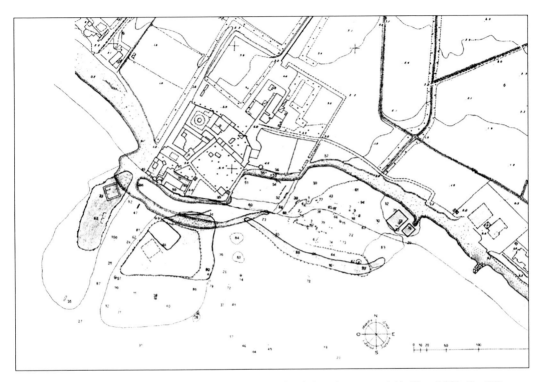

Fig. 6. Proposta ricostruttiva dell'area portuale di Pyrgi e dei resti sommersi (da ENEI 2008, fig. 87).

che attestano la presenza di paludi più o meno estese[48], la realizzazione di opere di bonifica[49] e toponimi significativi[50].

Ad epoca etrusca si riferisce il fossato che correva nella fascia intermedia tra le due aree santuariali, che secondo l'ipotesi di Giovanni Colonna raccoglieva l'acqua della sorgente perenne dall'entroterra; per tale fossato è stato di recente proposto un collegamento con la sistemazione portuale

---

[48] Una ampia zona paludosa compare tra Santa Severa e Torre Flavia, in una carta del 1638 ad opera di Giovanni Jansson ed Enrico de Hondt, inserita nell'ultima edizione della terza parte de *Atlas Novus* di Gerardo Mercator (Bibl. Ap. Vaticana, St. geogr. I, 297, riprodotta in FRUTAZ 1972, tav. 779), mentre tracce di una palude tra il Castello di Santa Severa e l'Aurelia sembrano riconoscersi nella mappa del Catasto Alessandrino, elaborata da Francesco Contini nel 1661 (*Catasto Alessandrino*, Presidenza delle Strade, vol. 48: riprodotta in FRUTAZ 1972, tav. 96).

[49] Un sistema di canali ortogonali alla via Aurelia è rappresentato nella terza edizione della carta di William e Gell del 1834 (riprodotta in FRUTAZ 1972, tav. 240).

[50] Quali il toponimo "Piscina Grande" subito a nord del fosso della Sassetara in una carta elaborata nel 1977 dall'Istituto Topografico Militare (*Arch. St. Capitolino*, Biblioteca Romana n. 28203, riprodotta in FRUTAZ 1972, tav. 341).

dell'epoca etrusca e alla probabile esistenza di lagune costiere, secondo un modello verificato e accettato univocamente per Gravisca[51]. In realtà le diverse ipotesi circa la presenza ed estensione di bacini lagunari, ma soprattutto la presenza di opere di irrigimentazione finalizzate al loro sfrutta- mento per esigenze di carenaggio, sono ancora da verificare attentamente. Ad un articolato sistema portuale interrato si riferisce in particolare l'ipotesi ricostruttiva avanzata da B. Frau sulla base delle tracce aerofotogrammetriche[52] che riconosce nella zona retrostante il *castrum* romano la probabile presenza di opere artificiali ("murature a doppia fodera") di delimitazione, che sarebbero indiziate sul terreno anche dall'occasionale affioramento di blocchi di tufo[53].

Nella interpretazione delle tracce occorre tenere presenti le diverse modifiche apportate nel corso del tempo per il controllo idrologico del territorio, attuate in primo luogo attraverso la deviazione o creazione di fossati e corsi d'acqua: significativo il caso del Fosso del Caolino, dominante l'attuale paesaggio litoraneo, che compare per la prima volta nel Catasto Gregoriano[54].

In merito a questa problematica è stata avviata una ricerca, a cura del Dipartimento di Scienze della Terra della Sapienza, finalizzata a ricostruire l'andamento del paleosuolo e ad identificare la presenza di bacini e corsi d'acqua sepolti, attraverso una accurata analisi di tipo geologico, una prospezione a largo raggio di tipo gravimetrico e l'impiego di metodi geofisici integrati (microgravi- metria, magnetico, sismico, geoelettrico, georadar e microtopografico), con la finalità di ricostruire la dinamica evolutiva del paesaggio costiero[55].

Quanto alle variazioni del paesaggio vegetale, lo studio dei reperti botanici dal riempimento dei pozzi del Tempio A ha permesso di ricostruire la presenza di folti boschi costituiti essenzialmente da Querceto misto con Abete bianco sottoquota[56] e da elementi spontanei della vegetazione mediterranea, ad indizio della presenza di un clima generalmente più freddo dell'attuale. L'originaria presenza di un vasto sistema forestale lungo la fascia costiera, fondamentale per le opere di carpenteria navale e per le esigenze produttive, è indiziata dal boschetto di Macchia Tonda, vero e proprio relitto vegetazionale[57] caratterizzato da abbondanza di *laurus nobilis*, nonchè da alcune indicazioni della cartografia storica[58].

---

[51] Torelli 2006, p. 360. Per quanto riguarda l'assetto del porto di Gravisca, appare ancora valida la proposta di Frau 1982 relativa alla ricostruzione di un bacino esagonale interno, mentre la proposta di un *kothon* nell'a- rea delle saline è forse valida soltanto per la fase etrusca; all'interno di questo sistema, il santuario di Gravisca era accessibile dal mare e dalle saline attraverso un sistema di canali navigabili, come verificato da una serie recente di carotaggi (Fiorini 2005a, p. 35).

[52] Frau 1988, figg. 40-42, pp. 136-138; Frau 1990.

[53] De Rossi, Di Domenico, Quilici 1968, p. 42.

[54] *Catasto Gregoriano, Provincia Agro Romano, mappa 74-75. Tenuta di Santa Severa.* Corrisponde, quan- to ad andamento, al corso d'acqua indicato come "fosso della Cisterna"; l'attuale denominazione si data a par- tire dall'apertura di cave di argille caoliniche nell'entroterra (Il Messaggero, 3 marzo 1937), di cui raccoglieva i residui. Una ricostruzione diacronica degli interventi di tipo idrolologico documentabili nella fascia costiera di Pyrgi è presentata in Colonna 2000, p. 263, fig. 3.

[55] Sui primi risultati, cfr. Di Nezza, Di Filippo c.s.

[56] Coccolini, Follieri 1980.

[57] Un atro residuo di bosco planiziario è individuabile a circa 4 km a sud-est di Macchia Tonda nella zona del bosco Aschietta, splendido esempio di bosco igrofilo di *Fraxinus oxycarpa* (ringrazio per l'informazione Francesco Maria Mantero, Ufficio Parchi- regione Lazio).

[58] Estesi lembi di foreste sono riportati in documenti cartografici del XVI e XVII secolo, quali la carta di

CONSIDERAZIONI SULL'ASSETTO URBANISTICO

Sulla base dei dati disponibili, è possibile affermare che l'abitato di Pyrgi è stato fondato sulla fascia litoranea verso la fine del VII secolo[59] per un diretto intervento della città madre, che trova espressione non soltanto nella monumentale strada di collegamento[60] tra i due centri ma anche nella poderosa ed estesa opera di bonifica del litorale. Ben apprezzabile alla base della sequenza di case lungo tutta la scarpata di erosione marina, dal bastione del Castello fino alla zona dei santuari, tale opera consiste in un banco di argilla mescolata a cocci torniti fittamente triturati di impasto rossastro (una sorta di "cordone dunale" artificiale), ed indizia l'attuazione di un intervento di trasformazione radicale nei confronti di una precedente fase di frequentazione, databile tra la fine dell'VIII[61] ed il pieno VII sec. a.C. forse in rapporto allo svolgimento di attività a carattere produttivo ("briquetage")[62].

L'abitato occupava il promontorio roccioso successivamente ricalcato dalla città romana e dal Castello medioevale, estendendosi verso sud sotto forma di un rettangolo allungato su una superficie complessiva di circa 10 ettari.

Sul versante del Santuario il suo confine, come precisato dalle recenti campagne di scavo[63], appare segnato da una importante strada glareata provvista di canali di scolo che corre in direzione del mare e, tenuto conto della proposta ricostruttiva di Flavio Enei, concorre a segnare anche il limite del bacino portuale meridionale (*Fig. 6*). Tale strada si innesta alla grande arteria della *Caere*-Pyrgi, che descrive una ampia curva nel suo tratto terminale (convertita in piazzale e munita di portale sceo in occasione del cantiere del tempio A), per poi correre rettilinea per un ulteriore tratto di almeno 30 metri. Entrambi i tracciati, rivelati dalle prospezioni geofisiche della Lerici, risalgono al primo impianto dell'insediamento[64].

In corrispondenza del raccordo tra i due percorsi, sul versante del Santuario, gli scavi [65] stanno portando alla luce un edificio porticato decorato con un tetto di tipo ceretano (530-520 a.C.), al quale sembra contrapporsi il complesso articolato di vani disposti a squadro, osservato e documentato negli anni Sessanta sul piano della battigia. Entrambi i complessi edilizi affacciano su una ampia area

anonimo del 1624 intitolata "Spiaggia romana: I segmento, dalla Torre de Taglio alla Torre de Fiumicino" (riprodotta in FRUTAZ 1972, tav. 57).

[59] Tale datazione è stata proposta in COLONNA 1981a, pp. 16-18, sulla base dei frammenti raccolti dalla scarpata di erosione; significativo in particolare un fr. di olpe etrusco-corinzia dal primo apprestamento pavimentale di una strada, in prossimità del bastione del Castello (recupero 1982).

[60] Si tratta della prosecuzione di un tracciato assai antico in uscita dalla città, risalente almeno all'VIII sec. Una datazione *ante quem* al secondo quarto del VI sec. della massicciata pavimentale è offerta dalle tombe che costeggiano il tracciato a Quarto di Monte Bischero (COLONNA 1968).

[61] COLONNA 1959, p. 254. Per tale fase, si segnala il recente rinvenimento di una scodella carenata nella piazza della Torretta del Castello: ENEI 2011, fig. 12, p. 26. La frammentazione dei cocci ed il loro dilavamento a causa della salsedine non consentono una datazione puntuale; non può escludersi una fase di frequentazione del litorale di piena Età del Ferro.

[62] PACCIARELLI 2000, pp. 170-176.

[63] BELELLI MARCHESINI 2001, p. 399; BAGLIONE ET AL. 2010.

[64] Nel caso della via glareata, è significativa la sezione occasionale apprezzabile sulla scarpata a mare, che mostra una articolata sequenza di manti stradali e canalette di scolo.

[65] Per i risultati preliminari delle campagne 2009-2010, cfr. BAGLIONE ET AL. 2010.

che, in base alle prospezioni e alle verifiche preliminari di scavo, risulta completamente sgombra di edifici.

Sul lato opposto della strada, gli scavi stanno portando alla luce un isolato connesso ad un'area cortilizia e ad un pozzo che risulta affiancato, sul lato del mare, da un edificio in opera quadrata, rasato alla quota di fondazione. Tale edificio, dalla insolita pianta trapezoidale, riveste una probabile funzione pubblico-monumentale e trova riscontro nella serie di strutture murarie in blocchi di tufo evidenziata dal mare lungo la scarpata di erosione, all'altezza del fosso del Caolino, in parte inghiottite dal mare[66]. È significativo che in corrispondenza del tratto di scarpata tra il fosso del Caolino e l'asse stradale glareato sia possibile apprezzare anche la presenza di una consistente ed estesa massicciata in scaglie di tufo, corrispondente con ogni probabilità ad una vasta sistemazione di uno spazio all'aperto.

In altra sede ho proposto un confronto con Himera, dove la vasta area libera tra abitato e santuario è stata interpretata come agorà cittadina[67]. In base ai dati attualmente disponibili, mi sembra preferibile ravvisare la presenza di una serie di infrastrutture e di spazi di servizio, serviti da una importante strada e gravitanti tanto sull'area santuariale quanto sull'imboccatura dei bacini portuali, in un'area di cerniera provvista di connotazioni molteplici (politica, religiosa, commerciale).

Tornando ai confini dell'abitato, la sua fronte sul mare è stata ricostruita attraverso l'accurata perlustrazione dei fondali, che in particolare ha permesso di mappare gli isolati abitativi attraverso la distribuzione dei pozzi[68].

Sul lato dell'entroterra il limite dell'abitato non appare segnalato chiaramente dalle prospezioni, ma è stato ricostruito sulla base della fascia di affioramento di materiali a seguito delle arature: esso corre sulla ideale prosecuzione del tracciato della *Caere*-Pyrgi, che a sua volta appare ricalcato dal lato orientale del circuito murario del *castrum* romano. È possibile ipotizzare che su questo lato l'insediamento fosse protetto da un fossato o comunque da una qualche opera di regimentazione idrica[69], come suggeriscono in via preliminare le risultanze delle recenti prospezioni geofisiche[70].

Quanto al confine nord, la distribuzione dei resti murari individuati nelle recenti campagne di scavo all'interno del Castello consentono di ipotizzare, come già proposto, una sostanziale coincidenza con l'area successivamente occupata dal *castrum* romano. A tale proposito, è significativo ricordare che in corrispondenza dello spigolo settentrionale del *castrum* si registra la presenza di strutture in opera quadrata di tufo, utilizzate tanto come base di imposta quanto come fronte di una

---

[66] Forse pertinenti a più edifici. I resti subacquei, già segnalati, sono documentati in ENEI 2008 (pp. 76, 96-97; nn. 12, 75-7) che propone la presenza di due fabbricati monumentali, orientati come i Templi, all'imboccatura del porto (ENEI 2008, p. 63, fig. 87).

[67] BELELLI MARCHESINI 2001, p. 399, nota 32, con riferimenti.

[68] ENEI 2008, fig. 238.

[69] L'indagine delle due aree santuariali, anch'esse impiantate su opere di bonifica ed innalzamento del paleo suolo, ha permesso di cogliere il notevole dislivello della fascia antropizzata rispetto alla bassura dell'entroterra, con il brusco inabissamento delle stratigrafie; nel caso del Santuario Meridionale, a più riprese, si registra la presenza di fossati di scolo paralleli al mare.

[70] In particolare, un fossato sembra accompagnare da una certa distanza il tratto terminale della *Caere*-Pyrgi, almeno fino alla sua saldatura con l'insediamento: ringrazio M. di Filippo e M. di Nezza (Dipartimento di Scienze della Terra, Sapienza) per le indicazioni.

terrazza, su cui è edificato il muro in opera poligonale[71]. Nonostante l'innegabile coerenza progettuale con il circuito repubblicano, che è confermata anche dai dati stratigrafici disponibili, tali strutture tuttavia possono riflettere la presenza di precedenti opere murarie con funzione sostruttiva, almeno in parte riutilizzate, oppure di un qualche edificio monumentale[72]; ci sembra viceversa imprudente l'ipotesi che identifica in queste strutture il circuito difensivo di un castrum preromano[73].

Dal punto di vista urbanistico, l'abitato era scandito in due distinti settori mediante da una strada glareata, analoga per dimensioni ed anch'essa provvista di canali di scolo che, come si evince dalla scarpata di erosione marina, corre immediatamente all'interno del recinto della colonia romana. L'indagine di scavo del 2009 ha permesso di intercettare questa strada nella sua prosecuzione verso l'entroterra chiarendo che il muro poligonale ne ricalca il limite meridionale, in precedenza marcato da una struttura con fondazione in opera quadrata ed elevato in pietrame. Il recinto della colonia ha dunque inglobato uno specifico settore dell'insediamento ed in particolare quello che risulta arroccato sul promontorio e che probabilmente esercitava una specifica funzione; a tale proposito occorre ricordare il rinvenimento di frammenti di terrecotte architettoniche, che probabilmente segnalano la presenza di un edificio templare all'interno di questo settore.

Una rete viaria secondaria, costituita da strade in terra battuta larghe mediamente 2 metri, ritagliava lo spazio urbano in una serie di isolati, al cui interno le strade appaiono separate tra loro da stretti *ambitus*, destinati al passaggio quanto allo smaltimento delle acque di displuvio[74].

La viabilità dell'abitato, così come ricostruibile attraverso i dati finora disponibili, suggerisce di proporre uno schema urbanistico analogo a quello dell'insediamento di Fonteblanda, che prevede la presenza di una *plateia* sul lato dell'entroterra (l'ipotetica prosecuzione della *Caere*-Pyrgi) nella funzione di asse generatore di uno schema a pettine di tutta la viabilità minore, a partire appunto della strada che marca il confine sul versante del Santuario[75]. Tale ipotesi, da verificare sul terreno, concorre a ribadire il ruolo fondamentale dell'asse di collegamento con la città-madre nella genesi dell'insediamento.

La natura della documentazione disponibile non ci consente di formulare ipotesi sulla effettiva modularità di tali isolati nè tanto meno sulla natura della maglia urbanistica. L'orientamento delle strutture emergenti dalla scarpata marina, non sempre facile da determinare, suggerisce che a livello urbanistico l'abitato era organizzato secondo un prevalente orientamento a nord-est/sud-ovest; la visione planimetrica di insieme permette tuttavia di apprezzare che i diversi isolati si adattavano alla morfologia della insenatura costiera, aprendosi a ventaglio.

L'articolazione dell'abitato appare basata su una rigorosa lottizzazione del suolo pubblico, suggerita dagli spaccati stratigrafici e dalla già menzionata stele iscritta, interpretabile come cippo di confine.

La sezione offerta dalla scarpata di erosione mostra che gli isolati sono stati impostati sulla poderosa opera preliminare di bonifica, che viene occasionalmente livellata con frammenti di tegole ed utilizzata come sottofondo dei piani di calpestio. Ciascuno degli isolati ha subito una serie cospicua

---

[71] COLONNA 1965a.
[72] BELELLI MARCHESINI c.s.a.
[73] ENEI 1994.
[74] BELELLI MARCHESINI 2001, p. 401, figg. 6-7; COLONNA 1981a, p. 17, tav. VII b.
[75] CIAMPOLTRINI 2003, pp. 281-283, fig. 5.

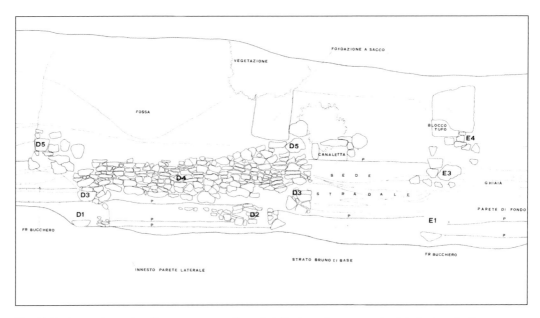

Fig. 7. Sezione schematica di una sequenza di vani, delimitata da un asse stradale in terra battuta, presso il bastione del Castello (situazione del 1989; elaborazione BBM).

di ristrutturazioni, con la frequente correzione del profilo dei manti stradali, il rifacimento dei piani pavimentali e il rinnovamento completo delle strutture edilizie, dando esito ad un massimo di cinque diversi livelli di case (*Fig. 7*), cronologicamente inquadrabili dallo scorcio del VII sec. fino al III sec., quando in occasione della realizzazione del circuito delle mura poligonali la parte di abitato inglobata all'interno è stata in parte abbandonata. In base alle recenti indagini condotte all'interno del Castello, alcuni quartieri abitativi sarebbero stati mantenuti in vita, condizionando gli orientamenti delle strutture di piena età romano-imperiale. In genere gli interventi costruttivi all'interno di ciascun isolato rispettano, almeno nei primi due livelli di case, l'originario "piano catastale".

Non sono attualmente disponibili dati sufficienti a discutere nel dettaglio i modelli planimetrici della case e della loro evoluzione. La capillare distribuzione dei pozzi, anche nella parte sommersa dell'abitato, consente di riconoscere la presenza di unità abitative affiancate ad aree cortilizie, mentre la presenza di tabelloni di concotto, di tegole di compluvio e di basi di colonne in tufo segnala, più specificamente, l'introduzione di case incentrate su un atrio interno, avvenuta con ogni probabilità anche a Pyrgi sullo scorcio del VI sec.a.C.[76].

BARBARA BELELLI MARCHESINI

---

[76] Per un bilancio dei dati archeologici, cfr. CIFANI 2008, pp. 273-278.

IL COMPLESSO DEL CASTELLO DI SANTA SEVERA:
LA MANICA LUNGA E CORTA LAVORI IN CORSO

Il complesso del Castello di Santa Severa, ritengo che non necessiti di alcuna presentazione, in quanto è noto che fu abitato sin dalla media età del bronzo alla quale seguirono le fasi etrusca e romana, medievale, rinascimentale fino ad arrivare ai giorni nostri (*Fig. 1*).

Sappiamo che proprio nel corso del secolo XII intorno alla "torre saracena" si sviluppò la *Civitas Sanctae Severae*, provvista di due chiese. È noto che l'approdo di Santa Severa, a ridosso del porto canale antistante il castello, sopravvisse con funzioni anche doganali sino a parte dell'età moderna. Sono noti i successivi ampliamenti della cerchia muraria, tra il XIV ed il XVII secolo, che testimoniano le varie fasi di crescita dell'insediamento.

Sappiamo che a partire dal 1482 il Castello ed il borgo, divenuti attraverso complesse vicende economiche un'unità economica produttiva autosufficiente, controllata dalla Chiesa, entrarono a far parte dei possedimenti del Romano Ospedale del Santo Spirito.

Venendo ai giorni nostri, l'intero immobile si modifica progressivamente in tenuta agricola, con la conseguente trasformazione architettonica soprattutto degli edifici del borgo. Lo stato attuale del complesso, pervenuto solo nell'ultimo venticinquennio alla Pubblica Amministrazione è il frutto delle ristrutturazioni operate dal Santo Spirito negli anni sessanta del XX secolo.

Il complesso fa parte del patrimonio della ASL RM E, che lo ha dato in uso al Comune di Santa Marinella salvo, dopo infinite beghe, nel corso del 2011, ritornare alla totale gestione della Regione Lazio.

Il borgo, in parte impostato sull'area dell'insediamento romano del quale utilizza per alcuni lati la cinta muraria in opera poligonale, si sviluppa all'intorno di cinque corti interne in collegamento con la strada sulla quale si attestano gli edifici, differenziati per forma e dimensioni.

Su tutti emergono il vero e proprio castello e l'annessa "torre saracena".

FATTI E MISFRATTI

Nel corso degli anni ottanta la Soprintendenza per i Beni Archeologici per l'Etruria meridionale e la Sezione di Etruscologia ravvisarono la necessità di reperire spazi adeguati alle nuove esigenze espositive, determinate dall'accresciuto numero di reperti archeologici, provenienti sia dalle campagne di scavo nell'area santuariale di Pyrgi che dalle indagini sul territorio.

La scelta cadde sull'edificio della Manica Lunga e Corta per tutta una serie di caratteristiche che, rispetto ad altri immobili, compreso il castello vero e proprio, lo rendevano più appetibile e particolarmente idoneo non solo a fini espositivi ma anche ad accogliere l'espletamento di quelle attività

Fig. 1. Il castello di Santa Severa.

svolte dai cosidetti "servizi aggiuntivi" vale a dire: libreria, vendita *gadgets* collegati all'esposizione e al territorio ed un punto ristoro.

S'iniziò una campagna di sensibilizzazione presso il legittimo proprietario, il Comune di Santa Marinella, perché attivasse le procedure di sgombro degli occupanti degli immobili, e presso la Consorella Soprintendenza Monumenti Lazio affinché destinasse parte dei fondi, che sarebbero stati stanziati per il Giubileo del 2000, ai lavori di restauro dell'immobile.

Con l'inizio del 1996, anno che vide la presentazione al pubblico della lastra frontonale dell'altorilievo di Pyrgi, restaurata presso i laboratori della SAT, furono intraprese le operazioni di sfratto da parte del Comune di Santa Marinella, congiuntamente alle due Soprintendenze competenti. Fondamentale fu il supporto dell'Avvocatura Generale dello Stato nella persona dell'avv. Fiengo, alla quale va tutta la nostra gratitudine, in quanto ci supportò in procedure molto complesse e faticose sia dal punto di vista burocratico-amministrativo che di relazione con gli abitanti del borgo, ai quali, peraltro, di persona fummo costretti a notificare gli atti.

Pienamente consapevoli che ad ogni decreto di sgombro sarebbe seguita una prevedibile richiesta di sospensiva, su indicazione dell'Avvocatura Generale dello Stato ed in pieno accordo con tutte le Istituzioni competenti, si decise di abbattere le strutture murarie che costituivano le unità immobiliari, creando dei lunghi ed anonimi corridoi, rendendo quindi di fatto impraticabile la "rioccupazione" da parte dei vecchi occupanti dell'immobile in caso di sospensiva del provvedimento.

In quello stesso anno la Soprintendenza bandiva un concorso d'idee per progetti e proposte espositive da destinare ai grandi ambienti della Manica Lunga e Corta (*Figg. 2-3*). La gara fu aggiudicata dagli arch. Carfagni e Guerra per aver presentato, come elemento caratterizzante dell'allestimento, una scenografica ricostruzione (seppur parziale) delle facciate dei templi A e B nonché dell'apparato decorativo. Su questo argomento poi ritornerò.

Nelle more seguivano tutta una serie di conferenze di servizio finalizzate non solo agli interventi di restauro ed adeguamento funzionale dell'edificio per usi museali ma anche al coordinamento dei nostri interventi con quelli realizzati dalla Provincia di Roma che operava sui restanti immobili del borgo a cominciare dal Castello.

Fig. 2. Edificio della Manica Lunga e Corta.

Fig. 3. Edificio della Manica Lunga e Corta.

La presenza di tre diverse Istituzioni su uno stesso complesso monumentale, nel timore di pericolose ed inutili sovrapposizioni, ci spinse a richiedere una serie d'incontri finalizzati soprattutto alla realizzazione di opere comuni ed indispensabili: l'opera fognaria e l'illuminazione, senza le quali avremmo avuto un contenitore restaurato ma purtroppo inutilizzabile.

Il protrarsi dei tempi, il ripetuto cambio dei referenti a livello comunale e soprattutto provinciale fece sì che i problemi sollevati dalla Soprintendenza rimanessero lettera morta.

A partire dal 1999 la Soprintendenza ai Monumenti Lazio nelle persone degli arch. Seno, venuto prematuramente a mancare, e poi Palandri, avviò le opere relative al rifacimento e revisione delle coperture, ai restauri dei paramenti di finitura esterni, al consolidamento delle murature, all'adeguamento statico degli impalcati interni, alla predisposizione dell'impiantistica e agli infissi esterni.

Particolare attenzione fu posta al consolidamento strutturale degli arconi trasversali in muratura che costituivano le murature di spina della "Manica Lunga" svolgendo la funzione di sostegno; a cura della Consorella fu realizzato anche il restauro e consolidamento di parte della cinta muraria nonché la revisione completa delle coperture e degli intonaci esterni al castello vero e proprio che si trovava in avanzato stato di degrado.

VENIAMO AL PROGETTO

Il progetto di allestimento è ovviamente scaturito dalla strettissima collaborazione fra la Soprintendenza e la Sezione di Etruscologia . È stata prevista, al pian terreno (*Figg. 4-6*), l'esposizione dei materiali archeologici attualmente esposti nel piccolo Antiquarium di Pyrgi, al primo piano (*Fig. 7*), i materiali provenienti dall'Area Sud e quelli restituiti dalle campagne di scavo in ambito territoriale tra i quali quelli dall'impianto di età romana di *Aquae Caeretanae* oggi Pian della Carlotta. L'esposizione in questo settore, dedicato ai rinvenimenti della Soprintendenza, potrà consentire all'occorrenza anche lo svolgimento di conferenze.

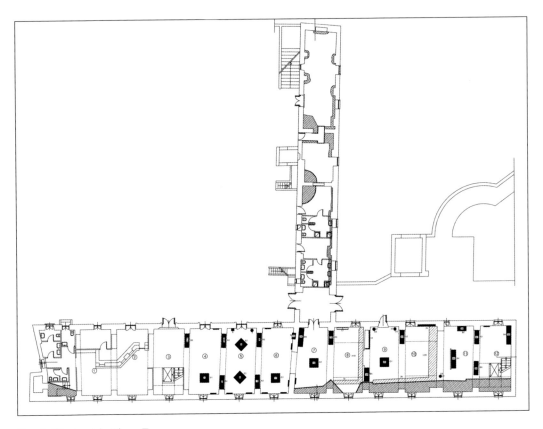

Fig. 4. Planimetria Piano Terra.

Per la Manica Corta, partendo dal piano terreno, sono già stati istallati gli imponenti macchinari tecnologici che occupano più di un ambiente e si prevede di destinare alcuni settori alla guardiania e ai laboratori. Per il primo piano una parte sarà destinata ancora ad un'esposizione dei materiali archeologici provenienti dall'area sacra ed il resto ad uffici. Gli ultimi ambienti che affacciano su una terrazza e non sono collegati alla Manica Corta, pur facendone parte dal punto di vista strutturale, sono stati restaurati con fondi provinciali e su richiesta del Comune di Santa Marinella, peraltro condivisa, ospiteranno un punto di ristoro.

VETRINE

Il sistema espositivo ha previsto vetrine ad isola, a parete e basi espositive per i materiali lapidei ed inoltre una struttura scenografica. Le vetrine sono ovviamente trasparenti, poggiate su un telaio rivestito al piano terra da lamiera e di colorazione compatibile alle *nuances* del pavimento in cotto.

Fig. 5. Allestimento museale piano terra.   Fig. 6. Allestimento museale piano terra.

Le diverse forme e tipologie sono state studiate in relazione ai reperti da esporre e all'articolazione del percorso espositivo. La modularità, ad eccezione delle vetrine inserite negli arconi o incassate nel muro, consente un sistema flessibile capace di configurarsi secondo le esigenze collegate al reperto. La struttura scenografica della ricostruzione delle facciate dei templi A e B, secondo la definizione degli architetti progettisti, doveva prevedere un sistema di tralicci metallici in profilati scatolati addossati agli archi del pian terreno e fissati alle pareti perimetrali con tamponatura delle specchiature in *perspex* e/o policarbonato (*Fig. 8*).

La ricostruzione scenografica delle facciate dei templi, fu ridimensionata e limitata ad una visione all'interno in due grandi asole create *ad hoc* nel solaio del primo piano. Questa soluzione, poco gradita alla Soprintendenza, fu indotta da tutta una serie di garbati, seppur fermi, dinieghi da parte della Consorella Soprintendenza ai Monumenti al totale smantellamento del solaio. Prescrizioni che portarono alla progettazione, per gli spazi "vuoti", di parapetti formati con lastre di vetro di sicurezza monolitico di 16 mm, fissati a telai continui in profilato di acciaio inox, corredati da un corrimano in acciaio inox di sezione circolare.

Veniamo ora alla copia della lastra frontonale dei Sette contro Tebe, il cui originale, come è noto, è esposto al Museo nazionale etrusco di Villa Giulia: il criterio informatore sarebbe stato quello di riprodurre fedelmente la lastra frontonale anche nel cromatismo originale, procedendo all'individuazione e allo studio delle tracce cromatiche ancora presenti sull'originale. Il carattere sarebbe stato estremamente didattico, in quanto il visitatore avrebbe potuto apprezzare in che modo appariva ai contemporanei. Sembrò opportuno affidare la realizzazione della copia ai restauratori della SAT che si erano già occupati del restauro dell'originale e quindi erano ben consapevoli delle problematiche del manufatto. Al momento dell'oneroso trasporto della lastra presso il Museo di Tuscania, dove era stato allestito un laboratorio volante ed acquistati tutti i materiali necessari alla copia, come da indicazione dei tecnici SAT, veniva richiesto dall'allora dirigente della sezione Musei ed aree archeologiche Giovanni Scichilone il parere dell'Istituto Centrale del Restauro.

Il parere dell'Istituto Centrale, acquisito dopo circa un anno, vista la complessità della questione, non concordava con le metodologie ed i prodotti proposti dalla scuola di restauro di Firenze, in quanto incompatibili alla tutela del pezzo e contestualmente invitava la Soprintendenza a realiz-

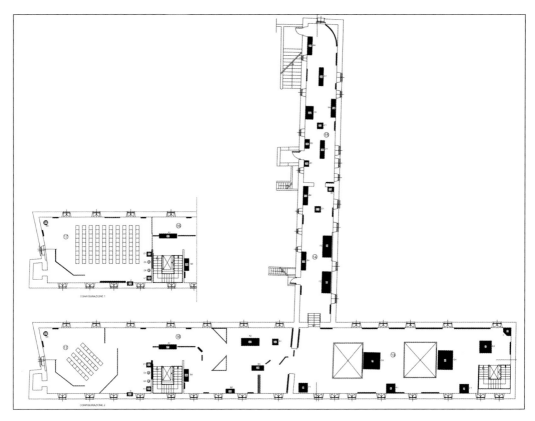

Fig. 7. Planimetria Piano Primo.

zare un calco avvalendosi delle moderne tecnologie, le quali avrebbero evitato il contatto diretto con il reperto ed ottenuto se non una resa perfetta almeno soddisfacente. Purtroppo "tutti i treni erano passati" e le lungaggini amministrative avevano costretto la Soprintendenza a restituire gli stanziamenti richiesti allo scopo ad eccezione di modestissimi finanziamenti, le cosiddette cifre "a disposizione".

Ad oggi qual'è lo stato dell'arte?

Dobbiamo a fondi della Soprintendenza per i Beni architettonici del Lazio e alla grande sensibilità del Soprintendente Giorgio Palandri il quale, come ho già detto, aveva seguito tutti i lavori strutturali, l'ultimazione di alcune opere al pian terreno quali il mancorrente della scala, la protezione di un piccolo tratto del muro poligonale, lasciato a vista, nonché la realizzazione di un montacarichi per portatori di *handicap*, previsto nel progetto.

Di grande impegno si è dimostrata anche la realizzazione delle rete fognaria, opera indispensabile con gli allacci elettrici, al funzionamento dell'intero complesso monumentale, restaurato a cura della Provincia di Roma, opere alle quali dobbiamo una serie d'interessanti scoperte.

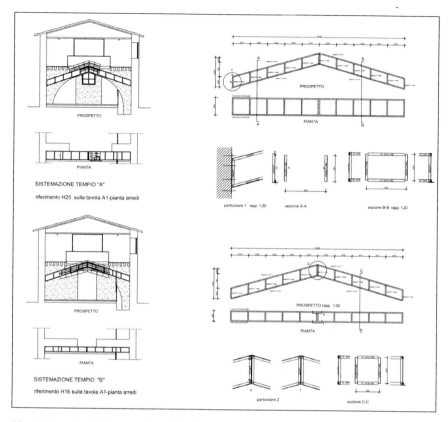

Fig. 8. Progetto di ricostruzione del timpano del Tempio A.

Si è partiti dalla "Casa del Nostromo" un immobile prospiciente il mare e posto nelle strette adiacenze del castello di Santa Severa, destinato a sala conferenze dal Comune di Santa Marinella.

Gli scavi sono stati seguiti ed editi da Flavio Enei che ringrazio e dal personale della Soprintendenza (*Fig. 9*).

Al di sotto delle pavimentazioni moderne di una abitazione risalente al 1960 è emerso un impianto di estremo interesse che presenterò sinteticamente

La struttura dai molteplici impieghi nasce come villa romana databile al I- II secolo d.C. Presentava due piani, come ha dimostrato la stratigrafia ed era naturalmente affacciata sul mare. L'evidenza archeologica ha attestato la presenza di una terma o di zona residenziale con impianto di riscaldamento decorata da intonaci dipinti. I materiali ceramici recuperati hanno attestato una frequentazione fra il III ed il IV secolo d.C. Potrebbe trattarsi, come è stato ipotizzato, di una villa appartenuta alla potente famiglia dei Domizi, notizia riferita indirettamente da Svetonio nel riferire della morte di Domizio Enobarbo, padre di Nerone, morto a Pyrgi nel 40 d.C.

Fig. 9. Casa del Nostromo: scavo "Chiesetta" dedicata a Santa Severa.

Questa stessa villa dalla lunga frequentazione potrebbe essere quella indicata da Rutilio Namaziano che, ritornando in Gallia, avvistò, navigando di fronte a Pyrgi, una grande villa marittima. Riferibile a questo impianto con rimaneggiamenti ed aggiunte varie risalenti al XII/XIII secolo rimane una porta con architrave e stipiti di travertino che doveva immettere in un ambiente affacciato sul mare. Nel Medioevo fu aggiunta o forse ripristinata una scala che conduceva a questa porta utilizzata per raggiungere dal mare le fortificazioni poste all'interno. Le indagini hanno determinato anche la scoperta di una struttura a pianta circolare appoggiata su preesistenti strutture romane. Presenta resti di crollo con evidenti tracce di bruciato e cenere spessa alcuni centimetri. Si è ipotizzato che potesse trattarsi di un forno per panificazione con la camera di cottura posta leggermente più ad Ovest.

Su tali resti fu posto un cimitero costituito da circa 100 sepolture che utilizzavano come piano di appoggio le preesistenti strutture di età romana ed erano ricavate in fosse terragne in grande maggioranza ed in pochi casi in "sarcofagi" composti da materiali in tufo di risulta. Si tratta d'individui maschi e femmine che, ad una prima indagine autoptica da parte degli antropologi, risulterebbero essere giovani, tutt'al più adulti (*Fig. 10*).

La totale mancanza di materiali di corredo in associazione non ha facilitato la datazione della necropoli. D'altra parte già nell'alto Medioevo era urgente affermare l'incomparabile eccellenza dei corpi dei santi e bastava questo a svalutare il trattamento dei corpi dei comuni mortali. Ancora nei secoli VII e VIII d.C. la Chiesa mostra una certa disponibilità nei confronti della preesistenza della consuetudine di porre degli arredi funerari nelle sepolture, preferendo abolire i culti pagani che intromettersi nelle celebrazioni dei funerali. Un celebre episodio della vita di San Martino mette bene in risalto questa tendenza. Il vescovo di *Tours* scorgendo una processione crede di trovarsi di fronte ad una celebrazione pagana; servendosi dei propri poteri miracolosi immobilizza tutti sul posto per sincerarsene, ma, visto che si trattava di una celebrazione funebre, il santo ne dispone la partenza senza altre difficoltà.

La diffusione dell'inumazione *ad sanctos* ha certo consentito un migliore controllo delle pratiche funerarie, comunque ha coinciso con la sparizione delle suppellettili funerarie e con l'osservanza delle precise prescrizioni ecclesiastiche contro la "preoccupazione superstiziosa per i cadaveri". Tra la fine dell'VIII ed il principio del IX secolo i penitenziali moltiplicano domande ed avvertimenti del tipo: hai preso parte a quelle sciocche pratiche a cui si dedicano certe donnette sciocche? Quando il defunto è

Fig. 10. Casa del Nostromo: particolare dello scavo.

ancora in casa corrono alla fontana, ne tornano in silenzio con un recipiente d'acqua e, nel momento in cui il cadavere viene sollevato, spandono acqua sulla barella. Esse badano anche, quando il morto vien portato fuori dalla sua casa, che non venga sollevato al di sopra dell'altezza dei loro ginocchi: tutto in vista di una eventuale guarigione. Hai fatto o ti sei associato a ciò che fanno certe donne al momento di seppellire un uomo che sia stato ucciso? Gli mettono tra le mani un unguento pensando che possa guarire della sua ferita. Se non guarisce, seppelliscono insieme l'uomo e l'unguento.

Ritornando all'anonimo cimitero di Santa Severa si è visto che anche il cosidetto forno altomedievale viene tagliato da una fossa di deposizione di un individuo di sesso femminile e dallo scavo per l'alloggio di una sepoltura monumentale. Si tratta di un sarcofago, nella cui testata interna erano stati incisi una croce ed un poggiatesta, che contiene uno scheletro di grandi dimensioni pertinente ad un uomo giovane e di grande prestanza fisica, certo un guerriero forse un monaco-guerriero vista la sepoltura e l'assenza di armi. In attesta dei risultati degli antropologi dell'Università di Tor Vergata, penserei che l'uomo durante uno scontro armato sia stato raggiunto da un fendente di ascia o spada che penetrando attraverso i muscoli della spalla ha provocato la frattura della testa dell'omero e una volta caduto in terra rannicchiato su se stesso come a voler proteggere la parte ferita, indifeso, è stato finito con colpi violenti che gli hanno fracassato il cranio nella regione occipite temporale.

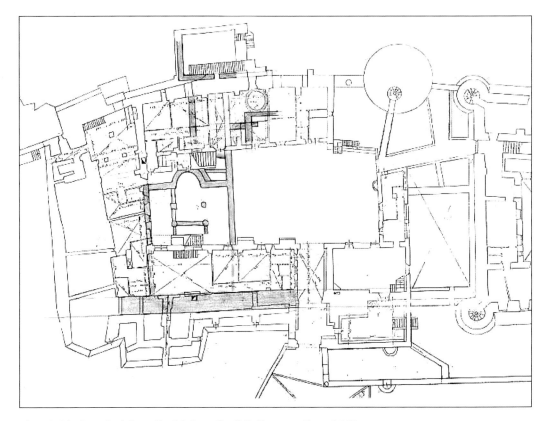

Fig. 11. Planimetria del cortile del Castello di S. Severa e Casa del Nostromo.

Potrebbe essere collegato alle lotte intestine fra grandi e piccoli feudatari, "quest'ultimi per non essere inghiottiti", come si legge dai documenti, continuarono a porre in salvo il loro campiello sotto la clamide dell'Abbate di Farfa, il quale così a poco a poco allargava i suoi domini sopra intere borgate e castella, desiderose di mutare il duro servaggio sotto i conti con il mite pastorale dell'Abbate. Oltre la metà di Civitavecchia col prossimo lido di Santa Severa, tra giugno 1086 ed il 1089 vennero riacquistati alla badia Trebula, Castel di Luco, Castel di Ginestra, poggio di Codamozza e Poggio Pizzo, dove il Monastero aveva avuto le sue ragioni fin dai tempi dei carolingi.

Prescindendo dalla cronologia del sepolcreto ed in attesa dello studio dei reperti, seppure in stato frammentario e rinvenuti in una situazione piuttosto compromessa, sembrò ovvio agli scavatori che il camposanto dovesse indiziare la presenza di una chiesa e su questo ritornerò.

L'evidenza archeologica ha segnalato inoltre che parte della necropoli fu obliterata parzialmente da un struttura a pianta rettangolare di 5,50 × 6 metri con una presumibile destinazione ad *horrea* vista la posizione strategica e collegata dalla famosa scala alla porta di travertino della quale ho già

Fig. 12. Scavo area prospiciente la Casa del Nostromo.

parlato. Nell'ambito di grandi opere di sistemazione volute dal papa Leone X, l'ambiente viene distrutto ed ampliato e fornito degli arconi tuttora visibili ed usato sino al primo cinquantennio del novecento come luogo di lavorazione e magazzino di derrate. Rimangono testimonianze di questi anni: una piattaforma cruciforme in mattoni che presenta incassi posti all'estremità dei bracci per la collocazione di una macchina agricola. Prima che divenisse un appartamento, in questo ambiente come in altri del borgo, rimane la testimonianza di un uso militare in occasione della seconda guerra mondiale.

Relativamente ai primi fatti rimane visibilissima, e la Provincia di Roma che ha curato il restauro ha ritenuto di conservare, l'iscrizione "Dio stramaledica gli Inglesi" motto coniato da Appelius che darebbe una frequentazione intorno al 1935 dopo le sanzioni poste dagli Inglesi a seguito della guerra di Africa.

Il prosieguo dei lavori finalizzati all'impiantistica, soprattutto la famigerata ma indispensabile opera fognaria ha portato all'eccezionale scoperta di una struttura che presenta le caratteristiche di una chiesa a tre navate larga circa 11 metri e lunga almeno 18 con una abside di 3,60 che va a sovrapporsi ed utilizza le strutture di un sottostante impianto romano, ovviamente riferibile a quello rinvenuto nell'adiacente casa del Nostromo come in quella della Legnara (*Figg. 11-12*).

Letizia Pani Ermini, intervenuta sul posto, confermò che il complesso monumentale poteva essere riferito ad una chiesa e, a suo parere, una delle più antiche chiese dell'Etruria meridionale costiera, in quanto databile fra il V ed il VI secolo. Lo studio sarà a breve presentato ma già una serie di dati preliminari e le fonti inducono ad ipotizzare come la chiesa di Santa Severa giustiziata *iuxta mare*.

Gli scavi hanno interessato un lungo tratto sino all'imbocco del viale alberato con la statale Aurelia. Sin dall'inizio è stato evidente che le testimonianze archeologiche, talora percepite, erano state fortemente danneggiate dagli scavi, condotti alla profondità di oltre due metri, per le opere di sistemazione ed urbanizzazione del borgo, eseguite nel corso degli anni sessanta.

Sono stati identificati lacerti di un presumibile impianto etrusco, ma soprattutto testimonianze di età romana repubblicana, primo-imperiale con qualche parziale riuso in età tardo-antica.

I materiali recuperati si distribuiscono in un arco cronologico che va dal V sec. a.C. al III sec. d.C.

Tra questi numerosi frammenti di piattelli *genucilia* ed un esemplare intero nonché numerosi frammenti a vernice nera databili soprattutto al IV sec. a.C.

Lo studio dei materiali, conservati in centinaia di cassette, presso il Museo Civico, consentirà di acquisire nuovi dati e determinare la sequenza delle fasi storiche e la puntuale successione cronologica.

Rita Cosentino

ABBREVIAZIONI BIBLIOGRAFICHE

Aa.Vv. 1986: Aa.Vv., *Tra acqua e terra. La palude, gli equilibri naturali e l'uomo* (Provincia di Roma – Assessorato Sanità e Ambiente), Roma 1986.

Aa.Vv. c.s.: G. Colonna, B. Belelli Marchesini, M.C. Biella, L.M. Michetti, *Il complesso monumentale di Montetosto sulla via Caere-Pyrgi*, in stampa.

Acconcia 2000: V. Acconcia, *Il santuario del Pozzarello a Bolsena (Scavi Gabrici 1904)*, Roma 2000.

Adam et Al. 2011: A.-M. Adam, V. Allegrezza, A. Domínguez-Arranz, F. Nastasi, A. Maffei, J. Gran-Aymerich, J.-M. Fabre, S. Rovira, C. Giardino, «Reperti metallici, monete, *aes rude* e attività metallurgiche», in J. Gran-Aymerich, A. Domínguez-Arranz (a cura di), *La Castellina a sud di Civitavecchia: origini ed eredità*, Roma 2011, pp. 907-998.

Adamesteanu, Dilthey 2001: D. Adamestanu, H. Dilthey, s.v. "Rossano di Vaglio", in *BTCG*, XVII, 2001, pp. 123-127.

Alberti 1550: F.L. Alberti, *Descrittione della Italia di F. Leandro Alberti bolognese dell'ordine dè predicatori*, Roma 1550.

Allegrezza 2011: V. Allegrezza, «Altri *aes rude* della Castellina», in J. Gran-Aymerich, A. Domínguez-Arranz (a cura di), *La Castellina a sud di Civitavecchia: origini ed eredità*, Roma 2011, pp. 954-955.

Ambrosini 2006: L. Ambrosini, «Le raffigurazioni di operatori del culto sugli specchi etruschi», in M. Rocchi, P. Xella, J.A. Zamora (a cura di), *Gli operatori cultuali*, Atti II Incontro di Studio organizzato dal Gruppo di contatto per lo Studio delle religioni mediterranee (Roma 2005), Verona 2006, pp. 197-233.

Ambrosini 2009a: L. Ambrosini, *Il santuario di Portonaccio a Veio. III. La cisterna arcaica con l'incluso deposito di età ellenistica*, Roma 2009.

Ambrosini 2009b: L. Ambrosini, «La ceramica etrusca a Roma agli inizi del V sec. a.C. Le anforette a fasce e a decorazione vegetale», in *Atti Orvieto* 2009, pp. 177-219.

Ambrosini 2010: L. Ambrosini, «Le anforette etrusche a fasce e a decorazione vegetale. Alcune postille», in *Atti Orvieto* 2010, pp. 355-366.

Ambrosini 2012 c.s.: L. Ambrosini, «Le olpette in ceramica acroma nei contesti votivi: il caso del santuario di Portonaccio a Veio», in G. van Heems, L. Haumesser (a cura di), *Régler l'usage: norme et standard dans l'Italie préromaine*, École Française de Rome (Roma 2010), in *MEFRA* 124.2, 2012.

Anathema 1989-90: G. Bartoloni, G. Colonna, C. Grottanelli (a cura di), *Anathema. Regime delle offerte e vita dei santuari nel Mediterraneo antico*, Atti del Convegno Internazionale (Roma 1989), *ScAnt* 3-4, 1989-1990, pp. 13-927.

André 1985: J. André, *Les noms de plantes dans la Rome antique*, Paris 1985.

Andrén 1955-56: A. Andrén, «Una matrice fittile etrusca», in *StEtr* XXIV, 1955-56, pp. 207-219.

Andrisani 2008: A. Andrisani, *Il santuario della dea Mefitis a Rossano di Vaglio. Una rilettura degli aspetti archeologici e cultuali*, Matera 2008.

ANNOVAZZI 1853: V. ANNOVAZZI, *Storia di Civitavecchia dalla sua origine fino all'anno 1848*, Roma 1853.

ANTONETTI *ET AL. c.s.*: C. ANTONETTI, S. DE VIDO, L. DRAGO, «*Lithoi, semata, anathemata*. Connotare lo spazio sacro: contesti esemplari tra Grecia ed Etruria», in *EPIGRAMMATA II, Descrivere, definire, proteggere lo spazio*, a cura di A. INGLESE (Roma 2012), in stampa.

Archeologia di un sapere 2005: S. SETTIS, M.C. PARRA (a cura di), *Magna Graecia. Archeologia di un sapere*, Catalogo della Mostra (Catanzaro 2005), Milano 2005.

ARDOVINO 1980: A.M. ARDOVINO, «Nuovi oggetti sacri con iscrizioni in alfabeto acheo», in *ArchCl* XXXII, 1980, pp. 50-66.

ARDOVINO 1986: A.M. ARDOVINO, *I culti di Paestum antica e del suo territorio*, Salerno 1986.

ARDOVINO 1993: A.M. ARDOVINO, «Lingotto in argento con impronte monetarie arcaiche da Paestum», in *RivItNum* 95, 1993, pp. 287-293.

ARDOVINO 1999: A.M. ARDOVINO, «Sistemi demetriaci nell'Occidente greco. I casi di Gela e Paestum», in CASTOLDI 1999, pp. 169-187.

ARIAS 1963: P.E. ARIAS, *Storia della ceramica di età arcaica, classica ed ellenistica e della pittura di età arcaica e classica*, Enciclopedia Classica, Sez. III, Vol. XI, Torino 1963.

Atti Bologna 2006: A. CURCI, D. VITALI (a cura di), *Animali tra uomini e dei. Archeozoologia del mondo preromano*, Atti del Convegno (Bologna 2002), Bologna 2006.

Atti Civita Castellana 2006: M. PANDOLFINI (a cura di), *Archeologia in Etruria Meridionale*, Atti della Giornata di Studio in ricordo di Mario Moretti (Civita Castellana 2003), Roma 2006.

Atti Enna 2008: C.A. DI STEFANO (a cura di), *Demetra. La divinità, i santuari, il culto, la leggenda*, Atti del I Convegno Internazionale (Enna 2004), Pisa-Roma 2008.

Atti Lille 1993: J. DE LA GENIÈRE (a cura di), *Hèra. Images, espaces, cultes*, Actes du Colloque Intenational du Centre de Recherches Arcéologiques de l'Univeristé de Lille III et de l'Association P.R.A.C., Lille 1993 (*Collection du Centre Jean Bérard*, 15) Naples 1997.

Atti Lyon 1991: R. ÉTIENNE, T. LE DINAHET (a cura di), *L'espace sacrificiel dans les civilisatios méditerranéenne de l'antiquité*, Actes du Colloque (Lyon 1998), Paris 1991.

Atti Matera 2005: M.L. NAVA, M. OSANNA (a cura di), *Lo spazio del rito. Santuari e culti in Italia meridionale tra Indigeni e Greci*, Atti delle giornate di Studio (Matera 2002) (Siris. Studi e ricerche della scuola di specializzazione in Archeologia di Matera, Suppl. 1), Bari 2005.

Atti Milano 2005: M. BONGHI JOVINO, F. CHIESA (a cura di), *Offerte dal regno vegetale e dal regno animale nelle manifestazioni del sacro*, Atti Incontro di Studio (Milano 2003), *Tarchna* Suppl. 1, Roma 2005.

Atti Napoli 1997: J. DE LA GENIÈRE (a cura di), *Héra. Images, espaces, cultes*, Actes du Colloque International (Lille 29-30 novembre 1993) (Collection du Centre Jean Bérard, 15), Napoli 1997.

Atti Napoli 2003: O. DE CAZANOVE, J. SCHEID (a cura di), *Sanctuaires et sources. Les sources documentaires et leurs limites dans la description des lieux de culte*, Actes de la table ronde (Naples 2001) (Collection di Centre Jean Bérard, 22), Napoli 2003.

Atti Orvieto 2003: G.M. DELLA FINA (a cura di), *Tra Orvieto e Vulci*, Atti del X Convegno Internazionale di Studi sulla Storia e l'Archeologia dell'Etruria (Orvieto 2002), *AnnFaina* X, Roma 2003.

Atti Orvieto 2004: G.M. DELLA FINA (a cura di), *I Greci in Etruria*, Atti dell'XI Convegno Internazionale di Studi sulla Storia e l'Archeologia dell'Etruria (Orvieto 2003), *AnnFaina* XI, Roma 2004.

Atti Orvieto 2007: G.M. DELLA FINA (a cura di), *Etruschi, Greci, Fenici e Cartaginesi nel Mediterraneo centrale*, Atti del XIV Convegno internazionale di Studi sulla Storia e l'Archeologia dell'Etruria (Orvieto 2006), *AnnFaina* XIV, Roma 2007.

Atti Orvieto 2009: G.M. DELLA FINA (a cura di), *Gli Etruschi e Roma. Fasi monarchica e alto-repubblicana*, Atti del XVI Convegno internazionale di Studi sulla Storia e l'Archeologia dell'Etruria (Orvieto 2008), *AnnFaina* XVI, Roma 2009.

Atti Orvieto 2010: G.M. DELLA FINA (a cura di), *La grande Roma dei Tarquini*, Atti del XVII Convegno Internazionale di Studi sulla Storia e l'Archeologia dell'Etruria (Orvieto 2009), *AnnFaina* XVII, Roma 2010.

Atti Orvieto 2012: G.M: DELLA FINA (a cura di), *Il Fanum Voltumnae e i santuari comunitari dell'Italia antica*, Atti del XIX Convegno Internazionale di Studi sulla Storia e l'Archeologia dell'Etruria (Orvieto 2011), *AnnFaina* XIX, Roma 2012.

Atti Perugia 2005: A. COMELLA, S. MELE (a cura di), *Depositi votivi e culti nell'Italia antica dall'età arcaica a quella tardo-repubblicana*, Atti del Convegno di Studi (Perugia 2000), Bari 2005.

Atti Perugia 2009: S. FORTUNELLI, C. MASSERIA (a cura di), *Ceramica attica da santuari della Grecia, della Ionia e dell'Italia*, Atti Convegno Internazionale (Perugia 2007), Venosa 2009.

Atti Roma 2008: X. DUPRÉ RAVENTÓS, S. RIBICHINI, S. VERGER (a cura di), *Saturnia tellus. Definizioni dello spazio consacrato in ambiente etrusco, italico, fenicio-punico, iberico e celtico*, Atti del Convegno Internazionale (Roma 2004), Roma 2008.

AVERSA 1995: G. AVERSA, «Gli arieti dei Pisistratidi: studio della sima dell'Athenaion tardo arcaico sull'acropoli di Atene», in *AION* 2, 1995, pp. 89-102.

AVILIA 2007: F. AVILIA, *La storia delle ancore*, Formello 2007.

BACCI 2000: G. BACCI, "Due antefisse arcaiche dal centro di Taormina" in *Demarato. Studi di antichità classica offerti a Paola Pelagatti*, Milano 2000, pp. 50-57.

BAGLIONE 1988-89: M.P. BAGLIONE, «Le monete», in *Pyrgi* 1988-89, pp. 126-131, 322-324.

BAGLIONE 1989: M.P. BAGLIONE, «Quelques donnees sur les plus recentes fouilles de Pyrgi», in *Ancient Greek and related pottery*, Proceedings of the 3rd Symposium on ancient Greek and related pottery (Copenhagen 1988), Copenhagen 1989, pp. 17-24.

BAGLIONE 1989-90: M.P. BAGLIONE, «Considerazioni sui santuari di Pyrgi e di Veio-Portonaccio», in *Anathema* 1989-90, pp. 651-667.

BAGLIONE 1997a: M.P. BAGLIONE, «Cratere a colonnette a figure rosse con Herakles simposiasta», in MAGGIANI 1997, pp. 85-93.

BAGLIONE 1997b: M.P. BAGLIONE, «Ritrovamenti dall'area sud di Pyrgi: due askoi frammentari del *Seven Lobster-Claws Group*», in *Etrusca et Italica, Scritti in ricordo di Massimo Pallottino*, Pisa-Roma 1997, pp. 1-24.

BAGLIONE 2000: M.P. BAGLIONE, «Rinvenimenti di ceramica attica dal santuario dell'area sud», in *Dei ed eroi greci in Etruria*, Atti del Colloquio Internazionale (Roma 1997), *ScAnt* 10, 2000, pp. 337-382.

BAGLIONE 2001: M.P. BAGLIONE, «Le statue ed altri oggetti votivi», in MORETTI SGUBINI 2001, pp. 69-77.

BAGLIONE 2003: M.P. BAGLIONE «La documentazione a Pyrgi, analisi sugli aspetti rituali», Comunicazione verbale, incontro di studio "*Offerte dal regno vegetale e dal regno animale nelle manifestazioni del sacro*", Milano, giugno 2003.

BAGLIONE 2004: M.P. BAGLIONE, «Il santuario sud di Pyrgi», in M. BENTZ, C. REUSSER (a cura di), *Attische Vasen in etruskischem Kontext. Funde aus Häusern und Heiligtümern*, Beihefte CVA Deutschland, II, München 2004, pp. 85-106.

BAGLIONE 2008a: M.P. BAGLIONE, «Esame del santuario meridionale di Pyrgi», in *Atti Roma* 2008, pp. 301-318.

BAGLIONE 2008b: M.P. BAGLIONE, «Il santuario dell'Apollo. La plastica votiva tarda», in M. TORELLI, A.M. MORETTI (a cura di), *Etruschi. Le antiche metropoli del Lazio*, Catalogo della Mostra (Roma 2009), Milano 2008, pp. 64-69.

BAGLIONE 2009: M.P. BAGLIONE, «Culti e culture dal santuario dell'Area Sud di Pyrgi», in *Atti Perugia* 2009, pp. 217-232.

BAGLIONE 2011a: M.P. BAGLIONE, «Funzione dei grandi votivi attici di Veio-Portonaccio», in *Corollari, Scritti di antichità etrusche e italiche in omaggio all'opera di Giovanni Colonna*, Pisa-Roma 2011, pp. 95-101.

BAGLIONE 2011b: M.P. BAGLIONE (a cura di), *Fili e tele. Dee, donne e case. Un deposito rituale dallo scavo di Pyrgi. Settembre 2010*, Guida alla Mostra (Roma 2011), Roma 2011, pp. 32-33.

BAGLIONE 2011c: M.P. BAGLIONE (a cura di), *Massimo Pallottino. Tre momenti nella vita di uno studioso: Veio, Pyrgi, Milano '55*, Catalogo della Mostra (Roma 2010), Roma 2011.

BAGLIONE c.s.a: M.P. BAGLIONE, «Il culto demetriaco nel santuario meridionale di Pyrgi. Attestazioni del rituale», in R. PANVINI, L. SOLE (a cura di), *Santuari indigeni di Sicilia e Magna Grecia. Modelli, organizzazione e regime delle offerte a confronto*, Atti del Convegno (Catania-Marianopoli, 8-10 aprile 2011), in stampa.

BAGLIONE c.s.b: M.P. BAGLIONE, «Osservazioni sull'organizzazione territoriale del comprensorio di Pyrgi», in *Caere e Pyrgi: il territorio, la viabilità e le fortificazioni*, Atti della Giornata di Studio (Roma 2012), *Caere 6*, in stampa.

BAGLIONE *ET AL.* 2010: M.P. BAGLIONE, B. BELELLI MARCHESINI, C. CARLUCCI, L.M. MICHETTI, «Recenti indagini nel comprensorio archeologico di Pyrgi (2009-2010)», in *ScAnt* 16, 2010, pp. 541-560.

BAGLIONE *ET AL.* c.s.: M.P. BAGLIONE, B. BELELLI MARCHESINI, C. CARLUCCI, M.D. GENTILI, L.M. MICHETTI «Pyrgi, un santuario al centro del Mediterraneo», in *Sanctuaries and the power of cosumption. Networking and the formation of elites in the archaic western Mediterranean world*, Proceedings of the International Conference (Innsbruck 2012), in stampa.

BAGNASCO GIANNI 2005: G. BAGNASCO GIANNI, «Tarquinia, il deposito reiterato: una preliminare analisi dei *comparanda*», in *Atti Milano* 2005, pp. 91-100.

BAILO MODESTI *ET AL.* 2005a: G. BAILO MODESTI, A. BATTISTA, L. CERCHIAI, A. LUPIA, M. MANCUSI, «I santuari di Pontecagnano», in *Atti Perugia* 2005, pp. 575-595.

BAILO MODESTI *ET AL.* 2005b: G. BAILO MODESTI, L. CERCHIAI, V. AMATO, M. MANCUSI, D. NEGRO, A. ROSSI, M. VISCIONE, A. LUPIA, «I santuari di Pontecagnano: paesaggio, azioni rituali e offerte», in *Atti Matera* 2005, pp. 193-214.

BAILO MODESTI *ET AL.* 2005c: G. BAILO MODESTI, A. FREZZA, A. LUPIA, M. MANCUSI, «Le acque intorno agli dei: rituali e offerte votive nel santuario settentrionale di Pontecagnano», in *Atti Milano* 2005, pp. 37-64.

BAKALAKIS 1960: G. BAKALAKIS, «Zur Vervendung des Epinetrons», in *Öjh* 45, 1960, pp. 199-208.

BAKALAKIS 1991: G. BAKALAKIS, «Les kernoi éleusiniens», in *Kernos* IV, 1991, 105-117.

BAMMER 1998: A. BAMMER, «Sanctuaries in the Artemision of Ephesos», in R.HÄGG, *Ancient Greek cult practice from the archaeological evidence*, Proceedings of the Fourth International Seminar on ancient greek cult (Athens 1993), Uppsala 1998, pp. 27-47.

BAR 1993: M. BAR, «À propos du poids des plaques d'aes signatum, de leur nature et de leur fonction», in *RivIN* 95, 1993, pp. 277-286.

BARONE 1980: R. BARONE, *Anatomia comparata dei mammiferi domestici*, vol. I, Osteologia, Bologna 1980.

BATINO 2002: S. BATINO, *Lo skyphos attico. Dall'iconografia alla funzione* (*Quad. di Ostraka*, 4), 2002.

BATINO 2009: S. BATINO, *Itinerari del sacro nelle forme del bere*, BAR Int Series, 2009.

BEAZLEY 1963: J.D. BEAZLEY, *Attic Red-figure Vase-painters*, Oxford 1963.

BEDINI 1979: A. BEDINI, «Abitato protostorico in località Acqua Acetosa-Laurentina», in *Archeologia Laziale* II, Roma 1979, pp. 21-28.

BEDINI 1990: A. BEDINI, «8.1. Laurentina-Acqua Acetosa», in M. CRISTOFANI (a cura di), *La grande Roma dei Tarquini*, Catalogo della Mostra (Roma 1990), Roma 1990, pp. 171-177.

BELELLI MARCHESINI 1988-89: B. BELELLI MARCHESINI, *L'abitato etrusco di Pyrgi* (Tesi di Laurea, Università degli Studi di Roma La Sapienza, a.a. 1988-1989).

BELELLI MARCHESINI 2001: B. BELELLI MARCHESINI, «L'abitato costiero di Pyrgi: osservazioni sull'impianto urbanistico e sugli aspetti edilizi», in J. RASMUS BRANDT, K. LARSSON (a cura di), *From huts to houses. Tranformation of ancient societies*, Proceedings of an International Seminar organized by the Norwegian and Swedish Institutes (Rome 1997), Stockholm 2001, pp. 395-405.

BELELLI MARCHESINI 2011: B. BELELLI MARCHESINI, «Il deposito Rho», in BAGLIONE 2011c, pp. 42-45.

BELELLI MARCHESINI 2012: B. BELELLI MARCHESINI, «Il circuito e le porte delle mura "pelasgiche" di Pyrgi», in L. ATTENNI, D. BALDASSARRE (a cura di), *Atti del Quarto Seminario Internazionale di Studi sulle mura poligonali* (Alatri 2009), Roma 2012, pp. 303-311.

BELELLI MARCHESINI c.s.a: B. BELELLI MARCHESINI, «Analisi delle fortificazioni della colonia romana e rapporti con l'abitato etrusco», in *Caere e Pyrgi: il territorio, la viabilità e le fortificazioni*, Atti della Giornata di Studio (Roma 2012), *Caere* 6, in stampa.

BELELLI MARCHESINI c.s.b: B. BELELLI MARCHESINI, «Aspetti quantitativi e tipologici delle offerte premonetali in metallo», in *Il metallo come misura della ricchezza*, Atti del IV Convegno Internazionale di Archeologia Sperimentale (Civitella Cesi 2012), in stampa.

BELELLI MARCHESINI c.s.c: B. BELELLI MARCHESINI, «Le mura della colonia marittima di Pyrgi», in *Mura di legno, mura di terra, mura di pietra: fortificazioni nel Mediterraneo antico*, Atti del Convegno (Roma 2012), in *ScAnt* 19, in stampa.

BELELLI MARCHESINI *ET AL.* 2012: B. BELELLI MARCHESINI, C. CARLUCCI, M.D. GENTILI, L.M. MICHETTI «Considerazioni sul regime delle offerte nel santuario di Pyrgi», in *Atti Orvieto* 2012, pp. 227-263.

BELL 1988: M. BELL III, «Excavations at Morgantina, 1980-1985: Preliminary Report XII. Appendix. The Halved Poseidon Head/Trident Coins with a Note by R. Ross Holloway», in *AJA* 92, 1988, pp. 340-342.

BELL 1995: M. BELL III, «Monete ieroniche in nuovi contesti di scavo a Morgantina», in M. CACCAMO CALTABIANO (a cura di), *La Sicilia tra l'Egitto e Roma. La monetazione siracusana dell'età di Ierone II*, Atti del Seminario (Messina 1993), Messina 1995, pp. 289-293.

BELLELLI 2001: V. BELLELLI, «Un disco fittile dall'area urbana dell'antica Caere», in *RdA* XXIV, 2001, pp. 23-32.

BELLELLI 2003: V. BELLELLI, «Attrezzi da lavoro e scarti - Commento - Matrici e crogioli - Scarti e scorie - Commento - Varia», in *Caere* 4, pp. 200-202, 213-214, 216, 224-225.

BELLELLI 2005: V. BELLELLI, «Ἀγύλλιος χαλκός», in *Dinamiche di sviluppo delle città nell'Etruria meridionale. Veio, Caere, Tarquinia Vulci*, Atti del XXIII Convegno di studi Etruschi ed Italici (Roma-Veio-Cerveteri/Pyrgi-Tarquinia-Tuscania-Vulci-Viterbo (2001), Pisa-Roma 2005, pp. 227-234.

BELLELLI 2006: V. BELLELLI, «Un bronzetto etrusco, Cerveteri e le 'acque di Ercole'», in *Mediterranea* III, 2006, pp. 173-225.

BELLELLI 2008a: V. BELLELLI, «Per una storia del santuario della Vigna Parrocchiale a Cerveteri», in *Atti Roma* 2008, pp. 319-333.

BELLELLI 2008b: V. BELLELLI, «Ricerche nell'area tra l'edificio ellittico e il "tempio di Hera". Primi dati sulle campagne 2003-2005», in V. BELLELLI-F. DELPINO-P. MOSCATI-P. SANTORO (a cura di), *Munera Caeretana. In ricordo di Mauro Cristofani*, Atti dell'Incontro di studio (Roma 2008), in *Mediterranea* V, 2008, pp. 65-89.

BELLELLI 2008c: V. BELLELLI, «Un'iscrizione greca dipinta e i culti della Vigna Parrocchiale a Caere», in *StEtr* LXXIV, 2008, pp. 91-124.

BELLELLI, GUIDI, TROJSI 2001: V. BELLELLI, G.F. GUIDI, G. TROJSI, «Il quartiere arcaico: i residui delle attività produttive», in MORETTI SGUBINI 2001, pp. 129-132.

BELLONI 1960: G.G. BELLONI, *Le monete romane dell'età repubblicana. Catalogo delle raccolte numismatiche,* Milano 1960.

BENEDETTI 2012: L. BENEDETTI, Glandes perusinae. *Revisione e aggiornamenti* (Opuscula Epigraphica, 13), Roma 2012.

BENEDETTINI 2007: M.G. BENEDETTINI, «Le terrecotte votive», in *Museo Antichità Etrusche*, Roma 2007, pp. 413-466.

BENEDETTINI, CARLUCCI, DE LUCIA BROLLI 2005: M.G. BENEDETTINI, C. CARLUCCI, M.A. DE LUCIA BROLLI,

«I depositi votivi dell'agro falisco. Vecchie e nuove testimonianze a confronto», in *Atti Perugia* 2005, pp. 219-228.

BENTZ, STEINBAUER 2001: M. BENTZ, D. STEINBAUER, «Neues zum Aplu-kult in Etrurien», in *AA*, 2001, 1, pp. 69-77.

BENVENUTI *ET AL.* 2007: M. BENVENUTI, L. CHIARANTINI, I. GIUNTI, P. COSTAGLIOLA, A. DINI, «An investigation of unworked lumps of Cu-based materials (*"Aes Rude"*?) from two Etruscan sites», Second Int. Conference on "Archaeometallurgy in Europe" (Grado-Aquileia 2007) CD-ROM file n. 180, pp. 1-10.

BENVENUTI *ET AL.* 2012: M. BENVENUTI, A. DINI, M. D'ORAZIO, L. CHIARANTINI, A. CORRETTI, P. COSTAGLIOLA, «The Tungsten and tin Signature of Iron Ores from Elba Island (Italy): a Tool for Provenance Studies of Iron Production in the Mediterranean Region», in *Archaeometry* 2012, *doi:10. 1111/j.14375-4574. 2012. 00692.x.*

BÉRARD 1986: C. BÉRARD, Feste e misteri, in *La città delle immagini. Religione e società nella Grecia antica*, Modena 1986, pp. 97-107.

BERGAMINI 1995: M. BERGAMINI, *Museo Claudio Faina di Orvieto. Monete etrusche e italiche, greche, romane repubblicane*, Perugia 1995.

BERLINGÒ, D'ATRI 2003: I. BERLINGÒ, V. D'ATRI, «Piana del Lago. Un santuario di frontiera tra Orvieto e Vulci», in *Atti Orvieto* 2003, pp. 241-257.

BERLINGÒ, D'ATRI 2005: I. BERLINGÒ, V. D'ATRI, «Area sacra sul lago di Bolsena (presentazione dei risultati dello scavo in loc. Fondaccio, Montefiascone, VT)», in *Atti Perugia* 2005, pp. 267-275.

BERNARDINI 2001: C. BERNARDINI, *Il Gruppo* Spurinas (*Daidalos*, 4), Viterbo 2001.

BERTI 1990: F. BERTI (a cura di), *Fortuna maris. La nave romana di Comacchio*, Bologna 1990.

BERTI 2009: F. BERTI, «Su due nuovi cippi funerari da Spina», in S. BRUNI (a cura di), *Etruria e Italia preromana. Studi in onore di Giovannangelo Camporeale* (Studia Erudita, 4), Pisa-Roma 2009, pp. 99-101.

BERTINI *ET AL.* 1971: M. BERTINI, C. D'AMICO, M. DERIU, S. TAVAGLINI, L. VERNIA, *Note illustrative della Carta Geologica d'Italia – foglio 143*, Bracciano 1971.

BEVILACQUA 2001: G. BEVILACQUA, «Chiodi magici», in *ArchCl* LII, 2001, pp. 129-150.

BEVILACQUA 2010: G. BEVILACQUA, *Scrittura e magia. Un repertorio di oggetti iscritti della magia greco-romana* (Opuscula epigraphica, 12), Roma 2010.

BIANCHI *ET AL.* 2004: F. BIANCHI, F. FELICI, S. FONTANA, E.A. STANCO, «Fiano Romano: un'area funeraria della prima età imperiale in località Palombaro», in *BullCom* CV, 2004, pp. 223-266.

BIANCO 1960: V. BIANCO, in *EAA* III, 1960, pp. 374-375, s.v. «Epinetron».

BIANCO 1996: S. BIANCO, «I siti», in *Greci in Occidente - Basilicata,* 1996, p. 238.

BIONDO 1474: F. BIONDO, *Italia illustrata*, Roma 1474.

BLANCK, PROIETTI 1986: H. BLANCK, G. PROIETTI, *La tomba dei Rilievi di Cerveteri*, Roma 1986.

BMCRE I: H. MATTINGLY, *Coins of the Roman Empire in the British Museum, I, Augustus to Vitellius 31 BC - AD 69*, London 1923.

BMCRE IV: H. MATTINGLY, *Coins of the Roman Empire in the British Museum*, IV, *Pertinax to Uranius Antonius AD 193-254*, London 1940.

BMCRR: H.A. GRUEBER, *Coins of the Roman Republic in The British Museum*, I-III, London 1910.

BOARDMAN 1990: J. BOARDMAN, *Vasi ateniesi a figure nere*, Milano 1990.

BODEI GIGLIONI 1978: G. BODEI GIGLIONI, «Pecunia fanatica. L'incidenza economica dei templi laziali», in *Studi su* Praeneste, Perugia 1978, pp. 3-46.

BOETTO 1997: G. BOETTO, «Ceppi litici sacri e culti aniconici a Metaponto e a Locri», in *Archeologia Subacquea* II, 1997, pp. 51-64.

BONAMICI 2005: M. BONAMICI, «Appunti sulle pratiche cultuali nel santuario dell'acropoli di Volterra», in *Atti Milano* 2005, pp. 1-14.

BONGHI JOVINO 1993: M. BONGHI JOVINO, «La decorazione architettonica di Capua», in E. RYSTEDT, C. WI-KANDER, Ö. WIKANDER (a cura di), *Deliciae Fictiles*, Proceedings of the First International Conference on Central Italic Terracottas at the Swedish Institute (Rome 1990), Stockholm 1993, pp. 45-54.

BONGHI JOVINO 2000: M. BONGHI JOVINO, «Il complesso "sacro/istituzionale" di Tarquinia», in A. CARAN-DINI, R. CAPPELLI, (a cura di), *Roma. Romolo, Remo e la fondazione della città*, Catalogo della Mostra (Roma 2000), Milano 2000, pp. 265-267.

BONGHI JOVINO 2005a: M. BONGHI JOVINO, «*Mini muluvanice - mini turuce*. Depositi votivi e sacralità. Dall'a-nalisi del rituale alla lettura interpretativa delle forme di religiosità», in *Atti Perugia* 2005, pp. 31-46.

BONGHI JOVINO 2005b: M. BONGHI JOVINO, «Offerte, uomini e dei nel "complesso monumentale" di Tarqui-nia. Dallo scavo all'interpretazione», in *Atti Milano* 2005, pp. 73-89.

BOOKIDIS 1990: N. BOOKIDIS, «Ritual dining at Corinth», in O. MURRAY (a cura di), *Sympotica. A Sympo-sium on the Symposion,* Oxford 1990.

BOOKIDIS 1993: N. BOOKIDIS, «Ritual dinning at Corinth», in N. MARINATOS, R. HÄGG (a cura di), *Greek Sanctuaries. New Approaches*, London-New York 1993, pp. 45-61.

BOOKIDIS ET AL. 1999: N. BOOKIDIS, J. HANSEN, L. SNYDER, P. GOLDBERG, «Dining in the Sanctuary of Demeter and Kore at Korinth», in *Hesperia* 68, 1, 1999, pp. 1-54.

BOOKIDIS 2008: N. BOOKIDIS, «The Sanctuary of Demeter and Kore at Corinth and Colonization», in *Atti Enna* 2008, pp. 99-105.

BORDENACHE BATTAGLIA, EMILIOZZI 1979: G. BORDENACHE BATTAGLIA, A. EMILIOZZI, *Le ciste prenestine I.1*, Firenze 1979.

BORGNA 1992: E. BORGNA, *Il ripostiglio di Madriolo presso Cividale e i pani a piccone del Friuli Venezia Giulia*, Roma 1992.

BORGNA 2001: E. BORGNA, «Il ripostiglio di Madriolo», in C. CORTI, N. GIORDANI (a cura di), *Pondera: pesi e misure nell'antichità*, Campogalliano (Mo) 2001, pp. 59-63.

BOTTINI 2005: P. BOTTINI, «Rivello e *Grumentum:* affinità e diversità tra due stipi della Basilicata meridio-nale», in *Atti Matera* 2005, pp. 179-192.

BOUND 1991a: M. BOUND, *The Giglio shipwreck* (*Enalia*, suppl.1), Athens 1991.

BOUND 1991b: M. BOUND, «The pre-classical wreck at Campese bay, Island of Giglio. First season re-port», in *Studi e materiali. Scienza dell'antichità in Toscana*, VI, 1991, pp. 181-198.

BOUND 1991c: M. BOUND, «The pre-classical wreck at Campese bay, Island of Giglio. Second interim report, 1983 season», in *Studi e materiali. Scienza dell'antichità in Toscana*, VI, 1991, pp. 199-244.

BRECCIAROLI TABORELLI 2005: L. BRECCIAROLI TABORELLI, «Ceramiche a vernice nera», in D. GANDOLFI (a cura di), *La ceramica e i materiali di età romana. Classi, produzioni, commerci e consumi*, Bordighe-ra 2005, pp. 59-104.

BREGLIA PULCI DORIA 1996: L. BREGLIA PULCI DORIA (a cura di), *L'incidenza dell'antico. Studi in memoria di E. Lepore*, Napoli 1996.

BRIGUET 1976-77: M.F. BRIGUET, *Aspects de l'art des Étrusques dans les collections du Louvre*, Paris 1976-77.

BRIQUEL 1987: D. BRIQUEL, «I riti di fondazione», in M. BONGHI JOVINO, C. CHIARAMONTE TRERÉ (a cura di), *Tarquinia: ricerche, scavi e prospettive,* Roma 1987, pp. 171-190.

BRUNETTI NARDI 1972: G. BRUNETTI NARDI, *Repertorio degli scavi e delle scoperte archeologiche nell'E-truria Meridionale* II (1966-1970), Roma 1981.

BRUNI 1998: S. BRUNI, *Pisa etrusca. Anatomia di una città scomparsa*, Milano 1998.

BRUNI 2005: S. BRUNI, «Il santuario di Ortaglia nel territorio volterrano: appunti sulle pratiche religiose», in *Atti Milano* 2005, pp. 15-25

BUCCIOLI 1995: M.P. BINI, G. CARAMELLA, S. BUCCIOLI, *Materiali del Museo archeologico nazionale di Tarquinia, 13. I bronzi etruschi e romani*, Roma 1995.

Buccoliero 2005: B.M. Buccoliero, «Il deposito votivo di via Duca degli Abruzzi a Taranto», in *Atti Perugia* 2005, pp. 615-621.

Buranelli 1992: F. Buranelli, *Gli scavi a Vulci della Società Vincenzo Campanari – Governo Pontificio (1835-1837)*, Roma 1992.

Buranelli, Sannibale 2004: F. Buranelli, M. Sannibale, *Etruscan Treasures from the Cini-Alliata Collection*, Roma 2004.

Burkert 1984: W. Burkert, *Storia delle religioni. I Greci*, I, Milano 1984.

Burnett 2006: A. Burnett, «Reflections on the San Martino in Pensilis Hoard», in *RNum* 162, 2006, pp. 37-50.

Burnett, Crawford 1998: A. Burnett, M. Crawford, «Overstrikes at Neapolis and Coinage at Poseidonia-Paestum», in R. Ashton, S. Hurter, G. Le Rider, R. Bland (a cura di), *Studies in Greek Numismatics in memory of Martin Jessop Price*, London 1998, pp. 55-57.

Caccamo Caltabiano, Carroccio, Oteri 1995: M. Caccamo Caltabiano, B. Carroccio, E. Oteri, «Il sistema monetale ieroniano: cronologia e problemi», in M. Caccamo Caltabiano (a cura di), *La Sicilia tra l'Egitto e Roma. La monetazione siracusana dell'età di Ierone II*, Atti del Seminario (Messina 1993), Messina 1995, pp. 195-279.

Caere 4: M. Cristofani, V. Bellelli, A. Guarino, G.F. Guidi, M. Rendeli, G. Trojsi, *Caere 4. Vigna Parrocchiale. Scavi 1983-1989. Il santuario, la "residenza" e l'edificio ellittico*, Roma 2003.

Calciati 1986: R. Calciati, *Corpus Nummorum Siculorum. La monetazione di bronzo, 2*, Mortara 1986.

Calciati 1995: R. Calciati, *Una collezione di monete di bronzo della Sicilia antica*, Milano 1995.

Callipolitis 1974: D. Callipolitis-Feytmans, *Les plats attiques à figures noires*, Paris 1974.

Camilli *et al.* 2005: A. Camilli, F. Biagi, T. Magliaro, M. Milletti, S. Neri, F. Pitzalis, «Piombino (LI). Populonia: indagini 2005 nell'area urbana, nelle necropoli e nel territorio. Intervento di scavo di tombe e strutture sulla spiaggia di Baratti, Fontanile di S. Cerbone», in *Notiziario della Soprintendenza per i Beni Archeologici della Toscana* I, 2005, pp. 247-251.

Canina 1840: L. Canina, «Pyrgi degli Agillei o dei Ceriti», in *AnnInst* 12, 1840, pp. 34-44, tavv. E-F.

Capuis, Gambacurta, Tirelli 2009: L. Capuis, G. Gambacurta, M. Tirelli, «Il santuario preromano: dalle strutture al culto», in G. Cresci Marrone, M. Tirelli (a cura di), *Altnoi. Il santuario altinate: strutture del sacro a confronto e i luoghi di culto lungo la via Annia*, Atti del convegno (Venezia 2006), Roma 2009, pp. 39-59.

Carandini 2005: A. Carandini, «La nascita di Roma: Palatino, santuario di Vesta e Foro», in E. Greco (a cura di), *Teseo e Romolo,* Atti del Convegno Internazionale di studi (Atene 2003), Atene 2005, pp. 13-28.

Carandini, D'Alessio, Di Giuseppe 2006: A. Carandini, M.T. D'Alessio, H. Di Giuseppe (a cura di), *La fattoria e la villa dell'Auditorium nel quartiere flaminio di Roma*, Roma 2006.

Cardarelli, Pacciarelli, Pallante 2001: A. Cardarelli, M. Pacciarelli, P. Pallante, «Pesi e bilance dell'età del bronzo italiana», in C. Corti, N. Giordani (a cura di), *Pondera: pesi e misure nell'antichità*, Campogalliano (Mo) 2001, pp. 33-58.

Cardosa 2000: M. Cardosa, «Il dono delle armi nei santuari delle divinità femminili in Magna Grecia», in A. Giumlia Mair, M. Rubinich (a cura di), *Le arti di Efesto. Capolavori in metallo dalla Magna Grecia*, Milano 2000, pp. 99-104.

Carlucci 2004: C. Carlucci, «Il tempio dello Scasato a *Falerii:* restituzione del sistema decorativo», in A.M. Moretti Sgubini (ed.), *Scavo nello Scavo. Gli Etruschi non visti. Ricerche e "riscoperte" nei depositi dei musei archeologici dell'Etruria Meridionale*, Catalogo della Mostra (Viterbo 2004), Viterbo 2004, pp. 29-44.

Carlucci 2005: C. Carlucci, «Gli apparati decorativi tardo-arcaici del tempio di Portonaccio a Veio», in *StEtr* LXXI, 2005, pp. 33-46.

CARLUCCI 2006: C. CARLUCCI, «Osservazioni sulle associazioni e sulla distribuzione delle antefisse di II fase appartenenti ai sistemi decorativi etrusco-laziali», in I. EDLUND-BERRY, J. KENFIELD, G. GRECO (a cura di), *Deliciae Fictiles III. Architectural Terracottas in Ancient Italy: New Discoveries and Inter-pretations*, Proceedings of the International Conference (Roma 2002), Oxford 2006, pp. 2-21.

CARLUCCI 2007: C. CARLUCCI, «Gli apparati decorativi tardo-arcaici del tempio di Portonaccio a Veio», in *StEtr* LXXI, 2007, pp. 33-46.

CARLUCCI 2011: C. CARLUCCI, "Il repertorio figurativo del ciclo acroteriale del tempio dell'Apollo a Veio-Portonaccio", in P.S. LULOF, C. RESCIGNO (a cura di), *Deliciae Fictiles IV. Architectural Terracottas in Ancient Italy. Images of Gods, Monstres and Heroes*, Proccedings of the International Conference (Rome, Syracuse 2009), Oxford 2011, pp. 114-127.

CARLUCCI c.s. a: C. CARLUCCI, «Linee di sviluppo della coroplastica falisca tra le età tardo-arcaica e clas-sica», in G. CIFANI (a cura di), *Tra Roma e l'Etruria. Cultura. Identità e territorio dei Falisci*, Atti del Seminario (Roma 2011), in stampa.

CARLUCCI c.s. b: C. CARLUCCI, *Terrecotte architettoniche etrusco-laziali: i sistemi decorativi della II fase iniziale*, in stampa.

CAROSI 2002: S. CAROSI, «Nuovi dati sul santuario di Campetti a Veio», in *ArchCl* LIII, 2002, pp. 355-377.

CARUSO 1986: I. CARUSO, «Attività archeologica a Barbarano Romano», in *Archeologia nella Tuscia* II, Roma 1986, pp. 127-137.

CARUSO 1988: I. CARUSO, *Collezione Castellani. Le oreficerie*, Roma 1988.

CÀSSOLA 1994: F. CÀSSOLA (a cura di), *Inni omerici*, Milano 1994.

CASTAGNOLI, COZZA 1957: F. CASTAGNOLI, L. COZZA, «Appunti sulla topografia di Pyrgi», in *BSR* XXV, 1957, pp. 16-21.

CASTOLDI 1999: M. CASTOLDI (a cura di), Κοινά. *Miscellanea di Studi archeologici in onore di Pietro Orlandini*, Milano 1999.

CATALANO 1978: P. CATALANO, «Aspetti spaziali del sistema giuridico romano. Mundus, templum, urbs, ager, Latium, Italia», in *ANRW II*, 16.1, 1978, pp. 440-553.

CATALLI 1980: F. CATALLI, *S. Marinella (Roma) 1927*, Ripostigli Monetali in Italia Schede Anagrafiche (RMISA), Milano 1980.

CATALLI 1982: F. CATALLI, «Note sulla produzione e circolazione monetaria dell'Etruria meridionale in età romana», in *Il Lazio nell'antichità romana*, Roma 1982, pp. 129-136.

CATALLI 1987: F. CATALLI, *Materiali del Museo Archeologico Nazionale di Tarquinia, 10. Le monete*, Roma 1987.

CATALLI 1989a: F. CATALLI, «Il ripostiglio di Ardea, 1940», in *BNumRoma* 13, 1989, pp. 45-102.

CATALLI 1989b: F. CATALLI, «Il ripostiglio di Pozzaglia, 1922-1923», in *BNumRoma* 13, 1989, pp. 21-33.

CATALLI 1989c: F. CATALLI, «Il ripostiglio di S. Marinella, 1927», in *BNumRoma* 13, 1989, pp. 34-44.

CATALLI 1990: F. CATALLI, «Rinvenimenti monetali in Italia centrale», in *DialArch* 8, 1990, Nr. 2, pp. 67-75.

CATALLI 1995: F. CATALLI, *Monete dell'Italia antica*, Roma 1995.

CATALLI 1996: F. CATALLI, «Monete e *aes rude*», in F.R. SERRA RIDGWAY, *I corredi del Fondo Scataglini a Tarquinia. Scavi della Fondazione Ing. Carlo M. Lerici del Politecnico di Milano per la Soprinten-denza Archeologica dell'Etruria Meridionale*, Milano 1996, pp. 307-308.

CATALLI 1999: F. CATALLI, in M.G. BENEDETTINI, F. CATALLI, M.A. DE LUCIA BROLLI, «Rinvenimenti mo-netali nel territorio dell'antica Narce: il santuario suburbano in località Monte Li Santi-Le Rote», in *BNumRoma* 32-33, 1999, pp. 47-102.

CATALLI 2001a: F. CATALLI, *La monetazione romana repubblicana*, Roma 2001.

CATALLI 2001b: F. CATALLI, «Le monete», in *Il Tesoro del Lago*, 2001, pp. 59-63.

CATALLI 2003: F. CATALLI, «La presenza di chiodi in tombe di età romana», in R. EGIDI, P. CATALANO, D.

SPADONI, *Aspetti di vita quotidiana dalle necropoli della via Latina. Località Osteria del Curato*, Catalogo della Mostra (Roma 2003), Roma 2003, pp. 127-129.

CATALLI 2005: F. CATALLI, «Materiali numismatici dal santuario di Casalvieri (Sora)», in *Atti Perugia* 2005, pp. 145-151.

CAVALLINI *ET AL.* 2003: M. CAVALLINI, L. DRAGO, F. FELLI, G. SAVIANO, «Metallurgy in Etruria: data analyses on lead, copper, bronze and iron objects from Veii and Pyrgi», in *International Conference Archaeometallurgy in Europe* (Milano 2003), Milano 2003, vol. 2, pp. 475-482.

CELLA 2012: E. CELLA, «*Sacra facere pro populo romano:* i materali dagli scavi di Giacomo Boni dell'*Aedes Vestae* al Foro Romano», in V. NIZZO, L. LA ROCCA (a cura di), *Antropologia e Archeologia a confronto: rappresentazioni e pratiche del sacro*, Atti dell'Incontro Internazionale di Studi (Roma, 2011), Roma 2012, pp. 813-826.

CERCHIAI 1982-83: C. CERCHIAI, «Le *glandes plumbeae* della Collezione Gorga», in *BullCom* 88, 1982-83 (1984), pp. 191-211.

CERCHIAI 1997: L. CERCHIAI, «Capua: il caso della tomba detta di Brygos», in *Ostraka* 6, 1997, pp. 129-134.

CERCHIAI 2008: L. CERCHIAI, «Cerimonie di chiusura nei santuari dell'Italia meridionale», in G. GRECO, B. FERRARA (a cura di), *Doni agli dei. Il sistema dei doni votivi nei santuari*, Atti del Seminario di Studi (Napoli 2006), Pozzuoli 2008, pp. 23-27.

CESANO 1928: S.L. CESANO, «Santa Marinella (Civitavecchia). Ripostiglio di "*aes signatum*" e di "*aes grave*"», in *NSc* 1928, pp. 83-95.

CHARBONNEAUX, MARTIN, VILLARD 1978: J. CHARBONNEAUX, R. MARTIN, F. VILLARD, *La Grecia classica*, Milano 1978.

CHIARAVALLE 1987: M. CHIARAVALLE, *Le monete di Ticinum nella collezione di Franco Rolla. Catalogo delle Civiche Raccolte Numismatiche di Milano*, Milano 1987.

CHIRASSI COLOMBO 2008: I. CHIRASSI COLOMBO, «Biografia di una dea. Demetra», in *Atti Enna* 2008, pp. 15-23.

CIAMPOLTRINI 2003: G. CIAMPOLTRINI, «L'insediamento arcaico di Fonteblanda e l'urbanistica "ippodamea" tra Orvieto e Vulci», in *Atti Orvieto* 2003, pp. 279-299.

CIFANI 2008: G. CIFANI, *Architettura romana arcaica. Edilizia e società tra Monarchia e Repubblica*, Roma 2008.

CIFARELLI 2003: F.M. CIFARELLI, *Il tempio di Giunone Moneta sull'acropoli di Segni*, Roma 2003.

CIPOLLONE 2000-01: M. CIPOLLONE, «Gubbio (Perugia). Necropoli in loc. Vittorina. Campagne di scavo 1980-1982», in *NSc* 2000-01, pp. 5-371.

CIPRIANI 1989: M. CIPRIANI, *S. Nicola d'Albanella. Scavo di un santuario campestre nel territorio di Poseidonia-Paestum* (Corpus delle stipi votive in Italia, IV. Regio III,1), Roma 1989.

CIPRIANI 1992: M. CIPRIANI, «Il culto di Demetra nella chora pestana: lo scavo del santuario di Albanella», *Atti del XXVII Convegno di Studi sulla Magna Grecia* (Poseidonia-Paestum 1987), Napoli 1992, pp. 430-445.

CIPRIANI 1997: M. CIPRIANI, «Il ruolo di Hera nel santuario meridionale di Poseidonia», in *Atti Napoli* 1997, pp. 211-226.

CIPRIANI, ARDOVINO 1989-90: M. CIPRIANI, A.M. ARDOVINO, «Il culto di Demetra nella *chora* pestana», in *Anathema* 1989-90, pp. 339-351.

CIPRIANO 1983: P. CIPRIANO, *Templum*, Roma 1983.

CIUCCARELLI 2006: M.R. CIUCCARELLI, «Acheloo ctonio dalla Magna Grecia all'Etruria?», in *Mediterranea* III, 2006, pp. 121-140.

CLARK 2009: A.J. CLARK, «Some Practical Aspects of Attic Black-figured Olpai and Oinochoai», in *Symposium Bruxelles* 2009, pp. 89-109.

CLINTON 2005: K. CLINTON 2005, *Eleusis. The Inscriptions on Stone. Documents of the Sanctuary of the two Goddesses and Public Documents of the Deme*, Athens 2005.

CLUVERIUS 1624: P. CLUVERIUS, *Italia antiqua*, Lugduni Batavorum 1624.

CNS: R. CALCIATI, *Corpus Nummorum Siculorum. La monetazione di bronzo, 2*, Mortara 1986.

COARELLI 1983: F. COARELLI, *Il Foro Romano. Periodo arcaico*, Roma 1983.

COARELLI 2005: F. COARELLI, «I percorsi cerimoniali a Roma in età regia», in E. GRECO (a cura di), *Teseo e Romolo. Le origini di Atene e Roma a* confronto, Atti del Convegno Internazionale di Studi (Atene 2003), Atene 2005, pp. 29-42.

COCCOLINI, FOLLIERI 1980: G. COCCOLINI, M. FOLLIERI, «I legni dei pozzi del tempio A nel santuario etrusco di Pyrgi», in *StEtr* XLVIII, 1980, pp. 277-291.

COHEN 1859-68: H. COHEN, *Déscription Historique des Monnaie frappées sous L'Empire Romain, comunément appelées Médailles Imperiales*, I-VIII, Parigi 1859-1868.

COLETTI, CELANT, PENSABENE 2006: F. COLETTI, A. CELANT, P. PENSABENE, «Ricerche archeologiche e paleo ambientali sul Palatino tra l'età arcaica e la tardoantichità – primi risultati», in C. D'AMICO (a cura di), *Atti del Convegno dell'Associazione Nazionale di Archeometria* (Caserta 2005), Bologna 2006, pp. 557-564.

COLIVICCHI 2004: F. COLIVICCHI, *Gravisca: gli scavi nel santuario, 16, I materiali minori*, Bari 2004.

COLONNA 1959: G. COLONNA, «Osservazioni sull'area urbana etrusca e romana», in *Pyrgi* 1959, pp. 253-258.

COLONNA 1965a: G.COLONNA, «Fortificazioni romane di Pyrgi», in *BdA* L, 1965, p. 126.

COLONNA 1965b: G. COLONNA, «Il santuario di Pyrgi alla luce delle recenti scoperte», in *StEtr* XXXIII, 1965, pp. 191-219.

COLONNA 1965c: G. COLONNA, «La donazione pyrgense di Thefarie Velianas», in *ArchCl* XVII, 1965, pp. 286-292.

COLONNA 1966: G. COLONNA, «Nuovi elementi per la storia del santuario di Pyrgi», in *ArchCl* XVIII, 1966, pp. 85-102.

COLONNA 1968: G. COLONNA, «La via Caere-Pyrgi», in *La via Aurelia da Roma a Forum Aureli*, in *QuadIstTopRoma* IV, 1968, pp. 75-87.

COLONNA 1970: G. COLONNA, in *Pyrgi* 1970.

COLONNA 1980: G. COLONNA, «L'aspetto epigrafico», in C.M. STIBBE, G. COLONNA, C. DE SIMONE, H.S. VERSNEL, M. PALLOTTINO, *Lapis Satricanus. Archaeological, epigrafical, linguistic and historical aspects of the new inscription from Satricum*, 's Gravenhage 1980, pp. 41-69.

COLONNA 1981a: G. COLONNA, «La dea di Pyrgi. Bilancio aggiornato dei dati archeologici (1978)», in *Die Göttin von Pyrgi*, Atti dell'Incontro (Tübingen 1979) (Biblioteca di Studi Etruschi, 12), Firenze 1981, pp. 13-34.

COLONNA 1981b: G. COLONNA, «Quali Etruschi a Roma», in AA.VV., *Gli Etruschi e Roma*, Atti dell'Incontro di Studio in onore di Massimo Pallottino (Roma 1979), Roma 1981, pp. 159-172.

COLONNA 1984: G. COLONNA, «Apollon, les Étrusques et Lipara», in *MEFRA* 96, 1984, pp. 557-578.

COLONNA 1984-85: G. COLONNA, «Novità sui culti di Pyrgi», in *RendPontAc* LVII, 1984-85, pp. 57-88.

COLONNA 1985a: G. COLONNA, «Anfore da trasporto arcaiche il contributo di Pyrgi», in *Il commercio etrusco arcaico*, Atti dell'incontro di studio (Roma 1983), *QuadAEI* 9, 1985, pp. 5-18.

COLONNA 1985b: G. COLONNA, "Il santuario di Montetosto" in S. STOPPONI (a cura di), *Case e palazzi d'Etruria*, Catalogo della Mostra, (Siena 1985), Milano 1985, pp. 192-196.

COLONNA 1987: G. COLONNA, «Note preliminari sui culti del santuario di Portonaccio a Veio», in *ScAnt* 1, 1987, pp. 419-446.

COLONNA 1988-89: G. COLONNA, «Il Tempio B. Le strutture», in *Pyrgi* 1988-89, pp. 171-183.

COLONNA 1989-90a: G. COLONNA, «Pyrgi», in *StEtr* LVI, 1989-1990 (*REE*), pp. 313-324, nn. 21-41.

Colonna 1989-90b: G. Colonna, «Tempio e santuario nel lessico delle lamine di Pyrgi», in *Anathema* 1989-90, pp. 197-216.

Colonna 1991-92: G. Colonna, «Altari e sacelli. L'area Sud di *Pyrgi* dopo otto anni di ricerche», in *RendPontAc* LXIV, 1991-92, pp. 63-115.

Colonna 1994: G. Colonna, «L'Apollo di Pyrgi», in *Magna Grecia Etruschi Fenici*, Atti XXXIII Convegno di Studi sulla Magna Grecia (Taranto 1993), Taranto 1994, pp. 345-375.

Colonna 1995: G. Colonna, «Scavi e Scoperte. *Pyrgi* (Com. di S. Marinella, Roma)», in *StEtr* LXI, 1995, pp. 440-446.

Colonna 1996a: G. Colonna (a cura di), *L'altorilievo di Pyrgi. Dei ed eroi greci in Etruria*, Roma 1996.

Colonna 1996b: G. Colonna, s.v. «Pyrgi», in *Enciclopedia dell'arte antica*, II suppl., 1996, pp. 678-684.

Colonna 1997a: G. Colonna, «Divinités peu connues du panthéon étrusque», in F. Gaultier, D. Briquel (a cura di), *Le plus religieux des hommes. État de la recherche sur la religion étrusque*, Actes du Colloque International (Paris 1992), Paris 1997, pp. 167-184.

Colonna 1997b: G. Colonna, «L'iscrizione del cratere di Pyrgi con Eracle bevitore», in Maggiani 1997, pp. 94-98.

Colonna 1998a: G. Colonna, «Il santuario etrusco di *Pyrgi*», in Drago Troccoli 1998, pp. 125-132.

Colonna 1998b: G. Colonna, «Pelagosa, Diomede e le rotte dell'Adriatico», in *ArchCl* L, 1998, pp. 363-378.

Colonna 1999: G. Colonna, "L'offerta di armi a Minerva e un probabile cimelio della spedizione di Aristodemo nel Lazio", in Aa. Vv. *Pallade di Velletri: il mito, la fortuna*, Atti Giornata Internazionale di Studi (Velletri 1997), Roma 1999, pp. 95-104.

Colonna 2000: G. Colonna, «Il santuario di Pyrgi dalle origini nitistoriche agli altorilievi frontonali dei Sette e di Leucotea», in *ScAnt* 10, 2000, pp. 251-336.

Colonna 2001: G. Colonna, «Divinazione e culto di Rath/Apollo a Caere (a proposito del santuario in località S. Antonio)», in *ArchCl* LII, 2001, pp. 151-173.

Colonna 2004a: G. Colonna, «I Greci di Caere», in *Atti Orvieto* 2004, pp. 69-94.

Colonna 2004b: G. Colonna, «La "disciplina" etrusca e la dottrina della città fondata», in *StRom* LII, 2004, pp. 303-311.

Colonna 2005a: G. Colonna, «Caere», in *StEtr* LXXI, 2005, pp. 168-188, nn. 26-37.

Colonna 2005b: G. Colonna, *Italia ante Romanum Imperium. Scritti di antichità etrusche, italiche e romane*, IV, Pisa-Roma 2005.

Colonna 2006a: G. Colonna, «Cerveteri. La Tomba delle Iscrizioni Graffite», in *Atti Civita Castellana* 2006, pp. 419-451.

Colonna 2006b: G. Colonna, «Sacred architecture and the religion of the Etruscans», in N. Thomson de Grummond, E. Simon (a cura di), *The Religion of the Etruscans*, Austin 2006, pp. 132-168.

Colonna 2007a: G. Colonna, «L'Apollo di Pyrgi, Śur/Śuri (il "Nero") e l'Apollo *Sourios*», in *StEtr* LXXIII, 2007, pp. 101-134.

Colonna 2007b: G. Colonna, «Novità su Thefarie Velianas», in *Atti Orvieto* 2007, pp. 9-24.

Colonna 2010a: G. Colonna, «A proposito del primo trattato romano-cartaginese (e della donazione pyrgense ad Astarte)», in *Atti Orvieto* 2010, pp. 275-304.

Colonna 2010b: G. Colonna, «The "Seven Against Thebes" Relief (Tydeus and Capaneus at the Siege of Thebes), Unknown Etruscan artist», in C. Dell (ed.), *What Makes a Masterpiece? Encounters with Great Works of Art*, London 2010, pp. 34-37.

Colonna 2012a: G. Colonna, ««Il pantheon degli Etruschi – "i più religiosi degli uomini" – alla luce delle scoperte di Pyrgi», in *MemAcLinc* XXIX, 3, 2012, pp. 557-595.

Colonna 2012b: G. Colonna, «I santuari comunitari e il culto delle divinità ctonie», in *Atti Orvieto* 2012, pp. 203-226.

COLONNA c.s.: G. COLONNA, «Ancora su Śur/Śuri. 1. L'epiteto *Eista ("il dio"). 2. L'attributo del fulmine», in *StEtr* LXXV, in stampa.

COLONNA, BACKE FORSBERG 1999: G. COLONNA, Y. BACKE FORSBERG, «Le iscrizioni del sacello del ponte di San Giovenale. Etruscan inscriptions and graffiti from the bridge at San Giovenale», in *OpRom* 24, 1999, pp. 63-81.

COLONNA, MARAS 2003: G. COLONNA, D.F. MARAS, «Pyrgi», in *StEtr* LXIX, 2003 (*REE*), pp. 307-337, nn. 19-54.

COLONNA, MARAS, MORANDI 1998: G. COLONNA, D.F. MARAS, M. MORANDI, «Pyrgi», in *StEtr* LXIV, 1998 (*REE*), pp. 369-422, nn. 33-96.

COMELLA 1982: A.M. COMELLA, *Il deposito votivo presso l'Ara della Regina* (Materiali del Museo Archeologico Nazionale di Tarquinia, IV), Roma 1982.

COMELLA 1986: A.M. COMELLA, *I materiali votivi di* Falerii (Corpus delle stipi votive in Italia, I. Regio VII, 1), Roma 1986.

COMELLA 1993: A.M. COMELLA, *Le terrecotte architettoniche del santuario dello Scasato a Falerii. Scavi 1886-87*, Napoli 1993.

COMELLA 2001: A.M. COMELLA, *Il santuario di Punta della Vipera. Santa Marinella Comune di Civitavecchia. I. I materiali votivi*, Roma 2001.

COMELLA 2005a: A.M. COMELLA, s.v. « Eschara», in *ThesCRA* IV, Los Angeles 2005, pp. 235-236.

COMELLA 2005b: A.M. COMELLA, s.v. « Sacellum (Etruria e mondo italico)», in *ThesCRA* IV, Los Angeles 2005, pp. 311-313.

COMELLA 2005c: A.M. COMELLA, s.v. « Altare (Etruria)», in *ThesCRA* IV, Los Angeles 2005, pp. 166-171.

COMELLA 2005d: A.M. COMELLA, s.v. « Aedicula (Etruria)», in *ThesCRA* IV, Los Angeles 2005, p. 161.

COMELLA, STEFANI 1990: A.M. COMELLA, G. STEFANI, *Materiali votivi del santuario di Campetti a Veio* (Corpus delle stipi votive in Italia, V. Regio VII, 2), Roma 1990.

COPPI 1838: A. COPPI, «Dei castelli di Pirgi, S.Severa, S.Marinella, Loterno, Castel Giuliano e Sasso», in *DissPontAcc* VIII, 1838, pp. 77-91.

CORDANO, DE SIMONE 1981: F. CORDANO, C. DE SIMONE, «Graffiti e iscrizioni provenienti dall'Acqua Acetosa-Laurentina», in *PP* 36, 1981, pp. 128-142.

COSTANTINI, ANGELETTI 1995: S. COSTANTINI, C. ANGELETTI, *Il deposito votivo del santuario campestre di Tessennano* (Corpus delle stipi votive in Italia, VIII. Regio VII, 4), Roma 1995.

COZZA 1975-76: L. COZZA, "Una soluzione del tetto del tempio etrusco" in *RendPontAcc*, XLVIII, 1975-76, pp. 87-94.

CRADDOCK 1993: S. LA NIECE, P. CRADDOCK (a cura di), *Metal Plating and Platination.Cultural, technical and historical Developments*, Oxford 1993.

CRAWFORD 1969: M.H. CRAWFORD, *Roman Republican Coin Hoards*, London 1969.

CRAWFORD 1985: M.H. CRAWFORD, *Coinage and Money under the Roman Republic*, Londra 1985.

CRAWFORD 1998: M.H. CRAWFORD, «Selinus and the quadrigatus», in *Coins of Macedonia and Rome. Essay in honour of Charles Hersch*, London 1998, pp. 119-123.

CRAWFORD 2003: M.H. CRAWFORD, «Thesauroi, hoards and votive deposits», in *Atti Napoli* 2003, pp. 69-84.

CREMONESI 2004: C. CREMONESI, «Confini d'acqua. Sacralità e inviolabilità dello spazio», in *Incidenza dell'antico* II, 2004, pp. 137-148.

CRISTOFANI 1985: M. CRISTOFANI, *I bronzi degli Etruschi*, Novara 1985.

CRISTOFANI 1986: M. CRISTOFANI, «Nuovi dati per la storia urbana di Caere», in *BdA* 35-36, 1986, pp. 1-24.

CRISTOFANI 1987: M. CRISTOFANI, «La ceramica a figure rosse», in MARTELLI 1987, pp. 43-53; 313-331.

CRISTOFANI 1987a: M. CRISTOFANI, "I santuari: tradizioni decorative", in M. CRISTOFANI (a cura di), *Etruria e Lazio arcaico*, Roma 1987, pp. 95-120.

Cristofani 1988: M. Cristofani, «Caere», in M. Cristofani, G. Nardi, M.A. Rizzo, *Caere 1. Il parco archeologico*, C.N.R., Roma 1988, pp. 29-41.

Cristofani 1991: M. Cristofani, *Cerveteri. Tre itinerari archeologici*, Roma 1991.

Cristofani 1992-93: M. Cristofani, «Un *naukleros* greco-orientale nel Tirreno. Per un'interpretazione del relitto del Giglio», in *ASAtene* LXX-LXXI, n.s. LIV-LV, 1992-93, pp. 205-231.

Cristofani 1996a: M. Cristofani, «Aequipondium Etruscum», in M. Cristofani, *Due testi dell'Italia preromana*, Roma 1996, pp. 39-54.

Cristofani 1996b: M. Cristofani, «Ancora sulla kylix ceretana con dedica a Hercle nel J. Paul Getty Museum», in M. Cristofani, *Due testi dell'Italia preromana*, Roma 1996, pp. 55-60.

Cristofani 1999: M. Cristofani, «*Caere*», in M. Cristofani (a cura di), *Dizionario illustrato della civiltà etrusca*, Firenze 1999, p. 49.

Cristofani 2000: M. Cristofani, «I culti di Caere», in *ScAnt* 10, 2000, pp. 395-425.

Cristofani, Martelli 1983: M. Cristofani, M. Martelli (a cura di), *L'oro degli Etruschi*, Novara 1983.

Croissant 1983: F. Croissant, *Les protomes féminines archaïques. Recherches sur les representations du visage dans la plastique grecque de 550 à 480 av. J.C.*, Paris 1983.

Cuglia, Williams 2007: V. Cuglia, D. Williams, «Note sulla circolazione monetaria in età imperiale romana di alcuni siti dell'Etruria meridionale, *Latium vetus* e Campania», in *Il Forum di Numismatica Antica a Roma Tre. Studi e ricerche sul collezionismo, la circolazione e l'iconografia monetale* (a cura di M.C. Molinari), pp. 164-212.

D'Alessio, Osanna, Sica 2001: A. D'Alessio, M. Osanna, M.M. Sica, «Il santuario di Torre di Satriano», in *Rituali per una dea* 2001, pp. 33-44.

D'Atri 2006: V. D'Atri, «Aggiornamenti dallo scavo del santuario di Piana del Lago (Montefiascone, VT)», in *Atti Civita Castellana* 2006, pp. 173-182.

Dalle necropoli di Ostia 1998: A. Pellegrino (a cura di), *Dalle necropoli di Ostia riti ed usi funerari*, Catalogo della Mostra (Ostia 1998), Roma 1998.

De Benetti 2010a: M. De Benetti, «I reperti numismatici dall'area templare dello Scoglietto (Alberese-Grosseto) - campagna di scavo 2009», in M. Cygielman, E. Chirico, M. Colombini, A. Sebastiani, *Dinamiche insediative nel territorio della foce dell'Ombrone: nuovi dati dagli scavi dell'area templare dello Scoglietto*, in *NotATos* 5, 2010, pp. 69-77.

De Benetti 2010b: M. De Benetti, "Le monete di Talamone (Orbetello, GR), 1801-1892", in Aa.Vv. *Collezioni numismatiche in Italia, Documentazione dei complessi*, Pontedera 2010, pp. 11-53.

De Benetti, Catalli 2003-2006: M. De Benetti, F. Catalli, «Il ripostiglio di Vetulonia - località Stagnaccio (1973-1975)», in *Annotazioni Numismatiche* 49-50, 2003-2006, pp. 1066-1079.

De Grossi Mazzorin 1985: J. De Grossi Mazzorin, «Reperti faunistici dall'acropoli di Populonia: testimonianze di allevamento e caccia nel III secolo a.C.», in *RassAPiombino* 5, 1985, pp. 131-171.

De Grossi Mazzorin 2006: J. De Grossi Mazzorin, «Il quadro attuale delle ricerche archeozoologiche in Etruria e nuove prospettive di ricerca», in *Atti Bologna* 2006, pp. 77-96.

De Grummond 2008: N.T. De Grummond, «Moon over Pyrgi. Catha and Etruscan Lunar Goddess?», in *AJA*, CXII, 2008, pp. 419-428.

De Grummond, Simon 2006: N.T. De Grummond, E. Simon (a cura di), *The Religion of the Etruscans*, Austin 2006.

De Lucia Brolli 1990a: M.A. De Lucia Brolli, «Narce (Viterbo). Località Monte Li Santi-Le Rote. Area del santuario urbano. Il deposito votivo», in *BA* 3, 1990, pp. 65-71.

De Lucia Brolli 1990b: M.A. De Lucia Brolli, «Un nuovo santuario a Narce sulla sponda del Treja (Loc. Monte Li Santi-Le Rote. Scavi 1985-86)», in *La civiltà dei Falisci*, Atti del XV Convegno di Studi Etruschi ed Italici (Civita Castellana 1987), Firenze 1990, pp. 173-195.

DE LUCIA BROLLI 1992: M.A. DE LUCIA BROLLI, «Loc. Monte Li Santi-Le Rote: santuario suburbano», in *StEtr* LVIII, 1992, pp. 540-542.

DE MAGISTRIS 2007: E. DE MAGISTRIS, *Paestum e Roma quadrata. Ricerche sullo spazio augurale* (Università degli Studi di Salerno, Quaderni del Dipartimento di Scienze dell'Antichità, 32), Napoli 2007.

DE MIRO 1963: E. DE MIRO, «I recenti scavi sul poggetto di S. Nicola di Agrigento», in *Cronache di archeologia* 2, 1963, pp. 57-63.

DE MIRO 2008: E. DE MIRO, «*Thesmophoria* di Sicilia», in *Atti Enna* 2008, pp. 47-92.

DE PALMAS C.S.: A. DE PALMAS, «Tesori misurati. Unità di metallo in ripostigli protostorici», in *Il metallo come misura della ricchezza*, Atti del IV Convegno Internazionale di Archeologia Sperimentale (Civitella Cesi 2012), in stampa.

DE ROSSI, DI DOMENICO, QUILICI 1968: G.M. DE ROSSI, P.G. DI DOMENICO, L. QUILICI, «La via Aurelia da Roma a Civitavecchia», in *QuadIstTopRoma* 4, 1968, pp. 13-73.

DE SENSI SESTITO 1975-76: G. DE SENSI SESTITO, «Relazioni commerciali e politica finanziaria di Gerone II», in *Helikon* XV-XVI, 1975-76, pp. 187-252.

DETIENNE 1979: M. DETIENNE, «Cibo carneo, sacrificio e società in Grecia. Il coltello da carne», in *DialArch* 1, 1979, pp. 6-16.

DEWAILLY 2008: M. DEWAILLY, «L'esplorazione archeologica», in D. COPPOLA *ET AL.*, «La grotte de Santa Maria di Agnano (Ostuni) et ses abords: à propos des critères d'identification d'un sanctuaire messapien», in *Atti Roma* 2008, pp. 206-209.

DI GENNARO, CECCARELLI 2012: F. DI GENNARO, L. CECCARELLI, «Fidene. Santuari urbani e del territorio», in E. MARRONI (a cura di), *Sacra nominis Latini. I santuari del Lazio arcaico e repubblicano*, Atti del Convegno (Roma 2009), in *Ostraka* volume speciale, 2012, pp. 211-226.

DI GIUSEPPE 2011: H. DI GIUSEPPE, «Acheloo e le acque deviate», in H. DI GIUSEPPE, M. SERLORENZI (a cura di), *I riti del costruire nelle acque violate*, Atti del Congresso Internazionale (Roma 2008), Roma 2011, pp. 69-90.

DI NEZZA, DI FILIPPO C.S.: M. DI NEZZA, M. DI FILIPPO, «La Geologia dell'area di Pyrgi e l'ubicazione delle cave antiche», in *Caere e Pyrgi: il territorio, la viabilità e le fortificazioni*, in Atti della Giornata di Studio (Roma 2012), Caere 6, in stampa.

DI STEFANO 2008: C.A. DI STEFANO, "Demetra, la divinità, i santuari, il culto, la leggenda", in *Atti Enna* 2008.

DOMERGUE 1990: C. DOMERGUE, *Les mines de la Péninsule ibérique dans l'antiquité romaine*, Rome 1990.

DOMÍNGUEZ-ARRANZ 2011: A. DOMÍNGUEZ-ARRANZ, «Monedas, aes rude y elementos ponderales. Los primeros hallazgos monetarios. Monedas, *aes rude* y elementos ponderales de la excavación», in J. GRAN-AYMERICH, A. DOMÍNGUEZ-ARRANZ (a cura di), *La Castellina a sud di Civitavecchia: origini ed eredità*, Roma 2011, pp. 931-948.

DOMÍNGUEZ-ARRANZ, GRAN-AYMERICH C.S.: A. DOMÍNGUEZ-ARRANZ, J. GRAN-AYMERICH, «Proto-Coinage and Hoarding in the Tyrrhenian Façade of Central Italy (11th to 6th Centuries B.C.)», in *Barter, Money and Coinage in the Ancient Mediterranean (10th - 1th Centuries BC)*, 4th Encuentro Peninsular de Numismática Antigua (EPNA) (Madrid 2010), in stampa.

DRAGO TROCCOLI 2012: L. DRAGO TROCCOLI, «Ancore litiche, ancore in piombo ed altri "oggetti del sacro" in metallo dal santuario meridionale di Pyrgi», in V. NIZZO, L. LA ROCCA (a cura di), *Antropologia e acheologia a confronto: rappresentazioni e pratiche del sacro*, Atti del 2° Congresso Internazionale di Studi (Roma 2011), Roma 2012, pp. 827-840.

DRAGO TROCCOLI C.S.a: L. DRAGO TROCCOLI, «Aes rude e lingotti. Tra esperienze premonetali e offerte votive», in *Il metallo come misura della ricchezza*, Atti del IV Convegno Internazionale di Archeologia Sperimentale (Civitella Cesi 2012), in stampa.

DRAGO TROCCOLI C.S.b: L. DRAGO TROCCOLI, «L'*aes rude* nei contesti votivi del santuario meridionale di

Pyrgi», in *Numismatica ed Archeologia. Monete, stratigrafie e contesti. Dati a confronto*, Atti del I Workshop Internazionale di Numismatica (Roma 2011), in stampa.

DRAGO TROCCOLI c.s.c: L. DRAGO TROCCOLI, «Offerte in metallo, *argoi* e *tetragonoi lithoi* nel santuario meridionale di *Pyrgi*», in R. PANVINI, L. SOLE (a cura di), *Santuari indigeni di Sicilia e Magna Grecia. Modelli, organizzazione e regime delle offerte a confronto*, Atti del Convegno di Studi (Catania-Marianopoli 2011), in stampa.

DRAGO TROCCOLI *c.s.*d: L. DRAGO TROCCOLI, «Populonia e l'Etruria meridionale. Riflessioni, ipotesi e progetti per una ricerca interdisciplinare», in *Populonia e la Corsica*, Atti del XXVIII Convegno dell'Istituto di Studi Etruschi e Italici, (Ajaccio-Piombino 2011), in stampa.

DUCOS 1968: P. DUCOS, «L'origine des animaux domestiques en Palestine», *Inst. de Prehist. Bordeaux,* n. 6, 1968.

DURAND 1979: J.-L. DURAND, «Cibo carneo, sacrificio e società in Grecia 2. Figurativo e processo rituale», in *DialArch* 1, 1979, pp. 16-31.

DYSON 1976: S.L. DYSON, *Cosa. The Utilitarian Pottery, MemAmAc* 33, Rome 1976.

EDLUND BERRY 2006: I. EDLUND BERRY, «Ritual Space and Boundaries in Etruscan Religion», in Thomson De Grummond, Simon 2006, pp. 116-131.

EGIDI, CATALANO, SPADONI 2003: R. EGIDI, P. CATALANO, D. SPADONI, *Aspetti di vita quotidiana dalle necropoli della via Latina. Località Osteria del Curato*, Catalogo della Mostra (Roma 2003), Roma 2003.

EISEMAN, RIDGWAY 1987: C.J. EISEMAN, B.S. RIDGWAY, *The Porticello shipwreck: a Mediterranean merchant vessel of 415-385 B.C.*, College Station, Texas, 1987.

Enea nel Lazio 1981: AA.VV., *Enea nel Lazio. Archeologia e mito,* Catalogo della mostra (Roma 1981), Roma 1981.

ENEI 1994: F. ENEI, «Pyrgi: recupero del circuito murario romano. Relazione di attività 1992-1993», in *Archeologia Uomo-Territorio, Rivista scientifica dei G.A. d'Italia*, 13, 1994, pp. 244-250.

ENEI 2001: F. ENEI, *Progetto* Ager Caeretanus. *Il litorale di* Alsium, Santa Marinella 2001.

ENEI 2004: F. ENEI, *Pyrgi sommersa. Ricognizioni archeologiche subacquee nel porto dell'antica Caere, Pyrgi*, Santa Marinella 2004.

ENEI 2008: F. ENEI, *Pyrgi sommersa. Ricognizioni archeologiche subacquee nel porto dell'antica Caere*, Santa Marinella 2008.

ENEI 2011: F. ENEI, «Alle origini del porto etrusco di Pyrgi: i presupposti preistorici», in *Archaeologia maritima mediterranea* 8, 2011, pp. 13-28.

ENEI 2012: F. ENEI, «Pyrgi e le sue mura poligonali: recenti scoperte nel castrum e nell'area portuale», in L. ATTENNI, D. BALDASSARRE (a cura di), *Atti del Quarto Seminario Internazionale di Studi sulle mura poligonali* (Alatri 2009), Roma 2012, pp. 313-324.

ENEI 2013: F. ENEI, *Santa Severa. Tra leggenda e realtà storica. Pyrgi e il castello di Santa Severa alla luce delle recenti scoperte*, Grotte di Castro 2013.

ERC: R. THOMSEN, *Early Roman Coinage. A Study of Chronology*, I-II, Copenaghen 1957-1961.

FABBRI 2005: F. FABBRI, «Una nuova stipe votiva di età repubblicana da Paganico (GR)», in *Atti Perugia* 2005, pp. 307-322.

FABBRI, OSANNA 2005: M. FABBRI, M. OSANNA, «Aspetti del sacro nel mondo apulo: rituali di abbandono tra area sacra ed abitato nell'antica Ausculum», in *Atti Matera* 2005, pp. 215-234.

FACCHINETTI 2003: G. FACCHINETTI, «Iactae stipes: l'offerta di monete nelle acque nella Penisola italiana», in *Rivista Italiana di Numismatica* 104, 2003, pp. 23-55.

FACCIOLO, FIORE, TAGLIACOZZO 2006: A. FACCIOLO, I. FIORE, A. TAGLIACOZZO, «Archeozoologia dei contesti rituali paleoveneti», in *Atti Bologna* 2006, pp. 53-76.

FENELLI 1975: M. FENELLI, «Contributo per lo studio del votivo anatomico: i votivi anatomici di Lavinio», in *ArchCl* XXVII, 1975, pp. 206-252.

FENELLI 1989-90: M. FENELLI, «Culti a Lavinium: le evidenze archeologiche», in *Anathema* 1989-90, pp. 487-505.

FERRANDES 2006: A.F. FERRANDES, «Produzioni stampigliate e figurate in area etrusco-laziale tra fine IV e III secolo a.C. Nuove riflessioni alla luce di vecchi contesti», in *ArchCl* LVII, 2006, pp. 115-174.

FERRARA 2008: B. FERRARA, «Tra Greci e Indigeni: problematiche di definizione dello spazio consacrato nel santuario di Hera alla foce del Sele», in *Atti Roma* 2008, pp. 357-375.

FIORENTINI, CALTABIANO, CALDERONE 2003: G. FIORENTINI, M. CALTABIANO, A. CALDERONE (a cura di), *Archeologia del Mediterraneo. Studi in onore di Ernesto de Miro*, Roma 2003.

FIORINI 2001: L. FIORINI, «Le officine metallurgiche scoperte presso il santuario», in A.M. MORETTI SGUBINI (a cura di), *Tarquinia etrusca, una nuova storia*, Catalogo della mostra (Tarquinia 2001), Roma 2001, pp. 136-140.

FIORINI 2005a: L. FIORINI, *Gravisca. Scavi nel santuario greco 1.1. Topografia generale e storia del santuario: analisi dei contesti e delle stratigrafie*, Bari 2005.

FIORINI 2005b: L. FIORINI, «La nuova stipe votiva di Gravisca», in *Atti Perugia* 2005, pp. 245-258.

FORTUNELLI 2001: S. FORTUNELLI, «Il territorio: l'*emporion* di Gravisca. I materiali del deposito votivo», in A.M. MORETTI SGUBINI, *Tarquinia etrusca. Una nuova storia*, Catalogo della Mostra (Tarquinia 2001), Roma 2001, pp. 126-135.

FORTUNELLI 2007: S. FORTUNELLI, *Gravisca. Scavi nel santuario greco 1.2. Il deposito votivo del santuario settentrionale*, Bari 2007.

FRANCESCHI, LUCIANO 2005: E. FRANCESCHI, G. LUCIANO, «I metalli», in FIORINI 2005a, pp. 497-506.

FRAU 1982: B. FRAU, *Gli antichi porti di Tarquinia*, Roma 1982.

FRAU 1988: B. FRAU, Appendici, in V. PROTANI, *Pyrgi e il Castello di S. Severa. Guida storico-archeologica*, Santa Marinella 1988, pp. 133-139.

FRAU 1990: B. FRAU, «I porti ceretani di Pyrgi e Castrum Novum», in A. MAFFEI, F. NASTASI (a cura di), *Caere e il suo territorio. Da Agylla a Centumcellae*, Roma 1990, pp. 319-327.

FREZZA 2005: A. FREZZA, «B)- i reperti faunistici», in *Atti Milano* 2005, pp. 48-51.

FRONING 1988: H. FRONING, «Anfänge der kontinuirenden Bilderzählung», in *JDI*, 103, 1988, pp. 169-199.

FRUTAZ 1972: A.P. FRUTAZ, *Le carte del Lazio*, Roma 1972.

FUSI-ROSSETTI 1994-95: A.G. FUSI-ROSSETTI, «Moneta e non moneta: l'*aes signatum* e i multipli», in *RivIN* 96, 1994-95, pp. 9-36.

GABRICI 1927a: E. GABRICI, *Il santuario della Malophoros a Selinunte*, in *MonAnt*, 32, 1927.

GABRICI 1927b: E. GABRICI, *La monetazione del bronzo nella Sicilia antica*, Palermo 1927.

GAMBACURTA 2005: G. GAMBACURTA, «Il *bothros* di Asolo: una cerimonia pubblica in epoca di romanizzazione», in *Atti Perugia* 2005, pp. 491-505.

GARRUCCI 1885: R. GARRUCCI, *Le monete dell'Italia antica* (rist. anast.) Roma 1885.

GENOVESE 1999: G. GENOVESE, *I santuari rurali nella Calabria greca*, Roma 1999.

GENTILI 2004: M.D. GENTILI, «Osservazioni sulle iscrizioni greche dal tempio di Hera a Cerveteri», in *Atti Orvieto* 2004, pp. 309-339.

Getty 2008: AA.VV., *Papers on Special Techniques in Athenian Vases*, Proceedings of a symposion held in connection with the exhibition *The Colors of Clay. Special Techniques in Athenian Vases* (Getty Villa 2006), J.P. Getty Museum Los Angeles 2008.

GIANFROTTA 1975: P.A. GIANFROTTA, «Le ancore votive di Sostrato e di Faillo di Crotone», in *PdP* 30, 1975, pp. 311-318.

GIANFROTTA 1977: P.A. GIANFROTTA, «First elements for dating of stone anchor stocks», in *IJNA* 6, 1977, pp. 285-292.

GIANFROTTA 1982: P.A. GIANFROTTA, «L'ancora di Kutikluna», in *Musei Ferraresi* XII, 1982, pp. 59-62.

GIANFROTTA 1983: P.A. GIANFROTTA, «Recensione a Dan E. McCaslin: Stone anchors in antiquity, Göteborg 1980», in *Gnomon* 55, 1983, pp. 336-339.

GIANFROTTA, POMEY 1981: P.A. GIANFROTTA, P. POMEY, *Archeologia subacquea, storia, tecniche, scoperte, relitti*, Milano 1981.

GIARDINO 2011: C. GIARDINO, «Indagini archeometallurgiche sui reperti», in J. GRAN-AYMERICH, A. DOMÍNGUEZ-ARRANZ (a cura di), *La Castellina a sud di Civitavecchia: origini ed eredità*, Roma 2011, pp. 981-998.

GIARDINO *ET AL.* c.s.: C. GIARDINO, G. OCCHINI, P. PETITTI, D. STAINIGER, «Nuove ricerche archeominerarie in Etruria meridionale», in *Paesaggi cerimoniali*, Atti dell'XI Incontro di Preistoria e Protostoria in Etruria (Valentano-Pitigliano 2012), in stampa.

GIARDINO, STEINIGER 2011: C. GIARDINO, D. STEINIGER, «Evidenze di miniere preistoriche nell'Etruria meridionale», in C. GIARDINO (a cura di), *Archeometallurgia: dalla conoscenza alla fruizione*, Atti del Workshop (Cavallino 2006), *BACT* (Beni Archeologici Conoscenza e Tecnologie, *Quaderni* 8), Bari 2011, pp. 289-292.

GIESECKE 1923: W. GIESECKE, *Sicilia Numismatica*, Leipzig 1923.

GIORGETTI 2004: D. GIORGETTI, «La stipe votiva del Titano», in E. ERCOLANI COCCHI, A.L. MORELLI, D. NERI (a cura di), *Romanizzazione e moneta. La testimonianza dei rinvenimenti dall'Emilia Romagna*, Firenze 2004, pp. 43-45.

GIUDICE 1979: F. GIUDICE, «La stipe di Persefone a Camarina», in *MonAnt* XLIX, vol II, 4, 1979, pp. 287-354.

GIULIANI, QUILICI 1964: C.F. GIULIANI, L. QUILICI, «La via Caere-Pyrgi», in *QuadIstTopRoma* I, 1964, pp. 5-15.

GIUMAN 2006: M. GIUMAN, «Il filo e le briglie. Epinetra, stoffe e Amazzoni tra mito e archeologia», in F.H. MASSA PAIRAULT (a cura di), *L'image antique et son interprétation*, Rome 2006, pp. 237-259.

GORI, PIERINI 2001: B. GORI, T. PIERINI, *Gravisca. Scavi nel santuario greco. La ceramica comune I. Ceramica comune di impasto*, Bari 2001.

GORINI 1973: G. GORINI, *Monete romane repubblicane del Museo Bottacin di Padova*, Venezia 1973.

GORINI 2004: G. GORINI, «Le monete del santuario di Gravisca», in F. COLIVICCHI, *Gravisca. Scavi nel santuario greco. I materiali minori*, Bari 2004, pp. 159-171.

GOTTARELLI 2003a: A. GOTTARELLI, «Auguraculum, sede inaugurationis e limitatio rituale della città fondata. Elementi di analogia tra la forma urbana della città etrusca di Marzabotto e il templum augurale di Bantia», in *Ocnus* 11, 2003, pp. 135-150.

GOTTARELLI 2003b: A. GOTTARELLI, «Modello cosmologico, rito di fondazione e sistemi di orientazione rituale. La connessione solare», in *Ocnus* 11, 2003, pp. 151-170.

GOTTARELLI 2005: A. GOTTARELLI, «Templum solare e città fondata. La connessione astronomica della città etrusca di Marzabotto», in G. SASSATELLI, E. GOVI (a cura di), *Culti, forma urbana e artigianato a Marzabotto. Nuove prospettive di ricerca*, Atti del Convegno di studi (Bologna 2003), Bologna 2005, pp. 101-138.

Greci in Occidente - Basilicata 1996: S. BIANCO, A. PONTRANDOLFO, A. RUSSO TAGLIENTE, E. SETARI (a cura di), *I Greci in Occidente. Greci, Enotri e Lucani nella Basilicata meridionale*, Catalogo della Mostra (Policoro 1996), Napoli 1996.

Greci in Occidente - Calabria 1996: E. LATTANZI, M.T. IANNELLI, S. LUPPINO, C. SABBIONE, R. SPADEA (a cura di), *I Greci in Occidente. Santuari della Magna Grecia in Calabria*, Catalogo della Mostra (Vibo Valentia-Sibari-Crotone-Reggio Calabria 1996), Napoli 1996.

GRECO 1996: E. GRECO, «Edifici quadrati», in BREGLIA PULCI DORIA 1996, pp. 263-282.

GRECO 2003: G. GRECO, «Heraion alla foce del Sele: nuove letture», in *Atti Napoli* 2003, pp. 103-122.

GRØNNE 1992: K. GRØNNE, «The Architectural Terracottas», in I. NIELSEN, B. POULSEN (a cura di), *The Temple of Castor and Pollux*, I, Roma 1992, pp. 157-176.

GÜNTNER 1997: G. GÜNTNER, «Persephone», in *LIMC* VIII, 1997, pp. 956-978.

GUARINO 2010: A. GUARINO, "Le terrecotte architettoniche a stampo da Vigna Parrocchiale. Scavi 1983-1989", in *Mediterranea*, Suppl. 4, Pisa 2010.

GUIDI, TROJSI 2003: G.F. GUIDI, G. TROJSI, «Appendice. I residui delle attività produttive», in *Caere* 4, pp. 259-265.

HÄBERLIN 1910: E.J. HÄBERLIN, *Aes grave. Das Schwergeld Roms und Mittelitaliens, einschließlich der ihm vorausgehenden Rohbronzewährung*, I-II, Frankfurt 1910.

HANSSON 2005: U. HANSSON, *A Globulo Gems: late Etrusco-Italic Scarab Intaglios*, Göteborg 2005.

HEINRICH 2006: F. HEINRICH, *Das Epinetron. Aspekte der weiblichen Lebenswelt im Spiegel eines Arbeitgeräts*, Rahden 2006.

HERBIG 1956: R. HERBIG, «Aes signatum», in *RM* 63, 1956, pp. 1-13.

HIGGINS 1961: R.A. HIGGINS, *Greek and Roman jewellery*, London 1961.

HINZ 1998: V. HINZ, *Der Kult von Demeter und Kore auf Sicilien und Magna Graecia* (*Palilia*, 4), Wiesbaden 1998.

HN³: N.K. RUTTER, A.M. BURNETT, M.H. CRAWFORD *ET AL.* (a cura di), *Historia Numorum. Italy*, London 2001.

HOFMAN 1885: K.B. HOFMAN, *Das Blei bei den Völkern des Altertums*, Berlin 1885.

HUBER 1999: K. HUBER, *Gravisca: scavi nel santuario greco. Le ceramiche attiche a figure rosse*, Bari 1999.

HUMM 2005: M. HUMM, *Appius Claudius Caecus. La république accomplie*, B.E.F.A.R. 322, Rome 2005.

ICC: B.K. THURLOW, I.G. VECCHI, *Italian Cast Coinage. A Descriptive Catalogue of the Primitive Cast Bronze Money of Ancient Rome and her Dependencies*, London 1979.

IOPPOLO 1971-72: G. IOPPOLO 1972, «I reperti ossei animali nell'area archeologica di S.Omobono (1962-1964)», in *RendPontAcc* XLIV, 1971-1972, pp. 3-46.

IOZZO 2006: M. IOZZO, «Osservazioni sulle più antiche importazioni di ceramica greca a Chiusi e nel suo teritorio (circa 650/620- 550-520 a.C.)», in J. DE LA GENIÈRE (a cura di), *Les clients de la céramique grecque*, Actes du colloque de l'Académie d'Inscriptions et Belles Letteres, Paris 2004, *Cahiers du CVA*, France 1, pp. 107-132.

ISLER 1970: H.P. ISLER, *Acheloos*, Bern 1970.

ISLER 1981: H.P. ISLER, *LIMC* I, 1981, pp. 12-36, s.v. «Acheloos».

JAIA 2012: A. JAIA, «Il santuario di Sol Indiges», in *Sacra nominis latini. I santuari del Lazio arcaico e repubblicano*, Atti del Convegno Internazionale (Roma 2009), a cura di E. MARRONI, in *Ostraka* 2012, pp. 599-609.

JAIA, MOLINARI 2011: A. JAIA, M.C. MOLINARI, «Two Deposits of Aes Grave from the Sanctuary of Sol Indiges, (Torvaianica/Rome): the dating and Function of the Roman Libral Series», in *NC* 2011, pp. 87-97.

JANNOT 1974: J.R. JANNOT, «Acheloos, le toreau androcéphale et les masques cornus dans l'Etrurie archaïque», in *Latomus* XXXIII, 1974, pp. 765-789.

JENKINS 1970: J.K. JENKINS, *The Coinage of Gela*, Berlin 1970.

JOHANNOWSKY 1983: W. JOHANNOWSKY, *Materiali di età arcaica dalla Campania*, Napoli 1983.

JOHNSTON 1979: A.W. JOHNSTON, *Trademarks on Greek Vases*, Warminster 1979.

KAPITÄN 1984: G. KAPITÄN, «Ancient anchors-technology and the classification», in *IJNA* 13, 1984, pp. 33-44.

KAŞKA 2009: M. KAŞKA, *Die attische Segmentschalen*, in *Boreas, Münsterische Beiträge zur Archäologie*, Beiheft 10, Münster 2009.

KERÉNYI 1980: C. KERÉNYI, *Gli dei e gli eroi della Grecia*⁴, Milano 1980.

KRAUSS 1951: F. KRAUSS, «L'Architettura», in P. ZANCANI MONTUORO, U. ZANOTTI BIANCO, *Heraion alla foce del Sele*, I, Roma 1951, pp. 83-119.

KRON 1992: U. KRON, «Frauenfeste in Demeterheiligtümern: das Thesmophorion von Bitalemi», in *AA* 1992, pp. 611-650.

LA ROCCA 1996: L. LA ROCCA, «Cirò Marina. I rinvenimenti nel Santuario di Apollo Aleo», in *Greci in Occidente - Calabria* 1996, pp. 266-275.

LA TORRE 2011: G.F. LA TORRE, «Le lance di Temesa e le offerte di armi nei santuari di Magna Grecia e Sicilia in epoca arcaica», in *Quaderni di archeologia a cura dell'Università degli Studi di Messina*, I, n.s., 2011, pp. 67-104.

LAMBRINOUDAKIS 2008: V. LAMBRINOUDAKIS, «Demeter and Apollon: could they have a common cult?», in *Atti Enna* 2008, pp. 93-97.

LANG, CROSBY 1964: M. LANG, M. CROSBY, *The Athenian Agora*, X, *Weights, Measures and Token*, Princeton 1964.

LANGLOTZ 1968: E. LANGLOTZ, *L'Arte della Magna Grecia*, Roma 1968.

Lavinium II: F. CASTAGNOLI *ET AL.* (a cura di), *Lavinium* II. *Le tredici Are*, Roma 1975.

LAZZARINI 1976: M.T. LAZZARINI, «Le formule delle dediche votive nella Grecia arcaica», in *MemLinc* XIX, 1976. pp. 47-354.

LAZZARINI 1989-90: M.L. LAZZARINI, «Iscrizioni votive greche», in *Anathema* 1989-90, pp. 845-859.

LAZZARINI 2004: M.L. LAZZARINI, «Presentazione», in *Metallo e scrittura. Sinergia di due poteri*, Atti del Convegno (Roma 2002), in *Mediterraneo antico. Economie società culture*, VII, 2, 2004, pp. 593-595.

LEGUILLOUX 1999: M. LEGUILLOUX, «Sacrifices et repas publics dans le sanctuaire de Poséidon à Ténos. Les analyses archéozoologiques», in *BCH* CXXIII, 1999, pp. 423-455.

LEGUILLOUX 2000: M. LEGUILLOUX, «L'hécatombe de l'ekklesiasterion de Poseidonia/Paestum. Le témoignage de la faune», in S. VERGER (a cura di), *Rites et espaces en pays celte et Meditérranéen. Étude comparée à partir d'Arcy-Romance (Ardennes)*, Paris 2000, pp. 341-351.

LEGUILLOUX 2006: M. LEGUILLOUX, «Les salaisons de viande: l'apport de l'archéozoologie», in *Atti Bologna* 2006, pp. 139-152.

LENTINI 2000: M.C. LENTINI, «Armi a Naxos dalle mura e dal santuario», in I. BERLINGÒ, H. BLANK, F. CORDANO, P.G. GUZZO, M.C. LENTINI (a cura di), *Damarato. Studi di Antichità classica offerti a Paola Pelagatti*, Milano 2000, pp. 155-166.

LEONE 1998: R. LEONE, *Luoghi di culto extraurbani d'età arcaica in Magna Grecia*, Firenze 1998.

LINDER, KAHANOV 2003-04: E. LINDER, Y. KAHANOV, *The Ma'agan Mikhael ship. The Recovery of a 2400-Year-Old Merchantman. Final report*, I-II, Haifa 2003-2004.

LININGTON 1963: R.E. LININGTON, «Esplorazione geofisica a Pyrgi. Giugno-luglio 1962», in *ArchCl* XV, 1963, pp. 256-261.

LININGTON 1969: R.E. LININGTON, «Prospezione geofisica a Pyrgi. II campagna», in *ArchCl* XXI, 2, 1969, pp. 297-298.

LININGTON 1970: R.E. LININGTON, «La prospezione geofisica», in *Pyrgi* 1970, pp. 744-755.

LIPPOLIS 2001: E. LIPPOLIS, «Culto e iconografia della coroplastica votiva. Problemi interpretativi a Taranto e nel mondo greco», in *MEFRA* 113,1, 2001, pp. 225-255.

LIPPOLIS 2006: E. LIPPOLIS, *Mysteria. Archeologia e culto del santuario di Demetra ad Eleusi*, Milano 2006.

LIPPOLIS 2009: E. LIPPOLIS, «Offerte di ceramica attica nel santuario di Afrodite a Saturo», in *Atti Perugia* 2009, pp. 425-438.

LISSARAGUE 1991: F. LISSARAGUE, «Un rituel du vin: la libation», in O. MURRAY, M. TECUŞAN (a cura di), *In vino veritas*, Oxford 1991, pp. 126-144.

LISSI CARONNA 1990-91: E. LISSI CARONNA, «Oppido Lucano (Potenza). Rapporto preliminare sulla quarta campagna di scavo (1970). Materiale archeologico rinvenuto nel territorio del Comune», in *NSc* 1990-91, pp. 185-344.

LO PORTO 1981: F.G. LO PORTO, «Metaponto (Matera). Nuovi scavi nella città e nella sua necropoli», in *NSc* 1981, pp. 289-391.

LO SCHIAVO *ET AL.* 2009: F. LO SCHIAVO, J. D. MUHLY, R. MADDIN, A. GIUMLIA-MAIR (a cura di), *Oxhide ingots in the central Mediterranean*, Roma 2009.

LO SCHIAVO, GIARDINO 2007: F. LO SCHIAVO, C. GIARDINO (a cura di), *I ripostigli sardi algheresi della tarda età nuragica. Nuove ricerche archeometallurgiche*, Roma 2007.

Luoghi degli dei 1997: A. CAMPANELLI, A. FAUSTOFERRI (a cura di), *I luoghi degli dei. Sacro e natura nell'Abruzzo italico*, Catalogo della Mostra (Chieti 1997), Pescara 1998.

LYDING HILL 1982: E. LYDING HILL, «Graeco-Italic amphoras», in *Hesperia* 51, 1982, pp. 338-356.

MAAS, STEINIGER c.s.: A. MAAS, D. STEINIGER, «Prehistoric Mining and Exchange of Prestige Objects», in *Il metallo come misura della ricchezza*, Atti del IV Convegno Internazionale di Archeologia Sperimentale (Civitella Cesi 2012), in stampa.

MACRÌ 2011: M. MACRÌ, «Analisi gemmologiche», in BAGLIONE 2011b, pp. 32-33.

MADDOLI 1988: G. MADDOLI, «I culti delle "poleis" italiote», in G. PUGLIESE CARRATELLI (a cura di), *Magna Grecia, III. Vita religiosa e cultura letteraria, filosofica e scientifica*, Milano 1988, pp. 115-148.

MAFFEI, NASTASI 2010: F. NASTASI, A. MAFFEI, *Missiles della Castellina*, in J. GRAN-AYMERICH, A. DOMÍN-GUEZ-ARRANZ (a cura di), *La Castellina a sud di Civitavecchia: origini ed eredità*, Roma 2011, pp. 924-925.

MAGGIANI 1997: A. MAGGIANI, *Vasi attici figurati con dediche a divinità etrusche*, RdA Suppl. 18, Roma 1997.

MAGGIANI 2001a: A. MAGGIANI, «L'area della città. La Vigna Parrocchiale», in *Veio, Cerveteri, Vulci* 2001, pp. 121-122.

MAGGIANI 2001b: A. MAGGIANI, «Pesi e bilance in Etruria», in C. CORTI, N. GIORDANI (a cura di), *Pondera pesi e misure nell'antichità*, Campogalliano (Mo) 2001, pp. 67-73.

MAGGIANI 2002: A. MAGGIANI, «La libbra etrusca. Sistemi ponderali e monetazione», in *StEtr* LXV-LVIII, 2002, pp. 163-199.

MAGGIANI 2007: A. MAGGIANI, «La libbra etrusca. *Addenda*», in *StEtr* LXXIII, 2007, pp. 135-147.

MAGGIANI 2011: A. MAGGIANI, «*Tluschva*, divinità ctonie» in D.F. MARAS (a cura di), *Corollari. Scritti di antichità etrusche e italiche in omaggio all'opera di Giovanni Colonna* (Studia Erudita, 14), Pisa-Roma 2011, pp. 138-149.

MAGGIANI-RIZZO 2001: A. MAGGIANI - M.A. RIZZO, «Area sacra in località S.Antonio», in *Veio, Cerveteri, Vulci* 2001, pp. 143-145.

MALAGARDIS 1997: N. MALAGARDIS, «Attic vases, Etruscan stories. Les échanges et les hommes. Origine, vie brève et mort d'une forme de vase attique archaïque», in *Oxford* 1997, pp. 35-52.

MANCUSI 2005: M. MANCUSI. «A)- materiali dal corso d'acqua presso il limite occidentale del santuario», in *Atti Milano* 2005, pp. 41-48.

MANGANARO 1969: G. MANGANARO, «La monetazione a Siracusa tra Canne e la vittoria di Marcello, 216-212 a.C.», in *ArchStorSicOr* LXV, 1969, pp. 283-296.

MANTERO, BELELLI 1991: D. MANTERO, B. BELELLI, «Riserva Regionale Naturale di Macchiatonda. Testimonianze archeologiche», in *BA* 9, 1991, pp. 41-45.

MARAS 2000: D.F. MARAS, «Le iscrizioni sacre etrusche sul vasellame in età tardo-arcaica e recente», in *ScAnt* 10, 2000, pp. 121-137.

MARAS 2007: D.F. MARAS, «Divinità etrusche e iconografia greca: la connotazione sessuale delle divinità solari ed astrali», in *Polifemo* VII, 2007, pp. 101-126.

MARAS 2008: D.F. MARAS, «Pyrgi», in *StEtr* LXXIV, 2008 (*REE*), pp. 317-324, nn. 70-78.

MARAS 2009a: D.F. MARAS, *Il dono votivo. Gli dei e il sacro nelle iscrizioni etrusche di culto* (Biblioteca di Studi Etruschi, 46), Roma 2009.

MARAS 2009b: D.F. MARAS, «Novità sulla diffusione dell'alfabeto latino nel Lazio arcaico», in F. MANNI-NO, M. MANNINO, D.F. MARAS (a cura di), *Theodor Mommsen e il Lazio antico*, Atti della Giornata di Studi (Terracina 2004), Roma 2009.

MARCATTILI 2005: F. MARCATTILI, s.v. «Mundus», in *ThesCRA* IV, Los Angeles 2005, pp. 282-284.

MARCHETTI 1971: P. MARCHETTI, «La datation du denier romain et les fouilles de Morgantina», in *RBN* CXVII, 1971, pp. 87-91.

MARSHALL 1911: F.H. MARSHALL, *Catalogue of the Jewellery Greek, Etruscan and Roman in the Departments of Antiquities, British Museum*, London 1911 (1969).

MARTELLI 1978: M. MARTELLI, «La ceramica greco-orientale in Etruria», in AA.VV., *Les céramiques de la Grece de l'Est et leur diffusion en Occident*, Paris 1978, pp. 150-212.

MARTELLI 1984: M. MARTELLI, «Per il *dossier* dei nomi etruschi di vasi. Una nuova iscrizione ceretana del VII secolo a.C.», in *BdA* 27, 1984, pp. 49-54.

MARTELLI 1987: M. MARTELLI (a cura di), *La ceramica degli Etruschi*, Novara 1987.

MARTELLI 1988: M. MARTELLI, «La stipe votiva dell'Athenaion di Jalysos: un primo bilancio», in S. DIETZ-I. PAPACHRISTODOULOU (a cura di), *Archaeology in the Dodecanese*, Copenhagen 1988, pp. 104-120.

MARTELLI 2003: M. MARTELLI, «Armi miniaturistiche da Ialysos», in FIORENTINI, CALTABIANO, CALDERONE 2003, pp. 467-472.

MARTELLI 2004: M. MARTELLI, «Riflessioni sul santuario di Francavilla Marittima», in *BdA* 127, 2004, pp. 1-24.

MASTRONUZZI 2008: G. MASTRONUZZI, «Il culto di Demetra in Messapia», in *Atti Enna* 2008, pp. 137-153.

MATTINGLY 1998: H.B. MATTINGLY, «Roman Repubblican Coinage c. 150-90 BC», in A. BURNETT, U. WARTENBERG, R. WITSCHONKE (eds.), *Coins of Macedonia and Rome: Essays in Honour of Charles Hers*h, London 1998, pp. 151-164.

MAZZOLANI 1975: M. MAZZOLANI, «Piccole terrecotte figurate», in *Lavinium II*, pp. 305-359.

MEADOWS 1998: A.R. MEADOWS, «The Mars/Eagle and Thunderbolt Gold and Ptolmaic Involvement in the Second Punic War», in A. BURNETT, U. WARTENBERG, R. WITSCHONKE (eds), *Coins of Macedonia and Rome: Essays in Honour of Charles Hers*h, London 1998, pp. 125-134.

MEIRANO 2005: V. MEIRANO, «Vasellame ed *instrumentum* metallico nelle aree sacre di Locri/Mannella, Hipponion/Scrimbia e Medma/Calderazzo. Note preliminari», in *Atti Matera* 2005, pp. 43-53.

MELANDRI 2011: G. MELANDRI, «Alla caccia del quantum per un problema "archeologicamente" mal posto: il caso di studio dei lingotti in forma di pelle di bue rinvenuti in Sardegna», in *AIIN* 2011, pp. 175-185.

MELIS 1970a: F. MELIS, «Tempio A. Le terrecotte eseguite a stampo», in *Pyrgi*1970, pp. 83-188.

MELIS 1970b: F. MELIS, «Tempio B. Le altre antefisse e le terrecotte non figurate», in *Pyrgi* 1970, pp. 332-402.

MELIS 1985: F. MELIS, «Modello di ricostruzione del Tempio B», in *Santuari d'Etruria* 1985, p. 130.

MERCANDO 1974: L. MERCANDO, «Portorecanati (Macerata). La necropoli romana di Portorecanati», in *NSc* 1974, pp. 142-430.

MERCANDO 1979: L. MERCANDO, «Portorecanati (Macerata)», in *NSc* 1979, pp. 180-280.

MERTENS 2006: D. MERTENS, *Città e monumenti dei Greci d'Occidente.Dalla colonizzazione alla crisi di fine V secolo a.C.*, Roma 2006.

MICALI 1844: G. MICALI, *Monumenti inediti a illustrazione della storia degli antichi popoli italiani, dichiarati da Giuseppe Micali*, Firenze 1844.

MICHETTI 2007a: L.M. MICHETTI, «Le produzioni ceramiche dell'Italia meridionale dall'età classica all'ellenismo», in *Museo Antichità Etrusche* 2007, pp. 213-243.

MICHETTI 2007b: L.M. MICHETTI, «Scambi e interferenze culturali tra ambiente etrusco-italico e mondo punico: alcuni esempi nell'artigianato artistico di età recente (IV-III sec. a.C.)», in *Atti Orvieto* 2007, pp. 325-363.

MICHETTI c.s. a: L.M. MICHETTI, «Ceramiche a vernice nera. Ceramica argentata», in M.A. DE LUCIA BROLLI (a cura di), *Il deposito votivo del santuario etrusco di Narce, loc. Monte Li Santi-Le Rote*, in *Mediterranea*, in stampa.

MICHETTI c.s. b : L.M. MICHETTI, «Riti e miti di fondazione nell'Italia antica. Riflessioni su alcuni contesti di area etrusca», in *Mura di legno, mura di terra, mura di pietra. Fortificazioni nel Mediterraneo antico*, Atti Convegno Internazionale (Roma 2012), in *ScAnt* XIX, in stampa.

MILANESIO MACRÌ 2005: M. MILANESIO MACRÌ, «Il thesmophorion di Contrada Parapezza a Locri Epizefiri», in *Archeologia di un sapere* 2005, pp. 229-235.

MILANESIO MACRÌ 2010: M. MILANESIO MACRÌ, «Forme di culto nel Thesmophorion di contrada Parapezza», in L. LEPORE, P. TURI (a cura di), *Caulonia tra Crotone e Locri*, Atti del Convegno Internazionale (Firenze 2007), Firenze 2010.

MILANI 1891: L.A. MILANI, «Aes rude, signatum e grave rinvenuto alla Bruna presso Spoleto. Ermeneutica e cronologia della primitiva monetazione romana», in *RIt Num* IV, fasc. 1-2, 1891, pp. 27-116.

MILNE 1946: J.G. MILNE, «The Problem of the Early Roman Coinage», in *JRS* 36, 1946, pp. 91-100.

MINIERO 2005: P. MINIERO, «Deposito votivo in località Privati presso Castellammare di Stabia (NA)», in *Atti Perugia* 2005, pp. 525-534.

MOLINARI 2010: M.C. MOLINARI, «Gli esemplari di "aes signatum" e aes grave della collezione del Medagliere Capitolino», in *BCom* 111, 2010, pp. 15-53.

MOLLARD-BESQUES 1963 : S. MOLLARD-BESQUES, *Myrina. Catalogue raisonné des figurines et reliefs en terre-cuite grec et romains*, Paris 1963.

MOMMSEN, BLACAS 1865-75: TH. MOMMSEN, L.C.P.C. BLACAS D'AULPS (DUC DE), *Histoire de la monnaie romaine*, (rist. anast.), Paris 1865-75.

MORANDI 2009: A. MORANDI, «La cosiddetta iscrizione di Trivia: brevi note descrittive», in L. DRAGO TROCCOLI (a cura di), *Il Lazio dai Colli Albani ai Monti Lepini tra preistoria ed età moderna*, Roma 2009, pp. 453-455.

MOREL 1969: J.-P. MOREL, «Études de céramique campanienne. L'atelier des petites estampilles», in *MEFRA* 81, 1, 1969, pp. 59-117.

MOREL 1981: J.P. MOREL, *Céramique Campanienne. Les formes* (*BEFAR*, 244), Paris 1981.

MOREL 1992: J.P. MOREL, «Ex-voto par transformation, ex-voto par destination (à propos du dépôt votif de Fondo Ruozzo à Teano)», in M.M. MACTOUX, E. GENY (a cura di), *Mélanges Pierre Lévêque*, 6, Paris 1992, pp. 221-232.

MOREL 1998a: J.P. MOREL, «Les cultes du sanctuaire de Fondo Ruozzo à Teano», in AA.VV., *I culti della Campania antica*, Atti del Convegno Internazionali di Studi in ricordo di Nazarena Valenza Mele (Napoli 1995), Roma 1998, pp. 157-167.

MOREL 1998b: J.P. MOREL, «L'étude des céramiques à vernis noir, entre archéologie et archéometrie», in P. FRONTINI, M.T. GRASSI (a cura di), *Indagini archeometriche relative alla ceramica a vernice nera: nuovi dati sulla provenienza e la diffusione*, Atti del Seminario internazionale di Studio (Milano 1996), Como 1998, pp. 9-22.

MORETTI 1975: M. MORETTI, *Il Museo Nazionale di Villa Giulia*, Roma 1975.

MORETTI SGUBINI 2000: A.M. MORETTI SGUBINI (a cura di), *La Collezione Augusto Castellani*, Roma 2000.

MORIZIO 2001: V. MORIZIO, *Lingotto di piombo da Santa Severa*, in *Annali dell'Associazione Nomentana di Storia e Archeologia Onlus*, n.s. 2, novembre 2001, p. 101.

Museo Antichità Etrusche 2007: M.G. BENEDETTINI (a cura di), *Il Museo delle Antichità Etrusche e Italiche*, II. *Dall'incontro con il mondo greco alla romanizzazione*, Roma 2007.

MUSSINI 1999: E. MUSSINI, «La diffusione dell'iconografia di Acheloo in Magna Grecia e Sicilia: tracce per l'individuazione del culto», in *StEtr* LXV-LXVIII, 1999, pp. 91-119.

NARDI 2001: G. NARDI, «Il santuario sulla valle della Mola», in *Veio, Cerveteri, Vulci*, 2001, pp. 157-158.

NASTASI, MAFFEI 2011: F. NASTASI, A. MAFFEI, «Altri ritrovamenti: pane di rame e *aes rude*», in J. GRAN-AYMERICH, A. DOMÍNGUEZ-ARRANZ (a cura di), *La Castellina a sud di Civitavecchia: origini ed eredità*, Roma 2011, pp. 948-954.

NENCI 1963: G. NENCI, «A proposito dei tipi di *aes signatum* col simbolo del tripode», in *PP* XVIII, 1963, pp. 56-59.

NERI 2001: D. NERI, «I ripostigli di metallo nell'Etruria padana», in C. CORTI, N. GIORDANI (a cura di), *Pondera: pesi e misure nell'antichità*, Campogalliano (Mo) 2001, pp. 95-102.

Nostoi 2007: AA.VV., *Capolavori ritrovati. Nostoi,* Catalogo della mostra, Roma 2007.

Odysseus 1999: B. ANDREAE (a cura di), *Odysseus. Mythos und Erinnerung*, Catalogo della mostra, (München 1999), Mainz 1999.

OLCESE 2004: G. OLCESE, «Anfore greco-italiche antiche: alcune osservazioni sull'origine e sulla circolazione alla luce di recenti ricerche archeologiche ed archeometriche», in E. DE SENA, H. DESSALES (a cura di), *Archaeological Methods and Approches: Ancient Industry and Commerce in Italy* (Roma 2002) (BAR, Int. Ser., 1262), Oxford 2004, pp. 173-192.

Oltre la porta 1996: U. RAFFAELLI (a cura di), *Oltre la porta. Serrature, chiavi e forzieri dalla preistoria all'età moderna nelle Alpi orientali*, Catalogo della Mostra (Trento, Castello del Buonconsiglio 1996), Trento 1996.

ORLANDINI 1965-67: P. ORLANDINI, «Depositi votivi di bronzo premonetale nel santuario di Demetra Thesmophoros a Bitalemi», in *AnnIstItNum*12-14, 1965-67, pp. 1-20.

ORLANDINI 1966: P. ORLANDINI, «Lo scavo del *Thesmophorion* di Bitalemi e il culto delle divinità ctonie a Gela», in *Kokalos* XII, 1966, pp. 8-35.

ORLANDINI 2003: P. ORLANDINI, «Il *Themophorion* di Bitalemi (Gela): nuove scoperte e osservazioni», in FIORENTINI, CALTABIANO, CALDERONE 2003, pp. 507-513.

ORLANDINI 2008: P. ORLANDINI, «Demetra a Gela», in *Atti Enna* 2008, pp. 173-186.

ORSI 1913: P. ORSI, " Rosarno (Medma). Esplorazione di un grande deposito di terrecotte ieratiche" in *NSc* 1913, Suppl., pp. 55-144.

OSANNA 2005: M. OSANNA, «Dall'indagine archeologica alla ricostruzione del rito. Organizzazione dello spazio sacro», in OSANNA, SICA 2005, pp. 427-433.

OSANNA, GIAMMATTEO 2001: M. OSANNA, T. GIAMMATTEO, «Azioni rituali e offerte votive», in *Rituali per una dea* 2001, pp. 109-115.

OSANNA, SICA 2005a: M. OSANNA, M.M. SICA, «Articolazione dello spazio e pratiche rituali nel santuario lucano di Torre di Satriano», in *Atti Matera* 2005, pp. 125-139.

OSANNA, SICA 2005b: M. OSANNA, M.M. SICA (a cura di), *Torre di Satriano* I. *Il santuario lucano,* Venosa 2005.

OSANNA, PILO, TROMBETTI 2009: M. OSANNA, C. PILO, C. TROMBETTI, «Ceramica attica nei santuari della costa ionica dell'Italia meridionale: colonie achee e indigeni tra *paralia* e *mesogaia*», in *Atti Perugia* 2009, pp. 455-494.

OTTO 2005: B. OTTO, «Il santuario sorgivo di Siris-Herakleia nell'odierno Comune di Policoro», in *Atti Matera* 2005, pp. 5-18.

Oxford 1997: J.H. OAKLEY, W.D.E. COULSON, O. PALAGIA (a cura di), *Athenian Potters and Painters*, The Conference Proceedings, (Athens 1994), Oxford 1997.

PACCIARELLI 2000: M. PACCIARELLI, *Dal villaggio alla città. La svolta protourbana del 1000 a.C. nella protostoria tirrenica*, Firenze 2000.

PALLOTTINO 1957: M. PALLOTTINO, «Scavi nel santuario etrusco di Pyrgi: relazione preliminare della prima campagna, 1957», in *ArchCl* IX, 1957, pp. 206-222.

PALLOTTINO 1965: M. PALLOTTINO, «Nuova luce sulla storia di Roma arcaica dalle lamine d'oro di Pyrgi», in *StRom* XIII, 1965, pp. 1-13.

PALLOTTINO, COLONNA, VLAD BORRELLI, GARBINI 1964: M. PALLOTTINO, G. COLONNA, L. VLAD BORRELLI, G. GARBINI, «Scavi nel santuario etrusco di Pyrgi. Relazione preliminare della settima campagna di scavo 1964 e scoperta di tre lamine d'oro inscritte in etrusco e in punico», in *ArchCl* XVI, 1964, pp. 49-117.

PANDOLFINI, JOHNSTON 2000: M. PANDOLFINI, A.W. JOHNSTON, *Gravisca. Scavi nel santuario greco. Le Iscrizioni*, Bari 2000.

PANELLA 2010: C. PANELLA, «Roma, il suburbio e l'Italia in età medio- e tardo-repubblicana: cultura materiale, territori, economie», in *Facta* 4, 2010, pp. 15-127.

PAPI 2000: E. PAPI, *L'Etruria dei Romani. Opere pubbliche e donazioni private in età imperiale*, Roma 2000.

PARENTE 2004a: A.R. PARENTE, «Castelfranco Emilia (MO) - Museo Civico Archeologico», in E. ERCOLANI COCCHI, A.L. MORELLI, D. NERI (a cura di), *Romanizzazione e moneta. La testimonianza dei rinvenimenti dall'Emilia Romagna*, Firenze 2004, pp. 115-121.

PARENTE 2004b: A.R. PARENTE, «Ravenna - Centro Operativo SAER», in E. ERCOLANI COCCHI, A.L. MORELLI, D. NERI (a cura di), *Romanizzazione e moneta. La testimonianza dei rinvenimenti dall'Emilia Romagna*, Firenze 2004, pp. 127-129.

PARISE 2006: N. PARISE, «Equivalencias entre las antiguas unidades ponderales en Oriente y las primeras especies monetarias de Occidente», in A. BELTRÁN MARTINEZ (a cura di), XII Congreso Nacional de Numismatica (Madrid-Segovia 2004), Madrid 2006, pp. 15-22.

PARISE, MELANDRI c.s.: N. PARISE, G. MELANDRI, «Circolazione del metallo e pratiche della pesatura fra Oriente e Occidente: inerzia e adattamento delle misure fra tarda età del Bronzo ed età del Ferro», in *Contestualizzare la "prima colonizzazione": archeologia, fonti, cronologia e modelli interpretativi fra l'Italia e il Mediterraneo*, Atti del Convegno (Roma 2012), in stampa.

PARRA 2005a: M.C. PARRA, «Riflessioni e novità intorno al santuario Punta Stilo (Kaulonia). Campagne di scavo 1999-2001», in *Atti Matera* 2005, pp. 27-42.

PARRA 2005b: M.C. PARRA, «Un deposito votivo di fondazione di Entella (Palermo) tra un *oikos* e un granaio», in *Atti Milano* 2005, pp. 1-10, pp. 65-67.

PARRA 2006: M.C. PARRA, «Armi per una dea in Magna Grecia: alcune considerazioni a proposito di nuove testimonianze kauloniati», in *Guerra e pace in Sicilia e nel Mediterraneo antico (VIII-III sec. a.C.). Arte, prassi e teoria della pace e della guerra*, I, Atti della V giornata di studi sull'area elima e la Sicilia occidentale nel contesto mediterraneo (Erice 2003), Pisa 2006, pp. 231-241.

PARRA 2010: M.C. PARRA, «Dei, devoti, offerte: nuovi temi di ricerca nel 'tessuto' del santuario di Punta Stilo a Kaulonia», in L. LEPORE, P. TURI (a cura di), *Caulonia tra Crotone e Locri*, Atti del Convegno internazionale (Firenze 2007), Firenze 2010, pp. 45-65.

PAUTASSO 1994: A. PAUTASSO, *Il deposito votivo presso la Porta nord a Vulci* (Corpus delle stipi votive in Italia, 7. Regio VII, 3), Roma 1994.

PAUTASSO 2008: A. PAUTASSO, «Anakalypsis e Anakalypteria. Iconografie votive e culto nella Sicilia dionigiana», in *Atti Enna* 2008, pp. 285-291.

PEDLEY, TORELLI 1993: J.G. PEDLEY, M. TORELLI, *Il santuario di Santa Venera a Paestum*, Roma 1993.

PELLEGRINI, MACELLARI 2002: E. PELLEGRINI, R. MACELLARI, *I lingotti con il segno del ramo secco*, Pisa-Roma 2002.

PENA 1989: M.J. PENA, «Influenze etrusche sulla coroplastica della Campania settentrionale: la stipe arcaica di Fondo Ruozzo (Teano)», in *Atti II Congr. Inter. Etrusco* (Firenze 1985), Roma 1989, pp. 741-744.

PENSABENE *ET AL.* 2000: P. PENSABENE, S. FALZONE, F.M. ROSSI, S. VALERIO, O. COLAZINGARI, «Ceramica graffita d'età arcaica e repubblicana dall'area sud ovest del Palatino», in *ScAnt* 10, 2000, pp. 163-247.

PERONI 2001: R. PERONI, "Sistemi ponderali nella circolazione dei metalli dell'età del bronzo europea", in C. CORTI, N. GIORDANI (a cura di), *Pondera pesi e misure nell'antichità*, Campogalliano (Mo) 2001, pp. 21-27.

PIANU 1991a: G. PIANU, «Gli altari di Gravisca», in *Atti Lyon* 1991, pp. 193-199.

PIANU 1991b: G. PIANU, «Spazi e riti nell'agora di Eraclea Lucana», in *Atti Lyon* 1991, pp. 201-204.

PIANU 1991-1993: G. PIANU, «I ferri rinvenuti nel santuario di Demetra ad Eraclea di Lucania», *AnnPer* XXIX-XXX, 1991/1993, pp. 59-67.

PICCALUGA 1974: G. PICCALUGA, «Il corteggio di Persefone», in G. PICCALUGA, Minutal. *Saggi di storia delle religioni*, Roma 1974, pp. 37-76.

PISANO 1987: G. PISANO, «Jewellery», in R.D. BARNETT, C. MENDLESON, *Tharros. A Catalogue of Material in the British Museum from Phoenician and other Tombs at Tharros, Sardinia*, London 1987, pp. 78-95.

PONGRATZ 1972: E. PONGRATZ, «Historisch Bauwerke als indikatoren für Küstenmorphologie Veraenfer-ungen (Abrasion und Meerspiegelscwankung)», in *Latium-Feldbgehung und Luftbildauswertung*, Münchener Geographische Abhandlungen 4, 1972, pp. 22-28.

PRAYON c.s.: F. PRAYON, «Castellina del Marangone, ricerche e scavi nel sito etrusco (campagne 1995-2000)», in *BA*, in stampa.

PROIETTI 1980: G. PROIETTI (a cura di), *Il Museo Nazionale Etrusco di Villa Giulia*, Roma 1980.

Pyrgi 1959: AA.VV., *Santa Severa (Roma). Scavi e ricerche nel sito dell'antica Pyrgi, 1957-1958*, in *NSc* 1959, pp. 143-263.

Pyrgi 1970: AA.VV., *Pyrgi. Scavi del Santuario etrusco (1959-1967)*, in *NSc* XXIV, 1970, II suppl.

Pyrgi 1988-89: AA.VV., *Pyrgi. Scavi del santuario etrusco (1969-1971)*, in *NSc* 1988-89, II suppl.

QUERCIA 2008: A. QUERCIA, «La ceramica comune», in D. COPPOLA *ET AL.*, «La grotte de Santa Maria di Agnano (Ostuni) et ses abords: à propos des critères d'identification d'un sanctuaire messapien», in *Atti Roma* 2008, pp. 219-227.

QUILICI GIGLI 1981: S. QUILICI GIGLI, «Roma. Via della Bufalotta. Un deposito votivo nella tenuta della Bufalotta», in *NSc* 1981, pp. 77-97.

RALLO 1970: A. RALLO, «Le terrecotte non figurate», in *Pyrgi* 1970, pp. 203-234.

RAMELLI 2003: I. RAMELLI, *Cultura e religione etrusca nel mondo romano. La cultura etrusca dalla fine dell'indipendenza*, Alessandria 2003.

REINACH 1887: S. REINACH, s.v. «Culter», in C. DAREMBERG, E. SAGLIO, *Dictionnaire des antiquités grecques et romaines*, I, 2, Paris 1887, pp. 1582-1587.

RIC: C.H.V. SUTHERLAND, R.A.G. CARSON (a cura di), *The Roman Imperial Coinage*, London 1984.

RIC II: H. MATTINGLY, E.A. SYDENHAM, *The Roman Imperial Coinage*, II. *Vespasian to Hadrian*, London 1926.

RICCIARDI 1988-89: L. RICCIARDI, «Canino (Viterbo). Il santuario etrusco di Fontanile di Legnisina a Vulci. Relazione della campagne di scavo 1985 e 1986: l'altare monumentale e il deposito votivo», in *NSc* 1988-89, pp. 137-209.

RICHTER 1966: G. M. A. RICHTER, *The Furniture of the Greeks, Etruscans and Romans*, London 1966.

RIIS 1997: J.P. RIIS, *Vulcentia vetustiora*, Copenhagen 1997.

Rituali per una dea 2001: M.L. NAVA, M. OSANNA (a cura di), *Rituali per una dea lucana. Il santuario di Torre di Satriano*, Catalogo della Mostra (Potenza 2001), Potenza 2001.

RIX 1998: H. RIX, «Teonimi etruschi e teonimi italici», in *AnnFaina* V, 1998, pp. 207-230.

RIZZO 2009: M.A. RIZZO, «Ceramica attica dal santuario in località S. Antonio a Cerveteri», in *Atti Peru-gia* 2009, pp. 369-385.

ROBERT 1892: C. ROBERT, «ΟΝΟΙ ΠΗΛΙΝΟΙ», in *AE* 1892, pp. 247-256.

ROBERTSON 1978: A.S. ROBERTSON, *Roman Imperial Coins in the Hunter Coin Cabinet. University of Glas-gow. IV. Valerian I to Allectus*, Oxford 1978.

ROBERTSON 1991: M. ROBERTSON, "A Fragmentary Phiale by Douris", in *Greek Vases in the J. Paul Getty Museum*, 5, *Occasional Papers on Antiquity* 7, 1991, pp. 75-98.

ROBERSTON 1996: M. ROBERTSON, *The Art of Vase-painting in Classical Athens*, Cambrige University Press 1996.

ROBINSON 1945: D.M. ROBINSON, «A new Attic Onos or Epinetron», in *AJA* 49, 1945, pp. 489-490.

Roma 2006: Aa.Vv., *Roma. Memorie dal sottosuolo. Ritrovamenti archeologici 1980/2006*, Catalogo della Mostra (Roma 2006-2007), Roma 2006.

ROMANELLI 1948: P. ROMANELLI, «Tarquinia. – Scavi e ricerche nell'area della città», in *NSc* 1948, pp. 193-270.

ROMUALDI 2004: A. ROMUALDI, «Riflessioni sul problema della presenza di Greci a Populonia nel V secolo a.C.», in *Atti Orvieto* 2004, pp. 181-206.

ROMUALDI 2009: A. ROMUALDI, «Un deposito di armi da Populonia», in *MEFRA* 121, 2, 2009, pp. 373-380.

ROSCINO 2010: C. ROSCINO, *Polignoto di Taso*, Roma 2010.

ROVERE *ET AL.* 2011: A. ROVERE, F. ANTONIOLI, F. ENEI, S. GIORGI, «Relative sea level change at the archaeological site of Pyrgi (Santa Severa, Roma) during the last seven millennia», in *Quaternary* n. 232, 1, 2011, pp. 82-91.

RRC: M.H. CRAWFORD, *Roman Republican Coinage*, I-II, Cambridge 1974.

RRC Syd: E.A. SYDENHAM, *The Coinage of the Roman Republic*, London 1952.

RUSSO 1998: R. RUSSO, «Unpublished Roman Republican Bronze Coins», in A. BURNETT, U. WARTENBERG, R. WITSCHONKE (eds), *Coins of Macedonia and Rome: Essays in Honour of Charles Hersh*, London 1998, pp. 139-150.

RUSSO TAGLIENTE 2000: A. RUSSO TAGLIENTE, *Armento. Archeologia di un centro indigeno*, (BA XXXV-XXXVI 1995), Roma 2000.

SABBIONE 1975: C. SABBIONE, «L'attività archeologica nelle province di Reggio Calabria», in *La Magna Grecia in età romana*, Atti del XV Convegno di Studi sulla Magna Grecia (Taranto 5-10 ottobre 1975), Napoli 1976, pp. 569-598.

SABBIONE, MILANESIO MACRÌ 2008: C. SABBIONE, M. MILANESIO MACRÌ, «Recenti scoperte al Thesmophorion in contrada Parapezza a Locri Epizephiri», in *Atti Enna* 2008, pp. 193-220.

SALZA PRINA RICOTTI 1987: E. SALZA PRINA RICOTTI, «Alimentazione, cibi, tavola e cucine nell'età imperiale», in *L'alimentazione nel mondo antico. I Romani – età imperiale*, Roma 1987, pp. 71-130.

SAMBON 1903: A. SAMBON, *Les monnaies antiques de l'Italie*, Paris 1903.

SANI 1987: S. SANI, «Busti», in F. BERTI, C. CORNELIO CASSAI, P. DE SANTIS, S. SANI (a cura di), *La coroplastica di Spina. Immagini di culto*, Catalogo della Mostra (Ferrara 1987), Ferrara 1987, pp. 39-53.

SANNIBALE 1998: M. SANNIBALE, *Le armi della Collezione Gorga al Museo Nazionale Romano*, Roma 1998.

SANNIBALE 2007: M. SANNIBALE, «Tra cielo e terra. Considerazioni su alcuni aspetti della religione etrusca a Vulci», in *StEtr* LXXII, 2007, pp. 117-147.

Santuari d'Etruria 1985: G. COLONNA (a cura di), *Santuari d'Etruria,* Catalogo della Mostra (Arezzo 1985), Milano 1985.

SAVIANO *ET AL.* 2002: G. SAVIANO, F. FELLI, M. CAVALLINI, L. DRAGO, «Study of an Etruscan Object composed of three Metals», in F. BURRAGATO, P. PENSABENE, P. TUCCI (a cura di), *Periodico di Mineralogia* V.LXXI, *Special Issue: Archaeometry and Cultural Heritage*, Roma 2002, pp. 217-225.

SAVIANO, FELLI, DRAGO 2006: G. SAVIANO, F. FELLI, L. DRAGO, «Etruria meridionale e Lazio: analisi su reperti metallici e fittili provenienti da Veio, dal santuario di Pyrgi e dall'area dell'Artemisio», in M. CAVALLINI, G. GIGANTE (a cura di), *De Re Metallica. Dalla produzione antica alla copia moderna*, Roma 2006, pp. 73-102.

SCARPIGNATO 1985: M. SCARPIGNATO, *Oreficerie etrusche arcaiche*, Roma 1985.

SCHMIEDT 1972: G. SCHMIEDT, *Il livello antico del mar Tirreno. Testimonianze dei resti archeologici*, Firenze 1972.

SEMERARO 2006: G. SEMERARO, «Ceramica figurata e contesti cultuali anellenici. Problemi di interpretazione», in F. GIUDICE-R. PANVINI (a cura di), *Il greco il barbaro e la ceramica attica*, III, in Atti Convegno Internazionale di Studi, Catania 2001, (Roma 2006), pp. 165-177.

SERI 2010: E. SERI, *Ghiande missili dal territorio di Centumcellae*, in J. GRAN-AYMERICH, A. DOMÍNGUEZ-ARRANZ (a cura di), *La Castellina a sud di Civitavecchia: origini ed eredità*, Roma 2011, pp. 925-931.

SERRA 1970: F.R. SERRA, «Le ceramiche grezze», in *Pyrgi* 1970, pp. 509-552.

SERRA RIDGWAY 1996: F. R. SERRA RIDGWAY, *I corredi del fondo Scataglini a Tarquinia. Scavi della Fondazione Ing. Carlo M. Lerici del Politecnico di Milano per la Soprintendenza archeologica dell'Etruria meridionale*, Milano 1996.

SFAMENI 2002: C. SFAMENI, «Altari di ceneri e prassi oracolare nei santuari greci», *StMatStorRel* 26, 2002, pp. 5-41.

SFAMENI GASPARRO 2008: G. SFAMENI GASPARRO, «Demetra in Sicilia: tra identità panellenica e connotazioni locali», in *Atti Enna* 2008, pp. 25-40.

SGUAITAMATTI 1984: M. SGUAITAMATTI, *L'offrante de porcelet dans la coroplathie géléenne. Étude typologique*, Mainz am Rhein 1984.

SHAPIRO 1994: H.A. SHAPIRO, «Poet and Painter. Iliad 24 and the Greek Art of Narrative». in *NumAntCl.* XXIII, 1994, pp. 23-48.

SHEFTON 1999: B.B. SHEFTON, «The Lancut Group. Silhouette Technique and Coral Red. Some Attic V.th Century Export Material in Pan-Mediterranean Sight», in *Céramiques et peintures grecques. Modes d'emploi*, in Actes du Colloque International École du Louvre (Paris 1995), Paris 1999, pp. 463-480.

SILVER 1969: I.A. SILVER, «The ageing of domestic animals», in D.BROTHWELL, E.HIGGS, *Science in Archeology,* London 1969, pp. 283-302.

SINN 1985: U. SINN, «Der sog. Tempel D in Heraion von Samos II. Ein archäologischer Befund aus der nachpolikratischen Zeit», in *MDAI- Athenische Abteilung* 100, 1985, pp. 129-158.

SIRACUSANO 1986-87: A. SIRACUSANO, «Riflessioni sull'origine e il significato dei busti fittili di divinità femminili in Sicilia», in *QuadMess* 2, 1986-87, pp. 51-71.

SNG: Sylloge Nummorum Graecorum.

SNG ANS: Sylloge Nummorum Graecorum. The Collection of the American Numismatic Society.

SÖDERLIND 2004: M. SÖDERLIND, «Man and animal in Antiquity: votive figurines in central Italy from the 4th to 1st centuries B.C.», in B. SANTILLO FRIZELL (a cura di), *Pecus. Man and animal in Antiquity*, Proceedings of the Conference at the Swedish Institute in Rome (Roma 2002), Roma 2004, pp. 281-298.

SOLE c.s. a: L. SOLE, «Osservazioni su alcuni ripostigli di bronzi dalle aree sacre indigene della Sicilia», in R. PANVINI, L. SOLE (a cura di), *Santuari indigeni di Sicilia e Magna Grecia. Modelli, organizzazione e regime delle offerte a confronto*, Atti del Convegno (Catania - Marionopoli, 8-10 aprile 2011), in stampa.

SOLE c.s. b: L. SOLE, «Ripostigli di bronzi nella Sicilia arcaica», in R. PANVINI, L. SOLE (a cura di), *La Sicilia in età arcaica. Dalle apoikiai al 480 a.C.*, Atti del Convegno internazionale (Caltanissetta 2008), in stampa.

SORRENTINO 2003: C. SORRENTINO, «Il materiale osteologico animale», in M.BONAMICI, *Volterra, l'acropoli e il suo santuario. scavi 1987-1995,* vol. II, Pisa 2003, pp. 561-564.

SORRENTINO 2004: C. SORRENTINO, «I reperti osteologici», in F. COLIVICCHI, *Gravisca. Scavi nel santuario greco. I materiali minori*, Bari 2004, pp. 175-235.

SORRENTINO 2005: C. SORRENTINO, «Analisi paleozoologiche a Pyrgi», in *Atti Milano* 2005, pp. 127-132.

SPADEA 1997: R. SPADEA, «Santuari di Hera a Crotone», in *Atti Napoli* 1997, pp. 235-259.

SPADEA NOVIERO 1986: G. SPADEA NOVIERO, «Qualche aspetto dei corredi tombali», in M. BONGHI JOVINO (a cura di), *Gli Etruschi di Tarquinia,* Catalogo della Mostra (Milano 1986), Modena 1986, pp. 277-292.

SPARKES, TALCOTT 1970: B.A. SPARKES, L. TALCOTT, *The Athenian Agora, XII. Black and Plain Pottery of the 6th, 5th and 4th Centuries B.C.*, Princeton 1970.

SPATAFORA 2008: F. SPATAFORA, «Entella: il thesmophorion di Contrada Petraro», in *Atti Enna* 2008, pp. 273-284.

STEINBY 2005: C. STEINBY, «Early Roman coinage with naval types», in *RItNum* 106 (2005), pp. 39-45.

STEINGRÄBER 1979: S. STEINGRÄBER, *Etruskische Möbel*, Roma 1979.

STEINGRÄBER 1985: S. STEINGRÄBER, *Catalogo ragionato della pittura etrusca*, Milano 1985.

STOPPONI 2008: S. STOPPONI, «Un luogo per gli dei nello spazio per i defunti», in *Atti Roma* 2008, pp. 559-588.

STOPPONI 2012: S. STOPPONI, «Il *Fanum Voltumnae*: dalle divinità *Tluschva* a San Pietro», in *Atti Orvieto* 2012, pp. 7-40.

STRAZZULLA 1987: M.J. STRAZZULLA, *Le terrecotte della Venetia Romana*, Roma 1987.

SYDENHAM 1926: E.A. SYDENHAM, *Aes grave*, London 1926.

Symposium Bruxelles 2009: A. TSINGARIDA (a cura di), *Shapes and Uses of Greek Vases (7th.-4th. Centuries B.C)*, Proceedings of 2th. Symposium held at the Université Libre de Bruxelles (Bruxelles 2006), Bruxelles 2009.

TAGLIENTE 1992: M. TAGLIENTE, «L'acropoli di Lavello e i suoi monumenti», in A. BOTTINI, M.P. FRESA, *Forentum II. L'acropoli in età classica*, Venosa 1992, pp. 20-26.

TAGLIENTE 2005: M. TAGLIENTE, «Il santuario lucano di San Chirico Nuovo (PZ)», in *Atti Matera* 2005, pp. 115-123.

TALIERCIO 1987: M. TALIERCIO, «La monetazione di Neapolis nel IV e nel III secolo a.C. Il bronzo di Neapolis», in *La monetazione di Neapolis nella Campania antica*, Atti del VII Convegno del Centro Internazionale di Studi Numismatici (Napoli 1980), Napoli 1987, pp. 219-373.

TARTARA 1999: P. TARTARA, *Torrimpietra*, Forma Italiae 39, Firenze 1999.

TERZANI, MATTEINI CHIARI 1997: C. TERZANI, M. MATTEINI CHIARI (a cura di), *Isernia. La necropoli romana in località Quadrella*, Tivoli 1997.

Tesoro del Lago 2001: A. CAMPANELLI (a cura di), *Il Tesoro del Lago. L'archeologia del Fucino e la Collezione Torlonia*, Catalogo della Mostra (Avezzano 2001), Pescara 2001.

TIRELLI, CIPRIANO 2001: M. TIRELLI, S. CIPRIANO, «Il santuario altinate in località "Fornace"», in G. CRESCI MARRONE, M. TIRELLI (a cura di), *Orizzonti del sacro. Culti e santuari antichi in Altino e nel Veneto Orientale*, Atti del convegno (Venezia 1999), Roma 2001, pp. 37-60.

TORELLI 1977: M. TORELLI, "Il santuario greco di Gravisca", in *PP*, 32, 1977, pp. 398-458.

TORELLI 1981: M. TORELLI, «Colonizzazioni etrusche e latine di epoca arcaica: un esempio», in AA.VV., *Gli Etruschi e Roma*, Atti dell'Incontro di Studio in onore di Massimo Pallottino (Roma 1979), Roma 1981, pp. 159-172.

TORELLI 1998: M. TORELLI, «*Stata mater in agro Veientano*. La riscoperta di un santuario rurale veiente in località Casale Pian Roseto», in *StEtr* LXIV, 1998, pp. 117-134.

TORELLI 2000: M. TORELLI, «Genucio(s) Clousino(s). La fondazione della *praefectura Caeritum*», in *ActaInstRomFin* 23, 2000, pp. 141-176.

TORELLI 2005: M. TORELLI, s.v. «Templum», in *Thesaurus cultus et rituum antiquorum*, IV, Los Angeles 2005, pp. 340-347.

TORELLI 2006: M. TORELLI, «Due ritratti greci, una villa marittima e le coste di Gravisca», in M. BONGHI JOVINO (a cura di), *Tarquinia e le civiltà del Mediterraneo*, Atti del Convegno Internazionale (Milano 2004), Milano 2006, pp. 347-369.

TORELLI 2012: M. TORELLI, *Ardea. Il santuario di Inuus al Fosso dell'Incastro*, in Sacra nominis Latini. *I santuari del Lazio arcaico e repubblicano*, Atti del Convegno Internazionale (Roma 2009), a cura di E. MARRONI, in *Ostraka* 2012, pp. 479-488.

TOTI 1967: O. TOTI, «S. Marinella. Saggio di scavo eseguito nell'abitato protostorico de 'La Castellina'», in *NSc* 1967, pp. 55-86.

TOUCHEFEAU *LIMC:* O. TOUCHEFEAU, *s.v. mnesteres*, in *LIMC*, 6.2.

TOUCHEFEAU 1968: O. TOUCHEFEAU MEYNIER, *Thèmes odysséens dans l'art antique*, Paris 1968.

TSINGARIDA 2008: A.TSINGARIDA, «Color for a Market? Special Techniques and Distribution Patterns in Late Archaic and Early Classical Greece», in *Getty* 2008, pp. 187-206.

TSINGARIDA 2009: A. TSINGARIDA, «Vases for Heroes and Gods: early red-figure Parade Cups and large-scaled Phialai», in *Symposium Bruxelles* 2009, pp. 185-201

UGAS 1985: G. UGAS, «La produzione materiale nuragica. Note sull'apporto etrusco e greco», in *Società e cultura in Sardegna nei periodi orientalizzante e arcaico (fine VIII sec. a.C.-480 a.C.). Rapporti tra Sardegna, Fenici, Etruschi e Greci*, Atti del 1° Convegno di Studi *Un millennio di relazioni fra la Sardegna e i Paesi del Mediterraneo* (Selargius-Cagliari 1985), Cagliari 1986, pp. 41-53.

VAGNETTI 1971: L. VAGNETTI, *Il deposito votivo di Campetti a Veio (Materiale degli scavi 1937-1938)*, Firenze 1971.

VALENTINI 1993: V. VALENTINI, *Gravisca: scavi nel santuario greco 9. Le ceramiche a vernice nera*, Bari 1993.

VAN ANDRINGA, LEPETZ 2003: W. VAN ANDRINGA, S. LEPETZ, «Le ossa animali nei santuari: per un'archeologia del sacrificio», in *Atti Napoli* 2003, pp. 85-96.

VAN DER MEER 2011: L.B. VAN DER MEER, *Etrusco ritu. Case Studies in Etruscan Ritual Behaviour* (Monographs on Antiquity, V), Louvain-Walpole, MA 2011.

VANDERMERSCH 1994: C. VANDERMERSCH, *Vins et amphores de Grande Grèce et de Sicile. IV-III s. avant J.-C.*, Napoli 1994.

VANDERMERSCH 2001: CH. VANDERMERSCH, «Au source du vin romain, dans le *Latium* et la *Campania* a l'epoque medio-republicaine», in *Ostraka* 10, 2001, pp. 157-206.

Veio, Cerveteri, Vulci 2001: A.M. MORETTI SGUBINI (a cura di), *Veio, Cerveteri, Vulci. Città d'Etruria a confronto*, Catalogo della Mostra (Roma, 1 ottobre-30 dicembre 2001), Roma 2001.

VENTRIGLIA 1988: U. VENTRIGLIA, *Idrogeologia della Provincia di Roma, I. Regione Tolfetana*, Roma 1988.

VISMARA 2007: N. VISMARA, «Etruschi: bibliografia numismatica (1997-2001)», in *Etruscan Studies* 10 2007, pp. 93-116.

WEHGARTNER 1983: I. WEHGARTNER, *Attisch Weissgrundige Keramik. Mahltechniken, Werkstätten, Formen, Verwendung*, Mainz am Rhein, 1983.

Welt Etrusker 1988: V. KÄSTNER (a cura di), *Die Welt der Etrusker*, Catalogo della mostra (Berlino 1988), Berlin 1988.

WIEDERKEHR-SCHULER 2004: E. WIEDERKEHR-SCHULER, *Les protomés féminines du sanctuaire de la Malophoros à Sélinonte*, Cahiers du Centre Jean Bérard, XXII, Napoli 2004.

WIEL-MARIN 2005: F. WIEL-MARIN, *La ceramica attica a figure rosse di Adria. La famiglia Bocchi e l'archeologia*, Padova 2005.

WILLIAMS 1979: C.K. WILLIAMS, «Corinth 1978: Forum Southwest», in *Hesperia* 1979, pp. 105-144.

WILLIAMS 1980: C.K. WILLIAMS, «Corinth excavation 1979», in *Hesperia* 1980, pp. 107-135.

WILLIAMS 2011: D. WILLIAMS, «Note sulla circolazione monetaria in Etruria meridionale nel III secolo a.C.», in *Proceedings of the 14th International Numismatic Congress* (Glasgow 2009), Glasgow 2011, pp. 1103-1114.

WILSON, GRIGSON, PAYNES 1982: B. WILSON, G. GRIGSON, S. PAYNES, «Ageing and sexing animal bones from archaeological sites», in *B.A.R. British series* 109, 1982.

WINTER 2009: N.A. WINTER, *Symbols of Wealth and Power. Architectural Terracotta Decoration in Etruria and Central Italy 640-510 B.C.*, Ann Arbor 2009.

WINTER 2010: J. CHRISTIANSEN, N.A. WINTER, P.S. LULOF, *Catalogue Etruria 1. Architectural Terracottas and painted Wall Plaques, Pinakes c. 626-200 B.C.*, Ny Carlsberg Glyptotek, København 2010.

YAVIS 1949: C.G. YAVIS, *Greek altars. Origins and typology*, Saint Louis 1949.

ZAZOFF 1968: P. ZAZOFF, *Etruskische Skarabäen*, Mainz am Rhein 1968.

ZAZOFF 1983: P. ZAZOFF, *Die Antiken Gemmen*, München 1983.

ZIFFERERO 1990: A. ZIFFERERO, «Insediamenti ed economia: appunti sulle risorse minerarie dei monti della Tolfa», in A. MAFFEI, F. NASTASI (a cura di), *Caere e il suo territorio. Da Agylla a Centumcellae*, Roma 1990, pp. 71-75.

ZIFFERERO 1991: A. ZIFFERERO, «Miniere e metallurgia estrattiva in Etruria meridionale: per una lettura critica di alcuni dati archeologici e minerari», in *StEtr* LVII, 1991, pp. 201-241.

ZIFFERERO 1992: A. ZIFFERERO, «Giacimenti minerari e insediamenti nel Lazio settentrionale, in Archeometallurgia. Ricerche e prospettive», Atti del Colloquio Internazionale di archeometallurgia a cura di E. ANTONACCI SAMPAOLO (Bologna - Dozza Imolese 1988), Bologna 1992, pp. 81-103.

ZIFFERERO 1995a: A. ZIFFERERO, «Archeologia delle miniere: note sul rapporto tra insediamenti e mineralizzazioni in Italia Centrale», in *Settlement and economy in Italy 1500 BC to AD 1500, Papers of the Fifth Conference of Italian Archaeology* (Atti della Quinta Conferenza di Archeologia Italiana, Oxford 1992), Oxford 1995, pp. 541-554.

ZIFFERERO 1995b: A. ZIFFERERO, «Archeologia e storia mineraria dei Monti della Tolfa: note per un approccio metodologico», in *Geo-archeologia* 1995, 1, pp.75-92.

ZIFFERERO 1996a: A. ZIFFERERO, «Giacimenti di alunite e popolamento di età preromana sui Monti della Tolfa», in *Il ruolo dell'allume nello sviluppo economico dell'Europa dal XV al XVIII secolo* (Atti del Convegno, Allumiere 1990), *Notiziario del Museo Civico di Allumiere* VIII, 1996, supplemento, pp. 15-40.

ZIFFERERO 1996b: A. ZIFFERERO, «Archeologia in miniera: un itinerario archeominerario nel Lazio settentrionale», in *La miniera, l'uomo e l'ambiente: fonti e metodi a confronto per la storia delle attività minerarie e metallurgiche in Italia*, (Atti del Convegno di Cassino, 1994), Firenze 1996, pp. 239-258.

ZIFFERERO 1996c: A. ZIFFERERO, «Problemi di archeologia mineraria nel Lazio: il caso dei Monti della Tolfa», in *Archeologia Medievale* 23, 1996, pp.739-753.

ZIFFERERO 1999: A. ZIFFERERO, «Giacimenti minerari e popolamento di età preromana sui Monti della Tolfa», in *Leopoli - Cencelle. Le preesistenze* I, Roma 1999, pp. 89-106.

ZIFFERERO 2002: A. ZIFFERERO, «Attività estrattive e metallurgiche nell'area tirrenica: alcune osservazioni sui rapporti tra Etruria e Sardegna», in *Etruria e Sardegna centro-settentrionale tra l'età del bronzo finale e l'arcaismo*, Atti del XXI Convegno di Studi Etruschi ed Italici, Alghero 1998, Pisa-Roma 2002, pp. 179-212.